슈퍼 패미컴

SUPER FAMICOM PERFECT CATALOGUE 퍼펙트 카탈로그

USE CASSETTE WITH SUPER FAMICOM MARK ONLY

POWER

EJECT

RESET

Nintendo
SUPER Famicom

ntendo
PER Famicom

X

A

Y

B

ECT   START

samho MEDIA

머리말

다양한 가정용 게임기 중 한 기종에 초점을 맞춰 그 매력을 전달하는 「퍼펙트 카탈로그」. 본 시리즈의 최신작으로서, 드디어 닌텐도의 메이저 하드웨어 중 하나인 슈퍼 패미컴이 등장한다. 위대한 선대 하드웨어였던 패밀리 컴퓨터의 후계기라는 무거운 임무를 맡았지만, 훌륭하게 그 기대에 부응하여 일본 내에서만도 출하대수 1,717만 대에, 일본 내 발매 타이틀 수가 1,447종에 달하는 베스트셀러 게임기가 되었다. 이 책을 구입해 읽고 계신 독자 분들 중에도, 슈퍼 패미컴이 어린 시절을 함께한 애용기였던 분이 많지 않을까 한다.

이전까지의 가정용 게임기가 '오락실의 게임을 가정에서 즐기기 위한 기계'라는 시점에서 개발되었던 데 반해, 슈퍼 패미컴은 처음부터 가정에서만 즐길 기기임을 강하게 염두하고 개발된 하드웨어다. 아케이드(업무용) 게임과 컨슈머(가정용) 게임은 양쪽 모두 '게임'이란 이름으로 불리긴 하나, 개발의 방정식은 완전히 달라진다. 슈퍼 패미컴은 어디까지나 가정용으로서만 만들어진 게임기로, 본체 설계부터 디자인, 컨트롤러에 이르기까지 자신이 '가정용'이라는 의지를 강력하게 표출한다. 상세한 사항은 본문에서 서술하겠지만, 필자는 이것이야말로 닌텐도라는 메이커가 유저에게 전하는 강한 메시지라고 느꼈다.

그저 발매된 게임 타이틀 전부를 늘어놓고 모든 종류의 하드웨어를 게재하기만 하는 카탈로그로 끝나더라도 그건 그것대로 나름의 의의가 있는 책일 터이다. 허나 슈퍼 패미컴이라는 게임기를 통해 닌텐도가 유저에게 전달하려 했던 바는 무엇인지, 이렇게까지 사랑받았던 게임기의 매력은 무엇이었는지가 빠져 있다면 무슨 의미가 있겠는가. 그러한 정보와 분석도 함께 전달하는 것이 「슈퍼 패미컴 퍼펙트 카탈로그」가 추구하는 목표라는 생각으로 이 책을 편집하였다. 그 결과 이 책은 무려 240페이지를 넘겨, 이제까지의 「퍼펙트 카탈로그」 시리즈 중 최대 볼륨으로 완성되었다. 두껍고 읽기 힘든 책이 되긴 했으나, 이제까지 서술한 것 모두를 눌러 담기 위해서는 반드시 필요했던 페이지 량이었기에, 아무쪼록 독자 여러분의 너른 양해를 구하고자 한다.

또한, 슈퍼 패미컴 이후 분명 '그 게임기'가 나올거라 기대하시는 독자 분이 있으실 터인데, 실은 물밑에서 차곡차곡 준비하고 있다. 가급적 가까운 시일 내에 발표하려 하므로, 많은 기대 및 응원 주시면 감사하겠다.

2019년 8월, 마에다 히로유키

슈퍼 패미컴
SUPER FAMICOM PERFECT CATALOGUE 퍼펙트 카탈로그

CHAPTER 3
슈퍼 패미컴 일본 소프트 가나다순 색인

CHAPTER 4
한국의 슈퍼 패미컴 이야기

SUPAFUAMIKON PAFUEKUTO KATAROGU by Hiroyuki Maeda

Copyright ⓒ G-WALK publishing.co., ltd. 2019

All rights reserved.

Original Japanese edition published by G-WALK publishing.co., ltd.

Korean translation copyright ⓒ 2020 by Samho Media

This Korean edition published by arrangement with G-WALK publishing.co., ltd., Tokyo, through HonnoKizuna, inc., Tokyo, and Botong Agency

이 책의 한국어판 저작권은 Botong Agency를 통한 저작권자와의 독점 계약으로 삼호미디어가 소유합니다. 신 저작권법에 의하여 한국 내에서 보호를 받는 저작물이므로 무단전재와 무단복제를 금합니다.

Special Thanks To

게임샵 트레더

꿀단지곰	고전게임 컬럼니스트, 유튜브 채널 '꿀단지곰의 게임탐정사무소' 운영
아다리	네이버 카페 '구닥동' 회원
오영욱	게임잡지의 DB를 꿈꾸는 게임개발자
이승준	'레트로장터' 행사 주최자
정세윤	http://blog.naver.com/plaire0
타잔	레트로 게임 컬렉터, 네이버 카페 '추억의 게임 여행' 운영자
홍성보	월간 GAMER'Z 수석기자
NANA	

HARDWARE
1990
1991
1992
1993
1994
1995
1996
1997
1998
1999
2000
INDEX

CHAPTER 1
슈퍼 패미컴
하드웨어 대연구

SUPER FAMICOM HARDWARE CATALOGUE

해설 파란만장했던 게임기, 슈퍼 패미컴
COMMENTARY OF SUPER FAMICOM #1

발매되기 전까지 연기를 거듭했던 난산의 게임기

슈퍼 패미컴은 같은 시기 발매되었던 16비트 가정용 게임기 3파전(PC엔진만은 8비트 CPU였지만)을 훌륭하게 제압한 기종이지만, 발매에 이르기까지의 과정은 결코 평탄치 못했다.

패밀리 컴퓨터(패미컴)는 1983년 첫 발매된 이래 일본에서 95%에 달하는 경이적인 시장점유율을 석권하여 사실상 독점이나 다를 바 없는 시장을 형성했으나, 발매 후 4년 이상이 경과한 1987년에는 PC엔진(NEC 홈 일렉트로닉스)이, 그 다음해에는 메가 드라이브(세가 엔터프라이지스)라는 라이벌 게임기가 속속 발매되어, 차기 패미컴을 노리는 게임기 전쟁이 발발하기에 이르렀다.

이제까지는 저가격 고성능을 앞세워 그야말로 대적할 상대가 없었던 패미컴이었지만, 발매 후 4년 동안의 컴퓨터 기술 진화가 실로 눈부셨기에 패미컴의 스펙이 진부해졌음을 숨길 수 없던 상황이었다. 서서히 점유율을 갉

아 먹히면서도 차세대기 준비태세를 아직 갖추지 못했던 닌텐도는 이 상황에 위기감을 느끼고, '닌텐도도 16비트의 신형 패미컴을 계획하고 있다'라며 1987년 9월 패미컴의 후계기를 개발 중임을 발표한다. 다음해인 1988년 11월에는 초기 디자인의 모형과 상세 스펙을 발표했다. 이후 슈퍼 패미컴이 실제로 발매되기까지 2년 동안, 닌텐도는 정보를 조금씩 흘리면서 라이벌 타사에 대한 견제를 이어갔다. 그중에서도 가장 크게 내세운 특징은 바로 패미컴과의 호환성이었다.

이미 PC엔진과 메가 드라이브라는 타 기종이 등장해있던 상황에서, '기존의 패미컴 소프트를 그대로 즐길 수 있다'라는 소프트웨어 자산 계승 선언은 닌텐도 진영에게는 커다란 세일즈 포인트였다. 상세한 것은 12p 이후의 해설로 넘기겠으나, 사용된 CPU가 패미컴의 상위호환품이었던 점, 슈퍼 패미컴의 화면 모드 중 패미컴과 동일한

모드가 존재하는 점 등은, 마지막까지 패미컴과의 호환성을 유지하려 노력했던 흔적으로 추측된다.

하지만, 그러한 호환성 확보의 노력이 역설적이게도 소프트 개발을 어렵게 한다는 측면까지 동시에 내포하게 되어, '신형 패미컴은 기존의 패미컴 소프트를 그대로 즐길 수 있다' → '닌텐도는 오랜 유저들을 외면하지 않겠다' → '신형 패미컴과는 별도로 패미컴 어댑터를 개발 중이다' → '구형 패미컴의 유상교체 서비스를 검토 중이다'라는 식으로, 닌텐도의 발표조차 갈팡질팡하는 사태에 이르렀다.

결과적으로는, 호환성을 유지하려면 예상치를 뛰어넘는 단가가 든다는 점과 1980년대 후반의 전 세계적인 반도체 공급부족이라는 마이너스 요소 등으로 인해, 닌텐도는 패미컴 호환 노선을 포기하고 단독 규격으로 발매하기로 결정했다.

▲ 패밀리 컴퓨터 Magazine(토쿠마쇼텐 간행)에 특집으로 실린 슈퍼 패미컴 발표 기자회견 기사. 이 시점에서는 1989년 7월에 발매한다고 발표했었다.

예상외의 연명조치로, 10년 이상 현역을 유지한 슈퍼 패미컴

1990년 11월 21일 런칭 타이틀 2종과 함께 발매된 슈퍼 패미컴은, 수차례에 걸친 발매연기로 인한 유저들의 갈망에 힘입어 시장의 환영을 받으며 출시되었다. 발매연기 덕에 소프트의 개발 스케줄에 여유가 생겼기 때문인지 발매 초기부터 소프트 타이틀 수가 순조롭게 채워져, 슈퍼 패미컴은 순탄하게 출발하는 데 성공했다. 이후 안정된 인기와 충실한 소프트 라인업으로 순풍을 받은 슈퍼 패미컴은, 당초에는 1996년에 발매될 차세대기 '닌텐도 64'와의 세대교체로 배턴 터치하며 서서히 시장에서 입지가 축소될 예정이었다.

하지만 이때, 닌텐도의 커다란 계산 착오가 발생한다. 슈퍼 패미컴의 후계기로서 총력을 다해 발매를 준비하고 있던 닌텐도 64의 부진이었다.

닌텐도 64의 개발과정은 지연의 연속으로서, 1993년 최초 발표로부터 발매에 이르기까지 무려 3년이나 걸렸을 만큼 고된 난산이었다. 여기까지라면 닌텐도도 슈퍼 패미컴의 전례가 있었으니만큼 각오한 바였겠지만, 정말로 예상외였던 것은 게임기 전쟁의 신규 참여자인 소니컴퓨터엔터테인먼트의 '플레이스테이션'과 세가의 리턴매치

인 '세가새턴' 양 기종이 닌텐도가 예상한 것 이상으로 시장점유율을 확대하고 있었다는 점이다. 게다가, 닌텐도 진영에겐 비장의 무기였던 「파이널 판타지」의 제작사인 스퀘어와 「드래곤 퀘스트」의 제작사인 에닉스가 차례차례 이탈해 플레이스테이션 진영으로 배를 갈아타고 말았다. 출시되기도 전에 유력 서드파티를 잇따라 잃은 닌텐도 64는 열세에 몰렸고, 같은 시기 발매된 버추얼보이는 부진에 빠졌으며, 게임보이 시장은 풍전등화 상태가 되어, 닌텐도에게는 그야말로 역풍의 시대였다.

이를 타개하기 위한 대비책으로 도출한 전략이 '슈퍼 패미컴의 연명'이었다. 닌텐도 64가 발매를 앞둔 시점에서도 슈퍼 패미컴의 가동률은 여전히 높았기에, 닌텐도는 이 가동률에 주목한 것이다.

닌텐도는 닌텐도 64 발매 전년인 1995년 8월부터, 플레이스테이션과 세가새턴의 가격인하 경쟁에 대응하기 위해 「마리오의 슈퍼 피크로스」, 「슈퍼 마리오 RPG」, 「슈퍼 동키 콩 2」, 「별의 커비 슈퍼 디럭스」 총 4타이틀에 슈퍼 패미컴 본체를 소매점 가격보다 4,000엔 저렴하게 구매할 수 있는 쿠폰을 동봉했다. 이 쿠폰의 유효기간

이 만료되는 1996년 8월 14일에는 슈퍼 패미컴의 희망소비자가격을 9,800엔으로 인하해, 실질적으로는 쿠폰을 적용한 소매점 가격을 그대로 유지한다는 전략이었다. 여기에 더해 일부 기능을 삭제한 염가판인 슈퍼 패미컴 주니어(18p)와, 「포켓몬」 효과에 힘입어 통신 케이블 지원을 추가한 슈퍼 게임보이 2(33p)를 잇따라 발매하는 등, 저학년 유저층 대상의 입문용 게임기라는 포지션으로 슈퍼 패미컴의 시장 확대에 매진했다.

또한, 같은 시기에 슈퍼 패미컴 및 게임보이 소프트를 편의점 체인인 로손에서 다운로드 판매하는 서비스인 '닌텐도 파워'도 개시했다. 닌텐도 파워로만 구입 가능한 신작 타이틀은 물론 구작 타이틀을 언제든 염가에 구입할 수 있는 기반도 확충하여, 2002년 점두 서비스가 종료될 때까지 꾸준히 유지했다.

당초의 계획과는 다른 형태의 의도적인 연명이라곤 해도, 슈퍼 패미컴은 1990년 발매 이후 10년 이상에 걸쳐 현역에서 뛰어온 것이 사실이므로, 게임기의 상품수명 측면에서 충분히 장수한 기기로 꼽아도 과언은 아니리라.

▲ 쿠폰이 들어있다는 안내문이 붙은 「슈퍼 마리오 RPG」와, 패키지 내에 동봉된 쿠폰.

▲ 닌텐도 파워의 무료 배포 가이드북.

HARDWARE

1990
1991
1992
1993
1994
1995
1996
1997
1998
1999
2000
INDEX

사회현상까지 불러일으킨 패밀리 컴퓨터의 후계기

슈퍼 패미컴

닌텐도　　　1990년 11월 21일　　　25,000엔(세금 포함)　　　※1996년 8월 14일 9,800엔으로 가격 인하

대망의 16비트 패미컴 후계기

　슈퍼 패미컴은 닌텐도가 패밀리 컴퓨터(패미컴)의 후계기로서 1990년에 발매한 가정용 게임기이다. 당초에는 패미컴 소프트도 동작하는 하위호환성을 가진 제품으로 개발되고 있었지만 여러 사정으로 철회되어, 최종적으로는 호환성이 없는 독립된 게임기로 발매되었다. 발매 당시에는 차기 패미컴을 노리던 PC엔진(NEC 홈 일렉트로닉스)·메가 드라이브(세가 엔터프라이지스) 두 라이벌 게임기가 이미 발매되어 있었지만, 패미컴 시대의 서드파티들이 그대로 슈퍼 패미컴으로 갈아탄 데다 닌텐도 스스로도 강력한 소프트 라인업을 선보여 안정된 시장을 형성해, 전 세계에서 4,910만 대의 판매량을 기록했다.

슈퍼 패미컴의 사양

형식번호	SHVC-001
CPU	리코 5A22 (65C816 호환 16비트 CPU)　1.79MHz / 2.68MHz / 3.58MHz
메모리	RAM : 128KB DRAM (메인 용), 64KB SRAM (사운드 용)　VRAM : 64KB
그래픽	화면해상도 : 256×224, 512×224, 256×239, 512×239픽셀 (논 인터레이스)　256×448, 512×478 (인터레이스) 컬러 : 32,768색 중 최대 2,048색 동시 표시 스프라이트 표시 : 1화면 중 128개 (가로 방향 32개)　8×8~64×64픽셀 16색 BG 표시 : 최대 4장 영상표시 처리성능 : BG면 확대축소, 반투명, 모자이크, 윈도우, 래스터 제어
사운드	소니 SPC700 (S-DSP, S-SMP)　2.048MHz 샘플링 주파수 : 32KHz 16비트 스테레오 ADPCM 동시발음 수 : 8채널 이펙터 기능 : 엔벨로프, 에코, 딜레이, 피치, 노이즈, 피치벤드
입출력 단자	카세트 삽입구, 컨트롤러 커넥터(2개), 음성/영상 출력 단자, RF 스위치 단자, 28PIN 확장 커넥터
전원/소비전력	전용 AC 어댑터 (DC 10V 850mA) / 8W
외형 치수	200(가로) × 242(세로) × 74(높이) mm
본체 중량	약 1,350g (컨트롤러 1·2 포함)

▲ 패키지에는 사진을 쓰지 않고, 이미지 컬러 4색으로 그려진 일러스트를 사용했다.

TOP VIEW

BOTTOM VIEW

FRONT VIEW

REAR VIEW

LEFT SIDE VIEW

RIGHT SIDE VIEW

■ 기존 별매품은 물려 쓰도록 배려

슈퍼 패미컴은 '패미컴'이라는 이름을 계승하고는 있지만, 기존 패미컴의 튀는 레드·화이트 컬러링과는 완전히 다른 3단계 색조의 그레이 컬러로서 그야말로 세련된 배색의 외장이 되었다. 또한 직선 중심이라 각진 느낌이 강했던 패미컴에 비해, 전체적으로 라운딩 처리하여 각을 철저하게 지움으로써, 마치 패미컴의 안티테제인 듯이 완전히 정반대 사상으로 디자인되어 있다.

한편 AC 어댑터나 RF 스위치, 75Ω/300Ω 변환기 등 패미컴 당시의 별매품은 철저하게 공통 사용이 가능하도록 하여, 이미 패미컴이 있는 가정이라면 이들을 새로 사지 않고도 물려 쓸 수 있도록 배려했다.

영상출력은 기존의 RF 출력 외에 새로이 음성/영상 단자를 추가하여, 스테레오 음성은 물론 컴포지트·S단자·RGB로의 출력을 지원함으로써, 가정의 TV에 있는 단자에 맞춰 적합한 케이블을 골라 구입하는 방법을 도입했다. 또한 이 음성/영상 단자도 공통 사용할 수 있도록 배려하여, 슈퍼 패미컴 외에도 뉴 패미컴, 닌텐도 64, 게임큐브까지 총 4세대에 걸쳐 사용이 가능하다(RGB 케이블 등, 기기 쪽이 지원하지 않는 출력이라 사용 불가능한 것도 있다).

여담이지만, 슈퍼 패미컴의 초기 소비자가격이었던 25,000엔은 이후의 닌텐도 가정용 게임기가 꾸준히 지켜온 철칙이 되어, Wii U(베이직 세트)에 이르기까지 무려 5세대에 걸쳐 유지되었다. 닌텐도의 게임기가 관철해온 적정가격의 사상을 엿볼 수 있다.

HARDWARE

1990
1991
1992
1993
1994
1995
1996
1997
1998
1999
2000

INDEX

신규 개발한 전용 LSI 6개를 탑재

슈퍼 패미컴의 초기 기판에는 신규 개발한 커스텀 LSI 칩이 6개 탑재되어, 불과 2개였던 패미컴에 비해 훨씬 복잡한 구조를 이루고 있다. 슈퍼 패미컴 주니어(18p)가 발매될 때까지 내부 기판은 단계적으로 개량되어, 여러 칩을 하나로 통합함으로써 단가를 절감해 나갔다.

이 페이지에서는 이들 커스텀 LSI가 만들어내는 슈퍼 패미컴의 기능을 분야별로 나눠 해설하고자 한다. 다음 페이지 이후에 소개하는 LSI는 5개 뿐인데, 남은 하나는 S-WRAM이라는 64KB 용량의 메인 메모리(사진 왼쪽에 'S-WRAM'이라는 실크 인쇄가 있는 칩이 보일 것이다)이므로, 이 책에서는 설명을 생략하겠다.

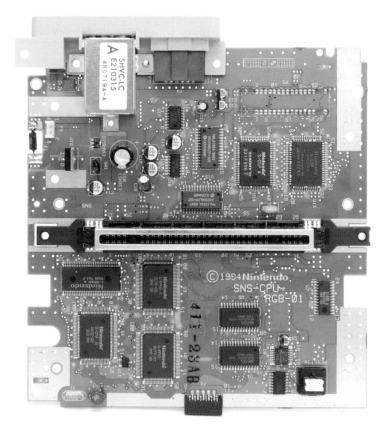

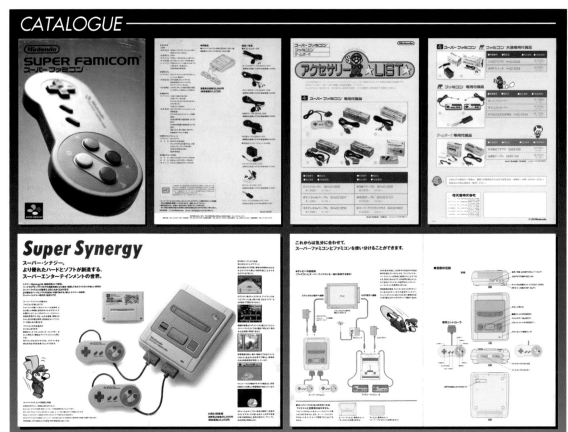

CATALOGUE

CPU

슈퍼 패미컴의 CPU로 탑재된 S-CPU는 WDC 65C816 기반으로 리코 사가 커스텀 제조한 칩이다. 이 CPU는 패미컴에 탑재된 RP2A03(MOS 6502 커스텀)의 16비트판으로, 6502의 에뮬레이션 모드가 마련되어 있다(리셋하면 먼저 에뮬레이션 모드가 기동되고, 이후 65816으로 전환되는 사양이다). 패미컴 소프트를 개발하던 프로그래머라면 6502가 익숙하므로 다루기도 쉽고, 개발 초기 단계에 패미컴과의 하위호환성을 고려해 집어넣은 흔적이기도 하다.

65816으로 동작할 경우(앞서를 에뮬레이션 모드, 이쪽을 네이티브 모드라 한다) 16비트 단위로 데이터를 다루게 되며, 미래에 대용량 ROM 카세트를 사용할 것을 상정하여 24비트 주소 버스를 미리 준비해둔 것도 특징이다.

CPU 클럭은 1.79MHz, 2.68MHz, 3.58MHz의 3단계로 전환 가능하며, 가장 낮은 1.79MHz는 패미컴의 동작 클럭과 동일하다. 기본적으로는 가장 빠른 3.58MHz로 구동하지만, 일부 주변기기와의 액세스 시엔 클럭 스피드를 떨어뜨려 동작하기도 한다. 그러나 3.58MHz라는 속도는 같은 시기의 라이벌 가정용 게임기들에 비해 결코 빠르다곤 못할 수치로, 8비트 기기인 PC엔진의 1/2에 불과한 클럭 스피드였다.

이 때문에, 처리속도가 중요시되는 일부 소프트는 전용 칩을 카세트 내에 탑재해 성능을 향상시키는 형태로 발

매되었다(17p).

사운드

사운드 기능은 소니가 개발·제조한 S-SMP(8비트 CPU)와 S-DSP(16비트 DSP)라는 2개의 LSI가 담당하며, 본체의 CPU와는 독립적으로 동작한다. 음원은 16비트 ADPCM을 8채널 출력하며, 최대 샘플링 레이트는 32KHz. 당시의 주류였던 FM 음원을 뛰어넘어, 악기의 원음은 물론 CD에 버금가는 음질의 연주까지 가능한, 그야말로 강력한 기능의 사운드 칩이었다.

하지만 탑재된 사운드용 메모리가 고작 64KB에 불과했기에, 고음질을 내고 싶어도 용량의 벽에 부딪친다는 딜레마가 있었다. 게다가 초기에 개발사들에게 제공된 음원 드라이버(개발용 소프트웨어)도 다루기 까다로워, 칩의 성능을 완전히 끌어내려면 고도의 기술과 경험을 축적해야만 했다. 분명 고성능 사운드 칩은 맞으나, 이를 다루는 개발사의 기교에 따라 음질에 큰 격차가 발생하는 음원이라 할 수 있다.

또한, 이 두 칩은 슈퍼 패미컴 채용 이후에도 꾸준히 개량되어, 후일 플레이스테이션에 탑재되는 음원 칩인 SPU, SPU2로 계보가 이어진다.

확장단자

기존 패미컴에서는 주변기기 접속 시 카세트 단자를 사용했었는데, 이 때문에 다른 게임을 즐기려면 일일이 뽑고 새로 끼워야만 하는 불편함이 있었다. 그래서 슈퍼 패미컴에서는 주변기기 접속만을 위한 전용 단자(28핀 확장 커넥터)를 본체 밑바닥에 설치해, 케이블 등이 거치적거리지 않도록 본체 밑에 합체할 수 있게 되었다. 다만 이 단자에 대응하는 주변기기는 새틀라뷰 딱 하나뿐이고 그조차도 결코 성공한 주변기기는 아니었기에, 염가판인 슈퍼 패미컴 주니어에서는 단자 자체가 삭제되어 버렸다.

HARDWARE

1990
1991
1992
1993
1994
1995
1996
1997
1998
1999
2000
INDEX

그래픽

슈퍼 패미컴의 그래픽 기능은 이 게임기를 위해 신규 개발된 커스텀 LSI인 S-PPU1과 S-PPU2 두 칩으로 구현하고 있다. 'PPU'란 화면을 그리는 기능 전반을 다루는 칩을 이르는 명칭으로, 일반적으로 알려진 GPU(Graphics Processing Unit)와 동의어이다. 두 칩 모두 CPU와 마찬가지로 리코 사가 개발했으며, 패미컴의 화면 모드를 대폭 확상하는 방향성으로 설계되었다. 기존 패미컴에서 최대 병목이었던 발색수와 BG(배경화면) 매수, 스프라이트 표시 개수 등이 모두 크게 파워 업되어, 이 칩이 그려낸 아름다운 그래픽은 패미컴에서 얼마나 큰 진화가 이루어졌는지를 여실히 보여주고 있다.

슈퍼 패미컴의 PPU에는 총 8가지 화면 모드가 있어, 어떤 게임을 개발할 것인지에 맞춰 색수와 BG 매수를 유연하게 바꿀 수 있다. 하지만 다기능 칩답게 이들 기능을 제대로 쓰기가 어려운 편이라, 칩의 표현력을 한껏 짜내는 타이틀이 등장하기까지는 제법 시간이 걸렸다.

슈퍼 패미컴을 상징하는 기능으로

첫손에 꼽히는 것이 바로 BG 화면의 회전확대축소 기능일 것이다. 아케이드 게임에서는 일부 개발사가 적극적으로 도입했던 기능으로, 슈퍼 패미컴의 경우 BG 1장에만 쓸 수 있다는 제한이 있었지만, 이 기능을 가정용 게임기에 집어넣음으로써 유저들이 받은 충격은 그야말로 상당했다. 특히 이 기능을 응용해 기존 레이싱 게임과는 차원을 달리하는 새로운 영상미를 만들어낸 「F-ZERO」의 아이디어는 실로 우수해, 슈퍼 패미컴용 레이싱 게임의 단골 표현이 되어 여러 개발사들이 이

수법을 도입한 게임을 발매했다. 닌텐도 스스로도, 이 시스템을 더욱 진화시킨 「슈퍼 마리오 카트」를 출시했다. 양 타이틀 모두 닌텐도의 간판 IP로 성장하였으니, 슈퍼 패미컴에서 회전 기능의 탑재가 미친 영향이 얼마나 컸을지를 짐작할 수 있다.

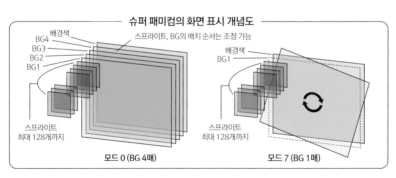

슈퍼 패미컴의 화면 표시 개념도

배경색
BG4
BG3
BG2
BG1
스프라이트, BG의 배치 순서는 조정 가능
스프라이트 최대 128개까지
모드 0 (BG 4매)

배경색
BG1
스프라이트 최대 128개까지
모드 7 (BG 1매)

슈퍼 패미컴의 가상 스크린

(단위 : 픽셀)
가상 스크린
1024
224
표시 화면
256
1024

슈퍼 패미컴의 스크린 모드 일람

화면 모드	회전확대축소	BG화면수	BG1	BG2	BG3	BG4	색수
모드 0		4장	4색※	4색※	4색※	4색※	팔레트가 각 BG마다 8개 있으므로, 32768색 중 최대 96색 표시 가능
모드 1		3장	16색※	16색※	4색※		팔레트가 각 BG마다 8개 있으므로, 32768색 중 최대 264색 표시 가능
모드 2		2장	16색※	16색※			팔레트가 각 BG마다 8개 있으므로, 32768색 중 최대 240색 표시 가능
모드 3		2장	256색	16색※			256용 팔레트 1개 + 16용 팔레트 8개이므로, 32768색 중 최대 376색 표시 가능
모드 4		2장	256색	4색※			256색용 팔레트 1개 + 4색용 팔레트 8개이므로, 32768색 중 최대 280색 표시 가능
모드 5		2장	16색※	4색※			팔레트가 각 BG마다 8개 있으므로, 32768색 중 최대 144색 표시 가능
모드 6		1장	16색※				팔레트 8개이므로, 32768색 중 최대 120색 표시 가능
모드 7	○	1장	256색				256색용 팔레트 1개이므로, 32768색 중 최대 256색 표시 가능

※ 팔레트의 0번은 투명색으로 고정되므로, 실제 발색수가 각각 1색씩 줄어든다.

윈도우 기능

BG 화면에 특정한 도형으로 마스크를 따, 마치 오려낸 듯한 표현을 보여주는 기능. 원래는 와이프(장면 전환) 등, 네모 모양으로 화면을 지우는 식의 용도를 상정한 기능이지만, 반투명 기능을 병용하여 RPG 등에서 마법효과나 특수공격 표현에 사용하기도 하고, 레이저 및 폭발의 발광 등 광학적 연출로도 자주 활용되었다. 어디까지나 마스크로 사용하는 기능이므로 기본적으로는 단색으로만 쓸 수 있지만, 뒤에 서술할 HDMA를 사용해 그러데이션을 걸 수도 있고, 특히 BG가 1장밖에 없는 모드 7에서는 연출용으로 윈도우 화면이 요긴하게 쓰였다.

▲ 「HAGANE」의 필살기 효과도 윈도우 기능을 사용해 표현한 것이다.

모자이크 기능

화면을 지정된 픽셀 크기로 분할하여 각각 가장 왼쪽 위의 색으로 칠해 메움으로써, 이른바 모자이크 풍의 화면을 생성해내는 영상처리 기능. 화면 내의 특정 부분에만 모자이크를 거는 식으로는 사용할 수 없고 지정한 BG 화면 1장에 통째로 적용되기 때문에, 사실 응용하기가 그리 좋지는 않은 편이다. 이 기능을 쓴 게임 소프트가 제법 있긴 하나 대부분이 와이프(장면 전환) 연출에나 쓰는 정도로, 닌텐도 역시도 이를 벗어나진 않았다. 반대로 말하면, 그 이상의 용법을 딱히 찾기 어려운 기능이라고도 할 수 있다.

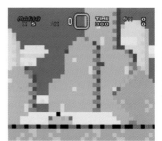

▲ 서도 친숙한 모자이크 기능.

HDMA와 래스터 제어

HDMA란 1래스터(주사선) 내에서 1~2바이트라는 극소량의 데이터를 CPU를 거치지 않고 전송할 수 있는, 쓰기에 따라서는 다양한 응용이 가능한 편리한 기능이다. 구체적으로는 오른쪽 샘플 화면처럼, 1라인 단위로 스크롤시켜 래스터 스크롤을 구현하거나, 1라인 단위로 팔레트 색을 변경하여 그러데이션을 표현하는 등이다. 게다가 1라인 단위로 화면 모드를 변경해 '상단의 스코어 표시 부분은 모드 1, 그 아래는 모드 7' 식으로, 한 화면 내에서 복수의 화면 모드를 혼재시키는 것도 가능하다.

1라인 단위로 스크롤시켜
래스터 스크롤을 구현

1라인 단위로 팔레트를 변경해
그러데이션을 구현

「F-ZERO」의 화면은 이렇게 만들어졌다

슈퍼 패미컴과 동시 발매되어 일거에 주목을 모았던 「F-ZERO」의 화면. 특유의 입체적인 코스 화면은 모드 7의 회전 기능과 위에서 서술한 HDMA를 조합한 테크닉으로 구현한 것이다.

모드 7의 회전 기능은 Z축으로만 적용되기에 평면적인 회전밖에 할 수 없으므로, HDMA를 이용해 원경으로 멀어질수록 화면을 축소시킴으로써 코스와 유사한 느낌의 영상을 만든다. 또한, 단순한 모드 7만으로는 화면 전체가 회전해버리므로, 지평선 기준으로 위쪽은 모드 1로 그림을 그려내 회전하지 않도록 막는 것이다.

이 테크닉은 레이싱 게임에 그치지 않고 「파이널 판타지」 시리즈의 비공정 화면 등에도 사용되어, 슈퍼 패미컴을 상징하는 대표적인 표현이 되었다.

▲ 이 테크닉을 처음 고안해낸 닌텐도는 역시 대단하다!

HARDWARE
1990
1991
1992
1993
1994
1995
1996
1997
1998
1999
2000
INDEX

HARDWARE

1990
1991
1992
1993
1994
1995
1996
1997
1998
1999
2000
INDEX

컨트롤러

슈퍼 패미컴의 컨트롤러는 기존 패미컴 컨트롤러의 연장선상에서 십자 버튼을 채택한 패드 형태를 계승해 답습했다. 반면 케이블은 본체에 묶여있지 않고 커넥터 형태로 접속하도록 변경하였으므로, 패미컴 당시 별매 컨트롤러 접속에 사용했던 15핀 확장 커넥터는 삭제되었다.

이 컨트롤러의 특징이라면, 뭐니 뭐니 해도 새로이 도입된 'X'·'Y'·'L'·'R' 4개 버튼일 것이다. 게임이 점차 복잡해져가는 가운데 기존의 'A'·'B' 버튼만으로는 부족해졌음을 고려한 결과, 집게손가락이 닿는 부분에는 'L'·'R' 버튼을, 'A'·'B' 버튼 위에는 'X'·'Y' 버튼을 추가하여, 현재의 버튼 수로 결정되었다.

'X'·'Y' 버튼은 'A'·'B' 버튼과 헷갈려 누르지 않도록 왼쪽 위에 비스듬히

배치되었고, 문자를 읽지 않아도 직관적으로 알 수 있도록 4색 배치를 도입했다. 이것이 슈퍼 패미컴을 상징하는 아이콘 기능도 하게 되어, 그대로 브랜드 마크에까지 채용되었다.

표면에 배치되는 버튼이 늘어났기 때문에, 기존의 사각형 컨트롤러에서

벗어나 원형을 풍부하게 사용한 둥글넓적한 디자인이 되었다. 이 덕분에 손크기가 다른 아이나 외국인이라도 어느 정도까지는 단일 컨트롤러 규격으로 유연하게 적용할 수 있다는 부차적인 효과도 얻었다. 실로 완성도가 높은 컨트롤러라 하겠다.

▲ 컨트롤러 뒷면은 패미컴과 마찬가지로 별 기능이 없어, 그야말로 심플하다.

▲ 양손의 집게손가락 부분에 추가된 'L'·'R' 버튼. 타사도 이 아이디어를 뒤따라 채택하여, 업계의 표준 버튼이 되었다.

▲ 독자적인 형태가 특징인 7핀 컨트롤러 단자. 패미컴의 15핀 확장 커넥터 기반으로 설계되었다.

닌텐도 공식 규격에는 없는 주변기기, '멀티 플레이어 5'

슈퍼 패미컴은 표준으로 컨트롤러 단자가 2개 마련돼 있지만, 3명 이상이 한 게임을 즐기려면 멀티 탭이 필요하다. 이 주변기기는 닌텐도

에서는 발매되지 않았고, 허드슨과 호리 전기 등의 서드파티에서 몇 종류가 발매되었다. 2번 컨트롤러 단자를 4개로 확장하면, 컨트롤러 1까

지 포함해 최대 5명까지 플레이할 수 있다.

▲ 슈퍼 멀티 탭 (허드슨)

▲ 슈퍼 멀티 탭 2 (허드슨)

▲ 호리 멀티 탭 (호리 전기)

SUPER Famicom

HARDWARE

1990
1991
1992
1993
1994
1995
1996
1997
1998
1999
2000
INDEX

소프트 카세트

슈퍼 패미컴의 카세트는 패미컴과 비교해 좀 더 큼직하며, 마찬가지로 앞뒤가 비대칭인 형태를 채용하여 착오로 뒤집어 꽂지 않도록 배려했다. 또한 카세트 앞면에는 오목한 홈이 있어, 본체의 전원 스위치를 켜면 잠금용 돌기가 맞물려 뽑히지 않게 되는 구조이다 (슈퍼 패미컴 주니어에서는 이 구조가 삭제되었다).

또한 패미컴 시대에는 개발사가 제각기 카세트를 생산하던 경우가 많아 디자인과 색이 천차만별이었지만, 슈퍼 패미컴에서는 닌텐도로 생산체계가 일원화되어, 아래 박스기사에서 소개하는 특수 카세트를 제외하고는 색과 사이즈 모두 슈퍼 패미컴 본체와 동일한 그레이 컬러로 통일되었다.

▲ 패키지는 종이 재질로 VHS 비디오테이프와 같은 사이즈라, 당시 시중의 비디오테이프 꽂이를 재활용할 수 있었다.

◀ 전원을 켤 시에 카세트가 불시에 뽑히지 않도록 마련된 이탈 방지 구조.

본체 성능을 UP! 전용 칩 탑재 카세트

폴리곤을 표현하기 위해 슈퍼 FX 칩을 탑재한 「스타폭스」의 사례처럼, 성능을 강화할 목적으로 전용 칩을 탑재한 소프트가 여럿 있다. 카세트 외관으로는 똑같아 보이지만, 단자 부분을 잘 관찰하면 좌우에 작은 단자가 추가되어 있으므로 이것으로 판별 가능하다.

▲ 「스타폭스」의 카세트 내부. 중앙에 보이는 가장 큰 칩이 슈퍼 FX 칩이다.

그 외의 특수 형태 카세트

일부 소프트는 새틀라뷰 지원 기능이 있어, 발매 후에도 데이터 배포로 다운로드받은 추가 데이터를 저장하는 용도의 메모리 팩 슬롯을 내장하기도 했다. 또한 반다이의 슈패미 터보 지원 소프트는 모두 소형 카세트를 채용하여, 친구들과 세이브 데이터로 대전하거나 후일 발매된 별도 타이틀을 통해 맵을 확장하는 등의 새로운 놀이방법을 제안했다.

▼▶ 새틀라뷰의 메모리 팩 대응 카세트 및 슈패미 터보. 말하자면 팩 속의 팩 끼우기의 합체가 가능하다.

HARDWARE

1990
1991
1992
1993
1994
1995
1996
1997
1998
1999
2000
INDEX

일부 출력단자를 삭제하여 단가절감을 노린 염가형 모델

슈퍼 패미컴 주니어

닌텐도　　1998년 3월 27일　　7,800엔

▶ 패키지에는 사진이 사용되었다. 본체 주변의 테두리에 이미지 컬러 4색 디자인이 들어가 있다.

■ 일거에 가격이 1/3이 되었다

슈퍼 패미컴 주니어는 기존 기종의 설계를 전면 리뉴얼한 모델이다. 거의 쓸 일이 없어진 RF 단자와 28핀 확장 커넥터를 삭제하고, CPU와 PPU를 원칩으로 통합했으며, 사운드 칩도 2개

의 칩과 메모리를 원칩으로 통합함으로써 부품 개수를 대폭 줄이는 데 성공해 생산단가를 절감해냈다. 그 외에도 컨트롤러 상단의 문자를 실크 인쇄에서 몰드(요철)로 변경하고 카세트의 이젝트 버튼과 전원 LED도 삭제하는 등, 실로 다양한 부분에 단가절감 대책을 가했다.

컬러링은 퍼플이 약간 가미된 그레이로 변경하여, 북미판 슈퍼 패미컴(SNES)에 가까운 색조가 되었다. 그야말로 귀여운 디자인의 본체이지만, 슈퍼 패미컴 시장 자체가 종막을 고하던 시기에 나온 탓에 출하대수가 그리 많지 않았으므로, 지금은 당시 소매가격 이상의 프리미엄으로 거래되고 있다.

슈퍼 패미컴 주니어의 사양

형식번호	SHVC-101
CPU	리코 S-CPUN (65C816 호환 16비트 CPU+PPU 통합 칩) 1.79MHz / 2.68MHz / 3.58MHz
메모리	RAM : 128KB DRAM (메인 용)　VRAM : 64KB
그래픽	화면해상도 : 256×224, 512×224, 256×239, 512×239픽셀 (논 인터레이스) 　　　　　256×448, 512×478 (인터레이스) 컬러 : 32,768색 중 최대 2,048색 동시 표시 스프라이트 표시 : 1화면 중 128개 (가로 방향 32개)　8×8~64×64픽셀 16색 BG 표시 : 최대 4장 영상표시 처리성능 : BG면 확대축소, 반투명, 모자이크, 윈도우, 래스터 제어
사운드	소니 S-APU (S-DSP + S-SMP + 64KB SRAM 통합 칩) 2.048MHz 샘플링 주파수 : 32KHz 16비트 스테레오 ADPCM 동시발음 수 : 8채널 이펙터 기능 : 엔벨로프, 에코, 딜레이, 피치, 노이즈, 피치벤드
입출력 단자	카세트 삽입구, 컨트롤러 커넥터(2개), 음성/영상 출력 단자
전원/소비전력	전용 AC 어댑터 (DC 10V 850mA) / 8W
외형 치수	187(가로) × 182(세로) × 69(높이) mm
본체 중량	약 500g

TOP VIEW

BOTTOM VIEW

FRONT VIEW

REAR VIEW

LEFT SIDE VIEW

RIGHT SIDE VIEW

▲ 신형과 구형 두 대를 나란히 놓아보면, 매우 소형화되었음을
바로 알 수 있다.

CONTROLLER

HARDWARE

1990
1991
1992
1993
1994
1995
1996
1997
1998
1999
2000

INDEX

▌ 일부 주변기기는 쓸 수 없으니 주의

슈퍼 패미컴 주니어는 기본적으로 소프트 및 주변기기를 모두 그대로 사용할 수 있지만, 사양 변경으로 인해 사용 불가능한 주변기기도 몇 가지 있다.

28핀 확장 커넥터 삭제로 인해 새 틀라뷰를 연결할 수 없는 것은 물론, 음성/영상 출력단자도 일부 사양이 변경되어 S단자 케이블 및 RGB 케이블을 슈퍼 패미컴 주니어에서는 사용할 수 없다. 지금 구입을 고려하는 사람은 주의하도록 하자.

▲ 내부 부품 절감의 일환으로, 전원과 리셋 스위치는 왼쪽 한 구석에 모여 있다.

환상의「스타폭스 2」를 포함, 21개 타이틀을 수록해 복각

닌텐도 클래식 미니 슈퍼 패미컴

닌텐도　　2017년 10월 5일　　7,980엔

작아졌지만, 재미는 그대로

　닌텐도 클래식 미니 슈퍼 패미컴(이하 미니 슈퍼 패미컴)은 닌텐도가 2017년에 발매한 슈퍼 패미컴의 복각품이다. 전년에 발매했던 닌텐도 클래식 미니 패밀리 컴퓨터가 호평을 받아 기획된 상품으로, 당시의 디자인을 그대로 손바닥 사이즈로 축소한 본체가 특징이다. 당시의 게임 소프트를 꽂아 즐길 수는 없고, 본체 내에 역대 인기작들 중에서 선정된 게임 타이틀 21종이 내장되어 있다.

　컨트롤러는 오리지널과 동일 사이즈로 똑같이 복각되어, 당시 플레이 감각 그대로 즐길 수 있다. 커넥터는 Wii의 컨트롤러 단자와 동일한데, 실제로도 미니 슈퍼 패미컴과 Wii 클래식 컨트롤러는 상호 교체사용이 가능하다. 익숙한 쪽으로 플레이할 수 있으므로, 바람직한 배려라 할 만하다.

　영상·음성 출력은 HDMI로, 전원은 USB로 연결하는 일반적인 사양이므로, 시중의 AC 어댑터 및 케이블을 그대로 사용 가능하다. '어디서든 세이브' 기능과 당시의 브라운관 화질을 유사하게 재현하는 화면표시 설정 등, 빈틈없는 배려가 일품인 기기이다.

　이 제품에 수록된 게임 라인업은 아직 접해보지 않은 사람이라면 꼭 즐겨야 마땅한 슈퍼 패미컴의 명작 총집합인데, 여기에 더해「스타폭스 2」가 신규 타이틀로 수록되어 있다. 이 작품은

▲ 메인 셀렉트 메뉴. 인터페이스 디자인도 슈퍼 패미컴 느낌이 물씬.

당시 이미 완성되었음에도 슈퍼 패미컴 시장 말기였기에 발매 타이밍을 놓쳐버려 결국 출시되지 못했던 게임이다.「스타폭스」의 스테이지 1을 클리어하면 해금되어 즐길 수 있게 되므로, 20년 이상이 지나서야 드디어 햇빛을 보게 된 환상의 타이틀을 이 기회에 꼭 즐겨보기 바란다.

닌텐도 클래식 미니 슈퍼 패미컴의 사양

형식번호	CLV-301
CPU	Allwinner Technology R16 (System on Chip)
메모리	RAM : 256MB DDR3 RAM (메인 용), 512MB 플래시 메모리 (데이터 용)
영상출력	720p, 480p
음성출력	HDMI를 통한 리니어 PCM 출력
입출력 단자	HDMI 단자, USB 단자(micro-B)
전원/소비전력	닌텐도 USB AC 어댑터, 또는 시중의 USB 어댑터 (DC 5V 1.0A) / 5W
외형 치수	110(가로) × 133(세로) × 40.5(높이) mm
본체 중량	약 199g

▲ 10p의 오리지널 사진과 비교해보고 싶을 만큼 쏙 빼닮은 패키지. 거의 틀린그림찾기 급이다.

HARDWARE

1990
1991
1992
1993
1994
1995
1996
1997
1998
1999
2000

INDEX

TOP VIEW

BOTTOM VIEW

FRONT VIEW

REAR VIEW

LEFT SIDE VIEW

RIGHT SIDE VIEW

▲ 앞면의 뚜껑을 열면 커넥터 단자가 보인다. Wii의 컨트롤러 단자와 동일한 규격.

▲ 컨트롤러 쪽의 커넥터 부분 확대 사진. 조작감도 양호하다!

09606 TARGET 05.0
1

ITEM BLASTER
♥1 SHIELD

▲ 시대가 시대다 보니 로우 폴리곤이지만, 환상의 게임을 즐길 수 있는 것만으로도 기쁜 「스타폭스 2」.

■ 수록 타이틀 일람

- 「슈퍼 마리오 월드」
- 「F-ZERO」
- 「힘내라 고에몽 : 유키 공주 구출 편」
- 「초마계촌」
- 「젤다의 전설 신들의 트라이포스」
- 「슈퍼 포메이션 사커」
- 「혼두라 스피리츠」
- 「슈퍼 마리오 카트」
- 「스타폭스」
- 「성검전설 2」
- 「록맨 X」
- 「파이어 엠블렘 : 문장의 수수께끼」
- 「슈퍼 메트로이드」
- 「파이널 판타지 VI」
- 「슈퍼 스트리트 파이터 II」
- 「슈퍼 동키 콩」
- 「슈퍼 마리오 요시 아일랜드」
- 「패널로 퐁」
- 「슈퍼 마리오 RPG」
- 「별의 커비 슈퍼 디럭스」
- 「스타폭스 2」

HARDWARE

1990
1991
1992
1993
1994
1995
1996
1997
1998
1999
2000
INDEX

BS 위성으로 게임 데이터를 다운로드할 수 있는

새틀라뷰

닌텐도　　　1995년 4월 중순　　　18,000엔

※ 1995년 11월 1일부터 소매점 판매 개시

▲ 하늘에서 게임이 내려오는 것을 이미지화했는지, '푸른 하늘'이 컨셉인 패키지 디자인.

새틀라뷰는 위성방송 모뎀

　새틀라뷰는 1995년 4월 23일부터 BS(역주 ※) 아날로그 방송을 통해 제공한 데이터 방송 서비스 '슈퍼 패미컴 아워'를 수신하기 위한 전용 주변기기다. BS 안테나와 튜너를 설치하면 무료로 시청할 수 있었으며, 위성방송의 음성을 들으면서 게임을 진행하는 '사운드 링크 게임'을 비롯해 '오리지널 게임'이나 신작 소프트의 '체험판' 배포, 유명인사가 진행하는 '퍼스널리티 프로', 읽을거리를 즐기는 '매거진 프로' 등 다양한 컨텐츠가 제공되었다.

　운영은 세인트 기가(위성 디지털 음악방송)가 주관하여, 당초에는 뉴스·일기예보·교육 프로·노래방 등의 컨텐츠가 검토 상에 올랐다. 이후 닌텐도는 세인트 기가에 자본 참여하는 형태로 운영에 참가해, 게임 소프트 데이터 제공으로 방침을 개편하여 슈퍼 패미컴과 전용 소프트 중심의 오락방송으로 바꾸었다. 닌텐도는 '슈퍼 패미컴 아워'의 개국에 맞춰 새틀라뷰의 개발과 발매, 제공되는 컨텐츠(지원 게임 등)의 공급에 나섰다.

　닌텐도는 새틀라뷰 이외에도 닌텐도 파워(30p) 등의 배급 서비스를 전개하였고, 슈퍼 패미컴 이외에도 디스크 시스템(패미컴), 랜드넷(닌텐도 64) 등 기존 게임 소프트 유통망에 얽매이지 않는 배급 시스템을 다양한 방향으로 모색해갔다. 이러한 시행착오는 훗날 Wii 채널 등의 정보제공 서비스로까지 연결되는 선구자적 시도라 할 수 있으리라.

새틀라뷰의 사양

형식번호	SHVC-029 (새틀라뷰 본체)
LSI (새틀라뷰 본체)	DCD(데이터 채널 디코더), PCM 디코더
LSI (위성방송 전용 카세트 'BS-X')	MCC(메모리맵 컨트롤러 & 시큐리티 칩) 8Mbit 마스크 ROM, 256Kbit 백업 SRAM, 4Mbit 의사 SRAM
LSI(전용 8M 메모리 팩)	8Mbit 플래시 메모리
데이터 수신 속도	최대 668Kbps
전원/소비전력	새틀라뷰 AV 셀렉터 (DC 8V 2.5A) / 4W
외형 치수	201(가로) × 253(세로) × 66(높이) mm
본체 중량	약 660g

(역주 ※) Broadcasting Satellite(위성방송)의 줄임말. 궤도상의 방송용 인공위성을 통해 송출하는 텔레비전 방송으로, 일본에서는 1984년 5월 NHK가 상용 BS 아날로그 방송을 시작했다. 이를 이용해 디지털 데이터를 전송하는 위성 데이터 라디오 방송 시스템을 기반으로 닌텐도가 새틀라뷰 전용 프로를 운영하게 된다.

TOP VIEW

BOTTOM VIEW

FRONT VIEW

REAR VIEW

LEFT SIDE VIEW

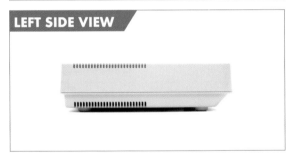

RIGHT SIDE VIEW

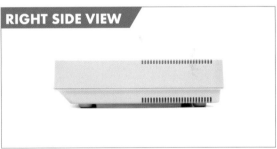

HARDWARE

1990
1991
1992
1993
1994
1995
1996
1997
1998
1999
2000

INDEX

■ 방송을 즐기려면 전용 카세트가 필수

▲ 카세트 위에 또 카세트를 꽂으면 팩 속의 팩, 방식, 메모리 팩에는 다음으로 드 한 데이터를 저장할 수 있다.

▲ 이제는 서비스가 종료되었으므로 아쉽게도 거리 안은 적막하고 한 상태다.

'슈퍼 패미컴 아워'의 각 컨텐츠는 새틀라뷰 전용 위성방송용 카세트 「BS-X : 이것은 이름을 도둑맞은 거리의 이야기」를 통해 접속하게 된다. 플레이어의 캐릭터 이름을 등록한 후 가상의 거리에 존재하는 건물로 들어가면 테마에 맞춰 컨텐츠를 즐길 수 있다는, 마치 게임과 같은 구성이 최대 특징이었다. 「BS-X」는 단순한 접속 프로그램이 아니라, 아이템을 입수해 거리의 주민들과 정보를 교환하여 스토리를 진행할 수도 있었다. 거리의 건물이나 주변을 배회하는 주민들의 움직임은 방송국 측에서 조정했다.

또한 기본적으로 '방송'이므로, 즐기

고픈 프로가 있다면 반드시 해당 프로의 방송시간에 맞춰 새틀라뷰를 구동하고 대기해야만 했다. 반대로 말하면 시청자들이 특정 시간에 모여 동시 시청하게 된다는 의미로, 유저(게임 내에선 '새틀라'로 호칭)들 사이의 일체감이 새틀라뷰의 매력 포인트라 할 수 있다.

「BS-X」 카세트에는 메모리 팩을 장착 가능해, '오리지널 게임'이나 '체험

판' 등 일부 컨텐츠를 다운로드하여 저장할 수도 있었다. 이로써 위성통신이 불가능하거나 새틀라뷰가 접속되어 있지 않은 상태라도, 카세트로 메모리 팩 내에 저장한 컨텐츠를 즐길 수 있다.

■ 방송 개시 후에도 시청자 수는 지지부진

세계 최초의 위성 데이터 방송이라는 화제성을 업고 '슈퍼 패미컴 아워'는 화려하게 방송을 개시했지만, 기기 대금만 지불하면 방송 자체는 무료였음에도 불구하고 '위성방송'이라는 선입견 탓에 유료 서비스로 오해하는 사람이 많아(서비스 초기에는 우편으로만 신청 가능했던 점도 오해를 산 요인 중 하나였다), 새틀라뷰의 매출은 지지부진했다.

후일 세인트 기가와 닌텐도 사이에 서비스 전개 방향성에 대한 이견이 생겨 마찰이 확대된 끝에 1999년 3월 31일자로 닌텐도는 사업에서 철수하고, '세인트 기가 위성 데이터 방송'으로 명칭이 변경되어 세인트 기가가 단독으로 방송사업을 유지하게 되었다. 하지만 이 무렵은 이미 슈퍼 패미컴 자체가 시장에서 퇴조하던 말기여서, 저조한 시청자 수를 끌어올리기가 쉽지 않았다. 신규 광고주를 유치하지도 못하여, 2000년 6월 30일을 기해 6년에 걸쳐 슈퍼 패미컴을 단말기 삼아 제공했던 위성 데이터 방송 서비스는 결국 막을 내리게 되었다.

새틀라뷰에는 모뎀이나 하드디스크 등의 증설을 상정한 확장단자도 내장되어 있었지만, 방송 개시 초기에 잡아놓은 틀이 이후에도 계속 걸림돌로 남아버려, 당초의 구상은 결국 결실을 맺지 못하고 끝나버렸다. '방송'이라는 서비스 형태의 특성상 새틀라뷰 용으로 제공된 방송 내용 및 컨텐츠는 오리지널 게임을 제외하고는 후세에 남기기 어려울 수밖에 없으니, 실로 아까운 시스템이었다 하겠다.

새틀라뷰의 주변기기

본 지면에서는 새틀라뷰의 시스템을 구성하는 주변기기를 소개한다. 여기서 소개하는 기기는 모두 새틀라뷰 세트에 동봉되어 있으므로, 전용 8M 메모리 팩 외에는 별도로 판매되지 않았다.

위성방송 전용 카세트
SHVC-027

새틀라뷰를 동작시키기 위한 기본 소프트웨어가 들어있는 카세트. 전용 8M 메모리 팩을 장착할 수 있는 단자가 윗면에 마련돼 있다.

전용 AV 셀렉터
SHVC-030

일반 BS방송 영상과 새틀라뷰 영상을 전환하기 위한 셀렉터. 케이블은 스테레오 AV 케이블만 지원한다.

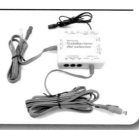

전용 AC 어댑터
SHVC-032

슈퍼 패미컴 본체, 새틀라뷰, 전용 AV 셀렉터의 전원을 이것 하나로 일원화할 수 있는 대용량 2500mA의 AC 어댑터. 전용 AV 셀렉터에 접속해 사용한다.

전용 전원 중계 박스
SHVC-033

슈퍼 패미컴과 새틀라뷰의 전원을 하나로 묶기 위한 기기. 양 기기에 개별로 AC 어댑터를 연결할 경우엔 불필요한 아이템이다.

전용 8M 메모리 팩
SHVC-031　1995년 7월 7일　5,250엔(세금 포함)

위성방송 전용 카세트에 장착하는 플래시 메모리. 세트 내에 1개가 동봉되어 있지만, 후일 별매품으로도 발매되었다.

Satellaview

HARDWARE

1990
1991
1992
1993
1994
1995
1996
1997
1998
1999
2000
INDEX

CATALOGUE

제공된 컨텐츠들의 소개

슈퍼 패미컴 아워의 컨텐츠는 음성 방송을 비롯하여 다양한 프로로 구성

되었다. 서비스 초기에는 탤런트를 기용한 음성방송이 많았지만, 프로 공급이 여의치 않아졌는지 갈수록 매거진과 사운드 링크 게임의 비중이 높아지고 재방송이 눈에 띄게 늘어났다. 본

지면에서 소개한 것 외에도 신작 게임의 체험판이 다운로드 배포로 제공되었지만, 플레이 회수에 제한이 걸리는 등의 문제로 지금 시점에서는 플레이할 수 없는 경우가 많다.

음성 방송

슈퍼 패미컴의 화면을 보면서 음성 방송을 즐기는 컨텐츠로, 요즘 말로 하면 '인터넷 연동형 라디오 프로'와 비슷하다(메시지 투고 등 실시간으로 시청자가 참여하는 기능은 없지만). 게임 화면이나 진행자의 모습 등을 슈퍼 패미컴 상에서 보여주기는 하나, 자동 표시가 아니라서 시청자가 페이지 메뉴를 직접 선택해 넘겨야만 했다.

폭소문제의 실리콘 반상회

▲ 인기 개그맨 콤비 '폭소문제'가 진행자로 활약하는 토크쇼 프로. 게임 아이디어 모집 기획 등도 했다고.

유우키 나에의 GE-MU 항아리

▲ 예능인 진행자인 유우키 나에가 다양한 게임 개발사 사장을 초청해 대담하는 토크쇼 프로.

매거진

매거진이란 웹 페이지처럼 꾸며진 읽을거리 컨텐츠로, 방송시간과 상관없이 언제든 읽을 수 있는 것이 특징이었다. 닌텐도 파워나 포켓 카메라 등의 닌텐도 제품 활용 기사부터, '패미통'·'굿즈 프레스' 등 실제 발간되던 잡지와 제휴하여 기사 일부를 제공하는 등의 신선한 시도도 있었다.

BS 패미통 매거진 특별판

▲ 서점에서 '패미통'을 사지 않아도 크로스 리뷰나 최신작 정보를 읽을 수 있었다.

BS 굿즈 프레스

▲ 신상품·잡화 전문 월간지인 '굿즈 프레스'의 기사 일부를 읽을 수 있는 'BS 굿즈 프레스'.

사운드 링크 게임

음성 방송으로 힌트를 들으면서 진행한다는 신개념 게임. 방송시간 에 대기하고 있어야 하므로 방송시 간이 아니라면 즐길 수 없다. 호화로 운 BGM으로 게임을 즐길 수 있는 것도 하나의 매력이었다.

■ 사운드 링크 게임 제공 타이틀 리스트

1995년 8월 6일	BS 젤다의 전설 (MAP1)	닌텐도
1995년 12월 31일	BS 젤다의 전설 (MAP2)	닌텐도
1995년 10월 4일	All Japan 슈퍼 봄블리스 컵 '95	B.P.S.
1995년 11월 1일	왁자지껄Q 가을의 대감사제!	닌텐도
1996년 3월 6일	왁자지껄Q 봄의 채점	닌텐도
1995년 12월 1일	Satellaview Bass Tournament "BIGFIGHT"	나그자트
1995년 12월 3일	BS 모노폴리 강좌	토미 에이프
1996년 1월 17일	BS 마벨러스 타임 어슬레틱	닌텐도
1996년 11월 3일	BS 마벨러스 캠프 아놀드	닌텐도
1996년 2월 4일	BS 드래곤 퀘스트	에닉스
1996년 3월 31일	BS 슈퍼 마리오 USA 파워 챌린지	닌텐도
1996년 4월 28일	BS 떠돌이 시렌 스라라를 구출하라	춘 소프트
1996년 5월 26일	BS 스프리건 파워드 프렐루드	나그자트
1996년 6월 30일	BS 스프리건 파워드 본편	나그자트
1996년 6월 2일	타카라 배 오오즈모 위성장소	타카라
1996년 7월 28일	새틀라Q 상쾌! 여름축제	닌텐도
1996년 12월 1일	새틀라Q 연말 점보	닌텐도
1997년 5월 4일	새틀라Q Q일	닌텐도
1997년 6월 15일	새틀라Q 직Q	닌텐도
1997년 8월 3일	새틀라Q 코시엔	닌텐도
1996년 8월 4일	BS 심시티	닌텐도
1996년 9월 1일	새틀라뷰 배 더비스타 96 제 1회	아스키
1998년 1월 25일	새틀라뷰 배 더비스타 96 제 2회	아스키
1996년 9월 2일	BS 목장이야기 나의 목장 체험기	팩 인 비디오
1996년 9월 29일	BS 신 오니가시마	닌텐도

1996년 12월 29일	BS F-ZERO 그랑프리	닌텐도
1997년 8월 10일	BS F-ZERO 그랑프리 2	닌텐도
1997년 1월 26일	BS 니치부츠 마작	일본물산
1997년 2월 9일	BS 탐정 클럽 눈 속에 사라진 과거	닌텐도
1997년 3월 30일	BS 이하토보 이야기	핵트
1997년 3월 2일	BS 젤다의 전설 고대의 석판	닌텐도
1997년 4월 27일	배스 낚시 No.1 봄의 전국 토너먼트 봄 예선	HAL 연구소
1997년 5월 25일	배스 낚시 No.1 봄의 전국 토너먼트 봄 결선	HAL 연구소
1997년 8월 24일	배스 낚시 No.1 봄의 전국 토너먼트 여름	HAL 연구소
1997년 11월 23일	배스 낚시 No.1 봄의 전국 토너먼트 가을	HAL 연구소
1998년 2월 22일	배스 낚시 No.1 봄의 전국 토너먼트 겨울	HAL 연구소
1997년 5월 11일	익사이트바이크 붕붕 마리오 배틀 스타디움 1-2	닌텐도
1997년 11월 2일	익사이트바이크 붕붕 마리오 배틀 스타디움 3-4	닌텐도
1997년 6월 1일	R의 서재 제 1막	닌텐도
1997년 11월 30일	R의 서재 제 2막	닌텐도
1997년 6월 22일	폭소문제의 돌격 스타 해적	닌텐도
1997년 6월 29일	새틀라 워커	불명
1998년 2월 15일	새틀라 워커 2	불명
1997년 7월 13일	켄짱과 지혜겨루기	닌텐도
1997년 12월 14일	옷짱과 지혜겨루기	닌텐도
1997년 9월 7일	아동조사단 Mighty Pockets 조사 1-2	닌텐도
1998년 3월 22일	아동조사단 Mighty Pockets 조사 3	닌텐도
1997년 9월 28일	BS 파이어 엠블렘 아카네이아 전기 편	닌텐도
1997년 12월 28일	BS 슈퍼 마리오 컬렉션	닌텐도
1998년 3월 1일	BS Parlor!	니혼 텔레네트

BS 젤다의 전설 (MAP1)

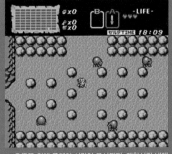

▲ 오른쪽 위에 플레이 시간이 표시되며, 제한시간 내에 트라이포스를 찾아내는 게 목적이다. 가끔 음성으로 힌트도 방송되었다.

All Japan 슈퍼 봄블리스 컵 '95

▲ 「슈퍼 봄블리스」를 기반으로 제작한 사운드 링크 게임. 제한시간 내에 문제를 클리어한다는 내용.

BS 드래곤 퀘스트

▲ '줄 서도 못 사는 드래곤 퀘스트'라는 캐치카피가 붙은 킬러 타이틀. 음성 방송으로 나오는 호화로운 BGM으로 어필했다.

BS F-ZERO 그랑프리

▲ 무대가 지구로 바뀌고 머신도 리뉴얼된 새로운 「F-ZERO」. 프랙티스 모드의 성적 상위자만 그랑프리 출장이 가능했다.

익사이트바이크 붕붕 마리오 배틀 스타디움 1-2

▲ 패미컴의 「익사이트바이크」를 리메이크한 게임. 마리오 일행이 총출동해 겨루는 재미있는 내용이다.

새틀라Q 상쾌! 여름 축제

▲ 전용 게임을 사용한 퀴즈 프로. '여름 축제' 외에도 '연말 점보', '코시엔' 등 다양한 타이틀로 방송되었다.

오리지널 게임

오리지널 게임이란 새틀라뷰로만 제공된 다운로드 전용 게임으로, 한 번 다운로드하면 새틀라뷰가 접속되어 있지 않더라도 슈퍼 패미컴에서 단독 플레이가 가능하다. 다운로드한 게임은 8M 메모리 팩에 저장되지만, 게임 하나만으로도 메모리 팩을 거의 꽉 채워버리는 타이틀도 많아.

오리지널 게임을 남겨두려면 그만큼 다른 다운로드 데이터를 삭제하던가, 별매품 메모리 팩을 계속 구입해야만 했다.

■ 오리지널 게임 제공 타이틀 리스트

날짜	타이틀	제작사
1995년 4월 23일	UNDAKE30 사메가메 대작전	허드슨
1995년 4월 23일	타모리의 피크로스	닌텐도
1995년 4월 23일	유키의 직소 키즈	불명
1995년 4월 23일	와리오의 숲 : 이벤트 버전 등	닌텐도
1995년 4월 24일	크로노 트리거 스페셜판	스퀘어
1995년 7월 2일	RPG 만들기 제작 게임 '대단한 RPG?'	아스키
1995년 7월 22일	와글와글 체크	호리 전기
1995년 8월 2일	뿍뿍 해적	세인트 기가
1995년 8월 4일	RPG 만들기 제작 게임 '주얼 오브 라이프'	아스키
1995년 8월 4일	새틀라Q	닌텐도
1995년 8월 18일	RPG 만들기 제작 게임 '우마타로 겐나린 대모험'	아스키
1995년 10월 1일	카지노 니치부츠	일본물산
1995년 10월 23일	RPG 만들기 제작 게임 'BS 욕심쟁이 맨 레이스'	아스키
1995년 11월 13일	KONAE의 두근두근 펭귄 가족	불명
1996년 1월 27일	사랑은 밸런스 ~K군의 어쩌다 바쁜 하루~	스퀘어
1996년 1월 27일	다이너마이 트레이서	스퀘어
1996년 2월 3일	래디컬 드림머즈 ~훔칠 수 없는 보석~	스퀘어
1996년 2월 8일	커비의 장난감 상자	HAL 연구소
1996년 2월 10일	트레저 컨플릭스	스퀘어
1996년 2월 29일	데자에몽 제작 게임 'BS-X 슈팅'	아테나
1996년 3월 22일	데자에몽 제작 게임 '대단한 슈팅'	아테나
1996년 5월 15일	데자에몽 제작 게임 '대단한 슈팅 2'	아테나
1996년 5월 19일	RPG 만들기 제작 게임 '쿠크 두 들 두'	아스키
1996년 6월 30일	RPG 만들기 2 제작 게임 '오가닉 스톤'	아스키
1996년 8월 11일	RPG 만들기 2 제작 게임 '알프와 박사의 대모험'	아스키
1996년 9월 1일	RPG 만들기 2 제작 게임 '료마로 간다'	아스키
1996년 11월 3일	요시의 파네퐁 BS판	닌텐도
1996년 12월 1일	스페셜 티샷	닌텐도
1997년 3월 30일	개조정인 슈비빔맨 제로	메사이야
1997년 3월 30일	Dr.마리오 BS판	닌텐도
1997년 4월 27일	니치부츠 마작	닌텐도
1997년 6월 1일	BS F-ZERO 2 프랙티스	닌텐도
1997년 6월 29일	쿠온파 BS판	T&E 소프트
1997년 8월 3일	마리오페인트 BS판	닌텐도
1997년 8월 31일	9월 야밤에 박보장기	바텀업
1997년 11월 23일	골프가 좋아! O.B.클럽	메사이야
1997년 11월 23일	빨아들여 뱉군 BS 버전	닌텐도
1997년 11월 30일	새틀라 de 피크로스	닌텐도
1997년 12월 28일	패널로 퐁 이벤트 '98	닌텐도
1998년 2월 1일	Let's 파친코 냅다 은구슬	니혼 텔레네트
1998년 3월 15일	슈퍼 패미컴 워즈	닌텐도

타모리의 피크로스

▲ 방송인 타모리의 프로와 연동되는 형식의 오리지널 피크로스. 새로운 문제가 차례차례 제공되어 유저를 기쁘게 했다.

뿍뿍 해적

▲ 해적선의 창문에서 튀어나오는 해적들을 각 창문의 위치에 대응되는 버튼을 눌러 격파한다는 두더지잡기 형 게임.

크로노 트리거 스페셜판

▲ 팬이라면 갖고 싶어질 소품. '캐릭터 도감', '뮤직 라이브러리', '바이크 레이스'의 3가지 모드가 들어있다.

사랑은 밸런스 ~K군의 어쩌다 바쁜 하루~

▲ 칸 위에 서있는 소녀를 가고자 하는 장소까지 데려가는 연애 보드게임. 4명까지 동시 플레이 가능하다.

개조정인 슈비빔맨 제로

▲ 다 완성해놓고도 이런저런 사정으로 미발매작으로 남아버린 게임을 새틀라뷰로 제공한 수작.

골프가 좋아! O.B.클럽

▲ 4명까지 플레이 가능한 골프 게임. 기상천외한 코스를 돌아볼 수 있어 즐겁다!

HARDWARE

1990
1991
1992
1993
1994
1995
1996
1997
1998
1999
2000
INDEX

샤프에서 발매된 슈퍼 패미컴 내장 TV

SF1

| 샤프 | 1990년 12월 5일 | 14G-SF1(14인치 형) : 100,000엔 | 21G-SF1(21인치 형) : 133,000엔 |

▌ S단자 영상으로 선명한 화질

SF1은 슈퍼 패미컴을 내장한 TV로, 14인치와 21인치 두 가지 모델이 발매되었다(사진은 14인치 모델). 슈퍼 패미컴이 발매된 지 불과 2주일 후라는 타이밍에 시장 투입되어, '슈퍼 패미컴 품절사태' + '게임용 자매 TV 수요'라는 당시 시장 상황 덕에 일거에 대히트 상품이 되었다.

내부적으로는 S단자로 연결되어 당시 기준으로는 비교적 고화질을 실현한 반면, 내장 스피커가 모노럴 출력인 탓에 스테레오 사운드를 들으려면 뒷면의 음성/영상 단자로 외부 출력해야만 한다. 또한 컨트롤러에는 TV와의 거리를 고려하여 2m짜리 롱 케이블을 사용했다.

FRONT VIEW

REAR VIEW

LEFT SIDE VIEW

RIGHT SIDE VIEW

◀ 본체 윗면에 배치된 슈퍼 패미컴용 패널.

◀ 윗면 패널의 뒤쪽에는 음성/영상 출력단자와 확장단자를 배치했다.

◀ 샤프 로고가 인쇄된 컨트롤러가 2개 포함되었다.

호텔 및 여관에 설치하는 업무용 슈퍼 패미컴

슈퍼 패미컴 박스

닌텐도　발매일 불명　가격 불명

제한시간 내에 마음껏 게임을 즐기자

　슈퍼 패미컴 박스는 호텔 및 여관, 공공장소 등에 설치할 수 있는 업무용 슈퍼 패미컴이다. 레귤러 카세트(PSS-61)와 옵션 카세트(PSS-62~64)를 각각 하나씩 장착 가능해, 합계 총 5타

이틀의 게임을 즐길 수 있다(옵션 카세트는 없어도 동작하나, 레귤러 카세트는 필수). 게임은 모두 시중에 발매된 타이틀뿐이지만, 설명서 및 안내 메시지가 포함된 데모 화면이 추가되는 등의 소소한 변경점이 있다.

　하드웨어 자체는 기본적으로 일반적인 슈퍼 패미컴과 동일하지만, 본체 좌우에 코인 박스를 설치할 수 있으며 내부에는 제한시간 체크용 서브 기판이 추가되어 있다. 제한시간 내라면 게임을 리셋하고 다른 게임을

즐겨볼 수도 있다.

▲ 전용 카세트는 시판품의 2배 정도 되는 거대한 크기다. 본체에 2개까지 내장 가능하다.

■ 수록 타이틀 일람

PSS-61	「슈퍼 마리오 카트」,「스타폭스」,「슈퍼 마리오 컬렉션」
PSS-62	「NEW 3D GOLF SIMULATION 와이알라에의 기적」,「SUPER 마작 2」
PSS-63	「슈퍼 동키 콩」,「슈퍼 테트리스 2+봄블리스」
PSS-64	「슈퍼 동키 콩」,「슈퍼 봄버맨 2」

▲ 왼쪽의 큰 구멍은 컨트롤러를 수납하기 위한 공간이다. 시판되는 컨트롤러와 동일하지만, 도난 방지를 위해 본체를 분해해야만 꽂고 뺄 수 있도록 했다.

로손의 멀티미디어 단말기를 사용해 게임을 제공

닌텐도 파워

2000년 3월 1일 서비스 개시 　　　　※ 2002년 8월 31일 로손 점포 서비스 종료　　　※ 2007년 2월 28일 닌텐도 우편대응 서비스 종료

■ 편의점 기반의 온라인 판매 사업

닌텐도 파워는 일본 24시간 편의점 업계의 대기업인 로손과 공동으로 서비스한 슈퍼 패미컴 및 게임보이 소프트 판매 서비스다. 먼저 전용 플래시 메모리 카트리지를 로손의 멀티미디어 단말기 'Loppi'(롭피)에 삽입하여 원하는 소프트를 구입한다. 출력된 영수증을 계산대로 가져가 대금을 지불하면, 계산대에서 게임을 카트리지에 기록해주는 시스템이었다.

과거부터 닌텐도는 디스크 라이터(패미컴 + 디스크 시스템용 소프트 기록 판매 서비스)와 새틀라뷰(22p), 랜드넷(닌텐도 64 + 64DD용 네트워크 통신 서비스) 등등 기존의 소프트 유통망에 의존하지 않는 저렴한 데이터 판매 서비스 사업을 모색해왔기 때문에, 게임 소프트 판매에 뛰어들고 싶었던 로손과 이해가 일치하여 서비스 개시로 이어졌다는 경위가 있다. 그렇다보니, 닌텐도 파워 독점이나 선행판매 신작 타이틀도 있긴 했으나 기본적으로는 구작 타이틀 중심으로서, 소프트 하나의 가격도 1,000엔부터 3,000엔 전후라는 염가로 설정되었다. 최종적으로는 슈퍼 패미컴용만으로 총 240개 타이틀이

▲ 카세트 내부는 8개 블록으로 나뉘어 있어, 7개까지 소프트를 저장할 수 있었다(1블록은 관리용 영역). 공 카세트 외에, 처음부터 소프트가 기록돼 있는 선불판도 발매되었다.

제공되었다.

구입신청 자체는 Loppi에서 하지만 실제로 기록하는 작업은 편의점 직원이 전용 기계로 해줘야 했기에 시간도 품도 들어가는 데다, 중고 소프트가 시중에서 더 싸게 돌기 시작하자 서비스 당초의 예측만큼 이용자가 늘지 않게 되었다. 후일 「Loppi 퍼즐 매거진」 등의 자체제작 타이틀을 투입해 반전을 꾀하기도 했으나 결정적인 타개책은 되지 못해, 불과 2년여 만에 로손은 서비스 철수 결단을 내리게 되었다.

Loppi 서비스 종료 후엔 닌텐도가 사후지원을 인계받아, 닌텐도로 카트리지를 우편 발송하면 기록 후 반송해주는 서비스로 이어졌지만, 이 서비스 역시 2007년 종료되었다.

당시는 슈퍼 패미컴과 게임보이 자체가 구세대 기종 취급받던 시기였던

지라, 아무래도 성공한 서비스라고는 하기 어렵다. 하지만 편의점에서 지금처럼 선불카드 판매가 일반화되기 이전의 과도기적인 온라인 서비스의 밑바탕 중 하나였다는 사실만큼은 분명하므로, 게임 역사의 한 페이지로 남을 가치 있는 사례가 되지 않을까.

▶ 소프트 구입자용으로 계산대에서 배포했던 소책자 내용은 제공 타이틀의 취급설명서로, 카탈로그 기능도 겸했다.

▶ 소프트의 매뉴얼은 「파이어 엠블렘 트라키아 776」 등의 사전설치 작품을 제외하면 전단지 1장으로 간소화된 구성이었다.

CATALOGUE

슈퍼 패미컴의 주변기기

슈퍼 스코프

SHVC-SSA	닌텐도
1993년 6월 21일	9,800엔(세금 포함)

슈퍼 스코프는 바주카포 형 광선총이다. 슈퍼 스코프 본체(SHVC-013)에는 케이블이 없고, 발사된 신호는 동봉된 리시버 팩(SHVC-014)을 통해 감지하는 구조다. 스코프에 눈을 대고 목표를 겨냥하는 식인데, 왼손잡이든 오른손잡이든 사용할 수 있도록 좌우 양쪽에 설치용 스코프 마운트가 마련되어 있다.

이 제품은 브라운관 TV만 지원하므로, 지금의 LCD형 TV 등에서는 사용할 수 없다.

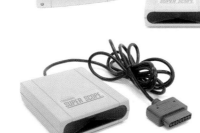

▲ 슈퍼 스코프의 패키지. 어깨에 얹어 사용하는 구조라, 사이즈가 상당히 크다.

▲ TV 앞에 리시버 팩을 설치해 신호를 감지한다. 컨트롤러 단자 2에 접속해 사용한다.

■ 수록 타이틀 일람
- 「슈퍼 스코프 6」
- 「스페이스 바주카」
- 「요시의 로드 헌팅」
- 「X ZONE」
- 「디스트럭티브」
- 「붉은 10월」
- 「T2 : 더 아케이드 게임」

※ 붉은 글자는 슈퍼 스코프 전용 타이틀

슈퍼 패미컴 마우스

SHVC-MA1	닌텐도
1992년 7월 14일	3,000엔(세금 포함)

슈퍼 패미컴의 컨트롤러 단자에 연결해 사용하는 2버튼 볼마우스. 마우스 본체(SNS-016)와 플라스틱 재질의 마우스 패드(SNS-017), 마우스의 감지 롤러가 더러워졌을 때 청소하기 위한 마우스 클리너가 한 세트다.

처음엔 「마리오페인트」 동봉 세트로 발매되었지만, 나중에 마우스 단품으로도 발매되었다. 마찬가지로 마우스 전용 타이틀인 「마리오와 와리오」 동봉 세트로도 발매되었다.

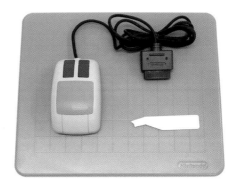

「마리오페인트」는 마우스 동봉이며 9,800엔, 마우스 단품은 3,000엔으로 발매되었다. 겉상자 규격은 앞쪽 모두 동일.

■ 수록 타이틀 일람
- 「마리오페인트」
- 「마리오와 와리오」
  그 외 116개 타이틀이 지원

※ 붉은 글자는 슈퍼 패미컴 마우스 전용 타이틀

HARDWARE
1990
1991
1992
1993
1994
1995
1996
1997
1998
1999
2000
INDEX

HARDWARE
1990
1991
1992
1993
1994
1995
1996
1997
1998
1999
2000
INDEX

컨트롤러

SHVC-005
1990년 11월 21일

닌텐도
1,500엔

슈퍼 패미컴 본체 동봉품과 동일한 컨트롤러. 본체에 2개 동봉
되어 있긴 하나, 그 이상의 다인용 게임을 즐길 때를 위해 꼭
마련해 두자. 닌텐도 및 닌텐도 제품 판매점을 통해 예비부속
품으로서 주문구입도 가능했다.

XBAND 스타터 키트

CEJ01 XB
1995년 10월

캐터펄트 엔터테인먼트
6,800엔

미국의 캐터펄트 사와 일본의 닛쇼 이
와이가 합병 설립한 회사인 캐터펄트
엔터테인먼트가 운영주체가 되어 서
비스한 선불식 통신대전 시스템. 회선
인프라는 니프티서브(역주 ※)의 통신망
을 사용하고, 최대한 근거리인 유저끼
리 매칭하여 전화요금을 억제하는 방
식이었다. 대전 기능뿐만 아니라 메일
기능도 마련돼 있다. 스타터 키트에는
20도수짜리 XBAND 카드가 포함돼
있고, 40도수 별매 카드는 판매점에서
1,600엔으로 구입이 가능했다.
지원 소프트는 「슈퍼 스트리트 파이터
II」, 「뿌요뿌요 투 REMIX」, 「슈퍼 마리
오 카트」 등이 있다.

▲ XBAND 모뎀 위에 지원 소프
트를 끼워 장착하면 대전 플레이
가 가능했다.

(역주 ※) 1987년부터 일본 니프티 사가 운영 개시한, 인
터넷 보급 이전의 텍스트 기반 유료 PC통신 서
비스. 당시에는 NEC의 PC-VAN과 함께 일본 PC
통신 서비스의 양대 산맥이었다. 2006년 종료.

▶ XBAND 카드는 당시에는 아직 보기 드물었던 IC 카드를 채용했다.

통신 세트 NDSF

NDM24
1998년

NTT 데이터통신
12,000엔

슈퍼 패미컴으로 마권을 구매할 수 있는 시스템으로, 컨
트롤러 단자 2에 접속하는 모뎀과 전용 텐키 포함 컨트롤
러로 구성되었다. 전용 소프트는 경마 보안 서비스 측에
서 가입자에게 별도로 우편 발송하는 방법으로 보급했다.

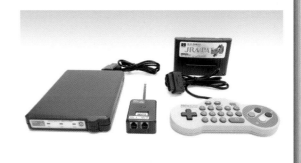

슈퍼 게임보이

SHVC-027
1994년 6월 14일
슈퍼 패미컴 마우스 지원

닌텐도
7,000엔

슈퍼 패미컴에서 게임보이용 소프트를 즐길 수 있는 어댑터 카세트. TV 대화면으로 즐길 수 있는데다, 원래는 모노크롬인 게임보이용 게임 화면에 4색의 유사 컬러를 할당할 수 있어 시인성이 높고 쾌적한 게임 플레이가 가능하다. 다만 게임보이 실기와는 동작 클럭이 달라, 게임의 동작이나 음악의 음정이 약간 빨라진다는 결점이 있었다.

▶ 픽처 프레임은 기본으로 준비된 것 외에, 자신이 직접 그려 만들 수도 있다.

CATALOGUE

▶ 새틀라뷰의 [BS-X]와 매우 닮은 외관인 슈퍼 게임보이. 화질과 전지 잔량에 개의치 않고 즐길 수 있는 것이 장점이었다.

슈퍼 게임보이 2

SHVC-042
1998년 1월 30일
슈퍼 패미컴 마우스 지원

닌텐도
5,800엔

카트리지 오른쪽 측면에 통신 포트를 추가해, 게임보이와의 대전·통신 기능이 가능해진 제품. 또한 슈퍼 게임보이의 결점이었던 동작 클럭 문제가 보완되어, 게임보이와 동등한 속도·음정으로 게임을 즐길 수 있다. 당시의 반투명 외장 유행을 반영해, 클리어 블루 바디를 채용했다.

▶ 픽처 프레임을 편집할 때 마우스를 쓸 수 있다.

CATALOGUE

▶ 클리어 블루 바디가 시원한 느낌을 주는 슈퍼 게임보이 2. 가격도 2,000엔 이상 저렴해 구입이 쉬워졌다.

HARDWARE

1990
1991
1992
1993
1994
1995
1996
1997
1998
1999
2000
INDEX

모노럴 AV 케이블

SHVC-007
1990년 11월 21일

닌텐도
1,200엔

컴포지트(비디오) 단자와 모노럴 음성 단자를 통해 TV에 접속하기 위한 케이블. AV 사양 패미컴과 닌텐도 64에서도 사용할 수 있다.

▲ 패키지 디자인이 조금씩 변경되면서도 꾸준히 판매되었다. 사진은 닌텐도 64 시절의 포장.

스테레오 AV 케이블

SHVC-008
1990년 11월 21일

닌텐도
1,500엔

컴포지트(비디오) 단자와 스테레오 음성단자를 통해 TV에 접속하기 위한 케이블. 역시 AV 사양 패미컴과 닌텐도 64에서도 사용할 수 있다.

▲ 여담인데, 이 규격의 영상 케이블들은 게임큐브에서도 그대로 사용 가능하다.

S단자 케이블

SHVC-009
1990년 11월 21일

닌텐도
2,500엔

컴포지트(비디오) 신호를 혼합하기 전 상태로 보낼 수 있는 S단자가 있는 TV에 접속하기 위한 케이블. 슈퍼 패미컴 주니어는 이 케이블을 지원하지 않는다.

▲ 위의 두 케이블보다 고화질로 영상을 내보낼 수 있는 S단자. 요즘은 S단자가 지원되는 TV를 찾아보기 어렵게 되었다.

RGB 케이블

SHVC-010
1990년 11월 21일

닌텐도
2,500엔

슈퍼 패미컴 내에서 생성되는 영상 데이터를 열화 없이 출력할 수 있는 케이블. S단자 케이블과 마찬가지로, 슈퍼 패미컴 주니어에서는 사용할 수 없다.

▲ 최고로 깨끗한 영상으로 즐기겠다면 이것을 선택하자. 하지만 출하량이 적었던 탓인지 지금 입수하기는 꽤 힘들다.

AC 어댑터

HVC-002
1983년 7월 15일

닌텐도
1,500엔

패미컴과 완전히 동일한 규격의 AC 어댑터. 이미 패미컴을 보유 중이라면 그대로 쓸 수 있으므로, 새로 구입할 필요는 없다.

▲ 여러 종류의 패키지가 존재한다. 디자인이 발매 시기에 따라 따지라

HARDWARE
1990
1991
1992
1993
1994
1995
1996
1997
1998
1999
2000
INDEX

RF 스위치

HVC-002
1983년 7월 15일

닌텐도
1,500엔

아날로그 지상파 방송 수신용 TV 안테나에 접속하기 위해 필요한 기기. 현재는 아날로그 방송이 종료되었고 대응 TV도 적기 때문에, 사용할 일이 없다.

▲ 패미컴 시대에는 매우 흔했던 RF 스위치.

RF 스위치 UV

NUS-009
1996년 6월 23일

닌텐도
1,500엔

바로 위의 RF 스위치와 마찬가지로, 아날로그 지상파 방송 수신용 TV 안테나에 접속하기 위한 기기. 기본적으로 동일한 기능이므로, 어느 쪽을 골라도 상관없다.

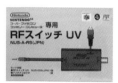

◀ 패키지에도 닌텐도 64 이외의 구 기종도 지원한다는 표기가 있다.

RF 모듈레이터

HVC-103
1993년 12월 1일

닌텐도
1,500엔

본체의 음성/영상 출력단자에 장착해 RF 신호를 생성하는 주변기기로, 위의 RF 스위치와 조합해 사용한다. 음성은 오른쪽 채널만 출력된다.

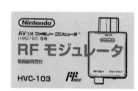

◀ 원래는 AV 패미컴용 주변기기이지만, 슈퍼 패미컴 주니어에도 사용 가능하다.

RF 모듈레이터

NUS-003(JPN)
1996년 6월 23일

닌텐도
1,000엔

위의 RF 모듈레이터와 마찬가지로, 본체의 음성/영상 출력단자에 장착해 RF 신호를 생성하는 주변기기. 이쪽은 스테레오 음성에도 대응한다.

◀ 닌텐도 64와 동시 발매된 주변기기이므로, 패키지 디자인이 화려하다.

75Ω/300Ω 변환기

HVC-004
1983년 7월 15일

닌텐도
300엔

단면이 둥근 동축 케이블이 아닌, 평평한 피더 선으로 단자형태를 변환하기 위한 어댑터. RF 스위치와 조합해 사용한다.

◀ 피더 선은 동축 케이블보다 더 오래된 규격이라, 상당히 낡은 TV가 아닌 한 지금은 볼 기회조차 없을 듯.

세계 각국에 발매되었던 슈퍼 패미컴

슈퍼 패미컴은 패미컴과 마찬가지로 일본 내에 그치지 않고 세계 각국에도 적극적으로 판매 보급되었는데, 특히 북미와 유럽에서 커다란 시장을 구축했다. 상품명은 '슈퍼 패미컴'이 아니라, 패미컴의 서양 명칭인 'Nintendo Entertainment System'을 답습한 'Super Nintendo Entertainment System'(약칭 SNES)

이 되었다.

특히 눈여겨볼 모델은 북미판 SNES로, 일본판 슈퍼 패미컴의 둥글게 마감한 디자인과는 궤를 달리 하는 직선적인 디자인으로 강렬한 인상을 준다. 그이외 지역에서는 일본의 슈퍼 패미컴 디자인을 그대로 활용했기 때문에, 일본 유저에게는 이쪽 디자인이 더 친숙하게 느껴질 듯하다.

영상 방식은 크게 나누면, 세계에서 가장 널리 사용된 PAL 방식과 일본·북미 중심으로 사용된 NTSC 방식의 두 종류가 존재한다.

그 이외 지역으로는 남미·홍콩·중동에서의 판매도 확인되었지만 상세한 것은 불명. 또한 그 외 국가에도 일본·북미·유럽 등지의 모델이 병행수입품으로 소량이나마 유통된 듯하다.

북미 지역

일본 발매 후 약 반년 늦은 1991년 8월에 발매된 북미에서는 2,335만 대라는 판매대수를 기록해, 일본의 1,717만 대를 웃도는 거대 시장을 형성했다.

본문에서도 언급한 대로, 북미판 본체의 최대 특징은 직선적인 디자인이다. 본체 색 역시 퍼플이 가미된 그레이가 사용되어, 이러한 독특한 배색도 특징의 하나로 꼽힌다.

소프트의 경우 일렉트로닉 아츠와 어클레임, 버진 등 현지의 유력 퍼블리셔들이 적극적으로 게임을 출시하였고, 특히 농구와 아이스하키, 미식축구 등 북미의 인기 스포츠 게임 라인업이 두텁다는 점이 커다란 특징이었다.

▲ 카세트와 패키지도 일본판 슈퍼 패미컴과는 형태가 크게 다르다.

▲ 슈퍼 패미컴 주니어도 북미판이 존재한다. 형태는 일본판과 동일하지만, 컬러링은 SNES의 배색을 계승했다.

OVERSEAS MODEL

HARDWARE

1990
1991
1992
1993
1994
1995
1996
1997
1998
1999
2000

INDEX

일본 외 국가의 슈퍼 패미컴 소프트는 일본판에서 돌아갈까?

세계 곳곳에 발매된 바 있는 슈퍼 패미컴이기에, 각국에서 발매된 오리지널 소프트도 즐겨보고 싶다고 생각하는 것은 자연스러운 흐름이다. 하지만 일본판 슈퍼 패미컴에서 타 국가용 소프트를 즐기는 게 가능할까? 본 지면에서는 이 점에 대해 보충 설명하고자 한다.

북미판 SNES는 외관은 크게 다르지만 내부적으로는 일본판과 동일한 NTSC 방식이므로, 카세트만 꽂을 수 있으면 그대로 소프트가 돌아간다. 또한 SNES-SFC 변환 어댑터가 여러 가지 나온 바 있으므로, 이를 사용하는 게 제일 간편하다.

유럽판 SNES는 NTSC와 PAL이 서로 수직동기 주파수가 다름을 이용한 프로텍트가 걸려 있으므로, 이를 사용하려면 본체 개조가 필요하다. 하지만 개조하여 프로텍트를 우회했다 해도 오리지널과는 소프트가 돌아가는 느낌이 달라지므로, 유럽판 SNES와 PAL 지원 TV를 준비하는 게 확실하다 할 수 있다.

아시아 국가의 경우 일본판 슈퍼 패미컴과 완전히 동일하므로, 개조할 필요 없이 그대로 돌아간다. 여기서 소개한 3종 중에서는 가장 간편하게 즐길 수 있는 케이스라 하겠다.

유럽 지역

SUPER NINTENDO
ENTERTAINMENT SYSTEM

유럽 각국에서는 일본보다 2년 늦은 1992년 4월부터 순차 발매되었다. 외관은 본체와 컨트롤러의 실크인쇄를 제외하면 일본판과 완전히 동일하고, 카세트 형태도 똑같아 얼핏 보면 구분이 가지 않을 정도이다.

판매대수는 858만 대로, 선행 발매되었던 메가 드라이브의 영향도 있어 일본만큼의 압승은 아니었고, 거의 호각을 이루며 점유율을 나눠 가졌다. 프랑스의 경우 TV 영상방식이 SECAM이었기 때문에 전용 케이블로 신호를 변환해 연결하는 방법을 사용했다. 덕분에 프랑스판 게임 패키지에는 다른 유럽 각국판에는 있는 'PAL VERSION'이라는 문자가 없다.

◀ 패키지 디자인은 북미판 SNES와 동일하지만, 내부 카세트는 일본판과 동일하다.

ADVERTISING—
1993 SUPER NINTENDO

▲ 유럽은 판매국가가 많기 때문에, 현지 판매대행사 및 국가별로 패키지 디자인이 다르다.

한국

한국에서는 현대전자가 라이선스를 얻어 '현대 슈퍼컴보이'라는 상품명으로 판매했다(그 이전에도 패미컴을 '현대 컴보이'란 브랜드로 판매했다). 본체에 SNES 마크가 실크 인쇄로 붙어있지만, 내부는 NTSC 사양이므로 일본 슈퍼 패미컴용 소프트를 그대로 사용할 수 있다. 실제로도, 일본에서 병행 수입된 한국 미발매 슈퍼 패미컴 소프트가 한국의 전자상가에서 판매되는 모습을 당시에는 흔하게 볼 수 있었다.

ADVERTISING

대만

대만에서는 NTSC 사양의 일본판 슈퍼 패미컴이 '초급임천당(超級任天堂)'이라는 상품명으로 그대로 판매되었다. 본체 패키지도 일본판과 거의 동일하고, 본체는 아예 일본판 슈퍼 패미컴과 완전히 동일 제품(바닥면의 스티커까지 일본어 그대로)이다.

한국과 마찬가지로 소프트는 일본어판이 그대로 병행 수입되어 판매된 듯하며, 대만 오리지널 소프트가 있었는지 여부는 불명이다.

▶ '대만 전용기'라고 한 구석에 적혀있긴 하나, 내용물은 완전히 일본판 슈퍼 패미컴이다.

HARDWARE
1990
1991
1992
1993
1994
1995
1996
1997
1998
1999
2000
INDEX

CHAPTER 2
슈퍼 패미컴
일본 소프트 올 카탈로그

SUPER FAMICOM SOFTWARE ALL CATALOGUE

HARDWARE

1990
1991
1992
1993
1994
1995
1996
1997
1998
1999
2000
INDEX

가장 인기였던 장르는 RPG와 시뮬레이션 게임

슈퍼 패미컴의 소프트 시장을 논하려면, 닌텐도가 패미컴의 후계기가 될 이 기기에 바라는 것이 과연 무엇이었을지 먼저 고찰해볼 필요가 있다. 패미컴이 발매되었던 1983년은 아케이드 게임이 일취월장하며 눈부신 진보를 이룩하던 시대여서, 당시의 가정용 게임기에게 최대의 세일즈포인트란 '○○라는 인기 아케이드 게임을 집에서도 즐길 수 있다!'였다. 패미컴의 초기 킬러 타이틀이 「동키 콩」과 「마리오브라더스」, 「제비우스」 등의 아케이드 인기 타이틀이었던 점은 의심할 여지가 없는 사실이다.

이후 「슈퍼 마리오브라더스」의 히트를 기점으로 패미컴으로만 즐길 수 있는 오리지널 타이틀이 시장을 견인하는 구조로 바뀌게 되는데, 특히 이 흐름을 결정지은 장르가 「드래곤 퀘스트」와 「파이널 판타지」로 대표되는 RPG였다. 반사신경이 필요 없고 차분하게 즐길 수 있는 사고형 게임도 눈 깜짝할 사이에 저변이 넓어져, 「패미컴 위즈」·「파이어 엠블렘」 등의 패미컴 오리지널 시뮬레이션 게임을 배출해냈다. 1980년대 후반이 되자 패미컴의 성능으로는 고성능화된 아케이드 게임의 이식이 매우 어려워져, 타사 서드파티 역시 이 흐름에 동참하듯 RPG와 시뮬레이션 게임을 내놓으며 시장의 무게중심을 옮기는 데 일조했다.

이런 시대에, 닌텐도는 슈퍼 패미컴을 개발하면서 하드웨어 성능의 중점을 과연 어디에 두었을까? 패미컴 개발 당초처럼 아케이드 게임 이식에 용이한 스펙을 추구했을까? 당연히 아닐 것이다. 아케이드 게임 이식에 특화시킨 하드웨어라면 이미 PC엔진과 메가 드라이브가 존재하므로, 순순히 똑같은 싸움판에 서느니 「드래곤 퀘스트」를 필두로 한 밀리언셀러 급의 대작 RPG를 만들기에 유리한 그래픽과 사운드 등의 '표현력' 강화에 주력하는 쪽을 택했다. 그 결과, '표현력으로는 PC엔진과 메가 드라이브를 대폭 상회하지만, CPU의 처리속도는 타 기종에 비해 가장 느린' 슈퍼 패미컴의 기본 컨셉이 완성된 것이다.

이러한 개발 방향성은 슈퍼 패미컴의 발매정보가 차례차례 밝혀짐에 따라 '슈퍼 패미컴에서 돌아가는 새로운 차원의 「드래곤 퀘스트」와 「파이널 판타지」는 과연 얼마나 대단할까?'라는 형태로 팬들의 갈망에 불을 질렀고, 실제로 발매된 제품 역시 유저들의 환호를 받으며 일거에 히트하였으니, 정확한 선택이었다 하겠다. 특히 일본 시장에서 '오리지널 RPG와 시뮬레이션 게임이 많아야 강력한 킬러 타이틀이 나오기 쉬워진다'라는 방정식은 이후 가정용 게임기를 개발하는 각 플랫폼사들이 가장 중요시하는 황금률로 굳어지기에 이른다. 슈퍼 패미컴 발매 이후에도 슈퍼 패미컴의 소프트 판매량 랭킹 상위에는 RPG가 줄줄이 늘어서, 타이벌 회사 역시 RPG 장르에 힘을 쏟게 되었다.

▲ 그래픽과 사운드의 진화는 스토리를 돋보이게 하는 중요한 요소가 되었다. (왼쪽 : 「드래곤 퀘스트 VI 몽환의 대지」, 오른쪽 : 「파이널 판타지 VI」)

다수의 작품이 발매된 대전격투 및 벨트스크롤 액션 게임

앞서 서술한 대로 슈퍼 패미컴은 고속처리를 상정하고 설계되지 않았기 때문에, 결코 액션 게임이나 슈팅 게임과 같은 장르에 적합한 하드웨어는 아니다. BG 매수와 스프라이트 표시 매수는 패미컴에 비하면 확연히 늘어났지만 느린 CPU의 한계는 어쩔 수가 없어, 슈퍼 패미컴 초기의 아케이드 이식작인 「그라디우스 Ⅲ」의 경우 겉보기로는 재현도가 높지만 원작보다 처리속도 저하가 크게 느껴지게 되었다 (다만, 하드웨어 특성에 맞춰 적절하게 최적화한 것도 사실이니 이쪽은 이쪽대로 잘된 이식이다).

이런 가운데, 캡콤은 「스트리트 파이터 Ⅱ」(이하 스파Ⅱ)의 이식을 발표해 세상을 놀라게 했다. 스파Ⅱ라 하면, 당대 오락실에서 절찬리 가동되던 초대형 히트작이다. 사용 가능 캐릭터를 삭제한 「파이널 파이트」 등 이전에 불완전 이식을 보여준 예가 있었기에, 제대로 원작의 맛을 재현해낼 수 있을지 기대하면서도 불안을 숨기지 못하는

팬들이 많았던 것도 무리는 아니었다. 기다림 끝에 베일을 벗은 슈퍼 패미컴판 스파Ⅱ는 최초로 대용량 16Mbit ROM을 채용한데다가, 아케이드에서는 「스트리트 파이터 Ⅱ'」에서야 실현되었던 동일 캐릭터 간 대전도 가능케 하는 등 유저를 기쁘게 하는 추가 요소까지 있어, 군말이 나올 수 없는 완성도였다. 캐릭터 크기가 조금 작게 그려졌다든가, 배경 연출 일부가 생략됐다든가 하는 세세한 차이는 있었지만 플레이 감각은 실로 스파Ⅱ 그대로였기에, 일본 내에서만 288만 장, 전 세계로는 630만 장이 팔려 아케이드 이식작으로는 실로 이례적인 판매량을 기록했다.

이처럼 스파Ⅱ를 기점으로 꽃핀 대전격투 게임 붐은 가정용 게임에까지 파급되어, 슈퍼 패미컴판 스파Ⅱ의 히트 효과를 발판삼아 수많은 개발사들이 대전격투 게임을 다수 출시하기에 이르렀고, 「파이널 파이트」 스타일의 벨트스크롤 액션 게임 역시 슈퍼 패미컴의 인기 장르로 자리 잡았다. 특히 만화나 애니메이션 캐릭터를 사용한 게임화 작품은 앞서 꼽은 두 장르로 집중되어 나온 경우가 많아, '란마 1/2', '울트라맨', '캠퍼스 용병'(역주 ※1), '황룡의 귀'(역주 ※2), '기동무투전 G건담' 등 그야말로 일일이 다 꼽기 어려울 정도였다.

(역주 ※1) 원제는 '웃샤!! 가라테부(押忍!!空手部)'로, 1985~96년 주간 영 점프에서 연재된 타카하시 코지의 인기 격투만화. 한국에는 90년대 초 '캠퍼스 용병' 제하의 해적판으로 소개되었다.
(역주 ※2) 오오사와 아리마사의 라이트노벨이 원작이며, 1992~96년 주간 영 점프에서 이노우에 노리요시 작화로 연재된 인기 활극만화. 한국에는 2001년 같은 제목의 해적판으로 소개되었다.

▲ 배틀 요소가 있는 만화나 애니메이션과 잘 어울렸던 대전격투 및 벨트스크롤 액션 장르. 특히 슈퍼 패미컴에선 이런 경향이 현저히 강했다.

이 책에 게재된 카탈로그의 범례

① 게임 타이틀명

② 장르 표기
게임의 장르를 10종류로 분류했다.

STG 슈팅 게임   **ACT** 액션 게임   **PZL** 퍼즐 게임

RPG 롤플레잉 게임   **SLG** 시뮬레이션 게임   **SPT** 스포츠 게임

RCG 레이싱 게임   **AVG** 어드벤처 게임   **ETC** 교육·기타

TBL 보드 게임

③ 기본 스펙 표기란
발매 회사, 발매일, 가격(세금이 포함된 경우 '세금 포함'을 병기), ROM 용량. 대응 주변기기 등의 특이사항은 별도 표기했다.

슈퍼 마리오 카트 ①
RCG ② 닌텐도 1992년 8월 27일 8,900엔(세금 포함) ③ 4M

레이싱 게임에 '아이템으로 방해'라는 액션 요소 ⑥ 를 넣은 작품. 총 20코스를 5번 돌아 순위를 겨루는 모드 외에, 카트에 풍선을 붙여 경쟁하는 배틀 모드도 수록했다. 캐릭터는 경량급·중간급·중량급으로 나뉜 8명 중 선택.

④ 패키지 표지   ⑤ 게임 화면   ⑥ 내용 설명

1990

슈퍼 패미컴은 1990년 연말상전시기 시장에 투입되었고, 이 해에 발매된 타이틀 수는 총 9종이다. 특히 동시 발매된 「슈퍼 마리오 월드」와 「F-ZERO」는 '슈퍼 패미컴'이라는 이류에 수긍하게 될 만큼 패미컴 대비로 압도적인 표현력 격차를 보여주어, 런칭 타이틀로서의 중책을 훌륭히 수행한 작품이었다. 또한 본체가 발매되기까지 상당한 기간이 소요된 데다 '패미컴의 후계기'였기에 부여된 커다란 안정감도 한몫하여, 발매 초기부터 여러 서드파티가 내놓은 풍부한 소프트 라인업이 꾸려져, 액션·레이싱·퍼즐…등등 장르의 다양성 면에서도 안정적으로 출발하는 데 성공했다.

🎴 슈퍼 마리오 월드

ACT　닌텐도　1990년 11월 21일　8,000엔(세금 포함)　4M

슈퍼 패미컴의 런칭 타이틀로서 등장한 작품으로, 마리오와 루이지 중 하나를 조작하여 골 지점에 도달하거나 보스를 물리치는 게 목적인 점프 액션 게임. 탑승 가능한 캐릭터 '요시'가 처음 등장한 작품이기도 해, 튼튼한 다리와 늘어나는 혀를 사용한 액션과, 색이 다르면 능력도 달라지는 등 게임에 신선한 개성을 불어넣었다. 참고로 「슈퍼 마리오브라더스 3」의 속편에 해당한다.

▲ 망토 마리오로만 가능한 신규 액션, 다수 배치된 골 지점과 스페셜 코스 등 파고들 요소가 많다.

🎴 F-ZERO

RCG　닌텐도　1990년 11월 21일　7,000엔(세금 포함)　4M

본체 동시발매 타이틀 중 하나로, 슈퍼 패미컴의 회전·확대·축소 기능을 유감없이 활용한 3D 레이싱 게임. 플레이어는 제각기 성능이 다른 머신 4종류 중 하나를 골라, 15종의 서킷에서 상위 입상을 노린다. 게임 내 수록된 'MUTE CITY' 코스의 타임어택은 전국적인 유행이 되어, 당시의 각종 게임잡지나 PC잡지에서도 특집으로 다루었다.

▲ 회전·확대·축소 표시기능 덕에 3D 표현이 가능해져, 점프로 지름길을 뚫거나 역주행도 할 수 있다.

🎴 봄버잘

PZL　켐코　1990년 12월 1일　6,500엔　4M

본체 발매 후 열흘 쯤 지나 출시된 최초의 서드파티 작품. 「봄버잘」이라는 작품명이 알려주듯 폭탄을 터뜨리지 않고 처리해야 하는 탑뷰 퍼즐 게임으로, 영국 PC 게임의 이식작이다.

🎴 포퓰러스

SLG　이매지니어　1990년 12월 16일　8,800엔　4M

미니 정원 느낌의 플레이로 화제가 된 유럽 게임의 이식작. 플레이어는 신이 되어 인류 번영을 위해 자연현상이나 천재지변 등의 간접 기술을 구사해 토지를 가다듬고 도시를 만들어간다. 게임은 쿼터뷰 시점으로 진행된다.

STG 슈팅 게임　**ACT** 액션 게임　**PZL** 퍼즐 게임　**RPG** 롤플레잉 게임　**SLG** 시뮬레이션 게임　**SPT** 스포츠 게임　**RCG** 레이싱 게임　**AVG** 어드벤처 게임　**ETC** 교육·기타 게임　**TBL** 보드 게임

액트레이저

ACT 에닉스 1990년 12월 16일 8,000엔 8M

스스로 신이 되어 사람들을 번영시키며 때로는 악의 화신과 싸우는 슈퍼 패미컴 초기의 명작 중 하나. 고대문명을 상징하는 장면이 다수 나오며, 도시를 만들 땐 해야 할 일을 천사가 지시해준다. 오케스트라 풍의 중후한 사운드도 이 작품이 호평 받는 이유 중 하나로, 배경음악을 좋아하는 팬도 많다. 한 번 클리어하면 액션 장면만 즐길 수 있는 '스페셜 모드'가 열린다.

▲ 액션 게임과 시뮬레이션 게임의 두 요소가 혼합된 혁신적인 게임이다.

그라디우스 III

STG 코나미 1990년 12월 21일 7,800엔 4M

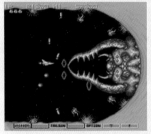
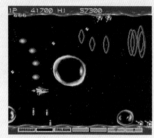

아케이드 게임의 이식작으로, 이 게임 때문에 기기를 산 유저도 많았던 인기 횡스크롤 슈팅 게임. 삭제된 스테이지도 있지만, 고속 스크롤 스테이지 등 이 작품에만 수록된 장면도 있고 난이도도 적절히 조정되어 플레이가 편해졌다. 웨폰의 경우 4종류의 파워 업 패턴 외에, 각 카테고리 별로 선호하는 무기를 고르는 에디트 기능도 탑재되었다.

▲ '↑↑↓↓←→←→BA'로 코나미 커맨드를 입력하면, 놀랍게도 '빅 바이퍼'가 자폭한다……

파일럿윙스

ACT 닌텐도 1990년 12월 21일 8,000엔(세금 포함) 4M

기기 발매 다음 달에 출시된 닌텐도의 명작. 본체의 회전·확대·축소 기능을 유감없이 사용한 플라이트 액션으로, '라이트 플레인'·'스카이다이빙'·'로켓 벨트'·'행글라이더'의 4종류 경기를 치른다. 경기 결과는 교관이 각 100점 만점으로 채점하여, 합격점 이상이면 다음 스테이지로 넘어간다. 난이도가 올라가는 스페셜 스테이지도 있다.

▲ 4종의 비행지역을 수료하면 놀라운 전개가 기다리니, 그걸 보기 위해서라도 조작을 연습해 두자.

파이널 파이트

ACT 캡콤 1990년 12월 21일 8,500엔 8M

벨트스크롤 액션 게임의 대표작 「파이널 파이트」. 펀치 연타와 잡아 메치기, 쇠파이프 등의 공격이 통쾌하고, 개성적인 각 스테이지 보스의 공략도 재미있다. 다만 닌자 캐릭터 '가이'는 삭제되었다.

SD 더 그레이트 배틀 : 새로운 도전

ACT 반프레스토 1990년 12월 29일 8,200엔 8M

2등신화된 애니메이션 풍 히어로들이 잔뜩 등장! 울트라맨, 가면라이더, 건담 등을 조작해 라이벌을 물리치자. 라이벌 중엔 나중에 아군이 되어주는 발탄 성인도 있다. 반프레스토의 첫 SFC 출시작.

HARDWARE
1990
1991
1992
1993
1994
1995
1996
1997
1998
1999
2000
INDEX

1991

SUPER FAMICOM
SOFTWARE ALL CATALOGUE

이 해에 발매된 소프트는 총 47타이틀. 이 시기는 패미컴 시절부터 소프트를 개발해온 고참 개발사들이 시장을 견인하였는데, 특히 코나미·캡콤·아이렘·잘레코·타이토 등 아케이드 게임 개발팀을 보유한 개발사들이 뛰어난 개발력을 슈퍼 패미컴에서도 유감없이 발휘했다.

또한, 이 해에는 슈퍼 패미컴으로 플랫폼을 옮긴 인기 타이틀의 속편인 「젤다의 전설 신들의 트라이포스」,「파이널 판타지 IV」가 각각 발매되어, 슈퍼 패미컴이기에 가능한 그래픽과 사운드를 구사하여 팬들을 즐겁게 했다.

점보 오자키의 홀인원
SPT HAL 연구소 1991년 2월 23일 8,900엔(세금 포함) 8M

프로 골퍼인 점보 오자키가 감수한 골프 게임. 게임 자체는 위에서 내려다보는 탑뷰 시점으로 진행되지만, 코스의 기복이나 단면 등은 리얼한 3D로 알기 쉽게 표시돼 홀인원을 노리기에 충분하다.

잘레코 랠리 빅 런
RCG 잘레코 1991년 3월 20일 8,700엔 8M

파리-다카르 랠리 소재의 3D 카 레이싱 게임. 탁 트인 평원과 기복이 심한 업다운에 라이트로 시계가 제한된 야간 코스까지 다양하게 즐길 수 있다. 리타이어로 퍼져 있는 라이벌 차는 잘 피하도록.

다라이어스 트윈
STG 타이토 1991년 3월 29일 8,500엔 8M

해양생물이 모티브인 보스의 등장으로 유명한 「다라이어스」 시리즈의 슈퍼 패미컴 오리지널 작품. '샷', '봄', '암(배리어)' 캡슐을 획득하며 자유롭게 분기 루트를 골라 여러 최종 스테이지를 향해 가자.

머나먼 오거스타
SPT T&E 소프트 1991년 4월 5일 9,800엔 8M

골프 팬이라면 누구나 동경하는 오거스타 내셔널 골프 클럽이 무대인 T&E 소프트의 간판 골프 게임. PC용 원작은 3D 시뮬레이터로 발매되어 당시 큰 화제가 되었고, 속편도 다수 발매되었다.

심시티
SLG 닌텐도 1991년 4월 26일 8,000엔(세금 포함) 4M

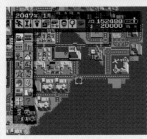

'시장(당신)이 좋아하는 이 도시, 하지만 시민(사람들)도 좋아할까.'라는 선전 문구로 크게 히트한, 거대도시 육성을 목표로 수많은 유저를 사로잡은 시뮬레이션 게임. 도시를 발전시키려면 교통망도 잘 짜야 하고 시민들의 신뢰를 얻어 세금을 징수하거나 은행 융자도 받아야 하는 등 게임 내내 고민거리가 많겠지만, 아무쪼록 유능하고 지지도 높은 시장이 되어보자.

▲ 도시의 상황 보고나 조언을 담당하는 'Dr.라이트'가 이 작품에서 처음 등장했다.

STG 슈팅 게임 ACT 액션 게임 PZL 퍼즐 게임 RPG 롤플레잉 게임 SLG 시뮬레이션 게임 SPT 스포츠 게임 RCG 레이싱 게임 AVG 어드벤처 게임 ETC 교육·기타 TBL 보드 게임

울트라맨 : 공상특촬 시리즈

ACT　반다이　1991년 4월 6일　7,800엔　4M

슈퍼 패미컴 최초의 대전격투 게임. 울트라맨을 조작해 지구를 습격하는 괴수들과 싸워, 컬러 타이머 종료 전에 스페시움 광선으로 물리치자. 리얼한 보이스와 사운드로 당시 화제가 된 작품.

슈퍼 프로페셔널 베이스볼

SPT　잴레코　1991년 5월 17일　8,700엔　8M

슈퍼 패미컴 최초의 야구 게임으로, TV 중계 시점으로 게임을 즐기는 패미컴용 게임 「불타라 프로야구」의 속편격 작품. 배팅이 익숙해지기 전까진 힘든 편이지만, 대신 수비가 반자동이라는 배려도 해두었다.

드라켄

RPG　켐코　1991년 5월 24일　8,500엔　8M

직업이 다양한 4명 파티 체제로 360도 시야로 펼쳐진 유사 3D 필드 '드라켄 섬'을 모험하는 RPG. 마법을 쓰지 못하게 돼 버린 세계를 플레이어의 노력으로 원래대로 되돌리는 것이 게임의 목적이다.

가듀린

RPG　세타　1991년 5월 28일　8,800엔(세금 포함)　8M

소설 '자항행성 가듀린'을 게임화한 최초의 일본제 슈퍼 패미컴용 RPG. 전통적인 필드 모험형 게임이지만, 적이나 아군이나 대담하게 공격을 거는지라 초기 RPG 작품 치고는 난이도가 매우 높은 편.

이스 III : 원더러즈 프롬 이스

RPG　톤킨 하우스　1991년 6월 21일　8,800엔　8M

PC는 물론 PC엔진으로도 발매된 「이스」 시리즈의 3번째 작품. 사이드뷰로 바뀌어, 주인공 아돌이 검을 휘두르거나 기술을 쓰는 등 액션 요소가 강해졌다. 이번에도 새로운 히로인이 극중에 등장한다.

슈퍼 스타디움

SPT　세타　1991년 7월 2일　8,800엔(세금 포함)　8M

마작 게임으로 친숙한 세타가 제작한 야구 게임. 1년에 걸쳐 약 130시합을 치르는 '페넌트레이스 모드'와 유저가 만든 팀으로 시합하며 각 선수를 육성해 강화시키는 '오리지널 모드'의 2종류로 즐긴다.

기동전사 건담 F91 : 포뮬러 전기 0122

SLG　반다이　1991년 7월 6일　9,500엔　8M

극장판 애니메이션 '기동전사 건담 F91'의 외전격 작품으로, 우주세기 0122년이 무대인 시뮬레이션 게임. 슈퍼 패미컴 최초의 건담 소재 작품으로, 많은 팬들의 기대 속에 발매되었다.

슈퍼 울트라 베이스볼

SPT　컬처 브레인　1991년 7월 12일　8,800엔　4M

슈퍼 패미컴으로 비슷한 시기에 야구 게임이 여럿 나왔는데, 이 작품은 비디오 게임 특유의 독창성을 앞세워 사라지는 마구, 초 슬로우볼, 쳐낸 볼이 상대 수비선수를 날려버리는 전개 등 파격적인 장난기가 가득하다.

HARDWARE

1990

1991

1992

1993

1994

1995

1996

1997

1998

1999

2000

INDEX

슈퍼 R-TYPE

STG 아이렘 1991년 7월 13일 8,500엔 8M

아케이드판 「R-TYPE 2」의 이식작. 일부 스테이지를 교체해 밸런스를 조정하고, 1편의 파워업 시스템을 계승하면서도 모아쏘기 샷을 강화했다. 게다가 풀 오토 연사 버튼을 추가해 즐기기가 더 쉬워졌다.

힘내라 고에몽 : 유키 공주 구출 편

ACT 코나미 1991년 7월 19일 8,800엔(세금 포함) 8M

하드웨어의 진화로 화려해진 그래픽과 각지의 특색을 살린 BGM 등으로 슈퍼 패미컴의 성능을 잘 살려 호평 받은 작품. 전작의 시스템을 답습하면서도 다채로운 신요소를 넣어 완성도 높은 작품이 되었다.

파이널 판타지 IV

RPG 스퀘어 1991년 7월 19일 8,800엔 8M

스퀘어의 첫 슈퍼 패미컴용 소프트. 하드웨어 진화 덕에 그래픽이 대폭 향상됐다. 카트리지 용량 증가로 시나리오의 볼륨도 늘어나, 전반적으로 스토리 중심이 되었다. 전투는 대기 시간이 끝난 캐릭터부터 순서대로 행동하는 '액티브 타임 배틀'을 최초로 채용했다. 시간이 지나면 변신하는 적이 나오는 등, 전투 시의 다양성도 증가했다.

▲ 전 비공정단 단장인 주인공 세실을 중심으로, 고뇌하며 성장하는 사람들을 묘사하는 스토리가 감동적이다.

배틀 도지볼 : 투구 대격돌!

SPT 반프레스토 1991년 7월 20일 9,600엔 8M

'SD' 시리즈로 친숙한 히어로들이 싸우는 피구 게임으로, 각 캐릭터마다 HP가 설정되어 바닥나기 전까지 체력을 겨루는 뜨거운 스포츠 액션이다. 화려한 공격을 맞추면 상대가 코트 밖으로 날아가는 것도 볼거리.

에어리어 88

STG 캡콤 1991년 7월 26일 8,500엔 8M

신타니 카오루가 그린 만화가 원작인 슈팅 게임. 적을 격파하면 나오는 파워 업 아이템과 스테이지 클리어 상금으로 플레이어 기체를 파워 업할 수 있다. 유전과 상공, 계곡과 동굴 등 다양한 스테이지를 클리어하자.

백열 프로야구 힘내리그

SPT 에픽소니 레코드 1991년 8월 9일 8,500엔 8M

야구 게임을 비디오 게임화할 때의 표준적인 화면구성을 채용한 전통적인 야구 게임. 페넌트 레이스를 즐기거나, 유저가 만든 팀으로 우승을 노려볼 수 있다. 투수에게 파워 능력치를 올인하면 시속 180km의 강속구도 가능.

초단 모리타 쇼기

TBL 세타 1991년 8월 23일 8,800엔 4M

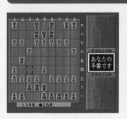

대히트작이자, 해당 작품의 프로그래머인 모리타 카즈로의 이름을 딴 PC용 쇼기(일본 장기) 게임 「모리타 쇼기」가 원작. 슈퍼 패미컴으로도 이식되었는데, 대기 시간이 좀 걸리지만 컴퓨터의 사고 루틴이 강력해 화제가 된 작품이다.

STG 슈팅 게임 ACT 액션 게임 PZL 퍼즐 게임 RPG 롤플레잉 게임 SLG 시뮬레이션 게임 SPT 스포츠 게임 RCG 레이싱 게임 AVG 어드벤처 게임 ETC 교육·기타 TBL 보드 게임

슈퍼 테니스 : 월드 서킷
SPT 톤킨 하우스 1991년 8월 30일 7,800엔 4M

슈퍼 패미컴 최초의 테니스 게임. 좋아하는 선수와 코트 위에서 뜨거운 시합을 펼쳐보자. L·R 버튼을 포함해 총 6종의 버튼으로 다양하고 세밀한 조작이 가능하다. 테니스공의 타구 시점으로 보여주는 오프닝 영상이 매우 인상적.

하이퍼 존
STG HAL 연구소 1991년 8월 31일 8,500엔(세금 포함) 8M

3D 시점 슈팅으로, 수많은 수작을 배출한 HAL 연구소의 작품. 부유하는 플레이어 기체를 상하좌우로 조작해 접근해오는 장애물을 샷으로 파괴하자. 가감속이 없으므로 코스에 배치된 장애물은 순발력으로 피해야 한다.

제리 보이
ACT 에픽 소니 레코드 1991년 9월 13일 8,500엔 8M

나쁜 마법사에 의해 슬라임으로 바뀌어버린 제리 왕자가 인간으로 되돌아가기 위해 사람들을 도와주면서 모험하는 액션 게임. 몸이 슬라임인지라 자유롭게 변형이 가능해, 가는 파이프 안을 이동하거나 몸속에 공 등을 품고 있다가 적에게 배출하는 등으로 공격할 수도 있다. 벽이나 천장에 눌어붙어 이동하기도 하는 등, 독특한 액션이 재미있는 작품이다.

▲ 변형하거나 눌어붙는 등, 슬라임의 물컹한 몸을 제대로 반영한 독특한 액션이 재미있다.

슈퍼 삼국지 II
SLG 코에이 1991년 9월 15일 14,800엔 8M

삼국지연의가 소재인 전략 시뮬레이션 게임. PC판을 이식하다 보니 커맨드 등의 화면구성이 단순화되는 방향으로 변경되었다. 또한 입수가 매우 어렵지만 엄청난 효과를 발휘하는 슈퍼 아이템도 등장한다.

프로 사커
SPT 이매지니어 1991년 9월 20일 8,000엔(세금 포함) 4M

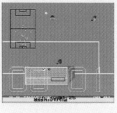

서양에서 히트한 PC 게임의 이식작으로, 슈퍼 패미컴 최초의 축구 게임. 탑뷰 시점으로 게임이 진행되며, 넓은 경기장을 드리블로 헤쳐 나가는 상쾌감과 스포츠 게임 치고는 드물게 정열적인 BGM이 인상적이다.

초마계촌
ACT 캡콤 1991년 10월 4일 8,500엔 8M

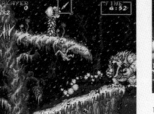

「마계촌」 시리즈 작품 중 하나로, 또 다시 사로잡힌 공주를 구하러 떠나는 아더가 주인공인 횡스크롤 액션 게임. 1스테이지는 친숙한 테마 곡이 약간 편곡되어 나오는 익숙한 구성이지만, 후반 스테이지에선 본체의 회전기능을 활용하여 필드가 360도 회전하는 등 대담한 연출도 있다. 이 작품의 아더는 2단 점프가 가능해, 이를 모르면 통과할 수 없는 곳도 있다.

▲ 슈퍼 패미컴 오리지널 작품. 위로 쏘기·아래로 쏘기는 없어졌지만 2단 점프가 가능하다.

슈퍼 E.D.F.

STG 잘레코 1991년 10월 25일 8,700엔 8M

잘레코의 횡스크롤 슈팅 게임으로, 원작은 아케이드용. 적을 쓰러뜨리다 보면 경험치가 올라가며, 이에 따라 장착된 옵션으로 포메이션을 짤 수 있다. 하늘 스테이지에서 다중 스크롤로 표현되는 운해가 인상적인 작품.

파이널 판타지 IV : 이지 타입

RPG 스퀘어 1991년 10월 29일 9,000엔 8M

원작 발매 3개월 후에 출시된 「파이널 판타지 IV」의 난이도 조절판. RPG 초보자도 즐기기 쉽도록 숨겨진 통로 등이 좀 더 잘 보이게 새로 그리고, 전투 밸런스 등도 조절하여 진행이 한층 편해졌다.

악마성 드라큘라

ACT 코나미 1991년 10월 31일 8,800엔 8M

트란실바니아의 악마성이 무대인 호러 액션 시리즈 작품. 슈퍼 패미컴으로 하드웨어가 바뀌어 캐릭터가 큼직해지고, 회전확대축소 기능을 살린 화면 연출도 도입되었다. 주인공 시몬의 채찍 구사 액션도 강화되어, 8방향으로 공격할 수 있고, 휘둘리는 연속 공격도 가능하다. 또한 맵 안의 링에 걸고 진자처럼 이동할 수도 있는 등 조작 가능한 행동이 대폭 증가했다.

 ▲ 다른 기종판과 타이틀명은 같지만 내용은 다르다. 오리지널 스테이지가 11개나 수록되기도.

젤다의 전설 신들의 트라이포스

RPG 닌텐도 1991년 11월 21일 8,000엔(세금 포함) 8M

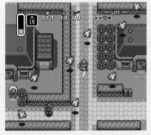
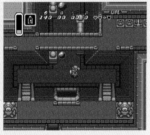
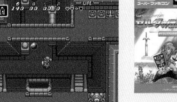

사이드뷰였던 전작 「링크의 모험」에서, 도로 탑뷰 형식 액션 어드벤처 게임이 된 「젤다의 전설」 시리즈 3번째 작품. 친숙한 활·부메랑·폭탄 외에, 새로 검의 모으기 공격인 회전베기도 추가되었다. 맵에 고저차 개념이 생겨 입체적으로 구성되었고, 수수께끼 풀기 요소도 심오해졌다. 중반 이후에는 빛과 어둠의 두 세계를 오가며 공략하게 된다.

▲ 물건을 번쩍 들어 던지거나 끌어당기는 등의 액션을 구사해 도처에 산재한 수수께끼를 풀어나간다.

라이덴 전설

STG 토에이동화 1991년 11월 29일 8,700엔(세금 포함) 8M

아케이드 게임 「라이덴」의 이식작. 파워 업할수록 범위가 확산되는 샷과 일직선으로 강하게 쏘는 레이저, 화면 전체에 작렬하는 폭탄을 구사해 총 8스테이지를 공략한다. 폭탄 발사 후 폭발까지는 무방비니, 계획적으로 쓰자.

JOE & MAC 싸워라 원시인

ACT 데이터 이스트 1991년 12월 6일 8,500엔 8M

원시시대가 무대인 횡스크롤 액션 게임. 공격과 점프뿐인 심플한 조작으로, 도중에 입수하는 여러 무기를 자유롭게 체인지할 수 있다. 각 스테이지의 보스는 공룡부터 식충식물까지 다종다양. 약점을 찾아내 공략하자.

STG 슈팅 게임 ACT 액션 게임 PZL 퍼즐 게임 RPG 롤플레잉 게임 SLG 시뮬레이션 게임 SPT 스포츠 게임 RCG 레이싱 게임 AVG 어드벤처 게임 ETC 교육·기타 TBL 보드 게임

슈퍼 포메이션 사커
SPT 휴먼 1991년 12월 13일 7,700엔 4M

수직으로 비스듬한 입체 3D 시점이 특징인 축구 게임. 개성 넘치는 16개 팀과 8종류의 포메이션을 선택할 수 있다. 세계의 강호를 상대로 토너먼트를 벌이는 휴먼 컵과 2인 대전 외에, 2인 협력 플레이도 가능하다.

슈퍼 와갼랜드
ACT 남코 1991년 12월 13일 8,300엔 8M

1987년의 전동식 놀이기구로 처음 등장한 캐릭터 '와갼'이 주역인 시리즈 작품. 이전 2작품의 스테이지 구성 및 캐릭터를 계승한 점프 액션으로, 보스전은 미니게임 대전 식이다. 미니게임으로 '모자이크 맞추기'가 추가.

마루코는 아홉 살 : '신나는 365일' 편
TBL 에포크 사 1991년 12월 13일 8,800엔 4M

1년에 걸친 마루코의 일상을 체험할 수 있는 보드 게임. 주사위 눈만큼에 더해 도움 아이템인 과자를 쓰면 말을 추가로 움직일 수 있고, 숙제를 받으면 골이 멀어지는 등, 이색적인 요소가 많다.

라군
RPG 켐코 1991년 12월 13일 8,500엔(세금 포함) 8M

일본 PC인 X68000용으로 등장한 인기 액션 RPG의 이식작. 맵 이동에 액션성이 높지만, 발판이 없는 곳으로 떨어지면 즉사라는 빡빡한 시스템이 특징이다. 진행 중에 나오는 닫힌 문은 마을의 주민과 대화하는 등으로 찾아야 한다.

레밍스
PZL 선 소프트 1991년 12월 18일 8,500엔 8M

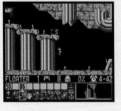

서양에서 대히트한 액션 퍼즐 게임. 등장 캐릭터인 레밍들은 플레이어가 지시를 내리면 집단으로 행동하며, 구멍 파기나 벽 오르기, 계단 만들기 등 다양한 일이 가능하다. 그들을 무사히 출구까지 인도해주는 게 게임의 목적이다.

던전 마스터
RPG 빅터 엔터테인먼트 1991년 12월 20일 9,800엔 8M

PC용으로 대히트한 북미 게임의 이식작으로, 3D 던전을 탐색하는 RPG. 행동하게 되면 시간이 경과하는 실시간제를 채용했고 공복 개념까지 있는 게 특징이다. 당시엔 드문 시스템이어서 화제가 된 작품.

슈퍼 파이어 프로레슬링
ACT 휴먼 1991년 12월 20일 8,500엔 8M

▲ 자이언트 바바의 거구를 재현하기도 하고, 유혈표현이나 장외난투도 있는 등 내용이 충실한 작품.

안토니오 이노키 등의 실존 선수를 모델로 한 레슬러가 20명 이상 등장하는 프로레슬링 게임으로, 시리즈 중에선 첫 슈퍼 패미컴용 작품. 레슬러의 체격과 필살기도 제대로 재현했다. 게임 모드로는 전원이 총출동하는 공식 리그전, 5 : 5로 단체전을 하는 일리미네이션, 엑시비션 매치, 오픈 리그전, 조작 튜토리얼 격인 레슬링 도장을 수록했다.

HARDWARE
1990
1991
1992
1993
1994
1995
1996
1997
1998
1999
2000
INDEX

디멘션 포스

STG　아스믹　1991년 12월 20일　8,500엔　8M

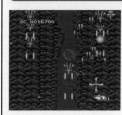

헬리콥터를 조작해 육·해·공을 돌파하는 종스크롤 슈팅. 홀수 스테이지는 공중전, 짝수 스테이지는 버튼 조작으로 고저차를 이용해 지상의 적을 파괴하라! 플레이어의 마지막 한 대가 격파되면 선회하면서 추락하는 것이 볼거리.

SD건담 외전 **나이트 건담 이야기** : 위대한 유산

RPG　엔젤　1991년 12월 21일　9,500엔　8M

반다이의 카드게임 '카드다스'로 인기를 모은 'SD건담'을 소재로 한 롤플레잉 게임. 모험 도중에 카드다스를 수집하거나, 모은 카드다스는 원호 캐릭터로 사용할 수 있는 등 원작 격인 카드다스를 게임 시스템에 잘 엮어 넣었다.

슈퍼 노부나가의 야망 : 무장풍운록

SLG　코에이　1991년 12월 21일　11,800엔　8M

역사 시뮬레이션 게임 「노부나가의 야망」 시리즈 4번째 작품의 슈퍼 패미컴판. '문화와 기술'이 작품의 테마로, 다기가 도입되고 철포·철갑선 등 강력한 신무기가 등장했다. BGM은 칸노 요코가 맡았다.

썬더 스피리츠

STG　도시바 EMI　1991년 12월 27일　8,600엔　8M

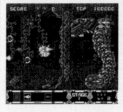

아케이드로 출시된 「썬더 포스 AC」를 역이식한 작품. 게임 도중에 입수 가능한 여러 무기를 능숙하게 구사하면서 각 스테이지 및 보스를 공략하자. 화염 스테이지의 배경묘사가 압권이고, 초보자도 즐길 수 있도록 난이도를 조정했다.

반성 원숭이 지로 군의 대모험

ACT　나츠메　1991년 12월 27일　7,000엔　4M

TV에 등장해 '반성!'이라는 구령에 맞춰 귀여운 포즈를 보여주어 일약 인기를 얻은 원숭이 '지로 군'이 주인공인 액션 게임. 각 스테이지에 놓인 노란 열쇠를 주워 다양한 함정을 돌파하며 지로 군을 골까지 데려다주자.

슈퍼 차이니즈 월드

RPG　컬처 브레인　1991년 12월 28일　8,800엔　8M

필드를 탐색하다 적과 조우하면 커맨드 식 전투를 벌이는 왕도 스타일의 롤플레잉 게임. 무대인 차이나랜드에서는 회복 아이템으로 '고기만두', '팥만두' 등 특이한 것이 나온다. BGM도 중화 풍이다.

심어스

SLG　이매지니어　1991년 12월 29일　9,600엔　8M

「심시티」가 도시 발전과 인구 증가를 다룬다면, 「심어스」는 지구 탄생을 시작으로 생태계까지 포괄하는 육성 시뮬레이션 게임이다. 인류가 탄생할 수 있도록 지구 환경을 조정해, 최후에는 인류가 우주로 나가도록 인도한다.

배틀 커맨더 : 팔무중, 수라의 병법

SLG　반프레스토　1991년 12월 29일　9,800엔　8M

반프레스토 작품 내에서는 무척 친숙한 '기동전사 건담'과 '겟타로보', '마징가', '중전기 엘가임' 등의 캐릭터가 2등신화되어 등장하는 전략 시뮬레이션. 이 게임에서는 로봇 애니메이션 작품만 출전했다.

1992

SUPER FAMICOM
SOFTWARE ALL CATALOGUE

이 해에 발매된 작품 수는 전년에 비해 일거에 늘어난 총 176타이틀. 그야말로 3배 이상에 달하는 폭증으로, 슈퍼 패미컴 시장이 완전히 제 궤도에 오른 해다.

1992년 최대의 화제라면, 전년도에 대전격투 게임이라는 장르를 확립시킨 「스트리트 파이터 II」가 첫 16Mbit ROM 카트리지로 이식되었다는 것. 완성도도 높았기에 288만 장에 달하는 판매량을 기록해, 본체 판매량에도 크게 공헌할 정도로 대히트했다. 그 외에 「드래곤 퀘스트 V」, 「파이널 판타지 V」 등의 대작 RPG들도 이 해에 발매되었으니, 풍작의 해였다 해도 과언은 아닐 것이다.

타카하시 명인의 대 모험도
ACT　허드슨　1992년 1월 11일　8,500엔　8M

「타카하시 명인의 모험도」의 기본적인 시스템은 답습하면서도 그래픽과 음악 퀄리티를 올렸고, 회전·확대·축소 기능을 살린 데모가 삽입되었다. 또한 '웅크리기'와 웅크린 상태에서의 '하이 점프' 등 새로운 액션도 추가되었다.

프로 풋볼
SPT　이매지니어　1992년 1월 17일　7,900엔　4M

저명한 NFL 해설가 존 매든이 감수한 미식축구 게임으로, 북미판 메가 드라이브인 '제네시스'용 게임의 이식판. 포메이션을 짜고 전략을 수립하며 얼마나 시합을 유리하게 진행해 나가는지에서 플레이어의 실력이 판가름난다.

드래곤볼 Z : 초사이어 전설
RPG　반다이　1992년 1월 25일　9,500엔　8M

애니메이션 '드래곤볼 Z'의 사이어인 지구 침공부터 프리더를 쓰러뜨리기까지를 소재로 삼은 롤플레잉 게임. 시리즈 팬들에게 친숙한 카드배틀 방식을 채용해, 전투 시 삽입되는 필살기 애니메이션이 원작 팬들을 즐겁게 한다.

소울 블레이더
RPG　에닉스　1992년 1월 31일　8,800엔　8M

퀸텟 사가 제작한 액션 RPG로, 「가이아 환상기」, 「천지창조」와 함께 '소울 3부작'으로 불린다. '창조와 파괴'를 테마로 게임을 구축했다. 마물을 퇴치해 혼을 해방시키고 지상으로 돌아가 사람들과 대화하며 스토리를 진행한다.

로맨싱 사가
RPG　스퀘어　1992년 1월 28일　9,500엔　8M

「Sa·Ga」 시리즈 4번째 작품이자 「로맨싱 사가」 시리즈의 데뷔작. 사신을 봉인한 데스티니 스톤을 둘러싼 이야기를 중심으로 주인공 8명의 모험을 그린 RPG다. 플레이어가 고른 주인공에 따라 대화나 이벤트가 달라질뿐만 아니라 플레이어의 행동이 스토리 전개까지도 변화시키는 프리 시나리오를 처음 채용했지만, 전투할수록 성장한다는 특징적인 시스템은 계승했다.

▲ 유명한 대사 '염원하던 아이스 소드를 입수했다' 등, 산재한 버그도 이 작품의 특징.

HARDWARE

1990
1991
1992
1993
1994
1995
1996
1997
1998
1999
2000
INDEX

드래곤 슬레이어 영웅전설

RPG　에포크 사　1992년 2월 14일　9,800엔　8M

인기 액션 롤플레잉 게임 「드래곤 슬레이어」 시리즈 6번째 작품으로, 시리즈 최초의 커맨드 식 RPG다. 「영웅전설」 시리즈 제 1기이기도 하다. PC 게임의 이식작으로, 전투 화면에 배경이 추가되었다. 바코드 배틀러 지원.

이그조스트 히트

RCG　세타　1992년 2월 21일　8,900엔(세금 포함)　8M

브라질과 모나코 등, F1 경기로 친숙한 16개 코스를 거치며 달리는 레이싱 게임. 레이스로 번 자금을 사용해 머신을 강화하는 시스템이 특징이다. 엔진을 교체하면 엔진 음이 달라지는 등, 디테일에 신경을 쓴 만듦새가 엿보인다.

혼두라 스피리츠

ACT　코나미　1992년 2월 28일　8,500엔　8M

「혼두라」 시리즈 3번째 작품이자, 최초의 가정용 게임기 오리지널 신작. 횡스크롤 사이드뷰 스테이지와 전방위 스크롤로 화면이 회전하는 탑뷰 스테이지로 구성되며, 회전·확대·축소 기능을 활용한 연출이 멋지다.

로켓티어

ACT　IGS　1992년 2월 28일　8,900엔　8M

영화 '로켓티어'의 게임판으로, 주인공은 비행기를 조종하거나 어쩌다 입수한 '로켓 팩'을 장착해 하늘을 나는 훈련을 한다. 비행기 레이스에서는 사이드뷰와 후방시점으로 화면 2개를 동시에 본다는 참신한 시스템을 채용했다.

제절초

AVG　춘 소프트　1992년 3월 7일　8,800엔(세금 포함)　8M

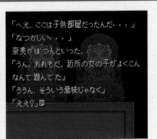

각본가 나가사카 슈케이가 각본·감수를 맡아 제작된 사운드 노벨 시리즈 제 1탄으로, 사진과 문장 위주의 '노벨 게임'이란 장르를 확립한 작품이다. 깊은 산속 서양식 저택에 부득이하게 들어간 연인 남녀가 주인공으로, 의문의 풀 '제절초'가 소재인 호러 풍 스토리가 전개된다. 배드 엔딩은 없고, 선택기에 따라 십수 가지의 시나리오로 분기되는 형식을 채용했다.

▲ 핑크색 책갈피를 개방하고 춘 소프트로부터 선물을 받는 캠페인도 실시되었다.

슈퍼 버디 러시

SPT　데이터 이스트　1992년 3월 6일　8,800엔　8M

조작이 간단해 경쾌한 템포로 즐길 수 있는 탑뷰 형식의 골프 게임. 코스도 심플한 디자인이어서, 골프 초보자도 즐길 수 있는 게임이다. '스트로크', '매치', '토너먼트' 3가지 모드가 준비되어 있다.

R.P.M. 레이싱

RCG　빅터 엔터테인먼트　1992년 3월 19일　8,800엔　4M

200가지가 넘는 코스를 무대로 버기 카를 운전해 순위를 다투는 레이싱 게임. 상금을 벌어 타이어나 엔진을 구입하거나, 무기를 장비해 라이벌 카를 방해할 수도 있다. 코스도 다종다양하고, 오리지널 코스 제작까지도 가능하다.

신세기 GPX 사이버 포뮬러

RCG　타카라　1992년 3월 19일　8,800엔　8M

인기 애니메이션이 원작인 레이싱 게임. 원작처럼 하야토가 주인공인 '스토리 모드', 선호하는 머신으로 달리는 '프리 모드', 스토리 모드 클리어로 개방되는 'GPX 모드'가 준비되어 있다. 스피드감 넘치는 표현이 상쾌한 작품.

슈퍼 이인도 : 타도 노부나가

RPG　코에이　1992년 3월 19일　11,800엔　10M

코에이가 제안한, 시뮬레이션과 롤플레잉을 융합한 '리코에이션 게임' 중 하나. 오다 노부나가가 이가 지방을 침략한 '텐쇼 이가의 난'이 소재다. 멸문된 이가 닌자의 생존자가 되어, 각지의 다이묘와 규합해 노부나가 타도를 노리자.

초공합신 사디온

ACT　아스믹　1992년 3월 20일　8,800엔　8M

애니메이션 제작사인 가이낙스가 연출을 담당한 액션 게임. 성능이 다른 3종류의 기체를 사용해가며 맵을 공략한다. RPG 요소를 도입해, 적을 쓰러뜨리면 경험치를 얻어 공격력과 방어력을 올릴 수 있다.

파이널 파이트 가이

ACT　캡콤　1992년 3월 20일　8,500엔　8M

「파이널 파이트」(43p)에서는 용량 문제로 삭제된 가이가 등장하는 재이식판. 오프닝에 신규 컷인, 아이템에 무적 제시카 인형과 1UP 인형이 추가되었고, 난이도 HARD 이상으로 클리어하면 오리지널 엔딩이 나온다.

카드 마스터 : 림살리아의 봉인

RPG　HAL 연구소　1992년 3월 27일　8,900엔(세금 포함)　8M

3D 던전식 롤플레잉 게임. 스토리는 총 5장으로 구성되며, 마도사 가르넬의 퇴치가 목적이다. 마법과 적에는 5가지 속성이 존재해, 약점 속성을 제대로 찌르면 전투가 매우 유리해진다. 전략적인 사고가 중요한 작품.

더 그레이트 배틀 II : 라스트 파이터 트윈

ACT　반프레스토　1992년 3월 27일　8,200엔　8M

건담과 울트라맨, 가면라이더가 등장하는 횡스크롤 액션 게임. 저마다 화려한 필살기를 갖고 있고, 2인 협력 플레이 시에는 강력한 합체기술도 쓸 수 있다. 반프레스토의 오리지널 캐릭터인 '전사 로아'도 등장한다.

슈퍼 바리스 : 붉은 달의 소녀

ACT　레이저 소프트　1992년 3월 27일　8,500엔　8M

그래픽과 음악이 대폭 파워 업한 횡스크롤 액션. 주인공은 레나로 변경되었고, 원작보다 난이도가 낮아져 쉽게 플레이할 수 있는 게임이 되었다. 난이도 HARD로 클리어하면 엔딩에 나오는 그림이 늘어나기도 한다.

슈퍼 패미스타

SPT　남코　1992년 3월 27일　7,900엔　8M

슈퍼 패미컴용 「패미스타」 시리즈 제 1탄. 1992년 시즌 개막 전의 구단 및 선수가 실명으로 등장한다. 늘어난 버튼 수 덕에 번트나 배트 길이 변경 등이 가능하다. 선수 그래픽 종류도 풍부해졌다.

HARDWARE
1990
1991
1992
1993
1994
1995
1996
1997
1998
1999
2000
INDEX

스트라이크 거너 S.T.G.

STG 아테나 1992년 3월 27일 8,900엔 8M

아케이드용 종스크롤 슈팅 게임 「스트라이크 거너」를 이식한 작품. 서브웨폰이 15종류나 준비되어 있지만 모두 1회용이므로, 어느 시점에서 뭘 쓸지 판단하는 게 중요하다. 2인 동시 플레이 시에는 합체공격도 할 수 있다.

스매시 T.V.

ACT 아스키 1992년 3월 27일 7,800엔 4M

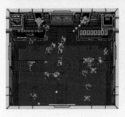 

컨트롤러와 버튼 4개를 조작해 8방향으로 이동하며 샷을 쏘는 고정화면식 슈팅 게임. 플레이어는 극중의 인기 프로 '스매시 TV'에 출연해, 몰려오는 적과 스테이지 보스를 물리치며 프로 내에서 상금을 벌어야 한다.

탑 레이서

RCG 캠코 1992년 3월 27일 7,800엔(세금 포함) 4M

32종류의 코스를 돌파하는 레이싱 게임. 서양에서는 「탑 기어」라는 타이틀로 출시되었다. 모든 코스를 5위 이내로 골인하면 클리어된다. F1과는 달리 견고한 차량이라, 꽝꽝 부딪치며 거친 레이스를 즐겨볼 수 있다.

해트트릭 히어로

SPT 타이토 1992년 3월 27일 8,000엔 4M

아케이드에서 가동되었던 같은 이름의 게임 이식작. 6인제인데다 그라운드도 좁아 스피디한 시합 전개를 즐길 수 있다. 1인 플레이 모드 외에 2인 협력 플레이, 2인 대전, PK 모드 등 풍부한 모드가 준비돼 있다.

배틀 그랑프리

RCG 나그자트 1992년 3월 27일 8,500엔 8M

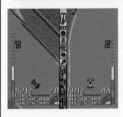 

F1을 소재로 한 레이싱 게임. 레이스 도중 비가 내리면 피트인하여 타이어를 갈아야 하는 등, 리얼함을 추구한 디자인이다. 머신의 세팅도 디테일하게 할 수 있어, 세팅을 연구하는 재미도 있다.

러싱 비트

ACT 잘레코 1992년 3월 27일 8,700엔 8M

여동생을 인질로 잡힌 형사 '릭'이 범죄조직 죠칼에 맞서 싸우는 벨트스크롤 액션 게임. 간단한 조작으로 다채로운 기술을 구사할 수 있다. 특징은 적의 공격을 일정량 맞으면 분노 모드가 되어, 무적에다 공격력도 올라간다는 것.

란마 1/2 : 마을 안 격투 편

ACT 메사이야 1992년 3월 27일 8,800엔 8M

다카하시 루미코의 만화 '란마 1/2'에 등장하는 캐릭터들을 사용한 대전형 격투 게임. 점프와 가드를 버튼 조작으로 해야 하는 등 액션 게임형 조작을 채택했지만, 필살기가 잘 나가는 등 격투 게임 초보자도 쉽게 즐길 수 있다.

마법동자☆타루루토 : MAGIC ADVENTURE

ACT 반다이 1992년 3월 28일 8,000엔 4M

같은 이름의 만화가 원작으로, 라이바에게 사로잡힌 이요나의 구출이 목적인 액션 게임. 캐릭터의 특성이 잘 묘사돼 있고, 타루루토가 혀를 사용하는 공격이 코믹해 플레이를 보고만 있어도 즐겁다.

울티마 VI : 거짓 예언자
RPG 포니 캐년 1992년 4월 3일 9,800엔 8M

가고일과 인간 간의 종족간 전쟁이 발발한 브리타니아를 무대로, 어드벤처 요소를 중시한 오픈월드 롤플레잉 게임. PC판의 이식작으로, 동료인 쥐 '셰리'가 아이템 취급되는 등의 변경점이 있다.

에어 매니지먼트 : 창공에 건다
SLG 코에이 1992년 4월 5일 11,800엔 8M

PC에서 이식된 경영 시뮬레이션 게임. 플레이어는 항공사 사장이 되어, 신규 항로를 확보하거나 세계 각국의 도시에 지사를 설립하는 등의 활동으로 업계 점유율 1위를 노린다. 최대 4명까지 동시 플레이가 가능해졌다.

오델로 월드
TBL 츠쿠다 오리지널 1992년 4월 5일 8,700엔 8M

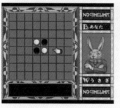

츠쿠다 오리지널이 발매한 오델로 게임. 스토리 모드가 있다. 플레이어의 대전 상대가 동화 주인공들이고 어드바이스 캐릭터가 토끼인 점 등 동화적인 설정이지만, 컴퓨터의 사고 루틴이 강력해서 우습게 보면 큰코다친다.

페블 비치의 파도
SPT T&E 소프트 1992년 4월 10일 9,800엔 8M

'POLYSYS'라는 이름의 폴리곤 시스템을 사용하여 코스 레이아웃이나 공의 궤도 등을 계산하는 골프 게임. 무대는 페블 비치 골프 링크스다. 92년 전미 오픈이 열렸던 코스로, 바닷바람의 영향을 받기 쉽다는 특징이 있다.

호창 진라이 전설 「무사」
ACT 데이텀 폴리스타 1992년 4월 21일 8,800엔(세금포함) 8M

일본 풍 모티브의 스테이지를, 창을 무기삼아 돌파하는 횡스크롤 액션 게임. 요괴에게 사로잡힌 무녀를 구하기 위해, 지옥으로 통한다는 동굴로 들어선다. 난이도는 높지만 컨티뉴 무제한에 패스워드 컨티뉴도 있어 클리어하기 쉽다.

슈퍼 컵 사커
SPT 잘레코 1992년 4월 24일 9,000엔 8M

쿼터뷰 시점으로 진행되는 축구 게임. 골을 넣었을 때 등에는 선수가 클로즈업되기도 하고, 슈팅 시에는 등뒤 시점이 되기도 하는 등 TV 중계를 모델로 한 연출이 나와, 시합에 리듬감을 부여해 준다.

WWF 슈퍼 레슬매니아
SPT 어클레임 재팬 1992년 4월 24일 8,800엔 8M

미국의 프로레슬링 단체 'WWF'를 소재로 한 프로레슬링 게임. 총 10명의 등장 선수는 전원 실명으로 등록되어 있다. 게임은 'ONE ON ONE', 'TAG TEAM', 'SURVIVOR SERIES'의 3가지 모드가 준비되었다.

헤라클레스의 영광 III : 신들의 침묵
RPG 데이터 이스트 1992년 4월 24일 8,800엔 8M

그리스 신화 세계관이 무대인 롤플레잉 게임 시리즈 3번째 작품. 시나리오가 뛰어나, 시리즈 최고 걸작으로 꼽는 사람도 많다. 기억을 잃고 불사신이 되어버린 주인공이, 반복되는 꿈을 단서로 과거의 자신을 찾아 여행한다.

마카마카

RPG　시그마　1992년 4월 24일　8,700엔　8M

만화가 아이하라 코지가 캐릭터 디자인을 맡고, 그가 발안한 아이디어와 개그도 듬뿍 넣은 코믹 RPG. 악의 제왕 마카마카에 의해 주인공의 부모가 거대 물벼룩이 되는 프롤로그를 시작으로, 캐릭터부터 스토리까지 온갖 패러디가 가득하다.

F-1 GRAND PRIX

RCG　비디오 시스템　1992년 4월 28일　9,700엔　8M

F1이 모티브인 탑뷰 시점의 레이싱 게임. 등장하는 머신과 팀, 드라이버는 모두 실명이다. 각종 데이터는 91년 기준으로 수록되어 있다. 회전 기능을 사용해, 코너링 시에 차량이 아니라 코스가 도는 식으로 진행된다.

격투왕 월드 챔피언

ACT　소프엘　1992년 4월 28일　8,000엔　4M

프로 권투선수인 마츠시마 지로가 이미지 캐릭터로 채택된 권투 게임. 타이밍을 재 펀치를 꽂는, 실제 시합과도 같은 긴장감을 즐겨보자. 시합에서 이기면 펀치, 스피드, 맷집 중 하나를 성장시킬 수 있다.

슈퍼 알레스터

STG　토호　1992년 4월 28일　8,700엔　8M

종스크롤 슈팅의 명작 「알레스터」 시리즈 작품 중 하나. 보스를 비롯해, 회전확대축소 기능을 활용한 슈퍼 패미컴다운 연출이 인상적이다. 8종류에 달하는 웨폰은 버튼으로 특성 전환이 가능해 전략적으로 플레이할 수 있다.

슈퍼 상하이 : 드래곤즈 아이

PZL　HOT·B　1992년 4월 28일　7,800엔　8M

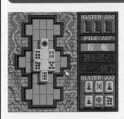

이제는 캐주얼 게임으로 대중화된, 마작패를 사용하는 퍼즐 게임. 트럼프 무늬와 화투, 도로표지 등 10종류의 그림패가 준비돼 있다. 공격 측과 수비 측으로 나뉘어 점수를 겨루는 '드래곤즈 아이'라는 2인 대전 모드도 있다.

배틀 블레이즈

ACT　사미　1992년 5월 1일　8,700엔　8M

판타지 세계관의 대전격투 게임. 스토리 모드인 '더 히어로'에서는 주인공 파우드를 조작해 라이벌에 빙의한 마왕 그리포로모스를 분리시켜, 마왕의 본체와 싸우는 게 목적이다. 물론 마음대로 캐릭터를 골라 대전할 수도 있다.

갑룡전설 빌가스트 : 사라진 소녀

RPG　반다이　1992년 5월 23일　9,000엔　8M

빌가스트라 불리는 이세계에 소환된 주인공 '미이케 슌'이 함께 소환됐지만 행방불명돼 버린 애인 '나카지마 미치코'를 찾아 떠나는 이야기. 두 개의 파티로 구성되어, 캐릭터가 교체되면서 스토리가 진행된다.

참(斬) II 스피리츠

SLG　울프 팀　1992년 5월 29일　9,800엔　8M

PC 게임으로 인기를 모았던, 전국시대 소재의 전략 시뮬레이션 게임. 다이묘부터 중신, 부하에 낭인까지 등장무장이 900명을 넘고, 누구를 골라도 천하통일을 이룰 수 있다. 특이한 시스템이 없어, 초보자라도 안심할 수 있다.

스트리트 파이터 II

ACT　캡콤　1992년 6월 10일　9,800엔　16M

대전격투 게임 붐을 일으킨 아케이드 게임의 이식작. 워낙 인기작이라 대대적으로 광고되어, 발매 전부터 '나보다 강한 녀석을 만나러 간다.'라는 문구로 대표되는 실사영상 CM도 방영했다. 타이틀 데모가 삭제되고 기술 발동 시 애니메이션 컷 수가 줄어 콤보가 바뀌는 등 완전 이식까지는 아니나 재현도가 높고, 동일 캐릭터 간 대전 구현 등의 추가 요소도 있다.

▲아케이드판과의 차이점도 비교적 적어, 당시엔 이 작품으로 연습하고 오락실로 진출하는 사회현상도 벌어졌다.

매직 소드

ACT　캡콤　1992년 5월 29일　8,500엔　8M

주인공 앨런을 조작해 마왕 드라쿠마를 물리치러 떠나는 액션 게임. 드라쿠마가 기다리는 탑 안에는 동료들이 사로잡혀 있어, 구출 시 한 명에 한해 같이 싸울 수 있다. 아이템을 얻으면 레벨 업하는 RPG 요소도 있다.

슈퍼 쇼기

TBL　아이맥스　1992년 6월 19일　8,800엔　8M

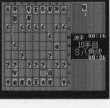 

사고 시간이 짧아 경쾌한 템포로 즐기는 쇼기 게임. 기본 모드 '기력별 대국' 외에 말판놀이 '도카이도 오십삼차', AI기사 16명과 겨루는 '토너먼트', 박보장기 120문제가 수록된 '박보장기'의 4가지 모드가 있다.

슈퍼 덩크샷

SPT　HAL 연구소　1992년 6월 19일　8,600엔(세금 포함)　8M

슈퍼 패미컴 최초의 농구 소재 스포츠 게임. 회전 기능을 활용해, 다양한 시점으로 시합을 즐길 수 있는 게 특징이다. 총 28팀이 등장하며, 1번만 시합하는 모드 외에 대전 모드, 시즌전의 3가지 모드가 준비돼 있다.

캐멀트라이

ACT　타이토　1992년 6월 26일　8,500엔　8M

같은 이름의 아케이드 타이틀 이식작. 회전 기능을 활용한 작품으로, 화면 중심에 위치한 볼은 중력에 따라 이동하므로 컨트롤러를 사용해 미로 자체를 좌우로 회전시켜 골까지 인도해야 한다. 코스는 총 4종류가 있다.

코시엔 2

SPT　케이 어뮤즈먼트 리스　1992년 6월 26일　8,900엔　8M

일본 고교야구가 모티브인 스포츠 게임. 가상 명칭으로 바뀌긴 했으나, 일본고교야구연맹에 가맹된 4,000곳 이상의 고교 데이터를 수록했다. 시합을 즐기는 '연습'·'대회'·'대전', 결과를 예측해보는 '대회 주최' 모드가 있다.

종합격투기 애스트럴 바우트

SPT　킹 레코드　1992년 6월 26일　9,030엔　8M

종합격투기가 모티브인 대전격투 게임. 무에타이와 루차 리브레 등 9종류의 격투기를 구사하는 격투가들이 한 링에서 자웅을 겨룬다. 세계 최강의 격투왕을 노리는 '판크라티온 로드', 대전 모드인 '믹스트 매치'가 있다.

요코야마 미츠테루 삼국지

SLG 엔젤 1992년 6월 26일 9,500엔 8M

같은 이름의 애니메이션이 원작인 전략 시뮬레이션 게임. 수록된 시나리오는 '군웅할거 189년'과 '삼국정립 219년' 두 가지다. 나오는 캐릭터의 그래픽은 애니메이션 기준으로, 상황에 따라 표정이 바뀌는 것이 특징이다.

슈퍼 오프로드

RCG 팩 인 비디오 1992년 7월 3일 6,900엔 4M

RC 카를 조작하는 감각으로 플레이할 수 있는, 기복이 심한 오프로드를 돌파하는 레이싱 게임. 코스 위에 놓인 니트로 등의 아이템을 얻어 차량을 강화시키며 1위를 노린다. 번 상금으로 머신을 강화할 수도 있다.

슈퍼 볼링

SPT 아테나 1992년 7월 3일 8,300엔 4M

최대 4명까지 동시 플레이가 가능한 볼링 게임. 일반적인 볼링을 즐기는 '터키 보울', 다양한 배치로 놓인 핀을 몇 회로 쓰러뜨릴지 겨루는 '골프 모드', 연습하는 '프랙티스'의 3가지 모드가 준비돼 있다.

파로디우스다! : 신화에서 개그로

STG 코나미 1992년 7월 3일 8,500엔 8M

명작「그라디우스」의 패러디 판이라는 내용의 아케이드 게임을 이식한 작품. 클래식 명곡이나 시리즈 인기곡을 편곡한 BGM도 호평 받았다. 오리지널 스테이지와 OMAKE! 모드가 추가되었다.

PGA 투어 골프

SPT 이매지니어 1992년 7월 3일 8,500엔 4M

북미에서 인기가 많았던 골프 게임의 이식작. 미국 PGA 투어가 소재로, 유명 선수가 실명으로 등장한다. 총 4코스 72홀이 준비되어 있고, 이중 한 코스는 슈퍼 패미컴의 오리지널 코스이다.

페르시아의 왕자

ACT 메사이야 1992년 7월 3일 8,800엔 8M

반란을 일으킨 자파에게 납치당한 공주를 구하러, 수많은 함정이 장치된 성 안을 탐험한다. 스토리대로 공주가 자결하기 전까지의 제한시간 2시간 내에 클리어해야만 한다. 주인공의 부드럽고 리얼한 모션이 화제가 되었다.

라이트 판타지

RPG 톤킨 하우스 1992년 7월 3일 8,900엔 8M

무기력한 성격의 주인공이 왕녀를 구출하기 위해 기력을 짜내는 이야기를 그린 롤플레잉 게임. 마을 사람은 물론 몬스터까지도 동료로 삼기가 가능해, 자신만의 파티를 짤 수 있다. 코믹한 요소가 많고 다채로운 게임.

북두의 권 5 : 천마유성전 애★절장

RPG 토에이 동화 1992년 7월 10일 8,900엔 8M

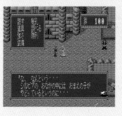

'북두의 권'이 원작이지만, 완전 오리지널 스토리로 진행되는 롤플레잉 게임. 주인공도 오리지널 캐릭터로, 잡혀간 애인을 구하기 위해 여행을 떠난다. 여행 도중 원작의 캐릭터가 등장해, 주인공과 함께 싸워준다.

STG 슈팅 게임 **ACT** 액션 게임 **PZL** 퍼즐 게임 **RPG** 롤플레잉 게임 **SLG** 시뮬레이션 게임 **SPT** 스포츠 게임 **RCG** 레이싱 게임 **AVG** 어드벤처 게임 **ETC** 교육·기타 **TBL** 보드 게임

유우유의 퀴즈로 GO! GO!

ETC　타이토　1992년 7월 10일　8,500엔　8M

탤런트 '유우유' 가 사회 진행을 맡아, 타이틀 콜이 게임 도중에 육성으로 나오는 것이 인상적인 퀴즈 게임. '스포츠', '만화', '잡학' 등 다양한 분야에서 문제가 출제되며, 어울리는 선택지를 고르는 전통적인 퀴즈 방식이다.

마리오페인트

슈퍼 패미컴
마우스지원

ETC　닌텐도　1992년 7월 14일　9,800엔(세금 포함)　8M

전용 마우스와 마우스 패드가 동봉된 그래픽 에디터. 화면상에 그림 그리기, 애니메이션 만들기, 오선지에 캐릭터를 배치해 음악 만들기 등을 즐길 수 있으며, 파리잡기 미니게임도 플레이 가능하다.

캡틴 츠바사 Ⅲ : 황제의 도전

SPT　테크모　1992년 7월 17일　9,700엔　8M

시리즈 최초의 슈퍼 패미컴용 타이틀로, 동·서독 통일을 기념한 청소년 축구 대회인 '유니버설 유스'가 무대인 게임판 오리지널 스토리다. 모든 선수에게 이름이 있고, 올스타 모드도 추가되었다.

스즈키 아구리의 F-1 슈퍼 드라이빙

RCG　로직　1992년 7월 17일　8,800엔　8M

F1 드라이버 스즈키 아구리가 감수한 레이싱 게임. 리얼리티를 추구해, 본격적인 머신 세팅도 준비돼 있다. 기후도 레이스 도중에 변화하는 등, 다양한 요건 설정이 가능하다. 2인 대전과 챔피언십 외에, 스즈키와의 대전도 있다.

다이나 워즈 : 공룡왕국으로 대모험

ACT　아이렘　1992년 7월 17일　8,800엔　8M

같은 이름의 영화가 원작인 횡스크롤 액션 게임. TV 속 세계로 들어와 버린 티미와 제이미가 공룡인 렉스·톱스와 협력하면서 악의 원시인 군단 로키즈와 싸워나간다. 퍼즐 요소도 있는 등 다채롭게 구성돼 있다.

파친코 워즈

SLG　코코너츠 재팬　1992년 7월 17일　9,500엔　8M

파친코 점포에 잠입하여, 여러 파친코대를 정복하면서 단골손님의 정보를 바탕으로 적 스파이를 색출하라. 오프닝 BGM이 '미션 임파서블' 풍인 등, 도처에 장난기가 가득한 작품이다. 슈퍼 패미컴 최초의 파친코 게임.

후크

ACT　에픽소니 레코드　1992년 7월 17일　8,500엔　8M

같은 이름의 영화가 원작인 횡스크롤 액션 게임. 어른이 된 피터 팬을 조작해, 후크 선장에게 납치된 아이들을 구출하는 게 목적이다. 원작의 분위기를 잘 재현하여 밝고 즐거운 게임으로 만들어졌다.

산드라의 대모험 : 왈큐레와의 만남

ACT　남코　1992년 7월 23일　8,300엔　8M

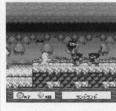

남코의 인기작 「왈큐레의 전설」의 파트너 '산드라'가 주인공인 횡스크롤 액션 게임. 시리즈 첫 작품 「시간의 열쇠 전설」의 프리퀄로, 악의 화신 조나에 의해 풍화병에 걸린 아들을 구하러 빛의 조각을 찾아 여행한다.

HARDWARE
1990
1991
1992
1993
1994
1995
1996
1997
1998
1999
2000
INDEX

HARDWARE

1990
1991
1992
1993
1994
1995
1996
1997
1998
1999
2000

INDEX

어스 라이트

SLG　허드슨　1992년 7월 24일　8,500엔　8M

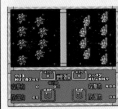

허드슨의 명작 「넥타리스」의 디자인을 계승한 워 시뮬레이션 게임. 지형에 따른 유·불리와 인접 칸에 아군이 있을 경우의 부가효과 등을 잘 이용해, 적보다 유리한 조건을 만들어내는 두뇌싸움이 승리로 연결된다.

얼티밋 풋볼

SPT　사미　1992년 7월 24일　8,700엔　8M

코트를 수평으로 보는 시점으로 플레이하는 미식 축구 소재의 본격 스포츠 게임. 총 28팀 중에서 하나를 골라 우승을 노린다. 다채로운 포메이션이 준비돼 있어, 상황에 따라 공격과 수비를 구사해 시합을 지배해야 한다.

사이발리온

ACT　도시바 EMI　1992년 7월 24일　8,600엔　8M

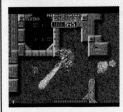

아케이드에서 이식된, 드래곤 형태의 플레이어 기체를 조작해 제한시간 내에 미궁의 골 지점까지 도달하는 액션 게임. 맵은 자동생성식이라 플레이할 때마다 변화한다. 엔딩도 100종류가 넘어, 플레이어가 질릴 틈이 없는 게임.

슈퍼 F1 서커스

RCG　일본물산　1992년 7월 24일　8,800엔　8M

PC엔진의 「F1 서커스」를 슈퍼 패미컴용으로 이식한 레이싱 게임. 코스와 기후에 맞춰 머신 세팅이나 피트인 등을 구사하는 전략이 중요하다. 코너링에는 화면 회전 기능이 사용되었다.

T.M.N.T. 터틀즈 인 타임

ACT　코나미　1992년 7월 24일　8,800엔　8M

TV 애니메이션 「틴에이지 뮤턴트 닌자 터틀즈」가 원작인 벨트스크롤 액션 게임. 다채로운 액션과 호쾌함이 넘치는 게임 디자인이 호평 받았다. 확대기능을 사용한 던지기 연출은 한 번 볼 가치가 있다.

블레이존

STG　아틀라스　1992년 7월 24일　8,800엔　8M

아케이드에서 이식된 횡스크롤 슈팅 게임. 적 기체를 탈취하여 플레이어 기체로 사용하는 이색적인 파워 업 시스템이 있다. 탈취한 기체는 종류별로 공격방법이 다르기 때문에, 공략에 적합한 기체를 잘 골라야 한다.

3×3 EYES : 성마강림전

RPG　유타카　1992년 7월 28일　9,500엔　8M

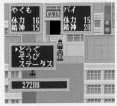

같은 이름의 인기 만화를 바탕으로 각색한 스토리를 게임화한 롤플레잉 게임. 주인공 야쿠모와 파이, 한 명 추가되는 동료까지 3인 파티 구성으로, 원작처럼 야쿠모는 좀비라 죽지 않지만 다른 2명이 쓰러지면 게임 오버가 된다.

기갑경찰 메탈 잭

ACT　아틀라스　1992년 7월 31일　8,800엔　8M

같은 이름의 TV 애니메이션이 원작인 횡스크롤 액션 게임. 원작과 마찬가지로 범죄조직 이드와 싸운다. 보스 전에서는 '잭 온'이라는 구호와 함께 애니메이션대로의 연출로 잭 아머를 장착하는 등, 비주얼 면에서도 멋지다.

　STG 슈팅 게임　**ACT** 액션 게임　**PZL** 퍼즐 게임　**RPG** 롤플레잉 게임　**SLG** 시뮬레이션 게임　**SPT** 스포츠 게임　**RCG** 레이싱 게임　**AVG** 어드벤처 게임　**ETC** 교육·기타　**TBL** 보드 게임

킹 오브 더 몬스터즈

ACT 타카라 1992년 7월 31일 8,800엔 8M

아케이드에서 이식된 대전 액션 게임. 플레이어는 4마리의 괴수 중 하나를 골라 싸운다. 각 몬스터는 기본공격인 펀치·킥 외에 더욱 강력한 화염 공격이나 빔 공격 등의 필살기가 있어, 그 특징을 살려 싸움에 임한다.

비룡의 권 S : 골든 파이터

ACT 컬처브레인 1992년 7월 31일 9,700엔 12M

아케이드와 패미컴에서 인기 있었던 시리즈의 슈퍼 패미컴판. 자신이나 적의 약점에 마크가 표시되는 '심안' 시스템이 특징이다. 스토리 모드는 횡스크롤 액션과 대전격투식 보스 전으로 구성되어 있다.

피구왕 통키

SPT 선소프트 1992년 7월 31일 8,500엔 8M

만화(원제는 '불꽃의 투구아 도지 단페이')가 원작인 피구 게임. 원작 스토리로 전개되는 '불꽃 대열전! 투구 선수권'과, 친구와 경쟁하는 '2P 대전 모드'의 2가지 모드가 있다. 원작처럼 과격한 필살기도 있어, 뜨거운 시합이 가능하다.

슈퍼 대항해시대

SLG 코에이 1992년 8월 5일 11,800엔 8M

시뮬레이션에 롤플레잉 게임 요소를 도입한 '리코에이션 게임' 시리즈 중 하나. 16세기 포르투갈의 몰락귀족 레온 페레로가 되어, 작위를 되찾기 위해 배를 타고 교역과 해전을 거듭해 명성을 쌓아나간다.

초대 열혈경파 쿠니오 군

ACT 테크노스 재팬 1992년 8월 7일 8,900엔 8M

「열혈」 시리즈 최초의 슈퍼 패미컴용 소프트. 사이드뷰 액션 RPG로, 캐릭터도 시리즈 첫 작품 스타일의 진지한 느낌으로 그려졌다. 적을 물리치면 레벨이 올라 성장하며, 아이템 및 교복 등의 장비품도 있다.

슈퍼 팡

ACT 캡콤 1992년 8월 7일 7,500엔 8M

아케이드에서 이식된, 모든 볼을 쏴 없애는 것이 목적인 액션 게임. 커다란 볼을 맞추면 그보다 작은 볼 2개로 나뉘는데, 무턱대고 쏘면 자잘한 볼 천지가 돼버린다. 제일 작은 볼은 맞추면 사라지니, 잘 생각해 없애나가자.

슈퍼 프로페셔널 베이스볼 II

SPT 잘레코 1992년 8월 7일 9,000엔 8M

TV 중계와 똑같은 시점으로 플레이하는 야구 게임. 이 작품부터 드디어 선수 데이터가 실명화되었다. 실제와 동일한 130시합으로 일본 시리즈를 포함해 모든 시합을 치르며 일본 제일을 노리는 페넌트레이스 모드도 추가되었다.

슈퍼 모모타로 전철 II

TBL 허드슨 1992년 8월 7일 8,800엔 8M

모든 물건과 역에 역명 간판이 붙고, 지정한 역으로 가는 루트 검색이 가능해지는 등, 플레이 편의성이 향상되었다. 또한 공항 칸 추가로 이동범위가 넓어져, 일본 땅을 넘어 하와이나 괌, 사이판까지도 갈 수 있게 되었다.

HARDWARE
1990
1991
1992
1993
1994
1995
1996
1997
1998
1999
2000
INDEX

스핀디지 월드

ACT　아스키　1992년 8월 7일　8,800엔　8M

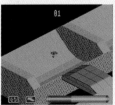

지구를 구하기 위해, 돌연 나타난 행성군 '스핀디지 월드'를 파괴한다는 스토리의 액션 게임. 팽이 모양의 플레이어 기체는 움직임에 관성이 적용되어, 익숙해지기 전까지는 제대로 이동도 힘들 만큼 조작이 어렵다.

파이프 드림

PZL　BPS　1992년 8월 7일　7,500엔　4M

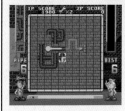

'S' 블록과 'END' 블록을 제한시간 내에 파이프로 연결해 물이 통하게 하면 클리어되는 퍼즐 게임. 파이프를 최대한 길게 잇거나 교차 파이프를 많이 쓰면 고득점이지만, 물이 통과하지 않은 파이프는 클리어 시 감점 처리된다.

팔랑크스

STG　켐코　1992년 8월 7일　8,900엔　8M

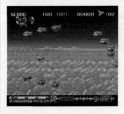

일본산 PC인 X68000용 작품으로 개발되었던 횡스크롤 슈팅 게임을 난이도를 낮춰 개량했다. 임의의 타이밍에 무기 체인지가 가능해지고, 오리지널 스테이지를 구성하는 등 원작을 대부분 재현했다.

나 홀로 집에

ACT　알트론　1992년 8월 11일　8,800엔　8M

같은 이름의 인기 영화를 게임화했다. 집에 홀로 남은 주인공이 도둑들로부터 귀금속 등의 보물을 지키는 게 목적인 액션 게임. 도둑은 물총 등으로 발을 묶을 수 있다. 모든 보석을 회수하고 집을 탈출하면 보스 전이 시작된다.

근육맨 : DIRTY CHALLENGER

SPT　유타카　1992년 8월 21일　7,800엔　4M

'근육맨 : 근육별 왕위쟁탈 편'을 소재로 한 프로 레슬링 게임으로, 원작에 등장하는 캐릭터의 필살기 영상도 나온다. 녹아웃이 없고 3카운트 폴이나 기브업으로만 결판이 나는 시간 무제한의 3판 승부제다.

슈퍼 마작

TBL　아이맥스　1992년 8월 22일　8,000엔　4M

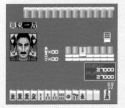

2인 대국에 특화된 마작 게임. '프리 대국 모드', 룰렛으로 아이템을 입수하는 '아이템 대국 모드', 이 작품의 특징이라 할 사카모토 료마와 간디 등의 역사적 인물이 되어 다른 작사와 대국하는 '세계통일 모드'가 있다.

슈퍼 마리오 카트

RCG　닌텐도　1992년 8월 27일　8,900엔(세금 포함)　4M

레이싱 게임에 '아이템으로 방해'라는 액션 요소를 집어넣은 작품. 총 20코스를 5번 돌아 순위를 겨루는 모드 외에, 카트에 풍선을 붙여 경쟁하는 배틀 모드도 수록됐다. 캐릭터는 경량급·중간급·중량급으로 나뉜 8명 중 선택.

울트라 베이스볼 실명판

SPT　마이크로 아카데미　1992년 8월 28일　8,800엔　4M

등장 선수가 실명화된 「울트라 베이스볼」. 총 12구단 외에 울트라 리그 6개 팀이 등장해, 마구나 비장의 타법을 사용하는 초인 야구와 실존 프로 구단 선수 간의 대결이라는 타 게임에선 불가능한 시합을 즐길 수 있다.

CB 캐러 워즈 : 잃어버린 개~그

ACT 반프레스토 1992년 8월 28일 8,500엔 8M

웃음이 사라진 세계의 원인을 찾기 위해, 2등신 캐릭터가 된 데빌맨과 마징가 Z가 웃음의 원천인 '개그'를 찾으러 싸워나가는 횡스크롤 액션 게임. 특정한 적을 물리치면 부하로 삼아, 아이템 팔이 심부름도 시킬 수 있다.

애크로뱃 미션

STG 테이치쿠 1992년 9월 11일 8,800엔 8M

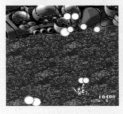

제 2의 고향이 된 화성을, 돌연 침략해 온 수수께끼의 적으로부터 지키기 위해 싸우는 종스크롤 슈팅 게임. 아케이드에서 이식된 작품이다. 적탄으로만 대미지를 입으며, 적 기체는 접촉해도 문제없다는 특이한 시스템을 채택했다.

액슬레이

STG 코나미 1992년 9월 11일 8,800엔 8M

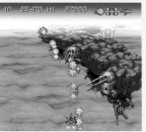
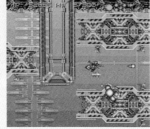

종스크롤과 횡스크롤 스테이지가 번갈아 전개되는 슈팅 게임. 플레이어 기체는 포드(전방 샷), 사이드(범위공격 서브 웨폰), 베이(미사일·폭탄 계열) 3개 부위에 무기를 장착할 수 있다. 무기는 보호막 역할도 겸해, 공격받으면 사용 중인 무기를 잃게 되고, 무기 3개가 모두 없어지면 기체가 파괴된다. 무기는 L·R 버튼으로 전투 도중에 전환이 가능하다.

▲ 무기 시스템뿐만 아니라, 유사 3D를 사용해 깊이감을 표현한 그래픽도 독특한 작품.

SD 기동전사 건담 : V작전 시동

ACT 엔젤 1992년 9월 12일 7,800엔 4M

애니메이션 '기동전사 건담'에 등장하는 모빌슈츠가 SD 캐릭터로 활약하는 액션 게임. 초대 '건담'의 스토리 기준으로 진행된다. 스테이지의 중요 지점에선 명장면을 재현한 연출도 삽입되어 있다. 2인 동시 플레이나 대전도 가능.

슈퍼 마작대회

TBL 코에이 1992년 9월 12일 9,800엔 4M

코에이의 역사 시뮬레이션 게임으로 친숙한 역사적 위인들과 작탁 위에서 겨루는 마작 게임. 각 캐릭터에 맞는 대사가 마작에 맞춰 나오는 것도 재미있다. '작장'과 '대회' 모드가 있어, '대회'에선 결과를 예측해 돈을 걸고 내기도 할 수 있다.

슈퍼 가샤퐁 월드 SD건담 X

SLG 유타카 1992년 9월 18일 9,500엔 8M

패미컴에서 호평받던 「가샤퐁전사」 시리즈의 디자인을 계승한 시뮬레이션 게임. 기본 시스템은 그대로지만, 그래픽과 연출을 강화했다. 등장 유닛은 100종류 이상. 유닛 간 전투는 액션 게임 스타일이다.

와이알라에의 기적

SPT T&E 소프트 1992년 9월 18일 9,800엔 8M

하와이안 오픈이 개최되는 와이알라에 컨트리 클럽을 충실하게 재현한 골프 게임. 「머나먼 오거스타」와 동일한 POLYSYS 시스템을 사용해, 입체적인 표현을 보여준다. 새 모드로 '스킨즈 매치'도 추가되었다.

HARDWARE 1990 1991 1992 1993 1994 1995 1996 1997 1998 1999 2000 INDEX

HARDWARE
1990
1991
1992
1993
1994
1995
1996
1997
1998
1999
2000
INDEX

제독의 결단

SLG　코에이　1992년 9월 24일　14,800엔　10M

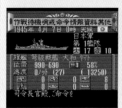

PC에서 이식된 제2차 세계대전 무대의 시뮬레이션 게임. '미일 교섭결렬'을 시작으로 '야마토 특공'에 이르기까지의 주요 전투를 망라했다. 플레이어는 미일 어느 쪽 군대로도 플레이할 수 있고, 2인 동시 플레이도 가능하다.

갬블러 자기중심파 : 마작황위전

TBL　팔소프트　1992년 9월 25일　8,800엔(세금 포함)　4M

카타야마 마사유키의 같은 이름의 만화가 원작인 마작 게임. 개성적인 캐릭터 대사나 각 캐릭터들의 마작 치는 버릇 등, 원작을 철저하게 재현했다. 게임 모드는 '프리 대전', '투어 모드', '마작 퀴즈'의 3가지가 있다.

은하영웅전설

SLG　토쿠마쇼텐 인터미디어　1992년 9월 25일　9,800엔(세금 포함)　8M

같은 이름의 소설이 원작인 전술 시뮬레이션 게임. 동맹군과 제국군 중 하나를 선택해 시나리오를 클리어하며 스토리를 진행한다. 원작에서 생존하는 캐릭터는 죽지 않지만, 원작에서 죽는 캐릭터를 살릴 수 있는 IF 요소가 있다.

소닉 블래스트 맨

ACT　타이토　1992년 9월 25일　8,900엔　8M

오락실에서 인기를 끌었던 펀칭 머신 「소닉 블래스트 맨」이 주인공인 벨트스크롤 액션 게임. '내 펀치를 받아보아라!'라는 대사와 함께 지면을 펀치로 때려 적들을 쓸어버리는 등, 특유의 유쾌한 센스가 재미있다.

대전략 익스퍼트

SLG　아스키　1992년 9월 25일　9,800엔　8M

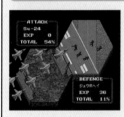

「대전략」 시리즈의 리뉴얼 이식 작품. 육각형 칸으로 구성된 맵에서 유닛을 생산·배치하며 진군해 상대 국가의 본거지를 점령한다. 캠페인 모드와 시나리오 모드가 있고, 유닛을 다음 맵으로 계승할 수 있게 되었다.

스카이 미션

SLG　남코　1992년 9월 29일　8,300엔　4M

복엽기를 조종해 임무를 수행하는 플라이트 시뮬레이션 게임. 임무는 '공중전', '지상공격', '폭격'의 3가지로 나뉜다. 슈퍼 패미컴의 회전·확대·축소 기능을 완전 활용하여, 입체감 넘치는 스테이지를 구현해냈다.

드래곤 퀘스트 Ⅴ : 천공의 신부

RPG　에닉스　1992년 9월 27일　9,600엔　12M

「드래곤 퀘스트」 시리즈 5번째 작품이자, 시리즈 최초의 슈퍼 패미컴용 소프트. 주인공의 유년시절 아버지인 파파스와의 모험부터 시작하여 청년기의 결혼, 아이가 태어나 아버지가 되고 성장한 아이와 함께 모험한다는 부자 3세대에 걸친 장대한 스토리와, 중반의 결혼 이벤트 등이 인상적인 명작 RPG다. 몬스터를 동료로 삼는 시스템도 이 작품부터 채용되었다.

▲ 이전까지의 시리즈와 달리, 주인공의 여행 목적은 마왕 퇴치가 아니라 어머니 찾기로 시작한다.

STG 슈팅 게임　ACT 액션 게임　PZL 퍼즐 게임　RPG 롤플레잉 게임　SLG 시뮬레이션 게임　SPT 스포츠 게임　RCG 레이싱 게임　AVG 어드벤처 게임　ETC 교육·기타　TBL 보드 게임

로드 모나크

슈퍼 패미컴 마우스 지원

SLG　에포크 사　1992년 10월 9일　8,800엔　4M

적도 아군도 실시간으로 움직이는 땅따먹기 게임. 건물과 병사를 유지하려면 자금이 필요하지만, 세율을 올리면 병사 보충속도가 떨어지니 상황에 따라 밸런스를 맞추도록. 중세와 전국시대 등 다양한 세계관으로 즐긴다.

리턴 오브 더블 드래곤

ACT　테크노스 재팬　1992년 10월 16일　8,600엔　8M

플레이어가 쌍절권 달인 '리 형제'가 되어 섀도우 워리어즈와 싸워나가는 벨트 스크롤 액션 게임. 펀치, 킥, 던지기와 기력 게이지를 소모하는 필살기 등 28종류에 달하는 다채로운 기술을 조합 가능한 연속기가 심오하다.

슈퍼 로열 블러드

SLG　코에이　1992년 10월 22일　9,800엔　8M

가상의 세계를 무대로 강대한 힘이 봉인된 보석과 왕관을 둘러싼 전쟁을 그린 판타지 세계관의 시뮬레이션 게임. 심플한 시스템과 코에이 시뮬레이션 게임 치고는 낮은 난이도 덕에, 초보자도 즐기기 쉬운 작품이 되었다.

아담스 패밀리

ACT　미사와엔터테인먼트　1992년 10월 23일　8,800엔　8M

아담스 패밀리의 가장 고메즈를 조작해, 갇혀버린 가족들을 구출하는 게 목적인 액션 게임. 주 무대인 맨션은 여러 스테이지로 나뉘어 있고 숨겨진 스테이지도 곳곳에 존재해, 탐색하기만 해도 질리지 않는다.

슈퍼 F1 서커스 리미티드

RCG　일본물산　1992년 10월 23일　9,200엔　8M

「슈퍼 F1 서커스」의 마이너 체인지판. 팀명 및 드라이버명이 실명화되고, 로터스 등의 고유명칭도 알파벳으로 변경됐다. 드라이버도 일부 변경되고, 타이틀 화면의 F1 머신 컬러링도 바뀌었다.

코즈모 갱 더 비디오

STG　남코　1992년 10월 29일　7,900엔　8M

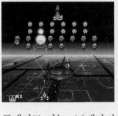

남코의 전동식 놀이기구「코즈모 갱즈」가「갤러그」풍 슈팅 게임이 되었다. 파워 업 아이템이 있고, 2인 동시 플레이도 가능. 16배까지 올라가는 스코어 배율이나 원작 놀이기구를 오마쥬한 챌린징 스테이지도 재미있다.

사이버 나이트

RPG　톤킨 하우스　1992년 10월 30일　8,900엔　8M

PC엔진에서 이식된, 그룹 SNE가 원작을 맡은 SF 세계 무대의 롤플레잉 게임. 모듈이라 불리는 장갑복을 조작해 전투한다. 모듈을 강화하거나, 적에게서 빼앗은 부품으로 무기를 만들면 강해진다.

진 여신전생

RPG　아틀라스　1992년 10월 30일　9,800엔　12M

패밀리 컴퓨터로 인기를 얻은 시리즈의 슈퍼 패미컴용 첫 작품. 친숙한 악마 합체와 함께, 특정한 악마와 검을 합체시키는 검 합체가 가능해졌다. 마법도 개편되어 '메기도' 계열이 추가되고, 기존 계통에도 새 마법이 신설되었다.

HARDWARE
1990
1991
1992
1993
1994
1995
1996
1997
1998
1999
2000
INDEX

슈퍼 리니어볼
ACT 히로 1992년 11월 6일 8,000엔 4M

1인칭 시점으로 진행되는 근미래 축구 게임. 호버 머신을 타고 볼을 골까지 몰고 가는 게 목적이다. 필드에 온갖 장치가 설치돼 있는데, 이를 잘 이용할 필요가 있다. 회전 기능이 활용되어, 스피드감도 박력도 있는 작품.

삼국지 III
SLG 코에이 1992년 11월 8일 14,800엔 12M

전작과 달리 국가 간에 길이 연결되어 있고, 커맨드를 실행해도 효과가 나오기까지 일정 시간이 걸리는 등 여러 부분이 개량된 작품. 전투 신 연출도 강화되어 더욱 볼만해졌다. 또한 오리지널 신군주 플레이도 가능하다.

슈퍼 SWIV
STG 코코너츠 재팬 1992년 11월 13일 9,500엔 8M

영국산 PC 게임의 이식작. 헬리콥터 또는 지프를 조작해 지하 제국과 맞선다. 양 기체는 조작 방법이 다른데다 무기 및 이동속도 등도 완전히 차별화되어 있다. 2인 동시 플레이 시에는 지상에서 연계 전투하게 된다.

레너스 : 고대 기계의 기억
RPG 아스믹 1992년 11월 13일 9,600엔 12M

행성 레너스가 무대인 판타지 RPG. MP 개념이 없어, 마법은 HP를 소비해 써야 한다. 또한 마법은 쓰면 쓸수록 위력이 올라가며, 회복은 아이템으로만 가능하다는 등 타 RPG와는 다른 시스템이 많다. 파스텔 풍 그래픽도 인기가 좋았다.

미국 횡단 울트라 퀴즈
ETC 토미 1992년 11월 20일 8,700엔 8M

당시의 인기 TV 프로 소재의 퀴즈 게임. 각 체크 포인트의 통과조건을 만족시켜 게임 돔부터 뉴욕까지 총 10스테이지를 돌파하는 게 목적이다. 계곡에서 보트로 건너뛰는 등의 액션 요소도 있어, 퀴즈만 잘 맞춰선 클리어할 수 없다.

위저드리 V : 재앙의 중심
RPG 아스키 1992년 11월 20일 9,800엔 8M

PC에서 이식된 인기 롤플레잉 게임. 오토매핑 등, 플레이에 도움을 주는 기능이 탑재되었다. 이전작에는 없었던 NPC와의 대화도 추가됐는데, 그중엔 교섭 등도 있으므로 이야기 진행상 중요한 시스템이기도 하다.

대결!! 브라스 넘버즈
ACT 레이저소프트 1992년 11월 20일 8,500엔 8M

나오는 캐릭터 전원의 필살기가 모으기 계열 기술인 진기한 대전격투 게임. 승부에서 이기면 받는 보너스 포인트를 사용해, 총 7종의 패러미터를 성장시킬 수 있다. 강화한 캐릭터 데이터는 패스워드로 보존도 가능하다.

히어로 전기 : 프로젝트 올림포스
RPG 반프레스토 1992년 11월 20일 9,600엔 12M

건담 대륙, 라이더 대륙, 울트라 대륙이란 세 대륙이 있는 행성 엘피스가 무대인 롤플레잉 게임. 아무로·미나미 코타로·모로보시 단·길리엄으로 구성된 파티로, 각 캐릭터의 적으로 이루어진 테러리스트 군단과 싸워나간다.

휴먼 그랑프리

RCG　휴먼　1992년 11월 20일　9,700엔　8M

FOCA의 인가를 받은 F1 소재의 레이싱 게임. 팀 명 및 드라이버 등이 실명으로 등록되어 있다. 서킷도 실존 코스를 구현했고, 기후 변화 등도 리얼하게 표현했다. 머신의 세팅은 스티어링이 꺾이는 정도까지도 조정할 수 있다.

북두의 권 6 : 격투전승권 패왕으로의 길

ACT　토에이동화　1992년 11월 20일　8,900엔　12M

오리지널 스토리로 진행되는 RPG였던 전작에서 또 바뀌어, 원작 캐릭터가 등장하는 대전격투 게임이 되었다. 켄시로를 시작으로 8명의 캐릭터가 오의를 구사하며 싸운다. 원작에는 없었던 대결도 즐길 수 있다.

미키의 매지컬 어드벤처

ACT　캡콤　1992년 11월 20일　8,500엔　8M

납치된 플루토를 구출하기 위해 미키 마우스가 신비한 세계를 모험하는 횡스크롤 액션 게임. 여행 도중에 얻는 코스튬을 이용해 마법사나 소방관 등으로 변신하면 마법이나 물 쏘기 등의 능력을 쓸 수 있게 된다.

카코마나이트

ACT　데이텀폴리스타　1992년 11월 21일　7,800엔(세금포함)　4M

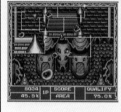

마법사에 의해 게으름뱅이 투성이가 돼 버린 세계를 구하러, 왕의 명령으로 마법 분필로 구역을 둘러싸 국민과 공주를 구해낸다는 목적의 땅따먹기 게임. 맵 별로 설정된 비율 이상의 화면을 획득하면 스테이지 클리어다.

아우터 월드

ACT　빅터엔터테인먼트　1992년 11월 27일　8,800엔　8M

폴리곤 그래픽으로 표현된 불가사의한 세계를 모험하는 고정화면식 액션 게임. 누가 아군이고 적인지마저 알 수 없는 플레이어가 살 길은 거의 하나뿐. 화면에서 힌트를 찾아 매 장면을 차근차근 클리어해가며 전진하자.

허리케인 죠

ACT　케이어뮤즈먼트리스　1992년 11월 27일　8,900엔　8M

같은 이름의 명작만화가 원작인 권투 게임. 플레이어는 야부키 죠를 조작해, 앞을 가로막는 라이벌들과 뜨거운 싸움을 벌인다. 십자키와 버튼 조합으로 8종류의 펀치와 3종류의 가드를 구사하며, 심지어는 노 가드 전법도 가능.

아랑전설 : 숙명의 싸움

ACT　타카라　1992년 11월 27일　9,800엔　12M

아케이드에서 인기가 많았던 대전격투 게임을 이식한 작품. 3명의 주인공 중 하나를 골라, '킹 오브 파이터즈' 우승을 노린다. 네오지오판에서는 불가능했던 같은 캐릭터 간 대전과 적 캐릭터 조작 대전도 가능해졌다.

건포스

ACT　아이렘　1992년 11월 27일　8,300엔　4M

아케이드에서 이식된 액션 슈팅 게임. 주인공 밀크맨과 페이퍼보이를 조작해 R국의 세계정복을 저지하는 것이 목적이다. 적을 쓰러뜨려 무기를 획득하고 전투용 지프와 전투헬기를 빼앗아, 적진을 제압해야 한다.

HARDWARE | 1990 | 1991 | 1992 | 1993 | 1994 | 1995 | 1996 | 1997 | 1998 | 1999 | 2000 | INDEX

송 마스터

RPG 야노만 1992년 11월 27일 9,000엔(세금 포함) 8M

노래로 기적을 일으킨 송 마스터의 전설이 전해지는 세계에서, 제어할 수 없을 정도로 강력한 노래의 힘을 지닌 소년의 모험을 그린 롤플레잉 게임. 여타 RPG의 마법을 '노래'로 바꾼 게임 시스템이 개성적인 작품이다.

바르바롯사

SLG 사미 1992년 11월 27일 9,800엔 8M

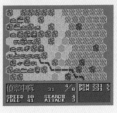

제2차 세계대전 당시의 동부전선이 무대인 턴제 전략 시뮬레이션 게임. 플레이어는 독일군 기갑사단 사단장이 되어 소련군과 싸운다. 원작은 PC-9801용 소프트 「블리츠크리크」로, 이식되면서 타이틀이 바뀌었다.

발리볼 Twin

SPT 톤킨 하우스 1992년 11월 27일 8,900엔 8M

6인제 남자 배구와 2인제 여자 비치발리볼을 플레이할 수 있는 스포츠 게임. 시간차 공격과 속공, 백어택 등의 다양한 공격으로 상대를 흔들 수 있다. 대 CPU전, 대인전, 트레이닝, 월드컵(비치발리볼은 월드 챌린지)을 수록했다.

파워 애슬리트

ACT 카네코 1992년 11월 27일 8,500엔 8M

잔혹한 이종격투기가 유행하는 세계에서 8명의 격투가가 격렬하게 싸우는 1~2인용 대전격투 게임. 1플레이어 모드에서는 시합을 승리하면 상대보다 뒤떨어진 능력치가 상대에 맞춰 성장한다는 육성 요소도 있다.

로얄 컨퀘스트

슈퍼 패미컴 마우스 지원

SLG 잘레코 1992년 11월 27일 8,500엔 4M

공병과 마술사, 궁병 등 8종류의 유닛을 조작해 적들과 함정을 퇴치하며 왕이 되기 위해 진행해가는 리얼타임 전술 게임. 시스템은 「레밍스」와 비슷하지만, 보스 전도 있다. 각 유닛의 능력과 마법을 살려 전투해야 한다.

슈퍼 블랙배스

SPT HOT·B 1992년 12월 4일 9,800엔 8M

낚아 올린 블랙배스의 중량을 겨뤄, 다양한 대회에서의 상위 입상을 노리는 낚시 게임. 호수 위를 보트로 이동해, 어군탐지기로 포인트를 찾는다. 전문 용어가 많이 나오며, 기후와 풍향, 찌, 실 등이 낚시 결과에 영향을 주는 본격파 게임.

세리자와 노부오의 버디 트라이

SPT 토호 1992년 12월 4일 9,600엔 8M

'타케시 군단이 프로 골퍼에 도전!!'이라는 패키지 문구대로, 골퍼 세리자와 노부오의 형인 세리자와 명인부터 과달카날 타카, 러셔 이타마에 등의 방송인들이 실명으로 등장하는 골프 게임. 서양판은 캐릭터가 이족보행 로봇으로 교체됐다.

미스터리 서클

PZL 케이 어뮤즈먼트 리스 1992년 12월 4일 8,300엔 8M

위에서 떨어져 내리는 블록을 선으로 둘러싸 지워나가는 퍼즐 게임. 블록이 땅에 닿기 전에도 둘러쌀 수 있고, 큰 덩이로 둘러싸면 고득점. 참고로, 블록은 우주인이 지구 봉인을 위해 보낸 표식인 '미스터리 서클'이라는 설정이라고.

파이널 판타지 V
RPG　스퀘어　1992년 12월 6일　9,800엔　16M

슈퍼 패미컴 소프트 일본 판매량 랭킹 8위를 기록한 RPG. 시리즈의 특징이자 캐릭터의 성장에 영향을 주는 직업 시스템에 직업 고유의 어빌리티가 추가되고, 직업을 바꾸더라도 타 직업의 어빌리티 하나는 쓸 수 있게 하여 성장의 다양성을 늘렸다. 민첩성 순으로 행동하는 액티브 타임 배틀 시스템도 개선되어, ATB 게이지로 행동순서를 알기 쉬워졌다.

▲ 빛의 전사들과 암흑마도사 엑스데스 사이의, 세계의 운명을 건 싸움을 그린 왕도 스토리가 그려진다.

메이저 타이틀
SPT　아이렘　1992년 12월 4일　8,800엔　8M

아이렘 최초의 아케이드용 골프 게임을 이식한 작품. 사용하는 클럽, 방향, 자세, 파워를 사전에 설정해둔 후 스윙만으로 샷을 날린다. 성능이 다른 4명의 조작 캐릭터와 4종류의 게임 모드로 플레이하게 된다.

오오즈모 혼
SPT　타카라　1992년 12월 11일　9,000엔　8M

기합을 모아 커맨드 입력으로 기술을 발동시키는 스모 액션 게임. 선수의 이름과 타입을 직접 설정해 캐릭터를 요코즈나로까지 육성시키는 '노려라! 요코즈나'를 비롯해, '연전 모드'와 대전 전용 '방별 대항전'도 즐길 수 있다.

사이코 드림
ACT　니혼 텔레네트　1992년 12월 11일　8,900엔　8M

이상을 형태화한 가상현실 세계에서 돌아오지 못하게 된 유즈키 사야카의 정신을 현실로 되돌리기 위해, 사야카가 고른 '폐허도시 이야기'의 세계에 잠입한다는 스토리다. 독특하고 기괴한 적이 등장하는 횡스크롤 액션 게임.

백열 프로야구 '93 힘내리그
SPT　에픽소니 레코드　1992년 12월 11일　9,500엔　12M

간단한 조작으로 호평 받았던 야구 게임이, 팀명 및 선수명을 모두 실명화한 신작으로 등장. 새로 추가된 '프랙티스'로 공격 측은 홈런과 배팅을, 수비 측은 피칭과 필딩을 연습할 수 있다.

파치오 군 스페셜
ETC　코코너츠 재팬　1992년 12월 11일　9,800엔　8M

유명 파친코 게임 「파치오 군」 시리즈. 당시 '비행기 대'라 불렸던 하네모노 기기 '세븐 기'를 공략해 각 점포를 클리어하자. 얻은 구슬은 카운터에서 기기 공략이 유리해지는 아이템과 교환 가능하니, 다음 점포에서 활용할 것.

배틀 사커 : 필드의 패자
SPT　반프레스토　1992년 12월 11일　9,500엔　8M

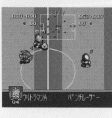

건담, 울트라맨, 가면라이더에 괴수까지 총출동하는 축구 게임. 제각기 특징이 있는 8개 팀이 등장한다. 각 캐릭터에게는 각자에 맞는 필살기도 마련돼 있다. 잘 사용해 시합을 유리하게 끌고 나가자.

HARDWARE | 1990 | 1991 | 1992 | 1993 | 1994 | 1995 | 1996 | 1997 | 1998 | 1999 | 2000 | INDEX

비룡의 권 S 하이퍼 버전
ACT 컬처브레인 1992년 12월 11일 9,700엔 12M

「비룡의 권 S 골든 파이터」로부터 3개월 후에 발매된 업그레이드판. 조작성, 밸런스 및 게임 스피드를 개선하고, 대전 모드에서 동일 캐릭터간 대전도 가능하며, 전작에선 비기로만 고를 수 있었던 '배틀 모드'도 정식으로 추가되었다.

벤케이 외전 : 모래 편
RPG 선소프트 1992년 12월 11일 9,600엔 12M

PC엔진용 소프트 「벤케이 외전」의 속편에 해당하는 작품. 스토리는 전작과 연관이 없고, 몽고군 침공으로 위기를 맞은 일본을 구하는 이야기다. 주인공은 남녀 중 한쪽을 고르며, 성별은 캐릭터의 성능과 엔딩에 영향을 미친다.

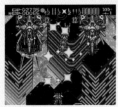
기동장갑 다이온
STG 빅 토카이 1992년 12월 14일 8,500엔 8M

스튜디오 OX가 메카닉 디자인을 맡은 종스크롤 슈팅. 지구를 침략하는 기계생명체를 물리치러, 지구부터 요새행성까지의 스테이지를 공략한다. 무기는 레벨이 있어, 경험치를 쌓으면 위력이 올라가고 적탄을 맞으면 내려가는 시스템.

어메이징 테니스
SPT 팩인 비디오 1992년 12월 18일 8,800엔 8M

서양에서 발매된 테니스 게임의 일본어판. 캐릭터 후방 시점으로 진행되는 3D풍 그래픽, 보이스를 넣은 심판의 콜이 특징이다. 게임 모드는 3가지로, 대 CPU전 및 대인전 외에 토너먼트전도 참가 가능하다.

SD건담 외전 2 원탁의 기사
RPG 유타카 1992년 12월 18일 9,500엔 8M

카드다스가 원작인 「SD건담 외전 나이트 건담 이야기」의 속편. 경험치 개념 없이 동료가 늘어나면 레벨 업하는 시스템, 최대 13명까지 가능한 파티, 회복능력 등을 넣을 수 있는 무기 주문제작 시스템 등이 개성적인 작품이다.

중장기병 발켄
ACT 메사이야 1992년 12월 18일 8,800엔 8M

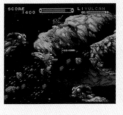 

양산형 기체로 최전선에서 싸우는 멀티 엔딩식 액션 슈팅 게임. 연출에 공이 들어가 있고, 우루시하라 사토시가 디자인한 캐릭터가 나오는 브리핑부터 임무 도중 통신까지 스토리성을 강조했다. 「중장기병 레이노스」의 프리퀄이기도.

슈퍼 스타워즈
ACT 빅터 엔터테인먼트 1992년 12월 18일 8,800엔 8M

액션과 슈팅의 양쪽 요소를 결합한 작품. 영화의 에피소드 4 기준 스토리 하에, 루크를 조작해 데스 스타를 파괴하기까지를 그렸다. 고난이도를 자랑하는 JEDI 모드를 클리어하면 다스 베이더에게 진정한 제다이로 인정받는다.

슈퍼 오오즈모 열전대일번
SPT 남코 1992년 12월 18일 8,800엔 8M

전통적인 시스템의 스모 게임. 기술을 발동하는 커맨드는 연습에서 배울 수 있다. 대회 우승을 노리는 '노려라 우승', 2인 대전도 가능한 '5회 승부', 요코즈나 승진이 목표인 '요코즈나로의 길' 등의 게임 모드가 수록되었다.

STG 슈팅 게임　ACT 액션 게임　PZL 퍼즐 게임　RPG 롤플레잉 게임　SLG 시뮬레이션 게임　SPT 스포츠 게임　RCG 레이싱 게임　AVG 어드벤처 게임　ETC 교육·기타　TBL 보드 게임

슈퍼 테트리스 2 + 봄블리스

PZL　BPS　1992년 12월 18일　8,500엔　8M

패미컴용 소프트 「테트리스 2 + 봄블리스」의 파워 업판. 에디트 모드는 삭제되었지만 '봄블리스'에서는 최초 도입된 대전 모드를 추가했다. 3가지 타입의 룰 중에서 선택 가능한 '테트리스', 2가지 타입의 '봄블리스'를 즐길 수 있다.

슈퍼 니치부츠 마작

TBL　일본물산　1992년 12월 18일　8,800엔　8M

아케이드 게임의 이식작. 마작 방법을 배울 수 있는 '학습 모드'와 정점을 노리는 '왕위결정전' 등, 초보자부터 상급자까지 즐길 수 있는 게임 모드를 수록했다. 대국 중에는 대전 상대의 개성적인 얼굴 그래픽이 나와 승부를 돋운다.

스텔스

SLG　헥트　1992년 12월 18일　9,700엔　8M

베트남 전쟁의 게릴라전이 소재인 전략 시뮬레이션 게임. 1인 1유닛이라는 컴팩트한 설정과, 몸을 숨기고 색적으로 적을 찾아낸다는 리얼한 시스템으로 게릴라전을 구현했다. 맵 내에는 지뢰가 매설돼 있기도 하니 방심할 수 없다.

타이니 툰 어드벤처

ACT　코나미　1992년 12월 18일　8,000엔　8M

TV 애니메이션 '타이니 툰즈'의 버스터 바니가 주인공인 액션 게임. 학교나 서부시대, 도깨비집, 우주 등이 무대인 총 6스테이지를 공략한다. 이지 모드는 일부 장소가 생략되기도. 스테이지 도중 룰렛을 돌리는 보너스 게임도 있다.

싸워라 원시인 2 : 루키의 모험

ACT　데이터 이스트　1992년 12월 18일　8,000엔　4M

아케이드용 게임 「JOE & MAC」의 속편. 주인공인 원숭이 '루키'는 붉은 구슬을 얻으면 인간으로 변신해, 한 번 맞아도 죽지 않는다. 화면의 슬롯머신으로 대수가 늘어나거나, 쓰러진 적으로 돌을 파괴하는 등 독특한 시스템이 많다.

나카지마 사토루 감수 슈퍼 F-1 히어로

RCG　바리에　1992년 12월 18일　8,900엔　8M

전직 F-1 드라이버인 나카지마 사토루가 감수해, 게임 내에서도 나카지마의 메시지를 볼 수 있는 F-1 레이싱 게임. 슈퍼 패미컴의 회전 기능을 사용한 그래픽으로 현장감을 연출했다. 머신 세팅도 세부 설정이 가능한 리얼한 시스템이다.

나그자트 슈퍼 핀볼 사귀 파괴

TBL　나그자트　1992년 12월 18일　8,500엔　8M

PC엔진용 소프트 「에일리언 크러시」・「데빌 크래시」의 맥을 잇는 작품. '사귀 파괴'라고 쓰고 '사귀 크러시'라고 읽는다. 전작 2작품과 달리 일본 풍 세계관으로 통일하고, 하드웨어의 회전·확대·축소 기능을 살린 연출을 도입했다.

플라잉 히어로 : 부규르의 대모험

STG　소프엘　1992년 12월 18일　8,800엔　8M

친구가 없는 대마왕의 질투로 인해 사이좋은 친구를 납치당한 부규르의 싸움을 그린 코믹한 1인용 슈팅 게임. 게임 자체는 심플하지만, L·R 버튼과 샷 버튼을 사용해 대각선 방향이나 후방으로도 샷을 쏠 수 있는 게 특징이다.

반숙영웅 : 아아, 세계여 반숙이 되어라…!!
RPG　스퀘어　1992년 12월 19일　9,500엔　8M

연극무대 풍의 총 12화짜리 리얼타임 시뮬레이션 RPG. 패미컴용 소프트 「반숙영웅」의 속편이지만, 아군 유닛인 에그몬스터를 적군도 쓰며, 경험치 대신 반숙치를 도입하고, 유저 공모로 에그몬스터를 넣는 등 신규 요소가 많다.

46억년 이야기 : 머나먼 에덴으로
ACT　게임플랜21　1992년 12월 21일　9,600엔　12M

지구에 생명이 탄생한 이후로 46억년간의 진화를 소재로 한 액션 게임. 다른 생물을 포식하여 진화에 필요한 포인트를 모으면 몸의 특정 부분을 진화시킬 수 있다. 조금씩 진화를 거듭해, 최종적으로 인간으로 진화하는 게 목적.

기기괴계 : 수수께끼의 검은 망토
ACT　나츠메　1992년 12월 22일　8,500엔　8M

타이토와의 라이선스 계약으로 만들어진 「기기괴계」의 가정용 오리지널 작품. 라이프제와 목숨제의 동시 채용 등 플레이 시간을 늘리는 시스템을 도입하고, 신규 액션인 액막이 차지와 슬라이딩, 스핀 어택을 추가했다.

소년 아시베 : 점박이의 유원지 대모험
ACT　타카라　1992년 12월 22일　7,800엔　4M

만화 '소년 아시베'가 소재인 액션 게임. 아시베가 기르는 아기 점박이물범 '점박이'를 조작해, 유원지 각지를 클리어하며 보석 4개를 모아 아시베의 할아버지에게 돌아가는 게 목적. 지정된 아이템을 모아 골 지점을 찾아야 한다.

러싱 비트 란(亂) : 복제도시
ACT　잘레코　1992년 12월 22일　9,600엔　12M

기본적인 시스템은 전작과 동일하고, 사용 가능한 캐릭터가 5명으로 늘어난 작품. 적에게 잡혔을 때 역기술을 걸 수 있는 반격 잡기와, 뒤에서 잡혔을 때 거는 고유 기술인 반격기, 추격타 등이 추가되어 액션이 대폭 강화되었다.

루니 튠즈 로드 러너 VS 와일리 코요테
ACT　선 소프트　1992년 12월 22일　8,600엔　8M

미국의 인기 애니메이션이 소재인 액션 게임. 로드 러너를 잡아먹기 위해 온갖 수단을 가리지 않는 와일리 코요테의 추적을 따돌리고 골인하는 것이 목적. 애니메이션처럼 로드 러너의 하이스피드와 코믹함이 특징인 작품.

컴배트라이브즈
ACT　테크노스 재팬　1992년 12월 23일　9,300엔　12M

아케이드판을 이식한 벨트스크롤 액션 게임. '컴배트라이브즈'라 불리는 3명의 주인공이 범죄조직 '그라운드 제로'의 괴멸을 목표로 싸워나간다. 이식되면서 데모 영상이 추가되어 스토리 파악이 쉬워졌다.

슈퍼 킥오프
SPT　미사와엔터테인먼트　1992년 12월 25일　7,700엔　4M

「프로 사커」의 속편으로서, 유럽을 무대로 한 축구 게임이다. 화면 스크롤 속도가 다소 느려진 덕분에 선수를 조작하기가 좀 더 쉬워졌다. J리그를 모티브로 한 새로운 팀도 등장한다.

072　STG 슈팅 게임　ACT 액션 게임　PZL 퍼즐 게임　RPG 롤플레잉 게임　SLG 시뮬레이션 게임　SPT 스포츠 게임　RCG 레이싱 게임　AVG 어드벤처 게임　ETC 교육·기타　TBL 보드 게임

HARDWARE 1990 1991 1992 1993 1994 1995 1996 1997 1998 1999 2000 INDEX

슈퍼 발리 II

SPT 비디오 시스템 1992년 12월 25일 8,900엔 8M

아케이드에서 인기가 있었던 배구 게임을 이식한 작품. 게임 모드는 '월드 남자 배구'와 '월드 여자배구'에 더해, 필살기도 쓸 수 있는 슈퍼 패미컴판 오리지널 모드인 '하이퍼 모드'도 탑재되었다.

슈퍼 파이어 프로레슬링 2

ACT 휴먼 1992년 12월 25일 8,500엔 8M

인기 프로레슬링 게임의 속편. 등장 레슬러는 25명으로 늘어났고, 시스템 역시 대폭 강화되었다. 또한 멀티탭을 사용하면 최대 4명까지 동시 플레이할 수 있게 되었다. CPU도 강화되어, 긴장감 넘치는 시합이 가능하다.

대폭소!! 인생극장

TBL 타이토 1992년 12월 25일 8,500엔 8M

사람의 일생을 즐기는 보드 게임. 유치원부터 노인까지의 삶을 거치며 수많은 직업을 경험해, 보유금 1위를 노린다. 미니게임도 마련되어 있고, 얼굴을 몽타주처럼 자유롭게 조합해 즐길 수 있다. 최대 6인까지 동시 플레이 가능.

테크모 슈퍼 NBA 바스켓볼

SPT 테크모 1992년 12월 25일 8,900엔 8M

NBA 공인 농구 게임. 동부와 서부의 컨퍼런스에 소속된 총 27팀 중 하나를 자유롭게 선택해 플레이한다. 선수 데이터가 풍부하고 시합 도중에도 포메이션 변경이 가능. 무려 마이클 조던도 사용할 수 있다.

마작비상전 : 나키의 류

TBL IGS 1992년 12월 25일 9,800엔 8M

같은 이름의 인기 만화가 소재인 2인 대국 마작 게임. 아마미야 켄이 되어 마성의 남자 '류'를 찾기 위해 대국하는 '마작비상전', 류를 포함한 작사 16명 중 하나로 토너먼트를 벌이는 '수라 토너먼트', 프리 대국의 3가지 모드가 있다.

란마 1/2 : 폭렬난투 편

ACT 메사이야 1992년 12월 25일 9,600엔 12M

만화 '란마 1/2'의 격투 게임화 제 2탄. 점프와 가드가 버튼에 배당되었던 액션 게임식 전작의 키 조작을 리뉴얼해 일반 격투 게임처럼 설정할 수 있게 되었다. 필살기도 오래 누르기나 동시 누르기 등으로 나가, 복잡한 조작이 없다.

더 킹 오브 랠리 : 파리-모스크바-베이징

RCG 멜닥 1992년 12월 28일 8,800엔 8M

파리에서 출발하여 모스크바를 경유해 골 지점인 베이징을 향하는 랠리 레이드 대회 소재의 레이싱 게임. 모래나 빙판 등, 가혹한 코스를 훌륭히 구현했다. 내비게이터의 능력이나 돌발상황 대처 등 다양한 요소가 승부를 좌우한다.

사상 최강의 퀴즈왕 결정전 Super

ETC 요네자와 1992년 12월 28일 8,900엔 8M

같은 이름의 인기 퀴즈 프로를 게임화한 작품. 수록된 퀴즈는 원작 TV 프로와 동일한 스탭들이 제작했다. 게임 내에는 '킹 오브 퀴즈', '스페셜 퀴즈', '파티 퀴즈'의 3가지 모드가 수록되어 있다.

HARDWARE
1990
1991
1992
1993
1994
1995
1996
1997
1998
1999
2000
INDEX

1993

1993년에 발매된 소프트 수는 총 269타이틀로, 작년보다 훨씬 수가 늘어나 다른 라이벌 게임기를 한참 앞서는 독주체제에 들어간 해다.

전년의 「스트리트 파이터 Ⅱ」 히트의 영향으로 「아랑전설 2」, 「용호의 권」, 「월드 히어로즈」 등등 수많은 아케이드 대전격투 게임이 이식되었고, 슈퍼 패미컴 오리지널 대전격투 게임도 이 시기부터 발매되었다.

한편 「스타폭스」, 「전설의 오우거 배틀」, 「토르네코의 대모험」, 「셉텐트리온」 등 새로운 장르를 세웠다 할 만한 작품도 다수 발매되어, 라인업의 다양성이 풍부해진 해이기도 했다.

엘파리아
RPG　허드슨　1993년 1월 3일　9,500엔　12M

경험치 개념이 없고, 무기와 아이템을 조합해서 만드는 새로운 효과를 이용해 진행해가는 롤플레잉 게임. 레벨은 보스를 쓰러뜨릴 때만 올라가는 시스템이다. 4개의 파티로 나눠 게임을 진행하게 된다.

에일리언 VS. 프레데터
ACT　IGS　1993년 1월 8일　9,800엔　8M

같은 이름의 미국 코믹스가 원작인 벨트스크롤 액션 게임. VEG-4라는 행성에서 에일리언 알이 발견되어 속속 인간에게 기생한다. 플레이어는 프레데터를 조작해 에일리언과 싸운다. 에일리언과 프레데터로 나눠 싸우는 대전 모드도 탑재.

부라이 : 팔옥의 용사 전설
RPG　IGS　1993년 1월 14일　9,800엔　8M

다양한 업계의 최전선에서 활약하던 크리에이터들이 집결해 개발한 PC용 롤플레잉 게임의 가정용 이식작으로, 원작의 상권에 해당하는 내용이다. 비주얼 신이 도트 캐릭터로 연출된 것이 특징이다.

유럽 전선
SLG　코에이　1993년 1월 16일　12,800엔　12M

제2차 세계대전의 유럽을 무대로, 독일이 이끄는 추축군과 연합군 간의 전투를 그린 시나리오 클리어 형 워 시뮬레이션 게임. '프랑스 침공전'부터 '베를린 공방전'까지 6가지 시나리오를 공략한다.

드래곤즈 어스
SLG　휴먼　1993년 1월 22일　8,500엔　8M

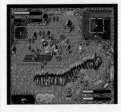

몬스터 군단을 조작해 흉악한 드래곤을 쓰러뜨리는 시뮬레이션 게임. 4곳의 지역 각각에 존재하는 '보구'를 모아 '라스트 드래곤'을 물리치는 것이 목적이다. 리얼타임 전략 게임이므로, 상황에 맞춰 지시를 내려야 한다.

포퓰러스 Ⅱ : TRIALS OF THE OLYMPIAN GODS
슈퍼 패미컴 마우스 지원
SLG　이매지니어　1993년 1월 22일　9,800엔　10M

전작의 시스템을 기반으로, 신들이 사용하는 기적 등이 대폭 늘어나고 경험치 시스템도 추가되었다. 플레이어는 제우스와 인간 여성 사이에 태어난 아이를 조작해, 신으로서 다른 그리스 신화 신들의 신자를 토벌하는 게 목적.

　STG 슈팅 게임　ACT 액션 게임　PZL 퍼즐 게임　RPG 롤플레잉 게임　SLG 시뮬레이션 게임　SPT 스포츠 게임　RCG 레이싱 게임　AVG 어드벤처 게임　ETC 교육·기타　TBL 보드 게임

마이트 & 매직 BOOK II

RPG　로직　1993년 1월 22일　8,800엔　8M

PC에서 이식된 3D 던전 형식의 롤플레잉 게임. 이식되면서 크게 개변되어, 원작과는 완전히 별개 게임이라고 할 수 있을 만큼 달라졌다. 특히 그래픽과 음악은 완전히 오리지널로 제작되어 들어갔다.

지지 마라! 마검도

ACT　데이텀 폴리스타　1993년 1월 22일　8,800엔　8M

검도가 특기인 여고생 '켄노 마이'가 요괴 형사 '도로'의 부탁으로 마검도로 변신하여 요괴를 퇴치하는 액션 게임. 주인공 마이는 등교 도중 짬을 낸 거라, 시간을 너무 들이면 수업 시작까지 교문에 도착하지 못해 지각 처리된다.

요괴소년 호야

ACT　유타카　1993년 1월 25일　8,800엔　8M

원작인 만화(원제는 '우시오와 토라')의 스토리를 따라가는 횡스크롤 액션 게임. 플레이어는 우시오와 토라 중 하나를 골라 흉악한 요괴를 상대로 싸워나간다. 스테이지 도중에 데모 신도 들어가, 원작을 몰라도 스토리를 알 수 있다.

Q*bert 3

PZL　바프　1993년 1월 29일　7,000엔　4M

원작 게임인 「Q*bert」 개발에 참여했던 제프 리가 다시 그래픽을 담당한 퍼즐 게임. Q버트를 조작해 적을 피하며 모든 블록에 색을 칠하면 클리어. 추가 스테이지를 포함하면 총 100스테이지로, 볼륨이 풍부하다.

크리스티 월드

ACT　어클레임 재팬　1993년 1월 29일　8,000엔　4M

인기 만화 '심슨 가족'이 원작인 액션 게임. 피에로 '크리스티'의 집에 눌러앉은 쥐를 퇴치하는 기계까지 잘 유도하는 게 목적. 퍼즐 요소가 강해, 잘 생각하고 움직이는 게 요령이다. 다른 '심슨 가족' 캐릭터도 등장한다.

노부나가 공기

SLG　야노만　1993년 1월 29일　12,500엔　8M

오다 노부나가에 대해 기록한 역사서를 소재로 한 전략 시뮬레이션 게임. '요시모토 상락(上洛)'부터 시작해 노부나가와 관계가 있는 시나리오를 5개 수록했다. 심플하게 정돈된 시스템 덕에 플레이하기 쉬운 편이다.

슈퍼 창고지기

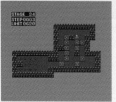

슈퍼 패미컴 마우스 지원

PZL　팩 인 비디오　1993년 1월 29일　7,800엔　8M

정통 퍼즐 게임의 슈퍼 패미컴 판. 창고 안의 화물을 밀어 지정 장소로 정리하면 클리어. 이 작품에선 걸음수 제한도 있으므로 효율적으로 움직여야 한다. 에디트 모드로 맵을 자유롭게 만들 수도 있다.

슈퍼 빅쿠리맨

ACT　벡　1993년 1월 29일　7,800엔　8M

같은 이름의 애니메이션이 원작인 1:1 대전 격투 게임. '1P MODE'에서는 피닉스나 비슈누 티키 중 하나를 골라 데빌 제우스 등의 악마와 싸운다. 'VS MODE'에서는 악마를 포함해 8명의 캐릭터 중 골라 대전을 즐길 수 있다.

HARDWARE
1990
1991
1992
1993
1994
1995
1996
1997
1998
1999
2000
INDEX

남코트 오픈
SPT　남코　1993년 1월 29일　8,800엔　8M

패밀리 컴퓨터용 「남코 클래식」을 업그레이드시킨 골프 게임. '라운드 플레이', '투어 골프', '연습'의 3가지 모드가 준비돼 있다. 이 작품에서는 번 상금을 지불해 새로운 클럽을 살 수도 있게 되었다.

월드클래스 럭비
SPT　미사와 엔터테인먼트　1993년 1월 29일　7,900엔　4M

미국 PC인 아미가에서 이식된, 럭비 소재의 스포츠 게임. 세계 16개국 중에서 고른 팀으로 월드컵 우승을 노리는 메인 모드 외에, 리그전과 2인 대전의 3가지 모드가 있다. 리플레이 기능으로 중요 장면의 확인도 가능.

게게게의 키타로 : 부활! 천마대왕
ACT　반다이　1993년 2월 5일　8,800엔　8M

'게게게의 키타로' TV 애니메이션 제 3기 시리즈를 소재로 한 액션 게임. 미래에서 온 편지를 통해 자신이 처형될 것임을 안 키타로가 시간을 넘어 여행한다. 친숙한 머리카락 바늘과 리모컨 나막신 기술로 다양한 요괴와 싸우자.

프로 풋볼 '93
SPT　일렉트로닉 아츠 빅터　1993년 2월 12일　8,900엔　8M

유명한 TV 해설자 존 매든이 감수한 스포츠 게임. 총 7가지 모드가 준비되었고, 40개 팀이 등록되어 있다. 기후와 필드 타입을 설정할 수 있는 등, 미식축구를 게임화하기 위해 공을 많이 들인 작품이다.

월리를 찾아라! : 그림책 나라의 대모험
AVG　토미　1993년 2월 19일　9,500엔　8M

유명한 그림책 '월리를 찾아라!'를 게임화한 작품. 동굴을 탐색하는 등의 어드벤처 게임 풍 요소도 있다. 각 스테이지는 시대와 나라가 제각기 달라, 타이틀명대로 대모험이 펼쳐지게 된다.

강철의 기사
SLG　아스믹　1993년 2월 19일　9,800엔　8M
슈퍼 패미컴 마우스 지원

PC에서 이식된, 제2차 세계대전을 무대로 중대규모 전차전을 시뮬레이션화한 작품. 플레이어는 독일군 기갑 사단 단장으로, 8개 도시를 침공·방위하며 모스크바 함락을 노린다. 등장하는 전차 등은 사실(史實)에 근거해 들어갔다.

도라에몽 : 진구와 요정의 나라
ACT　에포크 사　1993년 2월 19일　8,000엔　4M

삼림 벌채의 영향으로 요정의 나라에 나타난 괴물에 맞서, 진구 일행 4명과 비밀도구를 빼앗긴 도라에몽이 싸운다. 요정의 나라를 찾아 5개의 신기를 확보하여, 탑뷰 스테이지에서 마을을 산책하고 사이드뷰 액션 스테이지를 공략한다.

키쿠니 마사히코의 작투사 : 동라왕
TBL　POW　1993년 2월 19일　8,900엔　8M
슈퍼 패미컴 마우스 지원

만화가 키쿠니 마사히코가 디자인한 캐릭터가 등장하는 마작 게임. '패의'라는 갑옷을 입은 아테나이데를 구출하고 신작계의 정복을 꾀하는 작황을 물리치는 것이 목적. 사기 기술을 쓰려면 츠모를 거듭해 'COSMO'를 모아야 한다.

스타폭스

STG 닌텐도 1993년 2월 21일 9,800엔(세금 포함) 8M

슈퍼 FX 칩을 탑재하여, 하드웨어 성능만으로는 어려웠던 폴리곤 3D 공간 묘사를 구현해낸 SF 3D 슈팅 게임. 전투기 '아윙'에 탑승하는 주인공 폭스는 퀵 턴, 롤링, 역분사 등의 테크닉을 구사하며 동료와 협공하여, 악의 과학자 '안돌프'의 야망을 분쇄하기 위해 행성 베놈을 향해 출격한다.

▲ 플레이어 기체 후방시점과 조종석 내부 시점으로 전환이 가능해, 게임의 신시대를 느끼게 했다.

NBA 프로 바스켓볼 : 불스 VS 블레이저즈

SPT 일렉트로닉 아츠 빅터 1993년 2월 26일 8,900엔 8M

NBA의 총 18팀이 실명으로 등장하는 농구 게임. NBA 공식 룰이 적용된다. 1인 플레이 외에 2인 대전, 동일 팀의 선수를 조작하는 협력 플레이가 가능. 또한 비디오 리플레이 기능도 있어 원하는 장면을 마음껏 볼 수도 있다.

F-1 GRAND PRIX PART II

RCG 비디오 시스템 1993년 2월 26일 9,800엔 12M

1992년도 데이터로 리뉴얼한 레이싱 게임. 전작과 마찬가지로 등장하는 팀, 드라이버, 코스는 모두 실제 데이터를 수록했다. 오리지널 팀으로 F-1에 참전하는 'STORY'와, F-1 용어를 설명하는 'F-1 강좌'가 추가되었다.

오다 노부나가 : 패왕의 군단

SLG 엔젤 1993년 2월 26일 9,500엔 8M

요코야마 미츠테루 화백의 만화가 원작인 전략 시뮬레이션 게임. 첫 출진부터 혼노지의 변까지, 오다 노부나가의 생애를 총 25장으로 그려낸다. RPG 요소가 있어, 아이템을 장비시키거나 무장을 클래스 체인지시킬 수도 있다.

코즈모 갱 더 퍼즐

PZL 남코 1993년 2월 26일 7,900엔 4M

아케이드로 출시된 낙하 퍼즐 게임의 이식작. 컨테이너는 가로 일렬로 쌓으면 사라지지만, 코즈모 갱들은 볼을 붙여야만 없앨 수 있다. 일망타진할 수 있도록 컨테이너로 볼이 지나갈 길을 잘 만들어주면 상쾌하게 일소된다.

사크

RPG 선 소프트 1993년 2월 26일 9,600엔 12M

PC 원작의, 여러 기종으로 이식된 인기 롤플레잉 게임. VR 시스템이라 불리는 비스듬한 탑뷰 시점으로 고저차나 깊이감이 있는 입체적인 맵을 표현했다. SFC판은 건물 등의 그림자에 캐릭터가 묻히지 않고 투과하도록 개량되었다.

심앤트

슈퍼 패미컴 마우스지원

SLG 이매지니어 1993년 2월 26일 12,800엔 8M

검정개미가 소재인 「심」 시리즈 제 3탄. 개미의 상태를 시뮬레이트한 작품이다. PC판과 마찬가지로 진행되는 '오리지널 게임'과, 8가지 시나리오가 준비된 슈퍼 패미컴 오리지널 모드인 '시나리오 게임' 등의 모드가 있다.

HARDWARE

1990
1991
1992
1993
1994
1995
1996
1997
1998
1999
2000

INDEX

바트의 신기한 꿈의 대모험

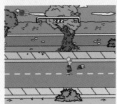

ACT 어클레임 재팬 1993년 2월 26일 8,800엔 8M

미국의 인기 애니메이션 '심슨 가족'의 바트가 주인공인 액션 게임. 꿈속에서 바람에 날아가버린 숙제를 찾으러 꿈의 세계를 탐험한다. 꿈의 세계답게 괴상한 캐릭터가 다수 등장한다. '심슨 가족'스러운 개그도 한가득 나오는 작품.

배트맨 리턴즈

ACT 코나미 1993년 2월 26일 8,800엔 8M

다양한 범죄자들이 암약하는 고담 시티를 무대로, 큼직하게 그려진 캐릭터들이 날뛰는 벨트스크롤 액션 게임. 와이어 액션이나 3D 카체이스 액션 스테이지도 있어 버라이어티가 넘치는 게임이다.

배틀테크

ACT 빅터 엔터테인먼트 1993년 2월 26일 9,800엔 8M

보드 게임 '배틀테크'가 기반인 게임으로, 아케이드에서 로봇 탑승 시뮬레이터로 가동된 같은 이름 작품의 이식작. '메크'라 불리는 로봇에 탑승해 전방위에서 공격해오는 적을 파괴해나간다. 원작과 달리 스토리가 추가되었다.

리딩 컴퍼니

SLG 코에이 1993년 2월 26일 12,800엔 8M

VTR 제조회사의 사장이 되어 점유율 획득과 매출액 증가를 목표로 매진하는 경영 시뮬레이션 게임. 베타와 VHS처럼 대립하는 여러 규격이 존재하는 VTR 업계를 자사 보유 규격으로 통일시키는 것이 최종 목표다.

알버트 오디세이

RPG 선 소프트 1993년 3월 5일 9,600엔 8M

주인공 알버트가 사악한 대마도사를 물리치기 위해 여행하는 롤플레잉 게임. 필드 이동은 시뮬레이션 게임 풍으로 진행된다. 지형효과는 물론 캐릭터의 방향에 따른 보정률도 있어, 상대와의 위치관계를 고려하며 움직여야 한다.

이하토보 이야기

슈퍼 패미컴 마우스 지원

RPG 헥트 1993년 3월 5일 9,700엔 8M

작가 미야자와 켄지가 생전에 그려왔던 이상향 '이하토보'가 작품의 무대. 미야자와 켄지를 만나는 게 게임의 목적이다. 게임 패키지에는 RPG로 기재돼 있지만, 전투나 아이템 구입 등의 요소가 없어 어드벤처에 가까운 작품.

이그조스트 히트 : F1 드라이버로의 궤적

RCG 세타 1993년 3월 5일 9,800엔 8M

슈퍼 커스텀 칩을 탑재해, 타사 게임보다 스피드감을 한 차원 끌어올린 시리즈 2번째 작품. 획득한 상금 등을 지불해 랩에서 파츠를 개발하여 머신을 진화시킨다. FOCA 공인을 받아, F-1 팀 및 드라이버 이름이 전부 실명으로 나온다.

죠죠의 기묘한 모험

RPG 코브라 팀 1993년 3월 5일 9,500엔 8M

만화 '죠죠의 기묘한 모험'을 최초로 게임화한 작품. 제 3부 '스타더스트 크루세이더즈'가 소재이며 캐릭터가 바스트 업으로 그려진 사이드뷰 형식의 희귀한 롤플레잉 게임이다. 시나리오와 설정은 일부 변경되었다.

슈퍼 킥복싱

ACT 일렉트로 브레인 재팬 1993년 3월 5일 8,800엔 8M

킥복싱이 소재인 유럽 게임을 이식한 작품. 자신만의 선수를 만들고 육성할 수 있다. 캐릭터의 기술을 미리 준비된 50종 이상 중에서 골라 익힌 후 시합에 나선다. 목표는 월드 챔피언 자리다.

데빌즈 코스

SPT T&E 소프트 1993년 3월 5일 9,800엔 8M

「머나먼 오거스타」의 시스템을 사용해 제작된 골프 게임. 돌기둥이 숲처럼 빽빽이 늘어서 있거나 바위가 공중에 떠있는 등의, 가상의 코스가 게임의 무대다. 「데빌즈 코스」라는 이름에 걸맞게, 악마적인 난이도를 자랑한다.

메탈 맥스 2

RPG 데이터 이스트 1993년 3월 5일 9,500엔 8M

근미래 무대의 롤플레잉 게임. 주인공은 전차를 타고 싸워 상금을 버는 몬스터 헌터다. 최강이 되기 위해 다양한 몬스터를 쓰러뜨리며 성장하는 이야기를 그린다. 전차를 개조하거나 장비를 갖추며 전력을 증강해가는 게 큰 재미.

모노폴리

TBL 토미 1993년 3월 5일 9,700엔 8M

세계적으로 유명한 보드 게임의 슈퍼 패미컴판. 주사위를 잘 굴려 말판을 여러 바퀴 돌며 멈춘 칸의 토지나 시설, 회사 등을 구입·매각하면서 자신의 자산을 불리고, 다른 플레이어로부터 사용료를 뜯어 파산시키는 게 목적이다.

에도노 키바

ACT 마이크로 월드 1993년 3월 12일 8,900엔 8M

2050년의 도쿄, EDO가 무대인 횡스크롤 액션 게임. 주인공은 대 테러 조직 '에도노 키바' 부대 소속으로, 파워드슈츠 '에도노 키바'를 입고 테러 조직을 섬멸하는 게 목적이다. 고속 스크롤과 공중 스테이지 등, 다양한 무대에서 싸운다.

캘리포니아 게임즈 II

SPT 헥트 1993년 3월 12일 8,800엔 8M

미국에서 인기가 있는 여러 스포츠로 점수를 겨루는 스포츠 게임. '행글라이딩', '제트 서핑', '스노보딩', '바디보딩', '스케이트보딩' 총 5종류의 스포츠가 수록되었으며, 최대 8명까지 점수를 다툴 수 있다.

슈퍼 패미스타 2

SPT 남코 1993년 3월 12일 7,900엔 8M

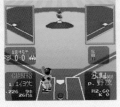 

선수명이 한자로 표시되고, 가타카나 6글자 이상의 이름도 제대로 나오며, 퍼시픽 리그 소속 구단이 후공일 때는 지명타자제도 가능하다. 선수 1명을 제작하는 '네가 히어로!' 모드나 선수를 2명 입단시키는 '드래프트' 모드도 재미있다.

전설의 오우거 배틀

SLG 퀘스트 1993년 3월 12일 9,600엔 12M

판타지 세계가 무대인 리얼타임 시뮬레이션 게임. 폭정을 일삼는 제국을 상대로, 반란군을 통솔하여 싸운다. 최대의 특징은 '카오스 프레임'이라는 시스템. 이른바 '민중의 지지율'로, 수입과도 직결되는데다 엔딩 분기에도 영향을 준다.

HARDWARE
1990
1991
1992
1993
1994
1995
1996
1997
1998
1999
2000
INDEX

2020년 슈퍼 베이스볼

SPT 케이·어뮤즈먼트리스 1993년 3월 12일 8,900엔 12M

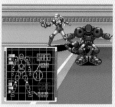

네오지오에서 이식된 근미래 무대의 야구 게임. 강화 아머를 장착한 선수들이 초인적인 능력을 발휘해 슈퍼 플레이를 펼친다. 진행 내용에 따라 소지금이 변동하며, 번 자금을 써서 아머를 강화시켜 선수를 강하게 만들 수 있다.

정글 워즈 2 : 고대마법 아티모스의 수수께끼

RPG 포니 캐논 1993년 3월 19일 9,500엔 12M

게임보이용으로 인기 있었던 롤플레잉 게임의 속편. 세계 정복을 꾀하는 우르우르 단의 야망을 저지하는 게 목적이다. 정글에 철도를 까는 등 스토리와는 관계 없는 서브 이벤트도 많이 있어, 다채로운 진행이 가능하다.

초마계대전! 도라봇짱

RPG 나그자트 1993년 3월 19일 8,800엔 8M

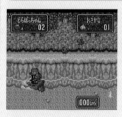

도라키라야의 왕자인 '도라봇짱'이 마계의 평화를 위해 모험하는 액션 롤플레잉 게임. 귀여운 캐릭터와 느긋한 세계관의 게임으로, 난이도도 낮게 설정돼 있어 아이들도 즐길 수 있도록 만들어졌다.

나이젤 만셀 F1 챌린지

RCG 인포콤 1993년 3월 19일 8,800엔 8M

92년도 F1 챔피언인 나이젤 만셀이 감수한 F1 레이싱 게임으로, 당시의 F1 레이서들이 실명으로 등장한다. 만셀의 머신이 선도차량이 되어 코스를 도는 요령을 어드바이스해주는 모드도 있다.

바이오메탈

STG 아테나 1993년 3월 19일 8,980엔 8M

생물 느낌의 그래픽이 특징인 횡스크롤 슈팅 게임. 메인 샷과 미사일은 위력이 약하므로, 에너지를 소비해 사용 가능한 공수일체의 특수병기 'G.A.M'을 얼마나 잘 쓰느냐가 이 게임의 관건이다.

USA 아이스하키

SPT 잘레코 1993년 3월 19일 9,000엔 8M

빙상을 부드럽게 활보하는 느낌을 훌륭히 재현한 아이스하키 게임. 리그전과 토너먼트전의 2가지 모드가 탑재돼 있어, 총 6종류의 게임을 즐길 수 있다. 아이스하키답게 난투도 벌일 수 있다.

드래곤볼 Z 초무투전

ACT 반다이 1993년 3월 20일 9,800엔 16M

광대한 필드에서 무공술과 기공 공격을 2분할된 화면으로 스피디하게 전개하는 대전격투 게임. 피콜로와의 천하제일무도회부터 셀 게임까지 다룬다. 에네르기파 등의 필살기는 별도로 데모 연출도 나온다.

슈퍼 푸른 늑대와 하얀 암사슴 : 원조비사

SLG 코에이 1993년 3월 25일 11,800엔 12M

몽골 제국이 무대인 역사 시뮬레이션 「푸른 늑대와 하얀 암사슴」 시리즈 3번째 작품인 「원조비사」의 리메이크 이식판. 문화권과 기후 차이를 도입했고, '몽골 고원의 통일'부터 '세계 제국으로의 길'까지 시나리오 4개를 수록.

STG 슈팅 게임 ACT 액션 게임 PZL 퍼즐 게임 RPG 롤플레잉 게임 SLG 시뮬레이션 게임 SPT 스포츠 게임 RCG 레이싱 게임 AVG 어드벤처 게임 ETC 교육·기타 TBL 보드 게임

슈퍼 와갼랜드 2

ACT 남코 1993년 3월 25일 8,300엔 8M

크게 짖어 공격하는 와갼이 주인공인 횡스크롤 액션 게임. 돌연 나타난 괴수 '가르곤'의 봉인을 위해 필요한 수 면초를 찾아 모험을 떠난다. 보스 대결 시의 미니게임은 6종류로 늘고, 그래픽이 리뉴얼되어 귀여운 외모로 바뀌었다.

인터내셔널 테니스 투어

SPT 마이크로 월드 1993년 3월 26일 8,900엔 8M

선수와 심판의 모션에 공을 들인, 테니스 소재의 스포츠 게임. 십자 키와 6개의 버튼을 조합하여 풍부한 타구를 구사할 수 있다. '트레이닝'부터 '챔피언십'까지 총 5개 모드가 준비되어 있다.

울트라 세븐

ACT 반다이 1993년 3월 26일 8,800엔 8M

인기 특촬 드라마 '울트라 세븐'에 등장한 울트라 세븐과 괴수들이 싸우는 대전격투 게임. 스토리 모드에서는 스테이지 시작 전 연출이 강화되고 캡슐 괴수를 사용할 수도 있는 등, 원작의 팬을 만족시키려 노력했다.

더 그레이트 배틀 III

ACT 반프레스토 1993년 3월 26일 8,700엔 10M

시리즈 3번째 작품으로, 무대를 판타지 세계로 옮겨 대활약하는 횡스크롤 액션 게임. 마법을 쓸 수도 있고, 무기나 방어구, 아이템 등을 구입할 수도 있게 되었다. 또한 'VS 모드'가 추가되어, 대전도 즐길 수 있다.

THE 심리 게임 : 악마의 코코로지

ETC 비지트 1993년 3월 26일 9,800엔 8M

책 등으로 널리 알려진 심리 게임을 비디오 게임화한 작품. 간단한 질문에 답해가며 진단을 받게 된다. 다인수 플레이도 지원해, 서로의 상성을 진단해볼 수도 있다. 또한 운세 기능도 탑재되어, 그 날의 운세를 점칠 수 있다.

밀어붙이기 오오즈모 : 입신출세 편

SPT 테크모 1993년 3월 26일 9,000엔 8M

패밀리 컴퓨터로 발매된 같은 이름의 작품 이식판. 4명의 스모 선수 중 하나를 선택해, 요코즈나를 목표로 진행한다. 대전 모드에서는 여성 선수도 조작 가능. 자유의 여신상 머리 위 등 기상천외한 장소가 씨름판이 되기도 한다.

데저트 스트라이크 : 걸프 작전

STG 일렉트로닉 아츠 빅터 1993년 3월 26일 8,900엔 8M

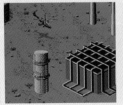

걸프 전쟁이 소재인 슈팅 게임. 세계대전을 막기 위해, 전쟁의 방아쇠가 될 킬바바 장군을 말살하는 게 목적이다. 이를 위해 플레이어는 아파치 헬기를 조작해 적 기지 파괴 및 사령관 포획, 포로 해방 등의 임무를 수행한다.

데드 댄스

ACT 잘레코 1993년 3월 26일 9,700엔 16M

격투 스타일이 다른 캐릭터 4명 중 하나를 골라 싸우는 대전격투 게임. 각각의 목적 하에 탑을 올라 섀도우를 물리치는 '스토리', 동일 캐릭터끼리는 못 싸우지만 대전이 가능한 '1P vs 2P', 연습 모드인 'vs CPU'의 3가지 모드가 있다.

HARDWARE
1990
1991
1992
1993
1994
1995
1996
1997
1998
1999
2000
INDEX

노이기어 : 바다와 바람의 고동

RPG　울프팀　1993년 3월 26일　9,800엔　8M

노이기어 령의 해역에서 일어나는 조난 사건을 조사하는 게 목적인 액션 롤플레잉 게임. 체인을 사용하는 액션이 특징으로, 물체나 적에 걸어 끌어당기거나, 벽에 걸어 보통은 오를 수 없는 장소를 이동할 수도 있다.

파워 몽거 : 마장의 모략

슈퍼 패미컴
마우스지원

SLG　이매지니어　1993년 3월 26일　12,800엔　8M

「포퓰러스」의 제작자가 만든 PC 게임의 이식작. 대륙의 지배권을 놓고 3명의 라이벌을 상대로 싸움을 펼친다. 등장 캐릭터는 인간이나 양 등의 동물은 물론, 건물이나 나무에까지 세부 패러미터가 설정돼 있다.

블루스 브라더스

ACT　켐코　1993년 3월 26일　7,800엔　4M

같은 제목의 코미디 영화가 소재인 액션 게임. 제이크와 엘우드가, 자신을 흡수해버린 주크박스 안에서 탈출하기 위해 모험한다. 공격 방법은 맵에 놓여 있는 레코드판. 1인과 2인 플레이 시의 맵 구조가 달라, 2인일 경우 협력이 필수다.

Pop'n 트윈비

STG　코나미　1993년 3월 26일　8,900엔　8M

종으로 얻는 파워 업 시스템이 특징인 「트윈비」 시리즈 6번째 작품. 적탄을 무효화하는 모으기 기술 '펀치'와 전체화면 폭탄 '꼬마 분신', 2P 캐릭터를 던져 공격하는 신규 액션이 추가되었다. 라이프 나눠주기나 분신 세팅 설정도 가능.

에어 매니지먼트 II : 항공왕을 노려라

SLG　코에이　1993년 4월 2일　12,800엔　8M

항공업계가 무대인 경영 시뮬레이션 게임 제 2탄으로서, 도시 수가 22곳이었던 전작에 비해 89곳으로 대폭 증가, 더욱 정교한 전략이 필요해졌다. 시나리오도 4가지가 준비되어, 깊이 있는 플레이가 가능한 게임이다.

캡틴 츠바사 IV : 프로의 라이벌들

SLG　테크모　1993년 4월 3일　9,700엔　12M

브라질의 상파울루 FC에 입단한 츠바사가 세계의 라이벌들을 상대로 활약하는 축구 게임. 패스 화면이 3D로 표시되고, 우천 시 시합 등이 추가되었다. 플레이어가 만든 캐릭터를 등장시킬 수도 있게 되었다.

브레스 오브 파이어 : 용의 전사

RPG　캡콤　1993년 4월 3일　9,800엔　12M

캡콤 최초의 오리지널 롤플레잉 게임. 종족이 다른 8명의 주인공이 흑룡족을 물리치기 위해 모험을 펼쳐나간다. 파티의 전투 캐릭터별로 필드에서 행동 가능한 범위가 달라지는 등, 독특한 시스템이 탑재되었다.

타이코 입지전

SLG　코에이　1993년 4월 7일　11,800엔　12M

PC에서 이식된, 말단병사 키노시타 토키치로로 시작해 대원수 토요토미 히데요시가 되기까지를 그린 시뮬레이션 게임. 히데요시는 4가지 타입으로 진행이 가능해, 역사대로 공적을 올리든 처음부터 맹장으로 달리든 자유다.

HARDWARE
1990
1991
1992
1993
1994
1995
1996
1997
1998
1999
2000
INDEX

액션 파치오

ACT 코코너츠 재팬 1993년 4월 9일 9,500엔 8M

파친코 팬에게 친숙한 캐릭터 '파치오 군'이 주인공인 횡스크롤 액션 게임. 납치된 애인 '긴코'를 구하러 각 스테이지 보스를 물리쳐간다. 스테이지 도처에 유명한 액션 게임의 오마쥬 등이 숨어있으니 곳곳을 잘 찾아보자.

The 마작 : 투패전

슈퍼 패미컴
마우스지원

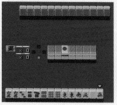 

TBL 비디오 시스템 1993년 4월 16일 8,900엔 8M

아이템으로 사기기술도 쓸 수 있는 2인 대국 마작 게임. 대국에서 번 돈으로 '모아두기' 등의 사기기술 아이템을 살 수 있다. RPG처럼 성장해가는 '투패왕' 모드와 아이템 금지인 '마작대회' 등 4가지 모드가 있다.

듀얼 오브 : 성령주 전설

RPG 아이맥스 1993년 4월 16일 9,700엔 12M

드래곤 '라제스'에게 사명을 부여받은 소년 '랄프'가 모험을 떠나는 롤플레잉 게임. 같은 사명을 받은 테오, 요정 루미에스, 지저세계에서 온 소녀 리즈와 함께 사악의 근원 '판제'를 봉인해 세계를 구하는 게 목적이다.

분노의 요새

ACT 잘레코 1993년 4월 23일 8,700엔 8M

게임보이로 발매되어 호평 받았던, 다양한 트랩이 설치된 요새 안을 돌파하는 액션 슈팅 게임. 목적은 요새 내에 숨겨진 공간 전이장치를 파괴해 세계를 복구하는 것. 무기도 풍부해, 상황에 맞춰 무기를 선택하는 게 중요하다.

엘나드

RPG 게임플랜 21 1993년 4월 23일 9,600엔 12M

지도자 '시더'의 제자들이 최후의 시련으로서 '7개의 아크'를 찾아 모험을 펼치는 롤플레잉 게임. 이 작품의 특징인 크리스탈은 레이더 역할로, 적의 위치와 마을의 위치, 아크의 위치 등을 한눈에 보여준다.

슈퍼 배틀탱크

STG 팩 인 비디오 1993년 4월 23일 7,800엔 4M

미국에서 개발된 전차 M1A1 에이브람스를 조작해 적을 격파하는 조종석 시점의 슈팅 게임. 걸프 전쟁 도중의 쿠웨이트가 무대로, M1A1의 최초 투입을 재현했다. 최종 목적은 적 본거지의 파괴다.

용기병단 단잘브

RPG 유타카 1993년 4월 23일 9,500엔 8M

엘리트 부대 '단잘브'의 신참 대원이 되어 15종의 미션에 도전하는 SF 로봇 RPG. 가이낙스가 디자인한 캐릭터가 가상현실 테마의 스토리에서 활약한다. 전투 보수로 받는 에너지를 사용해 장비와 아이템을 개발하는 시스템이 특징.

슈퍼 덩크 스타

SPT 사미 1993년 4월 28일 7,900엔 8M

일반 플레이 시에는 코트를 사이드뷰로 보여주는 전통적인 시점이지만, 커맨드 슛 시에는 화면이 전환되어 박력 넘치는 비주얼 신이 나온다. 8개 팀이 준비돼 있어, 토너먼트 모드에서는 최대 8명이 참가 가능하다.

HARDWARE
1990
1991
1992
1993
1994
1995
1996
1997
1998
1999
2000
INDEX

HARDWARE
1990
1991
1992
1993
1994
1995
1996
1997
1998
1999
2000
INDEX

슈퍼 봄버맨

ACT 허드슨 1993년 4월 28일 7,800엔 4M

사방에 폭발을 일으키는 폭탄으로 적을 전멸시키며 진행하는 액션 게임. 「봄버맨」의 슈퍼 패미컴판 시리즈 첫 작품. 벽을 부수면 나오는 아이템으로 다양한 파워 업이 가능하다. 4명까지 동시 대전이 가능한 배틀 모드가 별미.

대국 바둑 골라이어스

슈퍼 패미컴
마우스 지원

TBL BPS 1993년 5월 14일 14,800엔 8M

슈퍼 패미컴 최초의 바둑 게임. 타이틀의 '골라이어스'는 인공 지능 루틴의 이름이다. 바둑판 크기를 19줄, 13줄, 9줄의 3가지 중에서 선택 가능하다. 게임 모드는 '연습전', '바둑대회', '묘수풀이' 3가지가 준비되어 있다.

바코드 배틀러 전기 : 슈퍼 전사, 출격하라!

ETC 에포크 사 1993년 5월 14일 7,680엔 4M

같은 회사의 장난감 '바코드 배틀러 Ⅱ'를 TV로 즐길 수 있는 소프트. 준비된 게임 모드 3가지 중 '시나리오 모드'만 이 게임 단독으로 즐길 수 있고, 다른 모드는 '바코드 배틀러 Ⅱ' 기기와 전용 인터페이스가 필수.

NBA 올스타 챌린지

SPT 어클레임 재팬 1993년 5월 21일 8,800엔 8M

NBA 올스타의 전야제가 모티브인 농구 게임. 등장하는 27명의 선수는 전부 실명이다. 게임 모드는 'One on One', 'Free Throws', '3point Shootout', 'Horse', 'One on One Tournament'로 5가지가 준비되어 있다.

파이널 파이트 2

ACT 캡콤 1993년 5월 22일 9,000엔 10M

복수를 노리는 전작의 적 '매드 기어' 잔당과 세계 각지에서 싸우는 벨트스크롤 액션. 전작의 '해거' 외에 '마키'와 '카를로스 미야모토'가 신규 조작 캐릭터로 추가됐고, 2인 협력 플레이도 가능해졌다. 난이도 설정에 따라 엔딩이 바뀐다.

셉텐트리온

AVG 휴먼 1993년 5월 28일 8,500엔 8M

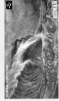

4명의 등장인물 중에서 주인공을 골라, 전복사고가 일어난 호화 여객선 내에서 생존자를 탐색 구출하여 유도하면서 실제 시간 기준 60분 이내에 탈출하는 액션 어드벤처 게임. 배는 시간이 갈수록 기울고 침수되어, 맵도 변화한다.

파친코 이야기 : 파치슬로도 있다네!!

SLG KSS 1993년 5월 28일 9,800엔 8M

각종 '파친코' 및 '파치슬로'대를 공략해 파친코점 점주와 겨루자. 빌딩은 옥상까지 포함해 총 11층 구조. 합계 10종류 이상의 기종을 격파하며 찬스를 노려라! 옥상에서는 공략 힌트도 들을 수 있으니 잘 활용할 것.

드래곤 슬레이어 영웅전설 Ⅱ

RPG 에포크 사 1993년 6월 4일 9,800엔 12M

전작 주인공의 아들 '아틀라스'가 이셀하사에 넘쳐나게 된 몬스터들의 수수께끼를 풀기 위해 여행을 떠나는 롤플레잉 게임. 오토 배틀 등의 시스템은 계승하면서도 오토 매핑 등의 편의기능이 추가되어, 플레이가 더욱 편해졌다.

코스모 폴리스 갸리반 II

ACT 일본물산 1993년 6월 11일 8,800엔(세금 포함) 8M

특촬 드라마인 우주형사 시리즈를 오마쥬한 벨트스크롤 액션 게임. 전 우주의 지배를 노리는 마인 '그로옵스'

가 이끄는 요수군단 '마가'의 야망을 저지하는 게 목적이다. 3명의 코스모 폴리스 경찰관이 등장한다.

슈퍼 포메이션 사커 II

SPT 휴먼 1993년 6월 11일 8,500엔 4M

전작의 히트에 이어 발매된 시리즈 제 2탄. 기본 시스템은 그대로이며, 세이브를 패스워드 방식에서 배터리 백업으로 변경했다. 시합 종료 후 셀렉트 버튼으로 세이브한다. 멀티 플레이어 5를 사용하면 4명까지 동시 플레이 가능.

프로 마작 키와미

TBL 아테나 1993년 6월 11일 9,600엔 4M

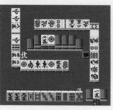

일본프로마작연맹 추천을 받은 4인 대국 마작 게임. 대전 상대로는 코지마 타케오나 타카하시 준코 등, 당시

연맹에 소속돼 있던 작사가 실명으로 등장한다. 게임 모드는 '노멀', '트레이닝', '챌린지' 3가지. '트레이닝'은 퀴즈 형태.

신성기 오뎃세리아

RPG 빅 토카이 1993년 6월 18일 9,500엔 12M

구약성서를 중심으로, 세계 곳곳의 다양한 신화와 전설이 등장하는 롤플레잉 게임. 기억을 잃은 소녀가 자

신의 정체를 알기 위해 고대 지상수호신과 함께 빙하기, BC 1500년, BC 550년을 무대로 모험을 펼친다.

속기 2단 모리타 쇼기

슈퍼 패미컴 마우스지원

TBL 세타 1993년 6월 18일 14,800엔 4M

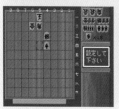

일본쇼기연맹 공인 기력판정 결과 2단 판정을 받은 쇼기 게임. 슈퍼 커스텀 칩을 탑재해 사고 속도가 빠르므

로, 경쾌한 템포로 플레이할 수 있다. '단위취득전' 모드에서는 연맹 공인 기력판정을 받아볼 수 있다.

스페이스 바주카

슈퍼스코프 전용

STG 닌텐도 1993년 6월 21일 6,500엔(세금 포함) 8M

별매품인 '슈퍼 스코프' 전용 건 슈팅 게임. '스탠딩 탱크'라 불리는 인간형 로봇을 타고 싸우는 '배틀 게임'이라

는 싸움을 무대로, 아버지의 원수를 쫓는 마이클과 협력해 세계를 지배하는 아누비스를 물리치는 게 목적이다.

슈퍼 스코프 + 슈퍼 스코프 6

슈퍼스코프 전용

STG 닌텐도 1993년 6월 21일 9,500엔(세금 포함) 8M

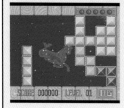

슈퍼 스코프 본체에 동봉돼 있는 데모 게임이라는 느낌이 강한 소프트. 포함된 게임 중에는

슈팅 외에 퍼즐도 있어, 슈퍼 스코프의 가능성을 엿볼 수 있었다.

에스트폴리스 전기

RPG 타이토 1993년 6월 25일 8,900엔 8M

과거에 물리쳤던 네 사악신의 부활을 저지하기 위해 여행하는 롤플레잉 게임. 전투 커맨드는 십자 키의 4방향

에 대응되므로 간단히 입력할 수 있다. 아이템 설명도 언제든 볼 수 있는 등, 플레이 편의성이 좋은 게임.

HARDWARE
1990
1991
1992
1993
1994
1995
1996
1997
1998
1999
2000
INDEX

격돌 탄환자동차 결전 배틀 모빌

ACT   시스템 사콤   1993년 6월 25일   8,800엔   8M

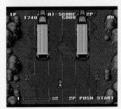

서기 20XX년, 황폐한 세계에서 펼쳐지는 차량 중심의 하이스피드 종스크롤 액션 게임. 무법자 집단의 지배를 분쇄하기 위해 싸우는 이야기다. 도중에 나타나는 오토바이나 차는 부딪쳐 날려버리고, 헬기 등은 미사일로 격추시키자.

삼국지정사 천무 스피리츠

슈퍼 패미컴
마우스 지원

SLG   울프팀   1993년 6월 25일   12,800엔   12M

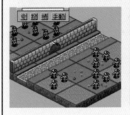

PC에서 이식된 삼국지 소재의 리얼타임 시뮬레이션 게임. 마우스도 지원한다. PC에서 호평 받았던 멀티 윈도우 시스템 'M-VIWS'를 탑재했고, 슈퍼 패미컴판에선 전투 신이 쿼터뷰로 그려진다.

GP-1

RCG   아틀라스   1993년 6월 25일   8,800엔   8M

지금은 'MotoGP'라 불리는 WGP의 500cc 클래스가 소재인 오토바이 레이싱 게임. 성능이 다른 6종류의 머신 중 하나를 골라 세계를 일주하며 랭킹 1위를 노린다. 실제 레이스와 동일한 13개 코스가 수록되었다.

실바 사가 II

RPG   세타   1993년 6월 25일   9,800엔   16M

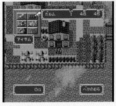

기억상실인 주인공이 전작에 해당하는 「미네르바톤 사가」와 「실바 사가」의 주인공 카일 왕자를 찾아 헤매는 롤플레잉 게임. 2개의 서브 파티를 포함해 3개의 파티를 전환하며 싸우는 전투 신은 독특한 재미를 맛볼 수 있다.

슈퍼 패밀리 테니스

SPT   남코   1993년 6월 25일   7,900엔   8M

남녀 포함해 총 20명의 선수가 등장하는 테니스 게임. 코트는 8종류가 준비되어 있다. 게임 모드는 1시합을 단식·복식으로 진행하는 '엑시비션'과 우승을 노리는 '토너먼트'가 있다. 멀티 탭을 사용하면 4인 동시 플레이도 가능.

톰과 제리

ACT   알트론   1993년 6월 25일   8,900엔   8M

원작인 TV 애니메이션과 마찬가지로, 톰과 제리의 슬랩스틱 코미디를 즐길 수 있는 액션 게임. 플레이어는 제리를 조작해 음흉한 톰이 장치해둔 함정을 피해가며 자기 집으로 향한다. 2P로는 터피를 조작할 수 있다.

드래곤즈 매직

ACT   코나미   1993년 6월 25일   8,800엔   8M

LD를 사용한 명작 게임 「드래곤즈 레어」가 원작인 액션 게임. 사악한 마법사 모드락에게 사로잡힌 대프니 공주를 구출하러, 주인공 더크가 성에 들어온다. 성 안은 복잡하게 꼬여 있고, 다양한 함정이 플레이어를 기다린다.

마징가 Z

ACT   반다이   1993년 6월 25일   8,800엔   8M

마징가 Z를 조작해 헬 박사의 기계수와 싸우는 횡스크롤 액션 게임. 로켓 펀치는 물론 미사일 펀치와 루스트 허리케인에 광자력 빔, 드릴 미사일과 브레스트 파이어까지 6종류의 마징가 Z 무기를 구사해 싸워보자.

퍼스트 사무라이

ACT　켐코　1993년 7월 2일　7,800엔　4M

부활한 마광신을 다시 봉인하기 위해, 시대를 뛰어넘어 사무라이가 활약하는 이색 액션 게임. 적을 쓰러뜨려 포스를 모으면 파사의 검을 쓸 수 있다. 아이템을 얻을 때마다 할렐루야 사운드가 나오는 등 독특한 센스가 빛나는 작품.

에일리언 3

ACT　어클레임 재팬　1993년 7월 9일　8,800엔　8M

같은 제목의 영화가 모티브인 액션 게임. 우주 끄트머리의 행성에 있는 형무소를 무대로, 주인공인 리플리를 조작해 터미널에서 에일리언 알의 처리부터 배전반 수리나 문의 용접 등 다양한 미션을 받아 클리어해 간다.

가면라이더 SD : 출격!! 라이더 머신

ACT　유타카　1993년 7월 9일　8,800엔　8M

1호부터 RX까지 총 10명의 가면라이더가 등장하는 횡스크롤 액션 게임. '배틀 모드'와 'VS 모드'가 준비돼 있다. '배틀 모드'의 각 스테이지에는 클리어 조건이 설정돼 있는데, 시작 시 '아버님 통신'으로 알려준다.

슈퍼 하이 임팩트

SPT　어클레임 재팬　1993년 7월 9일　8,800엔　8M

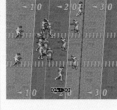

아케이드에서 이식된 미식축구 소재의 스포츠 게임. 2인 대전뿐만 아니라, 2인 협력으로 CPU와 대전할 수도 있다. 등장 팀은 총 18팀. 간단한 조작과 15종의 포메이션 덕에 불편함 없이 즐길 수 있다.

요시의 쿠키

PZL　BPS　1993년 7월 9일　6,600엔　4M

쿠키를 가로세로 한 줄 단위로 움직여 배치하여, 같은 종류끼리 한 줄을 만들면 사라지는 퍼즐 게임. 패밀리 컴퓨터와 게임보이로 동시 발매되었던 원작에, 묘수풀이 바둑처럼 정답을 찾아내는 '퍼즐 모드'가 추가된 리메이크작이다.

스트리트 파이터 II 터보

ACT　캡콤　1993년 7월 11일　9,980엔　20M

대히트작 「스트리트 파이터 II」를 더욱 진화시켜, 게임 스피드 조정이 가능하고 보스인 사천왕도 고를 수 있게 되었다. 또한 전작에서는 콤보가 이어지지 않았던 연속기 중 일부가 이어지도록 변경된, 팬들이 바라지 않던 작품.

요시의 로드 헌팅

슈퍼스코프 전용

STG　닌텐도　1993년 7월 14일　6,500엔(세금 포함)　8M

슈퍼 스코프 전용 타이틀로 출시된 슈팅 게임. 요시의 등에 탄 마리오 시점으로 눈앞에서 나타나는 친숙한 적들을 쏘아 격파해 나간다. 총 7개 코스를 클리어해, 최종 스테이지에서 쿠파를 쓰러뜨리는 게 목적이다.

슈퍼 마리오 컬렉션

ACT　닌텐도　1993년 7월 14일　9,800엔(세금 포함)　16M

패밀리 컴퓨터 발매 10주년을 기념해 제작된, 「슈퍼 마리오」 시리즈 중 1편·2편·3편·USA 4작품의 리메이크 합본판. 화질·음악이 향상되었고, 세이브한 월드부터 다시 시작할 수도 있게 되었다.

HARDWARE
1990
1991
1992
1993
1994
1995
1996
1997
1998
1999
2000
INDEX

HARDWARE

1990
1991
1992
1993
1994
1995
1996
1997
1998
1999
2000

INDEX

산리오 월드 스매시볼!

ACT 캐릭터 소프트 1993년 7월 16일 6,980엔 2M

대치한 상대 등 뒤의 골을 노리는 대전형 '블록 깨기' 스타일 게임. 느긋하기로 유명한 산리오 캐릭터들이 여기선 통렬한 킥을 날린다. 풍선이나 풍차 등 다양한 장치가 있는 코트가 1인용 30종류, 2인 대전용으로 20종류나 있다.

슈퍼 에어 다이버

STG 아스믹 1993년 7월 16일 8,900엔 4M

메가 드라이브용 게임 「에어 다이버」의 이식판. 공중에서 2기, 지상에서 2기의 전투기를 조작해 수수께끼의 조직과 도그파이트를 펼친다. 애프터버너나 테일 스핀 등 전투기다운 액션도 가능한, 스피드감 넘치는 3D 슈팅이다.

전일본 프로레슬링

ACT 메사이야 1993년 7월 16일 9,900엔 16M

실존 레슬러 16명이 등장하는 프로레슬링 게임. 300종류 이상의 기술을 재현해, 각 선수의 유명 기술이 게임 내에 그대로 나온다. '3관 통일 헤비급 선수권' 등, 실제 시합 형식을 도입한 여러 모드를 최대 4명까지 동시 플레이 가능.

데스 블레이드

ACT 아이맥스 1993년 7월 16일 9,700엔 12M

데이터 이스트가 개발한 아케이드용 대전격투 게임의 이식판. 자유이동이 가능한 3종의 필드 위에서, 차기 왕위를 걸고 왕 및 측근들과 배틀을 펼친다. 필드에는 가시 함정 등이 설치돼 있어, 주변에도 주의하며 싸워야 한다.

매직 존슨의 슈퍼 슬램 덩크

SPT 버진 게임 1993년 7월 16일 8,900엔 8M

NBA를 소재로 한 농구 게임. 시합 한 번으로 끝나는 엑시비션 모드, 우승을 노리고 총 28팀이 싸우는 토너먼트 모드 등을 즐길 수 있다. 매직 존슨은 게임 도중에 어드바이저로 등장한다고.

망량전기 MADARA 2

RPG 코나미 1993년 7월 16일 9,800엔 12M

만화 '마다라'가 원작인 패미컴용 소프트의 오리지널 속편. 이세계로 납치당한 소꿉친구를 구하기 위한 싸움이 그려진다. 강한 의지를 품은 캐릭터들, 코나미 구형파구락부가 작곡한 BGM이 팬들로부터 평가가 높은 작품.

월드 사커

SPT 코코너츠 재팬 1993년 7월 16일 9,500엔 4M

각기 성능이 다른 세계 64개 팀이 등장하는데다, 플레이어가 직접 팀을 만들 수도 있는 축구 게임. 월드 챔피언십과 토너먼트 등 전통적인 게임 모드뿐만 아니라, 이쪽 장르 게임 중에선 드물게 실내축구 모드도 수록돼 있다.

윙 커맨더

STG 아스키 1993년 7월 23일 9,800엔 8M

PC에서 이식된 유사 3D 슈팅 게임. 조종석 내의 정보를 참고하며 탱커 선 호위 등의 임무를 수행해나간다. 임무 성패에 관계없이 스토리가 진행되지만, 실패하면 다음 미션의 내용에 영향을 끼친다.

슈퍼 제임스 폰드 II

ACT 빅터 엔터테인먼트 1993년 7월 23일 8,800엔 8M

서양에서 인기 있는 대구(물고기) 캐릭터 '제임스 폰드'가 주인공인 골 도달식 액션 게임. 욕조에서 씻으며 적을 물리치거나, 몸을 늘리는 능력으로 천장에 닿는 등 액션이 이색적이다. 전작은 일본 미발매지만, 몰라도 문제없이 즐길 수 있다.

슈퍼 백 투 더 퓨처 II

ACT 도시바 EMI 1993년 7월 23일 9,000엔 8M

영화 '백 투 더 퓨처 파트 II'가 소재인 액션 게임. 호버보드에 탄 마티를 조작해 숨겨진 통로도 있는 2015년의 힐 밸리를 질주하며 비프 등의 적과 싸운다. 음악은 영화 BGM을 기반으로 사키모토 히토시가 새로 작곡했다.

제 3차 슈퍼로봇대전

슈퍼 패미컴 마우스 지원

SLG 반프레스토 1993년 7월 23일 9,800엔 12M

로봇 애니메이션 16개 작품의 주인공 급 기체 및 캐릭터가 한 세계에서 만나는 시뮬레이션 RPG. 시리즈 최초로 스토리 분기와 멀티 엔딩, 원작이 같은 기체라면 환승할 수 있는 프리 파일럿제가 도입됐다. 수록 화수는 분기 포함 총 62화.

WWF 로얄 럼블

ACT 어클레임 재팬 1993년 7월 23일 9,800엔 16M

랜디 새비지 등, WWF의 실존 선수 12명이 등장하는 프로레슬링 게임. 슈퍼 패미컴용 WWF 게임으로서는 2번째 작품으로, 카트리지 용량 증가 덕에 그래픽이 크게 개량되었다. 2명까지 동시 플레이 가능.

버즈! 마법세계

RPG HOT·B 1993년 7월 23일 9,800엔 12M

'십이국기', '라제폰' 등으로 유명한 야마다 아키히로가 캐릭터 디자인을 맡은 환상적인 RPG. 마도사가 되려는 주인공이 마법세계 이아르티스의 수수께끼를 풀어가는 장대한 이야기다. 주인공의 성별을 남녀 중에서 고를 수 있다.

배틀 도지볼 II

SPT 반프레스토 1993년 7월 23일 9,600엔 12M

'기동전사 건담'과 '마징가 Z', '가면라이더'의 2등신 캐릭터들이 등장하는 피구 게임. 전작에 있었던 RPG 풍 모드는 없어졌지만, 등장 팀이 늘어나고 컴비네이션 플레이나 난투 등의 신규 요소가 추가되었다.

메갈로마니아 : 시공대전략

슈퍼 패미컴 마우스 지원

SLG 이매지니어 1993년 7월 23일 12,800엔 8M

행성을 지배하는 신 지위를 둘러싸고 라이벌과 겨루는 리얼타임 시뮬레이션. 원시적인 문명이 시대 변천과 함께 성장하는 광경을 보며, 시대별로 최강무기를 개발하는 등 다양하게 행동한다. 인구를 어떻게 늘릴지가 공략의 키포인트.

슈퍼 F1 서커스 2

RCG 일본물산 1993년 7월 29일 9,500엔 12M

탑뷰 시점이었던 전작과 달리, 머신 후방의 3인칭 시점이 된 작품. F1 경기에서 전략적으로 중요한 피트인의 타이밍이나 세팅에 공을 들인 리얼한 시스템은 계승하면서, 세팅을 더욱 세분화하고 간편한 프리셋 기능도 추가했다.

HARDWARE
1990
1991
1992
1993
1994
1995
1996
1997
1998
1999
2000
INDEX

HARDWARE
1990
1991
1992
1993
1994
1995
1996
1997
1998
1999
2000
INDEX

우주의 전사 테카맨 블레이드
ACT 벡 1993년 7월 30일 8,800엔 8M

같은 제목의 애니메이션이 원작인 액션 게임. 테카맨 블레이드를 조작해, 라담으로부터 인류를 지키는 게 목적. 총 6스테이지로, 횡스크롤 슈팅 액션을 거쳐 보스 전에서는 대전격투 게임이 된다. 7종류의 테카맨으로 대전도 가능.

소닉 윙스
STG 비디오 시스템 1993년 7월 30일 8,900엔 10M

아케이드에서 이식된 슈팅 게임으로, 8종류의 플레이어 기체와 스테이지 도중의 대화 신, 캐릭터별 엔딩 등 당시 인기였던 격투 게임 붐의 영향을 강하게 받았다. BGM은 모두 오리지널 곡으로 교체했다.

니트로펑크스 마이트 헤즈
ACT 아이렘 1993년 7월 30일 8,800엔 8M

납치된 딸의 구출을 위해 마피아 '가르시아'를 쓰러뜨리는 게 목적인 액션 게임. 주인공 '니트로펑크스'는 헤어스타일을 바꾸면 공격방법도 바뀌어, 스테이지 공략 방법이 달라진다. 바뀌는 헤어스타일 중엔 스프링 등 재미있는 게 많다.

미소녀 작사 스치파이
TBL 잘레코 1993년 7월 30일 9,700엔 16M

후일 아케이드로 이식되기도 한 인기 마작 시리즈의 첫 번째 작품. 슈퍼 패미컴인지라 탈의 요소는 없지만, 소노다 켄이치가 디자인한 매력 넘치는 캐릭터는 충분히 요염하다. '스토리', '프리 대전', '여왕위전' 3가지 모드가 있다.

짱구는 못 말려 : 폭풍을 부르는 원아
ACT 반다이 1993년 7월 30일 9,500엔 12M

샘플링 처리된 보이스를 다수 수록한 덕에, 짱구가 애니메이션과 같은 목소리로 말하는 총 20 스테이지의 액션 게임. 진행 도중 민가에 들어가면 나오는 단막극이나 스테이지 사이의 다양한 미니게임 등, 원작의 분위기를 잘 살렸다.

대폭소!! 인생극장 : 두근두근 청춘 편
TBL 타이토 1993년 7월 30일 8,800엔 10M

패미컴 때부터 세면 시리즈 5번째 작품. 부자가 목표였던 기존작과는 달리, 중~고교 시절의 6년간 얻어낸 '인생경험'을 겨룬다. 캐릭터 간에 '친밀도' 설정이 있어, 최후의 평가에 영향을 준다. 미니 게임도 풍부하게 들어있다.

퍼티 문
ACT 바리에 1993년 7월 30일 8,900엔 8M

슬라임 같은 생물 '퍼티'가 주인공, 퍼즐 요소가 강한 액션 게임. 악의 마술사 대들과 그의 부하 질에 의해 사로잡힌 친구들이 각 스테이지에 얼어붙은 상태로 배치돼 있다. 전원을 구출해 탈출용 UFO까지 데려가는 게 목적.

슈퍼 노부나가의 야망 : 전국판
SLG 코에이 1993년 8월 5일 8,800엔 4M
_{슈퍼 패미컴 마우스 지원}

전국시대의 다이묘 중 하나를 선택해 전국 통일을 노리는 역사 시뮬레이션 게임의 슈퍼 패미컴판. 시나리오는 4종류이고, 사투리 모드도 수록했다. 도시나 전답을 개발해 수입을 늘리고, 병사를 고용해 전쟁에서 승리하여 영지를 넓혀가자.

STG 슈팅 게임 ACT 액션 게임 PZL 퍼즐 게임 RPG 롤플레잉 게임 SLG 시뮬레이션 게임 SPT 스포츠 게임 RCG 레이싱 게임 AVG 어드벤처 게임 ETC 교육·기타 TBL 보드 게임

오오니타 아츠시 FMW

ACT 포니 캐년 1993년 8월 6일 9,800엔 12M

프로레슬러 오오니타 아츠시가 이끄는 단체 FMW의 전면 협력으로 제작된 프로레슬링 게임. FMW 레슬러들이 실명으로 등장한다. '타도 FMW'와 '2인 대전' 2가지 모드가 있으며, 양쪽 모두 FMW답게 다양성 넘치는 다채로운 링에서 싸운다.

쿠니오 군의 도지볼이다 전원집합!

SPT 테크노스 재팬 1993년 8월 6일 9,600엔 12M

아케이드에서 인기를 얻은 「열혈고교 피구부」가 파워 업하여 슈퍼 패미컴으로 등장했다. 세계 제일의 팀을 목표로 세계의 강호들과 겨뤄나간다. 이번 작품에서는 번 상금을 사용해 팀을 강화시킬 수 있게 되었다.

J리그 사커 프라임 골

SPT 남코 1993년 8월 6일 8,500엔 8M

J리그가 개막한 해에 발매되어, 당시 J리그의 10개 팀과 선수가 실명으로 등장한다. 트래핑이나 다이렉트 플레이, 커브를 걸 수 있는 롱 킥 등의 다채로운 조작과, 1 : 1 대결 시의 비주얼 신 등이 큰 특징이다.

슈퍼 파워 리그

SPT 허드슨 1993년 8월 6일 9,500엔 12M

허드슨에서 발매된, PC엔진을 대표하는 야구 게임 시리즈가 슈퍼 패미컴으로 이식되었다. 후지TV의 '프로야구 뉴스' 프로와 제휴하여, 시합 결과로 해당 프로의 아나운서 나카이 미호가 실사 이미지와 합성음성으로 등장한다.

성검전설 2

RPG 스퀘어 1993년 8월 6일 9,800엔 16M

게임보이에서 호평을 받았던 「성검전설」의 첫 시리즈화 신작이 슈퍼 패미컴으로 등장. 그래픽과 BGM 등이 크게 파워 업했다. 링 커맨드 등의 친절한 커맨드 시스템이 탑재되는 등, 손쉬운 플레이를 추구해 제작된 타이틀이다.

소드 월드 SFC

RPG T&E 소프트 1993년 8월 6일 9,800엔 12M

테이블 토크 RPG이자 소설인 '죽은 신의 섬'이 원작인 PC판 「소드 월드 PC」를 슈퍼 패미컴으로 리메이크 이식한 작품. 다양한 시나리오를 선택해 클리어하여 경험치를 얻으며 성장해 간다.

휴먼 베이스볼

SPT 휴먼 1993년 8월 6일 8,600엔 8M

프로야구 해설자 가토 히로카즈가 감수한 프로야구 게임. 등장하는 팀 및 선수는 모두 실명이다. 숨겨진 팀으로 '파이어 프로레슬링 팀'과 '휴먼 팀'이 있어, 커맨드를 입력하면 개방되어 대전 및 사용이 가능하다.

슈퍼 경마

SLG 아이맥스 1993년 8월 10일 9,700엔 8M

당시 후지TV 계열로 방영된 같은 이름의 프로와 제휴한 소프트. 패키지에도 '공인'을 강조했고, 프로와 동일한 BGM을 사용했다. 자금 2천만 엔을 바탕으로 우수한 경주마를 길러 G1을 제패하자. 프로의 단골 경마평론가도 나온다.

월드 히어로즈

ACT　선 소프트　1993년 8월 12일　9,800엔　16M

아케이드에서 인기가 많았던 같은 이름의 대전 격투 게임 이식작. 시대를 뛰어넘은 역사상의 유명 인물들이 한데 모여 싸운다. 이 게임의 특징인, 2명이 체력 게이지 하나를 쟁탈하는 독특한 모드 '데스매치'도 재현되어 있다.

슈퍼 슬랩 샷

SPT　알트론　1993년 8월 20일　8,500엔　8M

아이스하키가 소재인 서양 게임의 이식작. 국가별인 인터내셔널 혹은 북미 도시별인 시티즈의 두 그룹 중 팀을 골라 플레이하는 '토너먼트'가 준비돼 있다. 난투만 별도로 플레이하는 '파이팅' 모드도 있다.

MVP 베이스볼

SPT　어클레임 재팬　1993년 8월 27일　8,800엔　8M

미국의 메이저리그가 소재인 야구 게임. 전 26개 팀 중에서 골라 플레이한다. 한 번만 시합하는 '엑시비션 게임', 월드 시리즈 우승을 노리는 '레귤러 시즌', 그리고 2인 대전 모드가 준비되어 있다.

서러브레드 브리더

SLG　헥트　1993년 8월 27일　9,700엔　8M

강한 경주마를 길러내는 게 목적인 경마 시뮬레이션 게임. 말들이 실명으로 등장하고, 실존하는 레이스가 수록되어 있다. 게임 내 최고봉의 오리지널 레이스 '헥트 컵'이 개최되어, 이 헥트 컵 6개 레이스를 제패해야 최강이 증명된다.

수제전기

RPG　에닉스　1993년 8월 27일　9,600엔　12M

부유대륙을 무대로, 구세계를 붕괴시킨 고대병기와 싸우는 시뮬레이션 게임. 플레이어는 정령마법으로 만들어진 병기 '쥬네'를 지휘해 싸운다. 적 전멸 혹은 적 기지 점령이 곧 승리라는 간단한 룰이라 초보자도 이해하기 쉽다.

X ZONE

슈퍼 스코프 전용

STG　켐코　1993년 8월 27일　6,500엔　4M

연구소의 방어 프로그램이 폭주하여 방어병기가 제어불능 상태에 빠졌다. 다양한 병기가 밀집된 연구소로 침투해, 전체를 제어하는 바이오컴퓨터를 파괴하는 게 목적. 화면을 향해 날아오는 미사일 등, 박력 넘치는 플레이가 가능.

디스트럭티브

슈퍼 스코프 전용

STG　반다이　1993년 8월 27일　6,800엔　4M

근미래의 도시를 무대로, 폭주하는 전투형 사이보그 코만도를 격파하고, 모든 사이보그 코만도를 제어하는 컴퓨터를 파괴하는 게 목적이다. 스토리를 진행하는 '블리츠크리크'와 최대 4명이 점수를 겨루는 '부트 캠프' 모드가 있다.

미소녀 전사 세일러문

ACT　엔젤　1993년 8월 27일　9,800엔　12M

초기 세일러 전사 5명 중 2명까지를 동시 조작해 퀸 베릴이 이끄는 요마와 싸우는 액션 게임. 애니메이션판의 캐릭터 디자이너 타다노 카즈코가 그린 300장 이상의 원화를 사용했다. 원작자 타케우치 나오코가 신규 디자인한 적도 등장.

STG 슈팅 게임　ACT 액션 게임　PZL 퍼즐 게임　RPG 롤플레잉 게임　SLG 시뮬레이션 게임　SPT 스포츠 게임　RCG 레이싱 게임　AVG 어드벤처 게임　ETC 교육·기타　TBL 보드 게임

마리오와 와리오

ACT 닌텐도 1993년 8월 27일 6,800엔(세금 포함) 8M

슈퍼 패미컴
마우스 전용

「마리오 페인트」를 제외하면 유일한 슈퍼 패미컴 마우스 전용 소프트. 요정 '원더'를 마우스로 조작하여, 와리오가 양동이를 덮어씌우는 바람에 앞이 안 보여 무작정 전진하는 마리오를 유도하며 전 100스테이지 클리어를 노린다.

슈퍼 터리칸

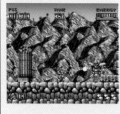

ACT 톤킨 하우스 1993년 9월 3일 7,500엔 4M

독일의 게임 개발사인 팩터 5가 제작한 횡스크롤 액션 게임. 특수 공격용 슈츠 '터리칸'을 장비하여, 정복당한 행성 카타키스의 해방을 꾀한다. 총을 연사하는 상쾌함 등으로 호평 받아, 서양에서는 끈질긴 팬이 많은 시리즈 작품이다.

위닝 포스트

SLG 코에이 1993년 9월 10일 12,800엔 16M

슈퍼 패미컴
마우스 지원

지금도 시리즈가 이어지는 PC용 대인기 경마 시뮬레이션 게임의 이식작. 마주가 되어 새끼 말을 구입해 레이스에 승리하는 시점부터 시작해, 자금을 모아 자기 목장을 확보해 최강의 말을 기르는 게 목적. 자신만의 교배이론을 증명하자.

선더버드 : 국제구조대, 출동하라!

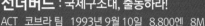

ACT 코브라 팀 1993년 9월 10일 8,800엔 8M

영국에서 제작된 SF 인형극 특촬 드라마가 원작인 액션 게임. 상황에 맞춰 기체를 조작해, 세계 각지에서 발생하는 사고나 재해에서 구조 활동을 행한다. TV판의 오프닝 및 발진 신을 재현하는 등, 원작 팬도 인정할 만한 작품.

파이널 판타지 USA : 미스틱 퀘스트

RPG 스퀘어 1993년 9월 10일 7,900엔 4M

미국에서 파이널 판타지 브랜드로 발매된 작품을 일본어화했다. 크리스탈의 부활과 함께 우뚝 솟은 거대한 탑 '포커스 타워'에 군림한 다크 킹을 물리치는 게 목적이다. 파티 인원수는 2명으로, 교체되면서 스토리가 진행된다.

라스베가스 드림

TBL 이매지니어 1993년 9월 10일 9,800엔 8M

슈퍼 패미컴
마우스 지원

라스베가스를 무대로 한 도박이 소재인 작품. '블랙잭', '슬롯', '크랩스', '룰렛', '포커' 5종류의 게임이 수록되어 있다. 부자가 되면 전설의 카지노 '로렐 팰리스'의 초대장을 획득하게 된다.

신일본 프로레슬링 초전사 IN 도쿄 돔

ACT 바리에 1993년 9월 14일 9,800엔 16M

신일본 프로레슬링의 선수 10명이 실명으로 등장하는 프로레슬링 게임. 9명의 전사를 상대로 1:1 연속 대결하는 'G1 CLIMAX', 대인전 및 대 CPU전이 가능한 'V.S. BATTLE' 2가지 모드가 탑재되어 있다.

NFL 풋볼

SPT 코나미 1993년 9월 17일 9,000엔 8M

당시 NFL에 소속되어 있던 총 28개 팀의 선수가 모두 실명으로 등장하는 미식축구 게임. 플레이 도중 화면이 볼을 중심으로 회전하거나, 태클이나 패스캐치 시 캐릭터가 확대 표시되는 등, 공들인 연출이 도처에 들어가 있다.

HARDWARE 1990 1991 1992 1993 1994 1995 1996 1997 1998 1999 2000 INDEX

HARDWARE

1990
1991
1992
1993
1994
1995
1996
1997
1998
1999
2000

INDEX

시마 과장 : 슈퍼 비즈니스 어드벤처

AVG　유타카　1993년 9월 17일　9,800엔　8M

같은 이름의 대인기 만화를 원작 초기 시절의 에피소드부터 게임화한 작품. 원작자 히로카네 켄시도 감수로 참가했다. 기본적으로 원작을 따라가는 스토리지만, 플레이어의 선택지에 따라 원작과는 다른 전개도 볼 수 있다.

전국전승

ACT　데이터 이스트　1993년 9월 19일　8,800엔　8M

네오지오에서 이식된 벨트스크롤 액션 게임. 자신의 예언대로 부활한 미쳐버린 군주를 다시 소멸시키기 위해 싸우게 된다. 이식되면서 연속공격·잡기공격이 가능해져 「파이널 파이트」와 비슷한 밸런스의 작품이 되었다.

마스터즈 : 머나먼 오거스타 2

슈퍼 패미컴
마우스 지원

SPT　T&E 소프트　1993년 9월 22일　9,900엔　12M

난코스로 유명한 오거스타 내셔널 골프 클럽을 무대로 개최되는 마스터즈 토너먼트를 충실하게 게임화한 작품. 시리즈 2번째 작품으로, 볼의 낙하지점에 카메라가 대기하는 '역 시점'이라는 설정이 추가되었다.

고스트 스위퍼 : 제령사는 나이스바디

ACT　바나렉스　1993년 9월 23일　8,800엔　8M

주간 소년 선데이에 연재되던 만화가 원작인 액션 게임. 제령사 '미카미 레이코'가 신통곤을 휘두르며 악령들을 물리친다. 레이코의 목적은 보석 7개를 모아, 소원을 이루어준다는 아이기스 여신상을 완성시켜 고액에 팔아넘기는 것.

파이널 세트

SPT　포럼　1993년 9월 17일　8,500엔　8M

리얼리티를 중시한 테니스 게임. 시스템에 스태미나가 도입되어, 상대를 좌우로 달리게 만들면 스태미나를 소모시킬 수 있는 등 실제 테니스 전략이 게임 내에서도 의미를 가진다. 게임 모드는 '대전', '월드', '트레이닝' 3종류다.

토르네코의 대모험 : 이상한 던전

RPG　춘 소프트　1993년 9월 19일　9,600엔　12M

 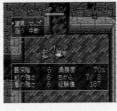 

들어갈 때마다 자동 생성되어 구조가 매번 바뀌는 던전을 모험하는 로그라이크식 롤플레잉 게임. 「드래곤 퀘스트 IV」의 무기상인 토르네코의 후일담으로, 골드를 모아 자기 가게를 확장시키며 '행운의 상자'를 찾아 던전을 탐색한다.

SD 기동전사 건담 2

ACT　엔젤　1993년 9월 23일　7,800엔　8M

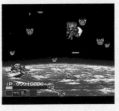

92년에 발매된 「V작전 시동」의 속편. 'Z건담'의 스토리에 맞춰 진행되는 횡스크롤 액션 게임이다. 'Z건담 편', 'Mk-Ⅱ 편', '백식 편' 세 파트로 나뉘어 있고, 선택한 기체에 따라 스토리 구성과 보스가 바뀐다.

GO! GO! 도지 리그

SPT　팩 인 비디오　1993년 9월 24일　7,800엔　4M

한 팀 6인제의 도지볼(피구)이 소재인 게임. 게임은 6 : 6으로 싸워 전원을 물리치면 승리인 '메비오 도지', 모자를 쓴 선수가 당하면 패배인 '임금님 도지' 2가지가 준비돼 있다. 세세한 룰이나 코트 등도 설정 가능하다.

　STG 슈팅 게임　ACT 액션 게임　PZL 퍼즐 게임　RPG 롤플레잉 게임　SLG 시뮬레이션 게임　SPT 스포츠 게임　RCG 레이싱 게임　AVG 어드벤처 게임　ETC 교육·기타　TBL 보드 게임

다라이어스 포스
STG 타이토 1993년 9월 24일 8,800엔 8M

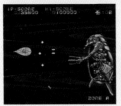

파워 업 시스템이 다른 세 '실버 호크' 기체 중에서 골라 적을 쓰러뜨려가는 횡스크롤 슈팅 게임. 'TAITO' 로고가 표시되는 도중에 ↓, X, ↑, B, L, R, ←, A를 입력 성공하면 보스 러시 모드 'ZONE X'를 즐길 수 있다.

본격마작 테츠만
TBL 나그자트 1993년 9월 24일 7,800엔 4M

사기 기술 요소가 일절 없는 본격적인 4인 대국 마작 게임. 척 보기로도 치는 솜씨로도 개성이 넘치는 12명의 작사와 대전한다. 플레이어 2명이 태그로 컴퓨터와 대국하는 'TAG'라는, 타 게임에는 없는 모드가 탑재돼 있다.

히가시오 오사무 감수 슈퍼 프로야구 스타디움
SPT 토쿠마쇼텐 인터미디어 1993년 9월 30일 8,900엔 4M

게임보이에서 호평 받았던 야구 게임의 시리즈 신작. 골프 게임의 파워 바와 유사한 시스템으로 투구한다. 또한 이 작품의 특징으로, 선수끼리 합체시켜 강력한 선수를 만들어내는 '선수합체'도 탑재돼 있다.

슈퍼 3D 베이스볼
SPT 잘레코 1993년 10월 1일 12,800엔 4M

일본 프로리그의 모든 선수가 실명으로 등장하는 프로 야구 게임. 타구를 쫓아가는 시점이 독특해, 박력 넘치는 카메라워크를 실현한다. 모드는 '페넌트레이스', '오픈전', '올스타전', '홍백전' 등 다수 준비돼 있다. 개인 타이틀도 수록.

트리네아
RPG 야노만 1993년 10월 1일 9,800엔 16M

사신의 부활을 막기 위해, 현자의 인도를 받은 3명의 용사가 보물 '트리네아'를 찾는 액션 롤플레잉 게임. 3명의 주인공에게 각각 다른 스토리가 펼쳐진다. 주인공마다 공격방법도 달라, 다양한 공략법으로 즐길 수 있다.

붉은 10월
슈퍼스코프 지원
STG 알트론 1993년 10월 1일 8,800엔 8M

톰 클랜시의 소설 '붉은 10월'을 게임화한 작품. 소련의 최신예 원자력 잠수함 '붉은 10월' 호를 조작해 미국으로 망명하면서 시작되는 9가지 임무에 도전하자. 게임 도중 스코프 아이템을 얻으면 슈퍼 스코프 지원 3D 모드가 된다.

슈퍼 경주마 바람의 실피드
SLG 킹 레코드 1993년 10월 8일 9,300엔 8M

같은 이름의 만화가 원작인 경마 게임. 원작대로 실피드 등의 경주마를 육성해 G1 제패를 노리는 '스토리 모드', 멀티 탭으로 최대 4명까지 동시 플레이 가능한 'VS 모드'가 있다. 원작을 재현한 필살기 등, 팬을 즐겁게 하는 작품.

바이킹 대소동
ACT T&E 소프트 1993년 10월 8일 8,800엔 8M

미국 게임을 이식한, 퍼즐 요소가 있는 액션 게임. 우주선에 납치돼버린 날렵한 에릭, 용맹한 발리오그, 든든한 올라프 세 명의 바이킹들. 셋은 각각 능력이 다르므로, 이를 잘 활용하여 함정을 회피하면서 탈출을 위해 전진해간다.

HARDWARE
1990
1991
1992
1993
1994
1995
1996
1997
1998
1999
2000
INDEX

HARDWARE

1990
1991
1992
1993
1994
1995
1996
1997
1998
1999
2000

INDEX

스즈카 에이트 아워즈

RCG 남코 1993년 10월 15일 8,800엔 8M

'스즈카 8시간 내구 레이스'가 소재인 바이크 레이싱 게임. 배기량은 250, 400, 750 중에서 선택하며, 스즈카 외의 서킷을 주행할 수도 있다. 게임 모드는 4개로, '타임 어택', '스팟', '투어', 상하 분할화면의 '2P 배틀'을 수록했다.

슈퍼 카지노 시저스 팰리스

슈퍼 패미컴
마우스지원

TBL 코코너츠 재팬 1993년 10월 21일 8,900엔 4M

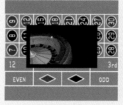

라스베가스에 있는 카지노 호텔, '시저스 팰리스'가 무대인 카지노 게임. 리얼한 그래픽으로 룰렛, 포커 등 11가지 게임을 플레이한다. VIP 룸에서는 높은 배율을 설정해 더욱 스릴 넘치는 도박을 즐길 수도 있다.

아쿠스 스피리츠

RPG 사미 1993년 10월 22일 8,900엔 10M

메가 드라이브·X68000용 소프트 「아쿠스 오디세이」의 이식작으로, 2인 플레이가 가능한 액션 RPG. 플레이어는 공격 방법과 위력, 사정거리, 라이프 수 등이 차별화된 캐릭터 4명 중 하나를 선택해 던전을 탐색한다.

미라클☆걸즈 : 토모미와 미카게의 요지경세계의 대모험

ACT 타카라 1993년 10월 22일 8,800엔 8M

아키모토 나미의 같은 이름의 소녀만화가 소재인 액션 게임. 주인공인 마츠나가 자매 중 하나를 조작한다. 공격 수단은 캔디로, 이를 맞은 적은 방긋방긋 웃으며 캔디를 음미하는 동안 움직임이 멈추며, 이땐 닿아도 대미지가 없다.

란마 1/2 : 주묘단적비보

RPG 토호/쇼가쿠칸프로덕션 1993년 10월 22일 9,800엔 12M

같은 이름의 만화가 원작으로, 란마의 아버지를 잡아간 의문의 조직 '주묘단'을 쫓는 오리지널 스토리의 RPG. 등장인물들의 '물에 닿으면 모습이 바뀌는' 등의 체질을 이용해 변신해야만 통과 가능한 장소도 있으나, 능력치 변동은 없다.

액트레이저 2 : 침묵으로의 성전

ACT 에닉스 1993년 10월 29일 9,300엔 12M

전작에서 마을 만들기 시뮬레이션 요소를 배제하고, 순수 액션 게임이 된 속편. 2단 점프 후의 활공이나 급강하, 방어 등의 신규 액션을 도입했다. 전작에 이어 BGM 작곡에 코시로 유조가 기용되어, 음악이 매우 호평 받았다.

클래식 로드

SLG 빅터 엔터테인먼트 1993년 10월 29일 9,800엔 8M

미래의 경주마를 육성하는 시뮬레이션 게임. 시장에서 사거나 목장에서 생산된 새끼 말, 혹은 지방마를 조교해 키우는 게 목적. 능력치나 스트레스 상승 수치가 각기 다른 조교항목 선택은 물론, 혈통 관리도 말의 성장에 중요하다.

지미 코너스의 프로 테니스 투어

SPT 미사와엔터테인먼트 1993년 10월 29일 8,900엔 4M

지미 코너스가 감수한 테니스 게임. 투어 모드에서는 플레이어가 지미가 되어 1년간 싸워 포인트 수로 정상을 노린다. 엑시비션 매치에서는 복식 선택도 가능해, 컴퓨터와 플레이어가 뒤섞인 협력 및 대전 플레이도 할 수 있다.

STG 슈팅 게임 ACT 액션 게임 PZL 퍼즐 게임 RPG 롤플레잉 게임 SLG 시뮬레이션 게임 SPT 스포츠 게임 RCG 레이싱 게임 AVG 어드벤처 게임 ETC 교육·기타 TBL 보드 게임

쇼기 풍림화산

TBL 포니 캐년 1993년 10월 29일 8,800엔 8M
슈퍼 패미컴 마우스 지원

실존 프로 기사 5명과 대국할 수 있는 쇼기 게임. 두는 방식과 리액션이 기사마다 달라 저마다 개성이 확립돼 있다. 한 수마다 평가해 알려주는 '다음 한 수', 기력을 판정해 주는 '박보장기', 프로의 전술을 배우는 '강좌'도 수록.

슈퍼 차이니즈 월드 2 : 우주제일 무투대회

RPG 컬처브레인 1993년 10월 29일 9,800엔 16M

잭과 류가 우주에서 개최되는 우주제일 무투대회에 출장한다는 스토리의 RPG. 전투는 격투 액션식으로, 전작과는 달리 필살기를 커맨드 입력으로 구사해야 한다. Y 버튼으로 에너지를 축적하면 하이퍼 차이니즈로 변신도 가능하다.

슈퍼 니치부츠 마작 2 : 전국제패 편

TBL 일본물산 1993년 10월 29일 9,800엔 16M
슈퍼 패미컴 마우스 지원

47도도부현을 대표하는 작사들과 대국하여 전국제패를 노리는 마작 게임. 모드는 본편 '전국 선수권' 외에 '프리 대전', 초보자용인 '학습 모드', 각 지방 퀴즈에 도전하는 '그림 퀴즈', 대전 상대의 대사를 듣는 'Tea 타임'을 수록.

장갑기병 보톰즈 : 더 배틀링 로드

ACT 타카라 1993년 10월 29일 9,800엔 8M

'장갑기병 보톰즈'에 등장하는 경기가 소재인 3D 슈팅 게임. '배틀링'이란, 유인기인 AT끼리 1:1로 싸우는 경기를 말한다. 가족의 원수를 쫓는 소년이 주인공인 총 8스테이지의 스토리 모드와, 2인 대전이 가능한 VS 모드를 수록.

초시공요새 마크로스 : 스크램블 발키리

STG 반프레스토 / 자무스 1993년 10월 29일 8,800엔 8M

같은 이름의 애니메이션이 소재인 횡스크롤 슈팅. 플레이어 기체는 가변식 전투기로, 체인지 버튼으로 파이터·가워크·배틀로이드 3가지 형태로 변신이 가능하며 형태별로 기체의 속도와 샷이 변화한다. 총 7스테이지.

하타야마 핫치의 패러디 야구 뉴스! 실명판

SPT 에포크 사 1993년 10월 29일 9,800엔 8M

만화가 하타야마 핫치가 캐릭터 디자인을 맡은 야구 게임. '오픈전', '페넌트레이스' 외에 판타지 풍 대전 모드 '배틀 야구반'도 수록했다. 바코드 배틀러 II를 지원해, 수익금 획득이나 선수 데이터 전송도 가능하다.

유토피아

SLG 에픽 소니 레코드 1993년 10월 29일 9,500엔 4M
슈퍼 패미컴 마우스 지원

서기 2091년을 무대로, 식민행성의 사령관이 되어 행성을 개발하는 영국산 리얼타임 시뮬레이션 게임. 주민의 삶의 질을 올리는 게 목적이지만, 무역이 가능하면서도 적대적인 이성인도 습격해오기 때문에 군사력도 필요하다.

용호의 권

ACT 케이어뮤즈먼트리스 1993년 10월 29일 9,800엔 16M

아케이드용 대전 격투 액션 게임의 이식작. 난이도를 낮추면서도 원작을 충실하게 이식했고, 그래픽 재현도도 높다. 추가 요소로서 다른 캐릭터들에게도 초필살기가 추가되었으며, 커맨드는 스토리 모드 클리어 후에 확인할 수 있다.

HARDWARE
1990
1991
1992
1993
1994
1995
1996
1997
1998
1999
2000
INDEX

아쿠탈리온

RPG 테크모 1993년 11월 5일 8,900엔 8M

세계 정복을 꾀하는 호문클루스가 부활하려 하고 있다. 아버지처럼 '아쿠탈리온'이라 불리는 전사가 되어, 호문클루스를 물리치는 것이 목적인 RPG. 주인공 파티와 서브 파티 두 파티를 바꿔 가며 모험해 나가자.

파이널 녹아웃

ACT 팩 인 비디오 1993년 11월 5일 8,800엔 8M

슈거 레이 레너드 등의 실존 복서 8명이 등장하는 복싱 게임. 큼직한 캐릭터가 화면을 비집고 들어와 날뛰는 모습은 박력만점이다. 게다가 펀치가 히트할 때의 소리와 흩어지는 땀방울, 관객의 반응 등이 실로 현실감 넘친다.

가면라이더

ACT 반다이 1993년 11월 12일 9,800엔 12M

가면라이더 1호와 2호가 악의 조직 쇼커에 맞서는 벨트스크롤 액션 게임. TV 방송 시의 아이캐치 영상을 오마쥬한 패스워드 화면과 스테이지 사이의 인터벌 등, 원작의 분위기에 손색없게끔 충실하게 만들어져 있다.

슈퍼 UNO

TBL 토미 1993년 11월 12일 8,500엔 8M

 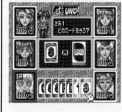 

유명한 카드 게임 'UNO'를 슈퍼 패미컴으로 즐길 수 있는 소프트. 게임 모드는 2~6명이 UNO를 할 수 있는 '와글와글 모드', 팀을 짜 대전하는 '파트너 모드', 슈퍼 패미컴 오리지널 모드인 '말판 모드'가 탑재되어 있다.

솔스티스 II

PZL 에픽소니 레코드 1993년 11월 12일 9,500엔 8M

견습 마술사인 글렌달이 갈라도니아에 평화를 가져다주기 위해 모험하는 액션 퍼즐 게임. 여마술사 소니아를 쓰러뜨리고 아버지 샤닥스를 구출하는 것이 목적이다. 적을 쓰러뜨릴 수 있게 되어, RPG처럼 성장도 가능해졌다.

파이널 스트레치

RCG 로직 1993년 11월 12일 9,800엔 12M

스즈키 아구리가 감수한 F-1 레이싱 게임. 팀 및 드라이버 데이터는 93년도 기준으로 사용되었다. 1인 플레이 시에는 분할화면 중 위쪽이 자신의 머신을 앞에서 본 시점, 아래쪽이 뒤에서 본 시점으로 표시된다.

와카타카 오오즈모 : 꿈의 형제 대결

SPT 이매지니어 1993년 11월 12일 9,800엔 8M

당시의 인기 스모선수 타카노하나와 와카노하나 형제가 소재인 스모 게임. 카드를 제출해 겨루는 보기 드문 시스템이다. 카드의 '밀기', '당기기', '던지기'가 서로 가위바위보 관계이므로, 카드의 상성이나 제출 타이밍이 승부처.

이스 IV : MASK OF THE SUN

RPG 톤킨 하우스 1993년 11월 19일 9,800엔 12M

「이스」 시리즈 4번째 작품으로, 니혼팔콤의 원안을 바탕으로 톤킨 하우스가 개발했다. 같은 시기에 동일 원안으로 허드슨이 개발한 PC엔진판 「이스 IV」와는 별개 내용이라, 2개의 오리지널 작품이 존재하게 되었다.

파치슬로 러브스토리

SLG 코코너츠 재팬 1993년 11월 19일 9,800엔 8M

우연히 만난 소녀가 찾는 인물의 단서는 '메달 1개'. 이를 힌트로 의문의 인물을 찾아나서는 이야기다. 점포의 슬롯머신을 공략하며 여러 정보를 입수해 소녀가 찾는 인물을 발견하는, 어드벤처 스타일의 파치슬로 시뮬레이션.

배틀 마스터 : 궁극의 전사들

ACT 도시바 EMI 1993년 11월 19일 9,800엔 16M

저마다의 소원을 이루기 위해 싸움에 도전하는 대전격투 게임. 공중 가드와, 가드하는 순간 커맨드를 입력하는 반격 공격 및 반격 던지기, 던지기 당했을 때의 낙법 등 혁신적인 시스템을 도입해, 스피드감 넘치는 싸움을 실현했다.

유진 작수학원

슈퍼 패미컴 마우스 지원

TBL 바리에 1993년 11월 19일 8,900엔 8M

대악마 쟝글러가 작수(雀獸)로 바꾼 여자들을 구하러 평범한 마작사 시오리, 아이템을 쓰는 유카리, 역만으로만 화료 가능한 마도카 세 명 중 하나가 되어 대국하는 마작 게임. 작수를 이기면 인간이 된 여자의 그래픽을 볼 수 있다.

리딕 보우 복싱

ACT 마이크로네트 1993년 11월 23일 8,400엔 8M

랭킹을 올려 챔피언과의 도전권을 획득해, 리딕 보우를 쓰러뜨리는 복싱 게임. '캐리어 모드'에서는 기존 캐릭터뿐만 아니라 오리지널 캐릭터를 만들 수도 있어, 육성해나가며 랭킹을 올리는 것이 목적이다.

액셀 브리드

STG 토미 1993년 11월 26일 9,800엔 16M

라운드 기어라 불리는 기체를 조작해, 일정한 코스를 라이벌 기체를 격파하며 진행하는 하이퍼 스포츠 '액셀 브리드'를 제패하는 것이 목적. 라운드 기어는 상황에 맞춰 변형시킬 수 있다. 총 6스테이지가 준비되어 있다.

알라딘

ACT 캡콤 1993년 11월 26일 9,000엔 10M

알라딘의 점프 액션과 사과 던지기, 천을 이용한 호버링이 특징인 액션 게임. 스토리는 애니메이션을 따라가지만, 지니의 램프 안 등 오리지널 스테이지도 추가했다. 카펫으로 하늘을 나는 스테이지 등, 절묘한 기복의 구성이 일품.

아디 라이트풋

ACT 아스키 1993년 11월 26일 9,800엔 8M

어설픈 모험가 '아디'가 파트너 '펙'과 함께 보물찾기 모험을 떠나는 액션 게임. 비스콘티 일당에게 빼앗긴 무지개 조각 7개를 되찾는 것이 목적이다. 맵에는 다양한 함정이 설치돼 있어, 파트너인 펙과 협력해 진행해야 한다.

아레사

RPG 야노만 1993년 11월 26일 9,900엔 16M

게임보이에서 인기 있었던 시리즈의 슈퍼 패미컴판. 시리즈의 특징이기도 한 '상담 시스템'은 이번 작품에도 여전해 진행이 막힐 일은 없다. 이번 작품은 전방위에서 적이 습격해오므로, 방향을 변경하면서 싸워야 한다.

HARDWARE
1990
1991
1992
1993
1994
1995
1996
1997
1998
1999
2000
INDEX

ABC 먼데이 나이트 풋볼

SPT　데이터 이스트　1993년 11월 26일　9,000엔　8M

미국의 유명한 NFL 중계 프로에서 타이틀을 빌려온 미식축구 게임. 볼을 쫓아가는 시점으로 전개되며, 관객들의 환성과 야유가 시합 분위기를 살려준다. 이 작품에선 등장하는 28개 팀 외에, 오리지널 팀도 만들 수 있다.

F-15 슈퍼 스트라이크 이글

 슈퍼 패미컴 마우스 지원

STG　아스믹　1993년 11월 26일　9,600엔　8M

F-15를 조종해 독재자를 쫓아내고 압제에 시달리는 국민들을 해방시키는 것이 목적인 플라이트 시뮬레이션 게임. 2D 맵에서 이동하다, 적과 근접하거나 파괴목표에 접근하면 공대공일 경우 조종석 시점, 공대지일 경우 탑뷰 시점이 된다.

오니즈카 카츠야 슈퍼 버추얼 복싱 : 진권투왕전설

ACT　소프엘　1993년 11월 26일　9,800엔　8M

1인칭 시점으로 펼쳐지는 권투 게임. 개성 넘치는 라이벌 선수 6명을 쓰러뜨리고 타이틀매치 도전권을 얻어, 챔피언이 되는 게 목적이다. 라이벌들은 저마다 필살 블로우가 있는 등, 방심할 수 없는 시합이 전개된다.

아랑전설 2 : 새로운 싸움

ACT　타카라　1993년 11월 26일　9,980엔　20M

아케이드에서 인기였던 같은 이름의 타이틀 이식작. 작품의 특징인 2라인 배틀은 물론, 회피공격이나 초필살기도 재현했다. 또한 숨겨진 커맨드를 입력하면 크라우저와 삼투사도 사용할 수 있다.

실전 파치슬로 필승법

슈퍼 패미컴 마우스 지원

SLG　사미　1993년 11월 26일　9,500엔　4M

'사미', '야마사', '올림피아' 3개 메이커의 인기 머신을 실전적으로 체험할 수 있는 파치슬로 시뮬레이션 소프트. 후일 시리즈화되었으며 '아라찬(알라딘 찬스)'으로도 유명한 '알라딘'도 수록돼 있다.

슈퍼 H.Q. 크리미널 체이서

RCG　타이토　1993년 11월 26일　8,900엔　8M

같은 회사의 아케이드 게임 「체이스 H.Q.」의 속편으로, 전작처럼 범인의 차를 추격하며 충돌로 정지시켜 체포하는 카 체이스 게임. 전작의 후방 시점에서 드라이버 시점으로 바뀌었고, 플레이어 및 범인 차의 라이프 게이지도 표시된다.

다이내믹 스타디움

SPT　사미　1993년 11월 26일　8,500엔　8M

메이저리거와 비슷한 모습의 캐릭터들이 대거 출동하는 야구 게임. 등장하는 팀 및 선수는 모두 실명이다. 파인 플레이 등은 줌 업되어 박력 넘치는 장면을 볼 수 있다. 멀티 탭을 사용하면 다인 플레이도 가능하다.

타케다 노부히로의 슈퍼 컵 사커

SPT　잘레코　1993년 11월 26일　9,500엔　4M

당시 베르디 가와사키 소속이었던 타케다 노부히로 선수가 감수한 축구 게임. 세계 각국의 24개 팀이 등장해, 세계 제일을 목표로 싸운다. 각 팀에는 패러미터가 설정돼 있어, 팀 각자의 특기가 재현되어 있다.

HARDWARE

1990
1991
1992
1993
1994
1995
1996
1997
1998
1999
2000

INDEX

테크모 슈퍼 보울

SPT　테크모　1993년 11월 26일　9,800엔　8M

NFL 공인 미식 축구 게임. 당시 NFL에 소속된 모든 팀과 선수가 실명으로 등장한다. 게임은 CPU전이 기본으로, '프리시즌', '시즌 게임', 올스타전이기도 한 '프로 보울'의 3가지 게임 모드가 준비되어 있다.

꾸러기 마녀 노노 원더랜드 드림

AVG　토쿠마쇼텐　1993년 11월 26일　8,800엔　8M

NHK에서 방영된 애니메이션 '꾸러기 마녀 노노'(원제는 '야다몽')를 게임화한 작품. 마법석 3개를 찾아 모험을 떠나게 된다. 화면 내의 물체를 클릭하면 일이 일어나 진행된다. '이상한 나라의 앨리스'가 모티브라, 체셔 고양이 등도 등장.

가이아 환상기

RPG　에닉스　1993년 11월 27일　9,800엔　16M

「소울 블레이더」, 「천지창조」와 묶어 '소울 3부작'으로 불리는 액션 RPG 시리즈의 두 번째 작품. 주인공 '템'은 2가지 형태로 변신이 가능해, 각각의 특수능력을 구사하며 몬스터를 물리쳐 던전의 수수께끼를 풀어나간다.

소울 & 소드

RPG　반프레스토 / 자무스　1993년 11월 30일　9,800엔　12M

30개 이상의 시나리오가 준비된 바르카논 섬을 모험하는 롤플레잉 게임. 사명 같은 건 없이 그저 모험이 목적으로, 시나리오 내용도 마물 퇴치부터 미인대회까지 다양성이 풍부하다. 코믹한 진행이 즐거운 작품.

슈퍼 마작 2 본격 4인 대국

TBL　아이맥스　1993년 12월 2일　8,800엔　4M

시리즈 제 2탄으로, 4인 대국이 된 마작 게임. 이전 10시합의 성적으로 요건이 만족되면 단위가 올라가는 '프리 대국', 매월 있는 대회를 거쳐 상금을 벌어 취득상금 연간 1위를 노리는 '상금왕 토너먼트' 모드가 있다.

NBA 프로 바스켓볼 '94 불스 VS 선즈

SPT　일렉트로닉 아츠 빅터　1993년 12월 3일　9,800엔　12M

전년도의 NBA 결승전을 타이틀로 내건 사이드 뷰 시점의 농구 게임. 당시 NBA에 소속된 총 27팀과 올스타 팀 등을 합쳐 31개 팀을 사용할 수 있다. 게임 모드는 프리시즌·레귤러 시즌·플레이오프 3가지 중 선택 가능.

키쿠니 마사히코의 작투사 : 동라왕 2

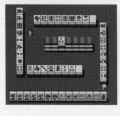

TBL　POW　1993년 12월 3일　8,900엔　8M

키쿠니 마사히코가 캐릭터 디자인을 담당한 마작 게임 2번째 작품. 이번엔 어느 대기업의 영업사원이 되어 마작으로 거래를 맺거나 출세경쟁에서 승리해간다. 멀티 엔딩이 채용되어, 몇 번이고 즐길 수 있는 재미있는 작품이 되었다.

슈퍼 궁극 아슬아슬 스타디움

SPT　타이토　1993년 12월 3일　9,500엔　12M

실명인 일본 프로야구 센트럴·퍼시픽 리그 12구단에다, 아메리칸 리그 6개 구단이 모티브인 유나이티드 리그, 내셔널 리그 6개 구단이 모티브인 프론티어 리그를 추가해 총 24개 구단이 등장하는 야구 게임. 선수 육성요소도 부활했다.

HARDWARE
1990
1991
1992
1993
1994
1995
1996
1997
1998
1999
2000
INDEX

T.M.N.T. 뮤턴트 워리어즈

ACT 코나미 1993년 12월 3일 9,800엔 16M

인기 미국 코믹스가 소재인 대전격투 게임. 거북이 닌자 4명 외에 적측 캐릭터 및 오리지널 캐릭터인 여닌자 등 총 13명이 등장한다. 1인용인 스토리·토너먼트 외에 2인 대전과 시합 감상이 가능한 게임 모드가 수록되어 있다.

노부나가의 야망 : 패왕전

슈퍼 패미컴
마우스 지원

SLG 코에이 1993년 12월 9일 12,800엔 16M

PC에서 호평 받은 역사 시뮬레이션 게임 제 5탄. 전국시대 다이묘 중 하나가 되어 천하통일을 노리자. 등장 무장이 900명으로 늘고, 전작의 지역 단위에서 이번엔 성 단위 쟁탈로 변경. 성은 전국에 총 100개. 충성심 수치는 숨겨졌다.

R-TYPE III

STG 아이렘 1993년 12월 10일 9,800엔 16M

「R-TYPE」 정통 시리즈로는 첫 가정용 오리지널 작품. 최신예기 R-9Ø가 새 플레이어 기체가 되고, 포스 2종류도 신규 추가했다. 2단계 충전 게이지가 된 파동포는 2단계제를 '메가 파동포'와 '하이퍼 드라이브 모드' 중 선택 가능.

쿨 스팟

ACT 버진 게임 1993년 12월 10일 8,900엔 8M

청량음료 7UP의 이미지 캐릭터 '쿨 스팟'이 주인공인 액션 게임. 스테이지 도중에 있는 붉은 동전 모양의 '쿨'을 모아 감옥 문을 여는 게 목적이다. 쿨 스팟의 여유로운 액션과 잘 그려진 배경, 여름 분위기 물씬한 BGM이 특징인 작품.

경마 에이트 Special : 비장의 마권 구입술

SLG 미사와엔터테인먼트 1993년 12월 10일 9,000엔 8M

경마전문 신문인 '경마 에이트'와의 제휴 소프트. 필요한 데이터를 입력해 우승마를 예상하는 예상 모드 외에, 6명까지 참가 가능한 파티 모드도 수록했다. 파티 모드에서는 경마 게임으로 자금을 불려 이 돈으로 승부를 결정한다.

결전! 도카폰 왕국 IV : 전설의 용사들

TBL 아스믹 1993년 12월 10일 8,900엔 8M

캐릭터를 육성하여 최대자산을 노리는 RPG 풍 보드 게임. 파티 플레이를 의식해 시리즈 첫 작품임에도 'IV'를 붙였는데, '우정파괴 보드 게임'이란 선전문구대로 다른 플레이어에 대한 방해수단이 매우 풍부하다.

슈~퍼~ 뿌요뿌요

PZL 반프레스토 1993년 12월 10일 8,200엔 8M

대전 퍼즐 게임 붐을 일으킨 초대 아케이드판 「뿌요뿌요」의 이식작. 화면비율을 TV에 맞추기 위해 그래픽을 약간 변경했으며, 아케이드판에는 없었던 1인용 모드 '끝없이 뿌요뿌요'가 추가되었다.

백열 프로야구 '94 힘내리그 3

SPT 에픽소니 레코드 1993년 12월 10일 8,900엔 8M

일본 프로야구 12개 구단 공인을 받아, 선수들이 실명으로 등장하는 야구 게임. 시리즈 특징인 캐릭터의 풍부한 리액션은 이 작품에서도 건재하다. 페넌트레이스와 올스타전, 홈런 경쟁 등 5개 게임 모드 외에 연습·에디트도 가능하다.

플록

ACT 액티비전 재팬 1993년 12월 10일 8,900엔 8M

플록이 자신의 깃발을 찾아 떠나는 스토리의 영국산 액션 게임. 공격은 로켓 펀치 느낌으로 손발을 순서대로 하나씩 날리는 방식이다. 손발은 바로 되돌아오지만, 돌아오기 전에 다 날려버리면 몸체만으로 통통 뛰어 이동해야 한다.

로맨싱 사가 2

RPG 스퀘어 1993년 12월 10일 9,900엔 16M

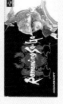

흉악한 힘을 가진 7영웅과 세계 통일을 노리는 황제의 싸움을 그린 RPG. 캐릭터가 전투 도중 기술을 발상하는 '번뜩임 시스템'과, HP와 별개의 소생회수인 'LP(라이프 포인트) 시스템', 자유도 높은 시나리오 등 개성적인 요소를 도입했다.

알카에스트

ACT 스퀘어 1993년 12월 17일 9,800엔 8M

마계신의 부활을 막기 위한 싸움을 그린 액션 게임. 스테이지 단위로 구분되어 있긴 하나, 시스템 면에서는 액션 RPG에 가깝다. 개발을 「별의 커비」 등으로 유명한 HAL 연구소가 맡아서인지, 음악의 분위기가 꽤 유사하다.

슈퍼 스타워즈 : 제국의 역습

ACT 빅터엔터테인먼트 1993년 12월 17일 9,800엔 12M

슈퍼 패미컴으로 발매된 '스타워즈' 액션 게임 시리즈 2번째 작품. '에피소드 5' 기반으로, 얼음에 감싸인 행성 호스에서 시작되는 루크의 두 번째 모험을 그린다. 포스를 사용하는 액션이나 올라탈 수 있는 톤톤 등 신 요소도 가득하다.

다운타운 열혈 베이스볼 이야기

SPT 테크노스재팬 1993년 12월 17일 9,800엔 12M

기본적으로는 정식 야구 룰을 준수하지만, 필살기로 선수를 날려버려도 OK일 만큼 황당무계한 설정의 야구 게임. 투구와 타격은 커맨드로 하며, 수많은 필살기와 파워 업은 물론, 야유로 상대를 동요시키는 등 독특한 전개가 가능하다.

도라에몽 2 : 진구의 토이즈 랜드 대모험

ACT 에포크 사 1993년 12월 17일 8,000엔 8M

슈퍼 패미컴용 「도라에몽」 제 2탄. '물건을 쓰는 법'이 테마로, 버려진 장난감의 복수를 저지하기 위해 전작과 마찬가지로 맵을 탐색해 액션 스테이지를 공략한다. 스테이지별로 개성적인 캐릭터를 선택할 수 있다.

드래곤볼 Z 초무투전 2

ACT 반다이 1993년 12월 17일 9,800엔 16M

같은 이름의 인기 애니메이션이 원작인 대전격투 게임. 기본 시스템은 전작을 계승했고, 거의 모든 캐릭터에 숨겨진 기술이 존재해 더욱 뜨거운 배틀을 즐길 수 있다. 손오공이 숨겨진 캐릭터인 탓에, 주인공은 손오반이 되었다.

드라키의 동네야구

SPT 이매지니어줌 1993년 12월 17일 9,800엔 16M

개발사인 줌의 이미지 캐릭터가 주인공인 야구 게임. 선수는 모두 동물이라, 코믹한 퍼포먼스를 보여준다. 심판에 항의해 판정을 뒤집을 수 있다는 특징적인 요소도 있다. 코카콜라 사가 협찬하여, 팀명에 해당사의 청량음료명이 쓰였다.

HARDWARE

1990
1991
1992
1993
1994
1995
1996
1997
1998
1999
2000

INDEX

파친코 워즈 II

SLG 코코너츠 재팬 1993년 12월 17일 9,800엔 8M

전작과 마찬가지로 플레이어가 스파이 '008'이 되어 주변에서 일어나는 사건과 의문을 해결해가는 파친코 게임. 전작의 시스템을 답습해 제작했다. 각 파친코대를 제패해 나가며 보스의 지령을 완수하자.

홀리 스트라이커

ETC 헥트 1993년 12월 17일 8,800엔 8M

성스러운 정령 월드에 의해 어둠에 휩싸인 세계를 구하기 위해, 무기가 통하지 않는 마물을 던지면 계속 반사되는 '트라이얼라이트'라는 빛의 구슬로 쓰러뜨리며 진행하는 핀볼 스타일의 독창적인 게임. 2인 동시 플레이도 가능.

일기당천 노부나가

RPG 인텍 1993년 12월 17일 9,800엔 12M

모토미야 히로시의 같은 이름의 만화를 게임화한, 전국시대가 무대인 RPG. 플레이어는 사실 혼노지의 변에서 죽지 않은 오다 노부나가가 되어, 은밀히 가신 하시바 히데요시를 움직여 천하를 통일시키고, 세계통일까지도 노린다.

러싱 비트 수라

ACT 잘레코 1993년 12월 17일 9,700엔 16M

시리즈 3번째 작품인 벨트스크롤 액션 게임. 분노 시스템 등은 계승하면서도 발동이 쉽도록 조정했다. 이번 작품은 플레이어의 행동과 선택에 따라 스토리가 분기되는 시스템으로, 이에 따라 엔딩도 바뀌게 된다.

록맨 X

ACT 캡콤 1993년 12월 17일 9,500엔 12M

대인기 액션 게임의 새 시리즈. 초대 「록맨」의 약 100년 후가 무대다. 기본 시스템은 그대로이며, 벽차기나 대시 등의 새로운 액션과 오리지널 요소를 추가했다. 록맨 X는 머리와 팔, 가슴, 다리에 파츠를 추가하면 파워 업한다.

원더러스 매직

RPG 아스키 1993년 12월 17일 9,800엔 16M

행방불명이 된 부친을 찾아 여마술사 피리스가 모험을 떠나는 롤플레잉 게임. 여행 도중에 피리스가 지닌 운명을 알게 된다. 전투는 리얼타임제이며, 리더 이외엔 AI로서 자동 공격하는 등 독특한 시스템이다.

드래곤 퀘스트 I·II

RPG 에닉스 1993년 12월 18일 8,800엔 12M

패밀리 컴퓨터의 「드래곤 퀘스트」 시리즈 1·2편 리메이크로, 스토리는 기본적으로 동일하지만 게임 밸런스 및 조작성을 개선해 난이도는 낮아졌다. 2편은 오프닝 신 및 새로운 이벤트가 추가되었다.

에이스를 노려라!

SPT 니혼 텔레네트 1993년 12월 22일 9,400엔 8M

같은 이름의 만화가 원작인 테니스 게임. 회전 기능을 제대로 사용하여, 볼의 궤적에 맞춰 시점이 이동한다. '시나리오'에서는 원작대로 스토리가 진행되지만, 시합 승패로 원작과 맞지 않는 결과가 나올 경우 다른 스토리가 전개된다.

힘내라! 목수 겐 씨

ACT　아이렘　1993년 12월 22일　8,900엔　8M

패밀리 컴퓨터와 게임보이로도 인기를 얻었던 작품의 이식작. 내용은 아케이드판을 답습했지만, 그래픽은 물론이고 파워 업으로 필살기도 쓸 수 있는 등 여러 부분에서 대폭 진화를 보여주었다.

힘내라 고에몽 2 : 괴상한 장군 맥기네스

ACT　코나미　1993년 12월 22일　9,800엔　12M

슈퍼 패미컴으로 발매된 시리즈 제 2탄. 월드 맵에서 스테이지를 선택하는 시스템을 도입했고, 순수한 횡스크롤 액션이 되었다. 캐릭터도 선택 가능해져, 전작의 보스였던 꼭두각시 닌자 사스케도 플레이어 캐릭터로 쓸 수 있다.

킹 오브 더 몬스터즈 2

ACT　타카라　1993년 12월 22일　9,800엔　16M

전작의 싸움에서 살아남은 3마리 괴수가 주인공인 벨트스크롤 액션 게임. 아케이드판을 이식하면서 아이템 출현률이 조정되고 맵에 배치되어 있던 함정도 없어졌으며, 보스의 공격 패턴도 바뀌는 등 난이도를 낮추는 조정이 가해졌다.

스페이스 펑키 B.O.B.

ACT　일렉트로닉 아츠 빅터　1993년 12월 22일　8,900엔　8M

여자친구와의 데이트차 외출 도중 사고를 일으켜 어떤 행성에 불시착해버린 로봇 생명체 '밥'. 그가 약속시간까지 여자친구에게 가는 것이 목적인 액션 게임이다. 주운 아이템을 잘 사용하여 광대한 시설을 돌파하자.

초 고질라

SLG　토호　1993년 12월 22일　9,800엔　12M

1984년 이후의 헤이세이 고질라 시리즈가 소재인 완전 오리지널 스토리 작품. 고질라를 조작해 우주인이 보내오는 다양한 괴수들과 싸운다. 이동과 아이템 획득 중심의 시뮬레이션 파트와 애니메이션 위주의 배틀 파트로 구성된다.

탑 레이서 2

RCG　켐코　1993년 12월 22일　8,500엔　8M

오스트레일리아에서 시작해 미국까지 이어지는 세계 16개국 64개 코스에서 탑 레이서를 노린다. 비나 눈 등의 기후 요소가 추가되어, 시야가 나빠지거나 드라이 타이어를 웨트 타이어로 교체해야 하는 등의 리얼리티를 추구했다.

빙빙! 빙고

TBL　KSS　1993년 12월 22일　8,900엔　8M

빙고 게임이 소재인 타이틀. 슬롯을 돌려 숫자를 결정하거나, 사다리 게임으로 숫자를 고르거나, 대포를 쏘는 등의 빙고 게임 4종류가 준비돼 있다. 그 외에도 두더지 잡기나 팔씨름, 경마 등의 미니게임도 들어있다.

플래시백

ACT　선소프트　1993년 12월 22일　9,600엔　12M

기억을 잃은 주인공이 기억의 단서를 찾아 탐험하는 액션 게임. 로토스코프 애니메이션을 사용해 제작한 부드러운 모션의 캐릭터와 잘 그려진 배경, 곳곳에 숨겨진 수수께끼 등, 마치 영화를 방불케 하는 작품이다.

헤베레케의 포푼

PZL 선 소프트 1993년 12월 22일 8,200엔 8M

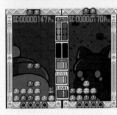

선 소프트의 자랑 「헤베레케」의 귀여운 캐릭터가 다수 등장하는 낙하 퍼즐 게임. 떨어지는 '포푼'을 가로·세로·대각선에 같은 색깔로 3개 이상 맞추면 지워진다. 연쇄를 이용해 3색을 동시에 지우면 캐릭터별로 다른 필살기가 발동한다.

유☆유☆백서

SLG 남코 1993년 12월 22일 9,600엔 16M

소년 점프의 같은 이름의 만화를 게임화한 대전격투 게임. 십자 키와 버튼 4개로 조작하는 커맨드 입력형 턴제 배틀 시스템 '비주얼 배틀'을 채용해, 각 캐릭터가 클로즈업되어 애니메이션으로 움직이는 배틀이 전개된다.

NFL 프로 풋볼 '94

SPT 일렉트로닉 아츠 빅터 1993년 12월 24일 9,800엔 8M

NFL의 명 해설자 존 매든이 감수한 미식축구 게임. 선수의 움직임을 리얼하게 재현했다. NFL 공인 게임으로, 소속팀 총 28개 팀 외에도 올스타 등을 포함해 80개 팀이 준비되어, 자신이 좋아하는 팀을 고를 수 있다.

신 모모타로 전설

RPG 허드슨 1993년 12월 24일 9,800엔 16M

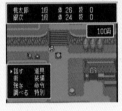

87년의 패미컴판을 PC엔진으로 리메이크한 「모모타로 전설 터보」의 속편 「모모타로 전설 Ⅱ」를 다시 리메이크한 작품. 모모타로가 카쿠야 공주를 구하러 여행한다. 고른 동료에 따라 시나리오가 바뀌고, 기후에 따라 명중률도 변화한다.

테트리스 무투외전

PZL BPS 1993년 12월 24일 8,000엔 8M

낙하계 퍼즐의 대표작 「테트리스」를, 대전에 초점을 맞추고 시스템을 조정한 작품. 미리 준비된 귀여운 캐릭터들 중 하나를 골라 플레이한다. 캐릭터는 각각의 특성을 살린 필살기가 있어, 원하는 타이밍에 발동시킬 수 있다.

휴먼 그랑프리 2

RCG 휴먼 1993년 12월 24일 9,500엔 8M

93년도 데이터를 반영시킨 시리즈 2번째 작품. 등장하는 드라이버는 모두 실명이다. 십자 키를 떼어도 중립으로 돌아가지 않았던 스티어링은 설정에서 변경이 가능해졌다. 또한 1인 플레이는 전체화면 표시로 바뀌어 플레이가 편해졌다.

북두의 권 7 : 성권열전 전승자로 가는 길

ACT 토에이 동화 1993년 12월 24일 9,700엔 20M

같은 이름의 인기 만화가 소재인 대전격투 게임. 신, 슈우, 쥬우더 3명의 인기 캐릭터가 신규 참전했다. '스토리 모드'에서는 켄시로를 조작해 원작의 스토리를 따라간다. 결정타는 오의 기술로만 찌를 수 있도록 바뀌었다.

모탈 컴뱃 : 신권강림전설

ACT 어클레임 재팬 1993년 12월 24일 9,800엔 16M

지금도 시리즈가 이어지며 서양에서 대인기인 대전격투 게임 첫 작품의 이식작. 배우의 실사 영상을 디지털화한 리얼한 그래픽으로 게임을 즐긴다. 각 캐릭터마다 보유한 '궁극신권'이라 불리는 잔혹한 기술로도 유명한 작품.

몬스터 메이커 3 : 빛의 마술사

RPG　소프엘　1993년 12월 24일　9,800엔　16M

일러스트레이터인 쿠가츠 히메의 캐릭터가 트레이드 마크인 롤플레잉 게임. 이전작의 카드 배틀을 폐지하고, 새로운 시스템을 탑재했다. 스토리는 전 5장 구성으로서, 각각 다른 캐릭터로 공략하게 된다.

리틀 매직

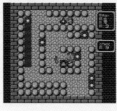 

PZL　알트론　1993년 12월 24일　8,900엔　8M

마법학교의 졸업 시험 합격을 노리는 퍼즐 게임. 마법석을 좌대에 설치하며 단계적으로 길을 뚫어 나가야 한다. 주인공 '메이'는 파열하면 근접한 마법석을 밀어내는 마봉구와 염동력 마법을 사용해 공략한다. 총 100스테이지 구성.

미신전설 Zoku

ACT　매지팩트　1993년 12월 25일　9,800엔　16M

근미래 일본을 무대로 폭주족과의 항쟁을 그린 벨트스크롤 액션 게임. 레이싱 게임과 융합된 구성으로, 레이스 시에는 제한시간 내에 목적지에 도달하는 게 목적이다. 도중에 대미지를 입은 차에서 탈출하면 액션 신으로 바뀐다.

사커 키드

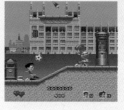

ACT　야노만　1993년 12월 28일　8,800엔　10M

유럽산 액션 게임을 일본어화한 작품. 현지화하면서 만화가 코시타 테츠히로를 일러스트에 기용했다. 주인공의 무기는 축구공으로, 스테이지 상에 떨어져 있는 축구 카드를 모으면서 조각난 우승컵을 모두 회수하는 것이 목적이다.

슈퍼 파이어 프로레슬링 3 : 파이널 바우트

ACT　휴먼　1993년 12월 28일　9,800엔　12M

레슬러 수가 56명으로 늘어난 프로레슬링 게임. 에디트 레슬러도 12명까지 등록 가능해졌다. 통상기술이 늘어나고 필살기도 추가되었다. 배틀 로얄도 추가되어, 멀티탭을 사용하면 4인 동시 플레이가 가능하다.

전일본 프로레슬링 대시 : 세계최강 태그

ACT　메사이야　1993년 12월 28일　9,700엔　16M

전작의 마이너 체인지판으로 출시되었고, 6가지 게임 모드가 탑재되어 있다. 선수의 입장 장면이 추가되어, 각 선수 특유의 입장을 감상할 수 있다. 또한 태그전에서는 투 플라톤도 쓸 수 있는 등, 세세한 조정 및 변경이 있다.

미소녀 전사 세일러문 R

ACT　반다이　1993년 12월 29일　9,800엔　16M

같은 이름의 애니메이션 중 블랙문 편 기반의 벨트스크롤 액션 게임. 5명의 세일러 전사를 조작하는 모드에 더해, 히트 판정이 낮고 작은 치비우사를 조작하는 치비우사 모드를 수록했다. 블랙문 편 완결 이전이라, 엔딩은 오리지널.

요코야마 미츠테루 삼국지 2

SLG　엔젤　1993년 12월 29일　9,800엔　12M

애니메이션 '요코야마 미츠테루 삼국지'가 소재인 시뮬레이션 게임. 중국 전토를 지배하는 것이 목적. 시나리오는 '도원의 맹세', '군웅할거', '삼국시대' 3가지가 준비돼 있다. 술잔치나 야습 등 밤에만 할 수 있는 계략도 들어가 있다.

1994

이 해에 발매된 소프트 수는 총 370 타이틀로, 슈퍼 패미컴 시장 역대 최다 발매량을 기록한 해다. 1994년은 3DO를 시작으로 플레이스테이션·세가새턴이 발매되었고, 닌텐도 역시 울트라 64(후일의 닌텐도 64)의 개발을 발

표해, 게임업계 전체가 차세대 게임기 화제로 일거에 달아오른 해였다.

하지만 이 시점에서는 슈퍼 패미컴의 아성이 흔들릴 정도까진 아니어서, 「슈퍼 메트로이드」·「파이널 판타지 VI」·「MOTHER 2 : 기그의 역습」·

「카마이타치의 밤」 등의 다양성 넘치는 명작 타이틀들이 발매되는 등, 두터운 라인업은 타의 추종을 불허할 정도였다.

로큰롤 레이싱

RCG　남코　1994년 1월 3일　7,800엔　8M

아메리칸 록을 BGM으로 삼은 쿼터뷰 시점의 SF 레이싱 게임. 3가지 중 선택한 머신에 상대를 미끄러뜨리는 오

일이나 미사일 등을 탑재한다. 레이싱으로 번 상금으로 부품을 구입해 커스터마이즈하자.

트윈비 : 레인보우 벨 어드벤처

ACT　코나미　1994년 1월 7일　9,000엔　8M

시리즈 최초의 액션 게임. 트윈비, 윈비, 쿤비 중 하나를 조작하여 골인 지점으로 향한다. 이전 작들과 마찬가지

로 종으로 파워 업 가능하여, 종을 얻으면 고유 무기나 레이저 건을 장비하거나, 분신·배리어 등을 획득할 수 있다.

배틀토드 : 인 배틀매니악

ACT　메사이야　1994년 1월 7일　9,800엔　8M

신형 비디오 게임에서 뛰쳐나온 괴물에게 사로잡힌 미치코와 개구리 전사 지츠를 구하러 게임 세계로 뛰어 들어가는 벨

트스크롤 액션 게임. 스테이지 내에 여러 함정이 설치돼 있어, 퍼즐을 풀며 잡혀간 사람들을 구출하는 게 목적이다.

월드클래스 럭비 2 : 국내격투편 '93

SPT　미사와엔터테인먼트　1994년 1월 7일　9,300엔　8M

사회인 및 대학 럭비 팀이 소재인 스포츠 게임. 각각 8팀씩 총 16개 팀이 실명으로 등장한다. 에디트로 팀

을 만들 수도 있다. 게임 모드는 'JAPAN CUP', 'LEAGUE', 'FRIENDLY' 3가지가 준비되어 있다.

슈퍼 핀볼 비하인드 더 마스크

TBL　멜닥　1994년 1월 8일　9,800엔　8M

리얼함으로 승부하는 핀볼 게임. 시각적으로 잘 계산된 아름다운 그래픽에, 부자연스러움이 없는 볼 움직임과 높

은 퀄리티로 무장하고 있다. 숨겨진 스코어가 다수 존재해, 이를 찾아내는 것도 꽤 즐거운 작품이다.

필승 777 파이터 파치슬로 용궁전설

SLG　바프　1994년 1월 14일　9,500엔　8M

악의 화신을 퇴치하는 RPG 느낌의 파치슬로 게임. 현재는 특수한 공략법(세트 타법 등)이 금지되는 시대이지

만, 당시에만 해도 세간에 떠돌던 공략법이 이 작품에선 그대로 적용 가능하고, 그 내용을 등장인물이 알려주기도 한다.

슈퍼 테트리스 2+봄블리스 한정판

PZL　BPS　1994년 1월 21일　8,500엔　8M

같은 타이틀명 작품의 업그레이드판이라 할 만한 퍼즐 게임. '컨테스트 모드'와 '퍼즐 모드'를 리뉴얼하고, 난이도도 크게 올렸다. 폭탄의 파괴가 상쾌한 봄블리스 역시 대전 스테이지가 5스테이지에서 30스테이지로 대폭 늘었다.

파이어 엠블렘 : 문장의 수수께끼

RPG　닌텐도　1994년 1월 21일　9,800엔(세금 포함)　24M

「파이어 엠블렘」 시리즈 3번째 작품에 해당하는 시뮬레이션 RPG. 패미컴의 시리즈 첫 작품 「암흑룡과 빛의 검」의 리메이크판과, 그 속편인 새 스토리 「영웅전쟁 편 ~문장의 수수께끼~」를 수록한 2부작 구성이다.

가이아 세이버 : 히어로 최대의 작전

슈퍼 패미컴 마우스 지원
RPG　반프레스토　1994년 1월 28일　9,800엔　12M

지온군과 쇼커의 두려움에 떠는 지구를 구하기 위해 건담, 가면라이더, 울트라맨이 힘을 합쳐 함께 싸우는 롤플레잉 게임. '인구'와 '환경'이란 패러미터가 있어, 어떻게 진행하느냐에 따라 증감하며 이에 따라 엔딩이 분기된다.

강철의 기사 2 : 사막의 롬멜 군단

슈퍼 패미컴 마우스 지원
SLG　아스믹　1994년 1월 28일　12,800엔　12M

북아프리카 전선이 무대인 시뮬레이션 게임. 등장 캐릭터를 만화가 마츠모토 레이지가 디자인한 것으로 유명. 독일군의 롬멜 장군 지휘 하에서 전차대를 지휘해 싸운다. 적 전차를 격파하면 능력치가 오르는 등의 성장 요소가 있다.

더 그레이트 배틀 외전 2 : 축제다 얼쑤

ACT　반프레스토　1994년 1월 28일　9,500엔　10M

'컴퍼티 히어로' 시리즈 외전으로 등장한 액션 게임. 가면라이더와 울트라맨이 축제 옷을 입고 등장한다. '컴퍼티 월드 축제'를 지배하려 하는 페스티벌 대제와의 싸움을 그린다. 전체적으로 시끌벅적한 축제 분위기가 나는 작품.

더 닌자워리어즈 어게인

ACT　타이토　1994년 1월 28일　9,300엔　12M

가로 3화면 본체의 아케이드판으로 등장한 같은 이름의 작품을, 그래픽 등을 대폭 파워 업시켜 이식한 작품. 사용 가능한 캐릭터가 3종류로 늘고, 새로운 기술도 추가되었다. 파워 게이지도 추가되어, MAX 시 화려한 기술을 쓸 수 있다.

바스타드!! : 암흑의 파괴신

ACT　코브라 팀　1994년 1월 28일　9,800엔　12M

같은 이름의 만화가 소재인 대전 액션 게임. 사용 가능 캐릭터는 6명. 하늘을 나는 등으로 3D 공간을 자유롭게 이동하며 싸운다. 마법의 발동을 '스펠 사인'이라는 이름의, R 버튼을 누른 상태에서 다른 버튼을 누르는 커맨드 입력으로 표현했다.

브레인 로드

RPG　에닉스　1994년 1월 28일　9,600엔　12M

'용의 전사' 일족의 마지막 후예인 레미르가 주인공인 액션 롤플레잉 게임. 던전에는 다양한 함정이나 장치가 산재해 있어, 동료의 도움을 받으며 9종류의 요정과 함께 수수께끼를 풀며 공략해간다. 퍼즐 요소가 강한 작품이다.

마신전생

RPG　아틀라스　1994년 1월 28일　9,800엔　12M

슈퍼 패미컴
마우스 지원

「여신전생」의 파생작 시리즈 첫 작품. 악마소환 프로그램을 인스톨한 소년이 악마와의 싸움에 도전하는 전 59화의 턴제 시뮬레이션 RPG다. 「여신전생」처럼 악마를 교섭해 동료로 만들거나, 악마합체로 강화시키는 것도 가능.

이토 하타스 6단의 쇼기 도장

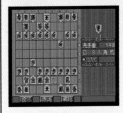

TBL　애스크　1994년 2월 4일　9,600엔　8M

슈퍼 패미컴
마우스 지원

쇼기계에서 유명한 박보장기 애호가 이토 하타스가 감수한 쇼기 게임. 감수자 본인이 작성한 총 365문제의 박보장기를 10~6급, 5~1급, 초단 이상의 3단계로 나눠 수록했다. 컴퓨터, 대인전 등 일반적인 대국 모드도 준비돼 있다.

올리비아의 미스터리

PZL　알트론　1994년 2월 4일　9,800엔　12M

슈퍼 패미컴
마우스 지원

조각 안의 움직이는 그림을 간파하며 완성시키는 직소 퍼즐 게임. 그림은 스토리와 연관돼 있어, 완성시키면 물 부족에 시달리는 세계를 모험하는 청년의 기상천외한 이야기가 된다. 퍼즐 클리어 타임에 따라 엔딩이 3가지로 분기.

슈퍼 파이어 프로레슬링 3 : 이지 타입

ACT　휴먼　1994년 2월 4일　9,700엔　8M

3편의 개량판. 레슬러 에디트 등의 일부 내용을 삭제하고, 기술의 입력 타이밍에 여유가 있도록 설정을 변경하여 즐기기 쉽도록 개선했다. 원작에선 숨겨졌던 레슬러가 전부 개방되어, 처음부터 모든 레슬러를 사용할 수 있다.

울펜슈타인 3D : THE CLAW OF EISENFAUST

STG　이매지니어　1994년 2월 10일　9,800엔　8M

슈퍼 패미컴
마우스 지원

서양에서 인기가 많았던 PC 게임의 이식작으로, 유사 3D FPS다. 실시간 조작으로 적을 쓰러뜨리면서, 총 30에어리어의 던전을 탐색한다. 방향전환이 좀 느릿하지만, 적의 히트 판정이 느슨한 편이라 대충 쏴도 잘 맞는다.

슈퍼 즈간 : 하코텐 성에서 온 초대장

TBL　일렉트로닉 아츠 빅터　1994년 2월 11일　8,800엔　8M

카타야마 마사유키의 마작 만화가 소재인 작품. 치는 버릇과 성격을 재현한 원작 등장 캐릭터 12명과 대국할 수 있다. 4인대국 마작을 하는 '프리 대국'뿐만 아니라, 어드벤처 게임 풍 모드 '하코텐 성에서 온 초대장'도 수록했다.

소드 매니악

ACT　도시바 EMI　1994년 2월 11일　8,800엔　8M

근미래를 무대로, A급 살인허가증과 마검을 지닌 형사가 적과 사투를 펼치는 액션 게임. 기본적으로는 횡스크롤 액션이지만, 보스전에서는 대전격투 풍 화면으로 대결한다. 주인공과 보스 캐릭터를 사용하는 대전 모드도 수록했다.

탑 매니지먼트 II

SLG　코에이　1994년 2월 11일　14,800엔　12M

PC용으로 발매되어 패미컴으로도 이식되었던 경영 시뮬레이션 게임의 속편. 플레이어가 PC 회사 사장이 되어, 사업계획 달성을 목표로 라이벌 회사와의 개발판매 경쟁에 매진하는 내용이다. 수록 시나리오는 총 6가지.

론머 맨

ACT 코코너츠 재팬 1994년 2월 11일 11,000엔 8M

같은 이름의 SF 영화(일본엔 '버추얼 워즈'란 제목으로 개봉)가 소재인 액션 게임. 현실세계 '리얼리티 존'과 가상세계 '버추얼 존'을 오가며 싸우는 스토리로, 각각의 세계를 횡스크롤 화면과 1인칭 유사 3D 화면으로 표현했다.

비왕전 : 마물들과의 맹세

슈퍼 패미컴
마우스지원

SLG 울프 팀 1994년 2월 11일 11,800엔 12M

망국의 왕자가 훗날 피로 물든 왕 '비왕'이라 불리기까지의 여정을 그린 시뮬레이션 게임. 석상의 봉인을 풀고 마물을 동료로 삼아, 지시를 내리며 시간을 보내 행동을 지켜보는 시스템으로, PC에서 이식되면서 조작성이 개량되었다.

가루라왕

ACT 에픽소니레코드 1994년 2월 18일 8,900엔 8M

인도 신화가 소재인 액션 게임. 마족의 왕에 대항하기 위해 각 스테이지에서 수업을 쌓는다는 설정으로, 중간부터는 스테이지를 임의 순서로 선택 가능. 마인이 나오는 항아리나 분신능력자 등 다채로운 보스·스테이지로 구성돼 있다.

더비 스탤리언 II

SLG 아스키 1994년 2월 18일 12,800엔 12M

번식용 종마 1마리와 1,500만 엔을 바탕으로 전 GI 제패를 노리는 경주마 육성 시뮬레이션 게임. 각종 조교와 레이스 승리로 말의 능력을 향상시켜, 다음 대 말의 능력과 자금력을 끌어올린다. 가정용으로는 최초로 브리더즈 컵을 탑재.

싸워라 원시인 3 : 주인공은 역시 JOE & MAC

ACT 데이터 이스트 1994년 2월 18일 8,500엔 8M

첫 작품의 주인공을 다시 조작 캐릭터로 채용한 작품. 씨를 뱉어 공격하거나, 공룡 등에 올라타며 전진한다. 결혼 이벤트나 쇼핑 시스템, 공룡 등에 타고 이동하는 액션 등 유니크한 요소가 가득 담겨 있다.

데저트 파이터 : 모래폭풍 작전

STG 세타 1994년 2월 18일 9,800엔 8M

걸프전쟁 중의 사막이 무대인 슈팅 게임. A-10과 F-15를 적절히 사용해 레이더 파괴 등의 각 미션 달성을 노린다. 전과에 따라 뉴스 내용이나 엔딩이 바뀌는 멀티 엔딩 방식이 채용되었다.

우주소년 아톰

ACT 반프레스토 / 자무스 1994년 2월 18일 9,000엔 10M

같은 이름의 만화가 소재인 액션 게임. 에너지를 모아 하늘을 나는 액션과 펀치로 유적과 우주정거장에서 일어나는 여러 사건을 해결한다. 한 화 단위로 완결되는 스토리 구조로, 각 화 시작 전과 클리어 후에 비주얼 데모가 나온다.

우주 레이스 아스트로 고고

RCG 멜닥 1994년 2월 25일 9,800엔 8M

7개 행성을 도는 사이키델릭 색조 SF 레이싱 게임. 한 바퀴 돌 때마다 입수하는 스톤을 쓰면 배리어를 펼치거나 가속이 가능하다. 기체를 핀볼 범퍼처럼 튕겨내는 설치물이나 코스에 구멍을 내는 스위치 등, 코스 내 장치가 풍부하다.

HARDWARE / 1990 / 1991 / 1992 / 1993 / 1994 / 1995 / 1996 / 1997 / 1998 / 1999 / 2000 / INDEX

HARDWARE
1990
1991
1992
1993
1994
1995
1996
1997
1998
1999
2000
INDEX

사이보그 009

ACT　벡　1994년 2월 25일　8,800엔　8M

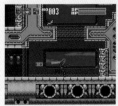

이시노모리 쇼타로의 같은 이름의 만화를 게임화했다. 8명의 사이보그 전사로 5종의 미션에 도전하는 횡스크롤 액션 게임. 각자 2가지씩의 초능력을 가진 멤버를 한 미션 내에서 3명까지 선택해 분담 사용하며 공략하게 된다.

길거리 농구소년 쇼우

SPT　비아이　1994년 2월 25일　9,000엔　8M

'주간 소년 점프'에 연재되었던 같은 이름의 만화의 게임판. 시스템은 하프 코트에서 행하는 3 on 3로, 게임 모드는 스트리트 컵과 VS 모드 2종류를 준비했다. 스트리트 컵에서는 주인공 팀이 스트리트 챔프에 이르기까지를 따라간다.

종합격투기 애스트럴 바우트 2 : THE TOTAL FIGHTERS

ACT　킹 레코드　1994년 2월 25일　9,700엔　12M

일본에 종합격투기를 널리 알린 단체 '링스'를 모델로 삼은 대전 격투 게임. 그래플링 위주의 '애스트럴 스텝'과 타격기 위주의 '메가배틀'이 준비돼 있고, 양쪽 모두 클리어하면 종합격투기 '배틀 디멘션'이 개방되는 시스템이다.

대항해시대 II

SLG　코에이　1994년 2월 25일　11,800엔　16M

시뮬레이션과 RPG를 융합시킨 리코에이션 게임 시리즈 작품 중 하나. 이번 작품에선 제각기 다른 목적이 있는 주인공 6명 중 하나를 골라, '교역 명성'·'해적 명성'·'모험 명성' 3종류의 명성을 높여가야 한다.

T2 : 더 아케이드 게임

슈퍼 패미컴 마우스 지원
슈퍼 스코프 지원

STG　어클레임 재팬　1994년 2월 25일　8,900엔　8M

아케이드용 건 슈팅 게임의 이식작. 영화의 스토리를 따라가며, 적으로 나타나는 터미네이터 T1000을 물리치는 게 목적이다. 슈퍼 스코프 지원 게임이므로, 아케이드와 똑같은 플레이 방법으로 즐길 수 있다.

파치슬로 랜드 : 파치파치 코인의 전설

SLG　카롯체리아 재팬　1994년 2월 25일　9,800엔　4M

5개를 모으면 어떤 소원이든 들어준다는 '파치파치 코인'을 두 남녀가 찾아나서는 파치슬로 게임. 홀 안에서 대박 기계를 찾아, 메달을 벌거나 고배율 설정 기계를 찾아주는 안경을 사용해 홀을 공략하여 두 사람의 소원을 이뤄주자.

라모스 루이의 월드 와이드 사커

SPT　팩 인 비디오　1994년 2월 25일　9,500엔　8M

축구선수 라모스 루이가 감수하고 실명으로도 등장하는 축구 게임. 시합은 볼을 가진 선수와 동일한 3D 시점으로 진행되며, 상대 팀이 볼을 빼앗으면 화면이 180도 회전한다. 세계 32개국과 J리그 32개 팀을 쓸 수 있다.

포춘 스트리트 2 : 네온사인은 장밋빛으로

TBL　에닉스　1994년 2월 26일　9,800엔　12M

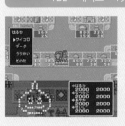

자신의 가게에 멈춘 상대에게서 돈을 받아가며, 자산이 제일 많은 사람이 승리하는 보드 게임. 증자하면 받는 금액도 늘어나, 그룹이 되어갈수록 성장세도 빨라진다. 주식 요소도 있어, 잘 버는 듯한 상대에게 편승하는 것도 재미있다.

STG 슈팅 게임　ACT 액션 게임　PZL 퍼즐 게임　RPG 롤플레잉 게임　SLG 시뮬레이션 게임　SPT 스포츠 게임　RCG 레이싱 게임　AVG 어드벤처 게임　ETC 교육·기타　TBL 보드 게임

슈퍼 우승후보 GI 제패
SLG　일본물산　1994년 2월 28일　9,800엔　12M

경마가 소재인 시뮬레이션 게임. 2,000만 엔의 자금과 말 한 마리를 바탕으로 G1 레이스 제패를 노려야 한다. 마권을 사서 자금을 벌 수도 있다. 패밀리 컴퓨터판에 있었던 '우승마 예상' 모드는 이번에도 들어가 있다.

가부키 록스
RPG　아틀라스　1994년 3월 4일　9,800엔　12M

에도시대 느낌의 세계관에서 가부키를 어필하는 롤플레잉 게임. 악행을 일삼는 쇼군 텐사이를 물리치러 여행을 떠난다. 전투 신은 가부키 무대 위로 표현되고, 적이 쓰러지면 쌈짓돈이 날아드는 등, 가부키다운 연출이 재미있는 작품.

더 킹 오브 드래곤즈
ACT　캡콤　1994년 3월 4일　9,800엔　16M

판타지 세계가 무대인 벨트스크롤 액션 게임. 2인 협력 플레이가 가능하니, 캐릭터의 특기를 살려 검과 활, 마법을 적재적소에 사용하며 각 스테이지 보스를 물리치면서 전진하자. 성 안의 해골은 꽤나 끈질기다.

지코 사커
SLG　일렉트로닉 아츠 빅터　1994년 3월 4일　9,800엔　8M

당시 가시마 앤틀러즈 팀의 감독이던 지코가 감수한 축구 게임. 기존의 축구 게임과 달리, 감독 시점에서 시합을 진행하는 작품이다. 선수 개개인에게 커서를 사용해 지시를 내려야 하므로, 슈퍼 패미컴 마우스를 지원한다.

슈퍼 패미스타 3
SPT　남코　1994년 3월 4일　8,800엔　8M

인기 야구게임 시리즈 제 3탄. 각 선수 데이터는 94년 개막 시점 기준으로 채용하여, FA 제도로 이적한 선수는 새로 간 팀에 소속된다. 이번 작품부터 배터리 백업 기능이 탑재되었고, 실제 프로야구답게 '리그전' 모드가 추가되었다.

슈퍼 루프스
PZL　이매지니어　1994년 3월 4일　8,900엔　4M

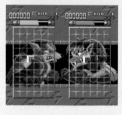

계속 출현하는 조각을 연결해 고리를 만드는 퍼즐 게임. 복잡한 루프일수록 고득점이다. 스테이지당 고리를 10개 만드는 '아케이드', 끝없이 고리를 만드는 '스탠더드', 2인 대전인 '챌린지', 완성도와 똑같은 고리를 만드는 '퍼즐'이 있다.

기동전사 V건담
ACT　반다이　1994년 3월 11일　9,800엔　12M

같은 이름의 애니메이션이 원작인 횡스크롤 액션 게임. 스토리는 TV 애니메이션판을 따라 진행된다. 빔 사벨을 맞대고 겨루는 도중에 커맨드를 입력하면 특수한 기술이 발동된다. 스테이지 도중엔 '비주얼 스토리'라는 데모도 삽입된다.

갤럭시 로보
SLG　이매지니어　1994년 3월 11일　9,800엔　12M

행성간 전쟁이 테마인 시뮬레이션 게임. 댐이나 사막 등의 다채로운 맵을 무대로 로봇 병기를 조작해 전투한다. 도적단에 납치당한 소꿉친구 소녀 슈아나를 구출하기 위해 도적단을 뒤쫓지만, 더 큰 전쟁에 휘말려버리고 만다.

참(斬) III 스피리츠

SLG 니혼 텔레네트/울프팀 1994년 3월 11일 12,800엔 12M

전국시대가 무대인 시뮬레이션 게임. 플레이어는 무장이 되어 내정과 군정을 행하여, 최대 3대에 걸쳐 지반을 계승하며 천하 제패를 노린다. 1,200명에 달하는 무장이 등장하며, 오리지널 무장까지도 작성 가능하다.

실황 파워풀 프로야구 '94

SPT 코나미 1994년 3월 11일 9,000엔 16M

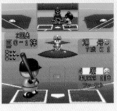

이후에도 이어지는 인기 시리즈 제1탄으로, '초대 파워프로'로 불린다. 야구 게임에 고저차 개념과 변화구 구질, 선수의 개성을 끌어내는 특수능력 등 다양한 요소를 도입해 혁신작이 되었다. 실제 야구에 가까운 감각으로 플레이 가능.

대단한 헤베레케

ACT 선 소프트 1994년 3월 11일 8,900엔 10M

「헤베레케」 시리즈 3번째 작품이자 첫 대전격투 액션 게임. 움직이는 상 등 여러 장치가 있는 네모난 필드 위에서 '헤베'들이 싸운다. 멀티 탭을 사용하면 최대 4명까지 대전도 가능. 스토리 모드는 캐릭터마다 엔딩이 준비돼 있다.

퍼스트 퀸 : 오르닉 전기

SLG 컬처 브레인 1994년 3월 11일 9,800엔 8M

PC용 리얼타임 시뮬레이션 게임의 이식판. 대량의 부하들이 주인공과 동료 뒤를 졸졸 따라 걷거나 적을 둘러싸고 때리는 일명 '복작복작 캐릭터 시스템'이 특징이다. 거리가 벌어진 부하는 행방불명되거나 적의 감옥에 갇히니 주의.

리설 인포서즈

STG 코나미 1994년 3월 11일 9,800엔 8M

아케이드에 거의 손색없이 이식된 실사 스캔 그래픽 건 슈팅 게임. 5종의 미션으로 흉악범들과 싸우는 내용으로, 화면 내에 출현하는 민간인·경찰을 쏘거나 적에게 맞으면 라이프가 감소한다. 소프트에 전용 건 컨트롤러가 동봉되었다.

아침밥 전에 야옹이

슈퍼 패미컴 마우스지원

PZL 반프레스토/자무스 1994년 3월 18일 8,800엔 8M

고양이를 말로 삼는 오델로 게임. 고양이가 습성을 발휘해 멋대로 이동해버리거나, 가위바위보 풍 배틀에서 이기면 상대 칸을 빼앗는 등, 평범한 오델로와는 다른 개성이 있다. 여러 스테이지에서 싸우는 1인용 모드와 대전 모드를 수록.

아이 오브 더 비홀더

Advanced Dungeons & Dragons

슈퍼 패미컴 마우스지원

RPG 캡콤 1994년 3월 18일 12,800엔 8M

테이블 토크 RPG '어드밴스드 던전즈 & 드래곤즈'가 소재인 PC 게임의 이식판으로, 리얼타임 3D 던전 RPG다. 먼저 인간, 엘프, 드워프, 놈, 하플링 중에서 종족을 선택해 캐릭터를 작성한 후, 던전을 탐험한다.

이데아의 날

RPG 쇼에이시스템 1994년 3월 18일 9,700엔 16M

만화가 아이하라 코지가 제작총지휘를 맡아 개발한 RPG. 폐허가 된 지구를 무대로, 과거 실험체였던 초능력자가 여고생, 씨름꾼 등과 함께 폐허 상태의 지구를 모험하는 내용으로, 코미디 풍이면서도 의미심장한 스토리가 전개된다.

114 STG 슈팅게임 ACT 액션게임 PZL 퍼즐게임 RPG 롤플레잉게임 SLG 시뮬레이션게임 SPT 스포츠게임 RCG 레이싱게임 AVG 어드벤처게임 ETC 교육·기타 TBL 보드게임

갬블러 자기중심파 2 : 드라본 퀘스트
TBL 팩 인 비디오 1994년 3월 18일 8,900엔 8M

카타야마 마사유키의 만화를 모티브로 한 마작 게임. 부제인 '드라본 퀘스트'는 이 게임의 스토리 모드를 지칭하며, 중세 판타지 세계가 무대인 RPG 풍 전개다. 자유롭게 상대를 고르는 프리 대전 모드도 수록했다.

금붕어 주의보! : 날아라! 게임학교
ETC 잘레코 1994년 3월 18일 9,800엔 16M

인기 소녀만화가 소재인 미니게임 모음집. 미니게임으로 수업하는 학교에 3년간 다니며 각 교과목과 학년에 대응되는 미니게임을 플레이해 좋은 성적으로 졸업을 노린다. 미니게임의 장르는 퍼즐과 슈팅, 액션 등 실로 다채롭다.

사이드 포켓
TBL 데이터 이스트 1994년 3월 18일 8,500엔 8M

1~2명이 즐길 수 있는 당구 게임. 같은 이름의 아케이드 게임의 메가 드라이브판과 내용은 거의 동일하지만, 그래픽 품질은 이쪽이 더 뛰어나다. 전통적인 나인볼 외에, 당구대 위의 술잔을 피하는 트릭 게임도 플레이 가능하다.

J리그 슈퍼 사커
SPT 허드슨 1994년 3월 18일 9,500엔 12M

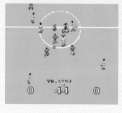

허드슨이 제작한 축구 게임 시리즈 첫 작품. 당시 최신 데이터를 반영한 12개 팀이 등장한다. 같은 장르의 타작에 비해 선수의 발이 빠른 편이라, 시합 상황이 쉴 새 없이 급변한다. 플레이 도중의 시점은 톱·사이드·플랫 중 선택 가능.

진 여신전생 II
RPG 아틀라스 1994년 3월 18일 9,990엔 16M

「진 여신전생」 시리즈 2번째 작품. 황폐해졌지만 과학이 발전한 근미래 도쿄가 무대로서, 가상현실을 이용한 안전한 레벨 올리기 시설도 존재한다. 시스템 면에선 재료가 된 악마의 마법을 계승하는 시스템을 새로 도입한 것이 특징.

슈퍼 인생게임
TBL 타카라 1994년 3월 18일 9,800엔 12M

대인기 보드 게임 '인생게임'을 게임화했다. 유치원에서 시작해 입학, 졸업, 취직, 결혼 등 1,000종류 이상의 이벤트가 준비되어 있고, 최대 4명까지 동시 플레이 가능하다. 만화가 아오야마 고쇼가 캐릭터 디자인을 담당했다.

슈퍼 나그자트 오픈 : 골프로 승부다, 도라봇짱
SPT 나그자트 1994년 3월 18일 9,500엔 8M

나그자트의 마스코트 캐릭터 '도라봇짱'과 그 친구들이 등장하는 골프 게임. 매 홀마다 무작위로 입수 가능한 카드를 사용하면, 볼이 홀 안으로 유도되는 등 카드 종류에 따른 특수한 샷을 칠 수 있게 된다.

소닉 블래스트 맨 II
ACT 타이토 1994년 3월 18일 8,500엔 12M

소닉 블래스트 맨이 주인공인 벨트스크롤 액션 게임 제 2탄. 플레이어블 캐릭터로 소니아와 캡틴 쵸이어가 추가되어 2인 동시 플레이가 가능해졌다. 던져질 때 낙법도 쓸 수 있게 되는 등, 스피디한 게임을 즐길 수 있다.

더비 자키 : 기수왕으로 가는 길

SLG　아스믹　1994년 3월 18일　9,800엔　8M

경마 기수가 되어 G1 제패를 노리는 시뮬레이션 게임. 기수학교 졸업시험에서 합격하면 지역과 훈련소를 골라 프로 기수로 데뷔할 수 있다. 말의 스태미나와 주행습성을 파악하면서 레이스에서 활약해, 중상경주에 도전하자.

독립전쟁 : Liberty or Death

SLG　코에이　1994년 3월 18일　11,800엔　16M

미국의 독립전쟁이 소재인 역사 시뮬레이션 게임. 플레이어는 미국군 최고사령관 조지 워싱턴 혹은 영국군 최고사령관 토머스 게이지를 선택해 독립전쟁에 참전하여 상대 정규군 전멸을 목표로 한다.

슈퍼 메트로이드

ACT　닌텐도　1994년 3월 19일　9,800엔　24M

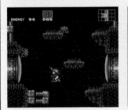

다양한 장비를 구사하여 수수께끼를 풀어나가는 탐색형 액션 게임 「메트로이드」 시리즈의 신작. 샷을 충전하는 액션이나 와이어 액션, 대시 등이 추가되어 액션 요소가 한층 더 파워 업했다.

꼬마 너구리 라스칼

PZL　메사이야　1994년 3월 25일　8,900엔　8M

같은 이름의 애니메이션을 소재로 한 퍼즐 게임. 다람쥐가 가져다주는, 과일이나 사탕 등이 든 6종류의 유리병을 가로 혹은 세로로 3개 이상 같은 종류로 맞추면 사라진다. 병을 옮기는 라스칼이 귀엽지만, 난이도가 높으니 방심은 금물.

케로케로케로피의 모험일기 : 잠 오는 숲의 케로린

RPG　캐릭터 소프트　1994년 3월 25일　6,980엔　4M

'케로케로케로피' 외에도 '헬로키티'나 '모두의 타보' 등 산리오의 캐릭터들이 다수 등장하는 롤플레잉 게임. 납치당한 케로린을 구하기 위해 모험한다. 아이들도 즐길 수 있는 간단하고 알기 쉬운 시스템의 게임이다.

검용전설 YAIBA

RPG　반프레스토　1994년 3월 25일　9,800엔　12M

같은 이름의 만화를 액션 RPG화. 주인공 야이바가 할 수 있는 3가지 행동인 베기·던지기·차기를 잘 구사해야 한다. 적을 물리쳐 돈과 경험치를 얻고, 레벨을 올려 필살기를 얻어내자. 2P는 오리지널 캐릭터 용신 '라이'를 사용 가능.

더 블루 크리스탈 로드

AVG　남코　1994년 3월 25일　9,800엔　16M

「드루아가의 탑」, 「이시타의 부활」에 이은 '바빌로니안 캐슬 사가' 시리즈의 3번째 에피소드로, 드루아가의 탑에서 탈출한 '길'이 블루 크리스탈 로드를 천상계에 되돌려놓으러 가는 어드벤처 게임이다.

섀도우런

RPG　데이터 이스트　1994년 3월 25일　9,800엔　10M

고대의 마법이 되살아난 근미래 미국이 무대인 롤플레잉 게임. 살해당한 주인공 제이크가 시체안치소에서 부활하면서 게임이 시작된다. 기계를 직접 신체에 접합해 사용하는 등, 사이버펑크 팬이라면 호기심이 생길 작품이다.

STG 슈팅 게임　ACT 액션 게임　PZL 퍼즐 게임　RPG 롤플레잉 게임　SLG 시뮬레이션 게임　SPT 스포츠 게임　RCG 레이싱 게임　AVG 어드벤처 게임　ETC 교육·기타　TBL 보드 게임

슈퍼 오목 : 렌쥬

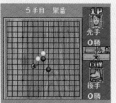

슈퍼 패미컴 마우스 지원

TBL 나그자트 1994년 3월 25일 8,800엔 4M

가로·세로·대각선 중 한 줄로 같은 색 바둑알 5개를 먼저 잇는 쪽이 승리하는 테이블 게임. 기본 오목 룰로는 선수에 필승법이 존재하므로, 경기에 알맞도록 룰을 규정한 것이 '렌쥬'이다. 렌쥬의 세부 룰은 '렌쥬 사전'에서 확인 가능.

슈퍼 트롤 아일랜드 : 행복을 주다

ACT 켐코 1994년 3월 25일 8,900엔 4M

불, 물, 흙, 바람 속성을 가진 트롤을 조작해 빼앗긴 트롤 아일랜드의 희망의 빛과 색을 되찾는 것이 목적. 트롤들은 제각기 점프력이 상당하거나 이동속도가 매우 빠르거나 하는 등 능력이 다르다. 적절히 사용하여 클리어해 보자.

슈퍼 하키 '94

SPT 요네자와 1994년 3월 25일 8,900엔 8M

아이스하키가 소재인 스포츠 게임. 빙판을 이동하는 감각 등을 훌륭히 재현해냈다. 플레이 도중 시점을 4종류로 전환 가능해, 캐릭터가 큼직하고 박력 있는 시점부터 링크 전체를 내려다보는 시점까지 상황에 맞춰 바꿀 수 있다.

슈퍼 리얼 마작 PIV

TBL 세타 1994년 3월 25일 9,800엔 16M

속임수 기술이 없는 마작 게임 「슈퍼 리얼 마작 PIV」의 슈퍼 패미컴판. '데이트 모드'와 '퍼즐 모드'가 준비돼 있다. 데이트 모드는 점수를 사용해 행선지를 고를 수 있다. 퍼즐 모드에선 만든 역에 따라 그림이 개방된다.

슈퍼로봇대전 EX

슈퍼 패미컴 마우스 지원

SLG 반프레스토 1994년 3월 25일 9,800엔 12M

「슈퍼로봇대전」 시리즈의 외전 격 타이틀. 「제3차」가 종결된 후 이세계 '라 기아스'에서 전개되는 이야기다. 반프레스토의 '마장기신 사이바스터'를 참전시킨 작품으로, 이 작품의 캐릭터가 스토리의 중심이 된다.

스페이스 인베이더 : The Original Game

STG 타이토 1994년 3월 25일 4,980엔 2M

흑백, 셀로판 등 원작 전성기 당시의 그래픽을 재현한 오리지널 모드에서는 밀어닥치는 인베이더들을 요격할 수 있고, 대전 모드가 추가되었다. 특정 인베이더를 격추시켜 상대를 방해할 수 있고, 먼저 전멸시키는 쪽이 승리한다.

스페이스 에이스

ACT 이매지니어 1994년 3월 25일 9,800엔 8M

같은 이름의 LD 게임을 바탕으로 제작한 액션 게임. 여자친구 킴벌리를 구출하고 지구를 구하는 게 목적. '실수=즉사'라는 LD 게임 특유의 빡빡함도 재현되어, 어떤 공격이든 맞으면 즉사한다. 죽을 때의 영상이 풍부한 것으로도 유명.

챔피언즈 월드클래스 사커

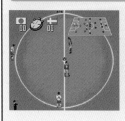

SPT 어클레임 재팬 1994년 3월 25일 8,900엔 8M

4년마다 개최되는 축구의 제전, 월드컵이 소재인 타이틀. 독일과 브라질을 포함한 총 32개국 중 하나를 골라 우승을 노린다. 게임 모드는 '토너먼트' 외에 '엑시비션', '2인 대전' 총 3가지 모드가 준비돼 있다.

HARDWARE
1990
1991
1992
1993
1994
1995
1996
1997
1998
1999
2000
INDEX

남국소년 파푸와 군

ACT　에닉스　1994년 3월 25일　8,800엔　8M

같은 이름의 만화가 원작인 오리지널 스토리의 액션 게임. 파푸와 섬 옆에 나타난 섬을 탐색하러 간 신타로 앞을 감마 단 단원들이 가로막는다. 스테이지 내에 다양한 장치가 가득하며, 원작에서 친숙한 녀석들의 협력을 받아 진행한다.

멜판드 스토리즈

ACT　아스키　1994년 3월 25일　9,800엔　12M

빼앗겨버린 나라를 되찾기 위해 싸우는 횡스크롤 액션 게임. 4명의 캐릭터 중 하나를 골라 싸운다. 2인 플레이 시엔 동시에 마법을 쓰면 강력한 합체마법이 나가게 된다. 루트 선택에 따라 스토리가 변화하기도 한다.

록맨즈 사커

SPT　캡콤　1994년 3월 25일　9,000엔　10M

「록맨」 시리즈의 캐릭터를 사용한 8 : 8 형식의 축구 게임. 패미컴판 1~4편과 「록맨 월드」 1편의 캐릭터가 등장한다. 게임 모드는 토너먼트와 리그전 등 4종류가 있다. 각 캐릭터마다 필살 슛도 마련돼 있다.

From TV animation SLAM DUNK 4강격돌!!

SLG　반다이　1994년 3월 26일　9,800엔　12M

인기 만화 '슬램덩크'의 게임화 작품 제 1탄으로, 시뮬레이션 게임 스타일이다. 실시간으로 진행되는 게임을 보면서 커맨드로 지시해가며 시합을 진행해 나간다. 커맨드를 넣는 타이밍이 시합의 승패를 좌우한다.

진 마작

슈퍼 패미컴
마우스 지원

TBL　코나미　1994년 3월 30일　9,000엔　4M

아이템과 속임수 기술 등의 요소가 일체 없는 본격파 마작 게임. 대국 상대로는 베토벤부터 신센구미의 히지카타 토시조까지 장르를 불문한 역사상 유명인물 32명이 등장한다. 룰은 표준 룰과 지방 룰로 나뉘며, 세세한 설정도 가능.

머슬 바머 : THE BODY EXPLOSION

ACT　캡콤　1994년 3월 30일　9,000엔　24M

만화가 하라 테츠오가 캐릭터 디자인을 담당한 프로레슬링 게임. 10명의 캐릭터가 사용 가능하며, 그중엔 「파이널 파이트」의 해거 시장도 포함되어 있다. '싱글 매치'와 '팀 배틀 로얄' 2가지 모드가 준비돼 있다.

앤드리 애거시 테니스

SPT　일본물산　1994년 3월 31일　8,800엔　4M

전 남자테니스 선수인 앤드리 커크 애거시가 감수한 테니스 게임. 프로와 아마 중 레벨을 선택해 '토너먼트', '액시비션' 양쪽 시합을 진행한다. '트레이닝'에서는 볼 머신과 대전 상대 중에서 골라 연습할 수 있다.

슈퍼 인디 챔프

RCG　포럼　1994년 4월 1일　9,200엔　8M

미국에서 인기 있는 레이스인 '인디 카'가 소재인 타이틀. 인디의 오벌 코스와 몬트레이 등 총 16개 코스가 수록돼 있다. 또한 TV 중계처럼 레이스를 즐길 수 있는 'WATCH' 모드도 탑재되어 있다.

STG 슈팅 게임　ACT 액션 게임　PZL 퍼즐 게임　RPG 롤플레잉 게임　SLG 시뮬레이션 게임　SPT 스포츠 게임　RCG 레이싱 게임　AVG 어드벤처 게임　ETC 교육·기타　TBL 보드 게임

파이널 판타지 VI

RPG　스퀘어　1994년 4월 2일　11,400엔　24M

슈퍼 패미컴 최후의 「파이널 판타지」. 전작까지의 검과 마법 위주의 왕도 판타지 세계에서 이미지를 크게 바꿔, 기계가 발달한 세계를 무대로 마법을 둘러싼 싸움을 그린다. 또한 메인 플레이어 캐릭터 14명 전원이 주인공으로서 각자의 배경까지 묘사된 장대한 볼륨의 스토리, 동료 모으기 이벤트의 순서나 유무까지도 플레이어의 진행에 철저히 맡기는 등의 높은 자유도도 큰 특징이다.

▲ 그래픽, 음악, 스토리 면에서 시리즈 전체 내에서도 특히 호평 받는 작품이다.

슈퍼 더블 역만

TBL　바프　1994년 4월 1일　9,000엔　8M

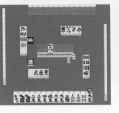

게임보이로 나온 「더블 역만」 시리즈의 슈퍼 패미컴판. 4인 대국 마작이 되었다. 타이틀 화면에서 A 버튼을 누르면 모드 선택이 가능. 모드는 '마작 하우스', '토너먼트', '도장 깨기' 3가지가 준비돼 있다.

항유기

슈퍼 패미컴
마우스지원

SLG　코에이　1994년 4월 6일　12,800엔　12M

PC-98에서 이식된, 초한전쟁이 소재인 역사 시뮬레이션 게임. 항우 혹은 유방이 되어 중국대륙 통일을 노린다. 다른 코에이 작품과 달리, 내정의 중요도가 낮고 군사에 중점을 둔 게임이다. 군사도 군단별로 지시하는 독특한 시스템이다.

NHL 프로 하키 '94

SPT　일렉트로닉 아츠 빅터　1994년 4월 8일　9,800엔　8M

북미 프로 아이스하키 리그가 소재인 스포츠 게임. NHL은 프로 하키 리그 중 최고봉으로 꼽히는 스포츠 리그다. 94년도 데이터를 기반으로 구성했으며, 등장하는 팀·선수는 모두 실명으로 등록되어 있다.

시엔 더 블레이드 체이서

슈퍼 패미컴
마우스지원

ACT　다이내믹 기획　1994년 4월 8일　9,600엔　16M

1인칭 시점으로 진행되는 액션 게임. 주인공 '시엔'은 납치당한 애인 '아스카'를 구하기 위해 홀로 적진으로 향한다. 시엔의 무기는 쿠나이와 수리검. 건 슈팅 스타일의 게임이므로, 슈퍼 패미컴 마우스로 즐기는 쪽이 진행하기 쉽다.

슈퍼 바둑 : 기왕

슈퍼 패미컴
마우스지원

TBL　나그자트　1994년 4월 8일　14,800엔　4M

명예기성 후지사와 히데유키가 감수한 일본기원 추천 본격 바둑 소프트. 기성전과 본인방전 등 실제 공식 타이틀이 등장해, 이를 획득하는 것이 목적이다. 일반적인 대국 외에 원하는 반면부터 시작하는 모드, 단위인정 모드도 탑재.

꿈의 미궁 인형옷 대모험

RPG　헥트　1994년 4월 15일　9,800엔　8M

귀여운 겉보기 그래픽과는 정반대로 난이도가 높은 3D 던전 롤플레잉 게임. 레벨 개념이 없고, 인형옷을 갈아입으면 강해진다. 게다가 인형옷끼리 합체시켜 더욱 강한 인형옷으로 파워 업시킬 수도 있다.

HARDWARE
1990
1991
1992
1993
1994
1995
1996
1997
1998
1999
2000
INDEX

핑크 팬더

ACT　알트론　1994년 4월 15일　9,500엔　8M

핑크 팬더를 소재로 한 액션 게임. 할리우드를 노리는 핑크 팬더를 클루조 경감이 방해해온다. 스테이지 1의 구성이 영화 '애들이 줄었어요'의 오마쥬인 등, 각 스테이지의 소재를 유명 영화에서 빌려와 디자인한 것이 특징이다.

VIVA! BLUES : 대결! 도쿄 사천왕

ACT　반다이　1994년 4월 15일　9,800엔　12M

'주간 소년 점프'에 연재된 만화 'VIVA! BLUES'를 대전격투화시킨 게임. 스토리 모드에서는 원작에서 친숙한 캐릭터들이 등장하고, 어드벤처 모드와 격투 파트로는 원작을 따라 스토리가 전개된다.

F-1 GRAND PRIX PARTⅢ

RCG　비디오 시스템　1994년 4월 22일　9,900엔　16M

91년부터 93년도까지의 데이터를 수록한 시리즈 3번째 작품. 수록돼 있는 드라이버 26명 중 하나를 골라 한 시즌간 달리는 '월드 그랑프리', 오리지널 팀을 만들어 F-1 그랑프리에 참전하는 '스토리' 2가지 모드가 준비돼 있다.

기동경찰 패트레이버

SLG　벡　1994년 4월 22일　9,800엔　12M

같은 이름의 만화가 소재인 리얼타임 시뮬레이션 게임. 다양한 사건을 해결하다가 '구스타프 프로젝트'라 불리는 계획에 휘말리게 된다. 잉그램은 전투를 거듭하며 성장하지만, 원작처럼 어떻게 조작했느냐에 따라 성장방향이 바뀐다.

꿈미궁 어드벤처 코튼 100%

STG　데이텀 폴리스타　1994년 4월 22일　9,300엔　16M

얼핏 귀여워 보이는 마법사 소녀가 주인공인 아케이드용 인기 슈팅 게임 「코튼」 시리즈 작품. 이번 작품에선 마법이 2종류 더 추가돼 5종류가 되어, 게임 시작 시 4가지 패턴 조합 중 하나를 골라 출발하게 된다.

슈퍼 파치슬로 마작

슈퍼 패미컴 마우스 지원

ETC　일본물산　1994년 4월 28일　9,500엔　8M

마작계 게임을 다수 제작한 일본물산 작품으로, 마작과 파치슬로 양쪽을 하나로 즐긴다는 컨셉의 전례가 없는 희귀작. 마작은 개성적인 라이벌 10명 이상이 등장하며 4인 대국 마작이 가능. 파치슬로대도 여러 기종을 즐길 수 있다.

슈퍼 봄버맨 2

ACT　허드슨　1994년 4월 28일　8,500엔　8M

우주정복을 계획하는 외계인이 만들어낸 '흉악 봄버맨 5인조'와 싸우는 노멀 모드에서는 스테이지 화면이 스크롤되어 넓어진데다 특수장치도 증가했다. 배틀 모드는 '싱글 매치'와 '태그매치'를 고를 수 있다.

다이너마이트 더 라스베가스

슈퍼 패미컴 마우스 지원

TBL　버진 게임　1994년 4월 28일　8,900엔　8M

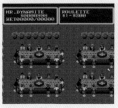

카지노를 장악한 흑막 조직 '센롱'에 도전하다 행방불명된 아버지의 정보를 얻기 위해 자신도 센롱에 도전하는 주인공 '브리트'의 이야기. '슬롯'과 '포커' 등 11종류의 게임이 준비돼 있어, 일정액을 벌면 다음 카지노로 진행 가능하다.

STG 슈팅게임　ACT 액션게임　PZL 퍼즐게임　RPG 롤플레잉게임　SLG 시뮬레이션게임　SPT 스포츠게임　RCG 레이싱게임　AVG 어드벤처게임　ETC 교육·기타　TBL 보드게임

포춘 퀘스트 : 주사위를 굴려라

TBL 반프레스토 / 자무스　1994년 4월 28일　9,800엔　8M

후카자와 미시오의 판타지 소설 '포춘 퀘스트'를 소재로 한 말판 놀이 게임. 퀘스트를 받아 기한 내에 달성하는 게 목적이다. 플레이어 역시 다양한 함정을 설치할 수 있어, 골인 직전에 멀찍이 날려지기도 하는 등 방심할 수가 없다.

바우와우 : 파푼 스매시!!

SPT 타카라　1994년 4월 28일　7,800엔　4M

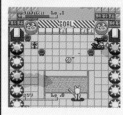

만화 '바우와우'를 소재로 삼은 스포츠 게임. 골 지점을 지키는 블록을 파괴해 골에 볼을 쳐넣는 것이 목적이다. 3점을 선취해야 승리. 맵의 선물 박스 등을 부수면 아이템이 등장해, 다양한 효과가 발휘된다.

란마 1/2 초기란무 편

ACT 토호 / 쇼가쿠칸프로덕션　1994년 4월 28일　9,980엔　20M

시리즈 3번째 작품인 대전격투 게임. 원작으로 친숙한 캐릭터 13명이 등장한다. 강·약 펀치와 킥 조작계로, 필살기·일반기에 캔슬을 걸 수 있는 등 당시의 다른 일반적인 격투 게임과 유사한 시스템의 게임이다.

웃어도 좋고말고! 타모림픽

ETC 아테나　1994년 4월 28일　9,500엔　8M

일본의 TV프로 '웃어도 좋고말고!'가 소재인 미니게임 모음집. 플레이어는 월요일 팀의 출연자가 되어 진행자 타모리 씨의 타모림픽 대상을 노린다. '알타 숲에 어서 오세요'와 '색소폰은 최고' 등의 미니게임이 총 19종류 수록.

NBA JAM

SPT 어클레임 재팬　1994년 4월 29일　9,800엔(세금포함)　16M

NBA 선수가 실명으로 등장하는 사이드뷰 2 on 2 농구 게임. 선수의 모션이 상당히 부드럽고, 덩크슛 등에선 다소 과장된 연출도 나온다. 기종별로 등장 선수가 다른 것도 특징이지만, 마이클 조던은 어느 기종에도 나오지 않는다.

신 열혈경파 : 쿠니오 일행의 만가

ACT 테크노스 재팬　1994년 4월 29일　9,800엔　16M

누명을 뒤집어쓰고 소년원에 수감돼 버린 쿠니오와 리키가, 무죄를 밝히기 위해 진범을 찾아 나서는 액션 게임. 교복으로 갈아입은 후엔 필살기도 쓸 수 있다. 스테이지가 총 60개로 장대한 구성이라, 패스워드 컨티뉴 기능도 탑재.

다크 킹덤

RPG 니혼 텔레네트　1994년 4월 29일　9,800엔　12M

자신의 마을을 멸망시킨 범인을 찾기 위해 마왕군의 일원이 되어 싸우는 롤플레잉 게임. 다양한 임무를 수행하다 용사와 싸우기도 하며 마을의 원수를 찾는다. 메인 스토리와는 직접 관련이 없는 이벤트가 풍부하게 준비된 것도 특징.

나이스 DE 샷

SPT 애스크　1994년 4월 29일　9,800엔　12M

토너먼트 형식의 골프 게임. 클래식 코스는 일반적인 9홀 코스로 구성되고, 월드 코스는 세계 각지를 모티브로 삼은 오리지널 18홀 코스로 구성돼 있다. 최대 4명까지 플레이 가능하고, 리플레이 기능도 들어가 있다.

HARDWARE | 1990 | 1991 | 1992 | 1993 | 1994 | 1995 | 1996 | 1997 | 1998 | 1999 | 2000 | INDEX

HARDWARE

1990
1991
1992
1993
1994
1995
1996
1997
1998
1999
2000
INDEX

J리그 익사이트 스테이지 '94

SPT 에포크 사 1994년 5월 1일 9,800엔 12M

클럽명과 선수명이 실명으로 등장하는 축구 게임. 경쾌한 조작성과, 필드에 선수를 자유롭게 배치할 수 있는 포메이션 시스템이 주요 특징이다. 게임 모드는 '프리시즌', '리그전', '올스타', 'PK', '트레이닝', '살롱' 6종류가 있다.

다테 키미코의 버추얼 테니스

 슈퍼 패미컴 마우스지원

SPT 비아이 1994년 5월 13일 9,000엔 8M

프로 테니스 선수인 다테 키미코가 감수한 테니스 게임. 3인칭 시점 게임으로, 선수의 움직임에 맞춰 화면이 입체적으로 이동한다. 게임 모드는 '엑시비션', '토너먼트', '월드 투어' 3종류가 준비되어 있다.

파치오 군 SPECIAL 2

SLG 코코너츠 재팬 1994년 5월 20일 9,980엔 8M

'파치오' 군의 아들은 파친코 별의 왕자인데, 플레이의 감이 떨어져 고민하다 가출해 버린다. 아들을 찾아 지구의 파친코 점포를 돌아다니는 파치오 군은 과연!? 게임 도중 파친코대에 관한 상급자용 퀴즈도 출제된다.

SD건담 GX

SLG 반다이 1994년 5월 27일 9,800엔 8M

92년에 발매된 「SD건담 X」의 속편. 기본 시스템에는 큰 변경점이 없지만, 보급 시스템 및 테크니컬 레벨을 도입해 전략성이 올라갔다. 카트리지에 특수 칩을 채용해 CPU의 사고시간도 대폭 단축됐다. 새로운 모빌슈츠도 추가.

우승마 예상 소프트 마권연금술

슈퍼 패미컴 마우스지원

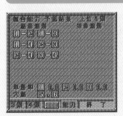

SLG KSS 1994년 5월 27일 6,900엔 4M

데이터 기반으로 경마의 우승마를 예상하는 소프트. 입력 가능한 데이터 항목수도 14항목으로 늘어, 과거 5년간 레이스타임 등의 데이터를 분석해 예상한다. 슈퍼 패미컴 마우스를 지원해, 항목이 늘어났음에도 입력이 쉬워졌다.

쿠니오의 어묵

PZL 테크노스 재팬 1994년 5월 27일 9,500엔 4M

어묵이 2개 한 묶음으로 떨어지는 낙하계 퍼즐. '뿌요뿌요'처럼 같은 종류의 어묵을 4개 붙이면 사라지는 '붙이기 룰', 가로·세로·대각선으로 3개를 배열시키면 사라지는 '직렬 룰' 2종류의 규칙이 준비돼 있다.

짱구는 못 말려 2 : 대마왕의 역습

ACT 반다이 1994년 5월 27일 9,500엔 4M

1993년 여름에 개봉한 영화 '짱구는 못 말려 : 액션가면 대 그래그래 마왕'의 속편이라는 스토리의 액션 게임. 다시 나타난 그래그래 마왕에게 사로잡힌 액션가면을 구출하기 위해 모험을 떠난다.

수도고 배틀 '94

 드리프트 킹 츠치야 케이이치 & 반도 마사아키

RCG BPS 1994년 5월 27일 9,800엔 12M

드리프트를 자주 거는 드라이빙으로 유명한 레이서 츠치야 케이이치와 레이싱 튜너로 이름을 날린 반도 마사아키가 감수한 레이싱 게임. 수도고속도로를 포함한 4종의 코스에서 튜닝을 건 차로 레이스를 펼쳐나간다.

슈퍼 배틀탱크 2

STG 팩 인 비디오 1994년 5월 27일 9,800엔 16M

M1A2 에이브람스 전차를 조작해 적을 물리치는 조종석 시점의 슈팅 게임. 전작과 마찬가지로 중동 지역이 무대로서, 독재자 하자드 장군을 쓰러뜨리기 위해 최대한 많은 적을 파괴하는 것이 목적이다. 이번 작품에선 헬기도 적으로 등장한다.

파이터즈 히스토리

ACT 데이터 이스트 1994년 5월 27일 9,800엔 20M

데이터 이스트다운 스타일의 인기 아케이드 대전격투 게임 이식작. 각 캐릭터는 머리띠 등의 약점이 있어, 약점을 여러 번 공격당하면 기절한다. 사실 이 작품의 주인공은 싸움꾼 고교생 미조구치가 아니라, 의외로 경찰 레이.

와일드트랙스

RCG 닌텐도 1994년 6월 4일 9,800엔 8M

폴리곤을 사용한 3D CG로 제작된 레이싱 게임. FX 칩을 탑재한 소프트로는 2번째 작품이다. '4WD', 'COUPE', 'F-TYPE'으로 SPEED TRAX의 마스터 클래스를 클리어하면 '2WD' 차량이 개방되어, 4종류의 차량으로 레이스할 수 있다.

서러브레드 브리더 II

SLG 헥트 1994년 6월 8일 12,800엔 16M

오너 브리더가 되어 1964년부터 1993년까지의 중앙경마 30년 역사를 체험할 수 있는 시뮬레이션 게임. 명확한 목표가 없고, 30년을 어떻게 보낼지 플레이어가 직접 결정하는 게임이다. 씨수말과 씨암말, 라이벌 말 등은 모두 실명으로 등장.

나이츠 오브 더 라운드

ACT 캡콤 1994년 6월 10일 9,500엔 12M

아케이드에서 이식된 벨트스크롤 액션 게임. 아서 왕, 랜슬롯, 퍼시벌 중에서 골라 플레이한다. 적을 물리치거나 아이템을 주우면 점수를 얻으며, 일정 점수가 모이면 레벨업하여 외모도 호화스러워진다.

파플 메일

RPG 니혼팔콤 1994년 6월 10일 8,800엔 8M

바운티 헌터인 '메일'과 마법사 '타트', 괴수 '가우'가 함께 모험하는 사이드뷰 액션 롤플레잉 게임. PC판 원작을 리메이크하여, 몸통박치기 공격에서 검을 휘두르는 공격과 상단 찌르기, 방패 방어 등으로 액션이 강화되었다.

유☆유☆백서 2 : 격투의 장

ACT 남코 1994년 6월 10일 9,600엔 16M

암흑무술대회 편까지 등장했던 인기 캐릭터 10명과 숨겨진 커맨드로 등장하는 4명을 더해 총 14명의 캐릭터를 사용 가능한 대전격투 게임. 캐릭터도 큼직하게 그려졌고, 필살기도 애니메이션처럼 화려하게 묘사했다.

울티마 외전 : 흑기사의 음모

RPG 일렉트로닉 아츠 빅터 1994년 6월 17일 9,800엔 8M

인기 RPG 「울티마」 시리즈 중 한 작품으로, 게임보이판 「울티마 : 잃어버린 룬 2」를 슈퍼 패미컴으로 이식한 작품. 던전을 탐색해 수수께끼를 풀어가는 퍼즐 요소가 가득 담긴 액션 롤플레잉 게임이다.

HARDWARE
1990
1991
1992
1993
1994
1995
1996
1997
1998
1999
2000
INDEX

HARDWARE

1990
1991
1992
1993
1994
1995
1996
1997
1998
1999
2000

INDEX

SD 비룡의 권

ACT 컬처 브레인 1994년 6월 17일 9,800엔 16M

시리즈의 특징인 '심안 시스템'이 폐지되어, 한층 일반적인 스타일의 격투 게임이 되었다. 사이드 스텝, 배후로 돌기, 가드 상태에서 슈퍼 테크닉, 슈퍼 디펜스 등의 반격기를 사용할 수 있다.

기기괴계 츠키요소시

ACT 나츠메 1994년 6월 17일 9,500엔 12M

나츠메가 개발한 슈퍼 패미컴용 「기기괴계」 2번째 작품. 동료 캐릭터가 옵션화되어 공격 및 합체 특수 액션이 가능해졌다. 튜토리얼 스테이지도 준비돼 있고, 난이도도 전작에 비해 낮은 편이다.

슈퍼 쇼기 2

슈퍼패미컴 마우스지원

TBL 아이맥스 1994년 6월 17일 8,800엔 12M

본격 쇼기 소프트 제 2탄. CPU의 사고 및 설정을 미조정하는 등 전작을 다수 개량했다. 이번 작품에선 일반 대국 외에 쇼기 순위 모드와, 47도도부현 대표가 되어 일본 제일을 노리는 토너먼트 모드가 준비되었다. 마우스 조작도 지원.

슈퍼 포메이션 사커 94 : 월드컵 에디션

SPT 휴먼 1994년 6월 17일 9,800엔 8M

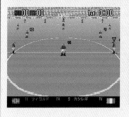

인기 축구 게임 제 3탄. 일본 등 총 24개국 팀으로 플레이할 수 있다. 일본 팀으로 월드컵을 노리는 예선 모드를 비롯해, 토너먼트와 리그전 등이 가능하다. 선수 이름을 자유롭게 변경 가능한 네임 엔트리도 준비돼 있다.

슈퍼 4WD : The BAJA

RCG 일본물산 1994년 6월 17일 8,800엔 8M

매년 11월에 개최되는 실제 레이스 '바하 1000'가 모델인 게임. 멕시코의 바하칼리포르니아 주를 무대로 총 8스테이지를 돌파한다. 각 스테이지별로 타임을 겨뤄 통합해 가장 빠른 차가 우승한다. 프로 레이서의 조언도 받을 수 있다.

FIFA 인터내셔널 사커

SPT 빅터 엔터테인먼트 1994년 6월 17일 9,980엔 8M

월드컵을 주최하는 FIFA(국제축구연맹)가 공인한 축구 게임. 쿼터뷰 시점이라 리얼한 플레이를 즐길 수 있다. 멀티 탭을 이용하면 5인 대전 플레이나 전원이 협력하는 CPU 전도 가능하다. 게임 모드는 4가지가 준비돼 있다.

스라소니 법지의 대모험

ACT 팩 인 비디오 1994년 6월 17일 9,800엔 16M

북미에서 인기 있었던 액션 게임의 일본어화 작품. 우주인에게 빼앗긴 털실 공을 되찾는 게 목적이다. 「슈퍼 마리오」의 액션성과 「소닉 더 헤지혹」의 스피드감을 겸비한 액션 게임이다.

월드컵 스트라이커

SPT 코코너츠 재팬 1994년 6월 17일 9,980엔 8M

전 베르디 가와사키 감독이자 축구해설자인 마츠키 야스타로가 감수한 축구 게임. 일본을 시작으로 독일, 이탈리아, 브라질 등 32개국을 사용할 수 있다. 게임 모드는 '월드컵', '오픈전', '트레이닝' 3가지가 준비돼 있다.

STG 슈팅 게임 ACT 액션 게임 PZL 퍼즐 게임 RPG 롤플레잉 게임 SLG 시뮬레이션 게임 SPT 스포츠 게임 RCG 레이싱 게임 AVG 어드벤처 게임 ETC 교육·기타 TBL 보드 게임

지그재그 캣 : 타조 클럽도 대소동이다

TBL　DEN'Z　1994년 6월 24일　9,500엔　12M

SOS 요청을 받아 레인보우 별 임금님의 적 '타고'를 물리치기 위해 모험하는 스토리. 블록 격파 풍 게임으로, 장

애물 '타고 스톤'을 파괴하며 보스에게로 향한다. 코미디언 트리오 '타조 클럽'과 콜라보했지만, 이들은 스토리와는 무관.

쥬라기 공원

슈퍼 패미컴
마우스 지원

ACT　잘레코　1994년 6월 24일　9,800엔　16M

같은 이름의 공룡 영화를 게임화했다. 주인공 그랜트 박사를 조작해 쥬라기 공원 시설에서 탈출한다는 내용이다.

필드에서는 탑뷰, 건물 내에서는 1인칭 시점으로 전환된다. 출현하는 공룡은 장비한 전기총으로 쓰러뜨릴 수도 있다.

슈퍼 도그파이트

STG　팩 인 비디오　1994년 6월 24일　9,800엔　16M

미 해군 전투기 F-14를 조작하는 플라이트 시뮬레이터 풍 슈팅. 중동을 무대로 하달되는 미션을 클리어한다. 충실

한 레이더 기능을 활용해 적을 조기 발견하는 게 포인트. 등장 무기는 모두 실존하는 것들. 착함 장면도 리얼하다.

슈퍼 빌리어드 : CHAMPIONSHIP POOL

TBL　이매지니어　1994년 6월 24일　9,800엔　8M

본격 실전 당구를 즐기는 심플한 게임. 나인볼과 원 포켓 등 11종류의 당구를 즐길 수 있다. 옵션에서는 공의

회전수 등 세세한 조정도 가능하다. 8명까지 참가할 수 있는 파티 모드 등, 4가지 모드를 준비했다.

슬레이어즈

RPG　반프레스토　1994년 6월 24일　9,800엔　12M

후지미 판타지아 문고의 라이트노벨을 게임화했다. 원작자 칸자카 하지메가 시나리오를, 원작 일러스트의 아라이즈

미 루이가 비주얼을 맡아 작품의 맛을 그대로 재현. 심플한 시스템의 RPG로, 원작 인기 캐릭터도 파티에 넣을 수 있다.

루니 튠즈 벅스 바니 엉망진창 대모험

ACT　선 소프트　1994년 6월 24일　9,200엔　12M

벅스 바니를 애니메이션에서 지워버리려 하는 애니메이터를 물리치기 위해 총 10개 스테이지를 진행하는 액션

게임. 원작 애니메이션의 다양한 장면에서 영감을 받은 구성이라, 벅스 바니 팬이라면 씩 웃게 될 장면도 많이 들어있다.

슈퍼 스트리트 파이터 II : The New Challengers

ACT　캡콤　1994년 6월 25일　10,900엔　32M

잘 알려진 「스트리트 파이터 II」 시리즈에 신 캐릭터 및 스테이지가 추가되었다. 신규 참전 캐릭터는 뮤지션

'디제이'와 권법가 '페이롱' 등. 기존 캐릭터들도 새 기본기가 추가되었고, 춘리가 특히 더 강화되었다.

전일본 프로레슬링 파이트다 퐁!

ACT　메사이야　1994년 6월 25일　9,800엔　8M

전일본 프로레슬링 선수들이 SD 캐릭터로 등장하는 프로레슬링 시뮬레이션. 시합은 카드 배틀 스타일로, 선수의

인기 기술도 재현된다. 준비된 6종의 시나리오는 말판놀이 형식으로 진행되며, 5개 클리어하면 최후의 하나가 개방되는 식.

HARDWARE
1990
1991
1992
1993
1994
1995
1996
1997
1998
1999
2000
INDEX

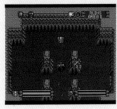 

브랜디시
RPG 코에이 1994년 6월 25일 10,800엔 12M

PC 게임의 이식작. 주인공 아레스가 거대한 던전에서 탈출하기 위해 출구를 찾아나가는 액션 RPG다. 시간이 리얼타임으로 흐르므로, 어물어물하다간 바로 몬스터에게 공격당한다. 오토 매핑 기능을 이용해 수상한 장소를 조사해보자.

태권도
ACT 휴먼 1994년 6월 28일 8,900엔 8M

박력 있는 발차기 기술이 매력적인 격투기, 태권도를 게임화했다. 자신만의 선수를 에디트할 수도 있어, 멋진 기술로 무장하는 등 자기 취향대로 선수를 만들 수 있다. 휴먼 게임 특유의 '파박!' 타격음도 기분 좋다.

유진의 나풀나풀 걸즈
TBL POW 1994년 7월 1일 8,900엔 8M

만화가 유진이 캐릭터 디자인을 맡은 말판놀이 풍 보드 게임. 천상계의 학교에 다니는 소녀들이 최우수 성적자 '나풀나풀 걸' 자리를 걸고 다툰다. 멈춘 칸에 따라 이벤트나 가위바위보 배틀이 벌어지며, 돈을 가장 많이 번 소녀가 승리한다.

월드 히어로즈 2
ACT 자우루스 1994년 7월 1일 9,980엔 24M

역사상의 유명인물들을 모티브로 한 캐릭터들이 등장하는 대전격투 액션 시리즈 2번째 작품. 머드맨과 캡틴 키드 등 8명이 새로이 참전했다. 도구 날리기 기술의 '팅겨내기'와, 던지기를 반격하는 '되던지기'라는 신 시스템도 도입.

슬랩스틱
RPG 에닉스 1994년 7월 8일 9,600엔 12M

발명가 지망생이 자작한 로봇으로 악의 조직에 도전한다는 독특한 RPG. 책이나 마을 사람들의 고민을 힌트 삼아 발명 아이디어를 얻으면, 로봇 제작뿐 아니라 프로그램(능력치 분배), 아이템 제작·합성 등 여러 일이 가능하다.

 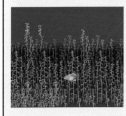 

낚시돌이
ACT 팩 인 비디오 1994년 7월 8일 9,800엔 8M

어떤 병도 낫게 해 준다는 전설의 대어를 찾는 소년이 주인공인 낚시 RPG. 대어가 있는 곳에 가려면 험난한 길을 넘어설 수 있는 '도보력'이 필요하므로, 특정 물고기를 낚아 '도보력'을 늘려 행동범위를 넓혀야 한다.

테트리스 플래시
PZL BPS 1994년 7월 8일 8,000엔 8M

적색·청색·황색 3색을 가로나 세로로 3개 이상 맞추면 블록이 사라진다. '플래시 블록'을 없애면 필드 안에 처음부터 설치돼 있는 같은 색의 '고정 블록'이 사라지며, 모든 '플래시 블록'을 없애면 클리어된다.

드라키의 A리그 사커
SPT 이매지니어 줌 1994년 7월 8일 9,800엔 12M

동물 야구계의 정상에 오른 드라키가, 이번에는 동물 축구에 도전. 같은 동물끼리 모인 4개 팀으로 정상을 다툰다. 공중전이 특기인 토끼 팀이나 지면 아래로 파고들어 전진하는 두더지 팀 등, 팀마다 특수한 능력이 있다.

HARDWARE 1990 1991 1992 1993 1994 1995 1996 1997 1998 1999 2000 INDEX

미녀와 야수

ACT 허드슨 1994년 7월 8일 8,500엔 8M

디즈니의 애니메이션 영화를 게임화한 액션 게임. 원작의 스토리대로 전개되며, 벨과 야수의 눈싸움이나 댄스신도 있고, 극중 유명 곡이 사용되기도 하는 등 재현도가 높다. 하지만 난이도가 높아 클리어하려면 상당한 실력이 필요하다.

가부키쵸 리치마작 동풍전

TBL 포니 캐년 1994년 7월 15일 8,800엔 4M

슈퍼 패미컴 마우스 지원

 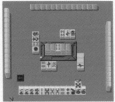 

10만 엔을 밑천으로 돈을 벌어, 가부키쵸 내 모든 마작장의 소유권을 갖는 것이 목적인 마작 게임. 날짜와 시간 개념이 있어, 가부키쵸를 묘사한 RPG 풍 이동 맵 상에서는 특정 날짜에만 일어나는 이벤트도 존재한다.

키퍼

PZL 데이텀 폴리스타 1994년 7월 15일 7,200엔 4M

화석으로부터 샘물을 지키는 퍼즐 게임. 빈 칸에 출현하는 화석을 움직여, 색이나 무늬가 가로나 세로로 3개 이상 맞으면 사라지는 규칙이다. 무제한으로 푸는 모드와 박보장기식 퍼즐인 1인용 모드, 협력·대전 가능한 2인용 모드가 있다.

산사라 나가 2

RPG 빅터 엔터테인먼트 1994년 7월 15일 9,800엔 12M

영화감독 오시이 마모루 등, 화려한 멤버가 모여 개발한 RPG 시리즈 2번째 작품. 반역자가 된 소녀를 쫓아, 주인공이 동료인 용을 기르며 8층짜리 세계를 여행한다. 의미심장한 스토리와 3마리 용을 육성하는 시스템 등, 개성이 강한 작품.

정글 북

ACT 버진 게임 1994년 7월 15일 9,800엔 16M

디즈니 애니메이션 영화 기반의 액션 게임. 바나나 투척과 점프를 구사하며 정글을 이동해, 호랑이 '시어 칸'을 물리치는 게 목적이다. 늑대가 길러낸 소년 '모글리'의 경쾌한 액션을 부드럽게 그려낸 애니메이션과 그래픽이 볼거리.

슈퍼 F1 서커스 3

RCG 일본물산 1994년 7월 15일 9,900엔 16M

PC 엔진의 「F1 서커스」에서 이어지는 시리즈 작품. 플레이어는 F1 드라이버 중 한 명이 되어, 연간 16전 8시즌을 거쳐나간다. 사이드미러가 추가되어, 화면 좌우의 윈도우로 후방을 확인할 수 있게 되었다.

소드 월드 SFC 2 : 고대의 거인 전설

RPG T&E 소프트 1994년 7월 15일 9,800엔 16M

전작의 무대인 알레크라스트 대륙 동서를 잇는 '자유인의 가도'를 여행한다. 전작과 달리 시나리오가 거의 외길 진행이며, 2종류로 분기되는 멀티 엔딩이 있다. 이식작이었던 전작과는 달리 신규 오리지널 스토리 작품이다.

파치슬로 연구

SLG 마호 1994년 7월 15일 9,500엔 4M

파치슬로 4호기 초기 기종과 미발매 기기를 시뮬레이션으로 재현한 파치슬로 소프트. 설정을 변경하고 슬럼프 그래프를 보면서 파치슬로대의 기복을 연구할 수 있다. 보통은 보기 힘든 '리치'도 이 소프트로 내볼 수 있다.

HARDWARE
1990
1991
1992
1993
1994
1995
1996
1997
1998
1999
2000
INDEX

배틀 ZEQUE 전

ACT　아스믹　1994년 7월 15일　9,800엔　12M

세계 붕괴를 저지하기 위해 불교에서 말하는 '수미산'으로 향하는 횡스크롤 액션 게임. 밸런스 형인 '루후', 파워 형인 '하무스'. 테크닉 형인 '카이루'의 세 소녀 중 하나를 골라 플레이한다. 발동이 늦지만 강력한 커맨드 기술도 있다.

미소녀 전사 세일러문 S

:이번엔 퍼즐로 용서하지 않겠어!　슈퍼 패미컴 마우스 지원

PZL　반다이　1994년 7월 15일　6,800엔　4M

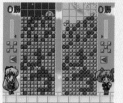

같은 이름의 애니메이션이 모티브인 대전 퍼즐 게임. 이른바 「사메가메」에 낙하형 퍼즐을 결합한 롤로, 블록으로 상대 필드를 가득 채우거나 자신의 필드를 먼저 완전 클리어하면 승리다. 필살기를 쓰면 일격에 승부가 나기도 한다.

구피와 맥스 : 해적섬의 대모험

ACT　캡콤　1994년 7월 22일　7,800엔　4M

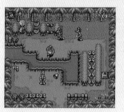

구피와 맥스가 납치당한 친구들을 구하러 해적섬을 모험하는 탑뷰 형태의 액션 게임. 파워 형인 구피, 혹은 스피드 형인 맥스를 선택해 다양한 함정과 퍼즐을 풀어나간다. 2인 동시 플레이도 가능.

직소 파~티~

슈퍼 패미컴 마우스 지원

PZL　호리 전기　1994년 7월 22일　8,200엔　8M

화면 내에 조각들을 배치해가며 완성시키는 직소 퍼즐. 상대보다 먼저 퍼즐 3장을 완성시키면 승리한다. 게임은 대전 형식으로, 아이템을 사용해 상대를 방해할 수도 있다. 난이도는 EASY, NORMAL, HARD 3종류가 준비돼 있다.

제로욘 챔프 RR

RCG　미디어 링　1994년 7월 22일　8,800엔　16M

실존하는 차량을 베이스로 튜업을 실시해 400m 거리를 겨루는 레이싱 게임. 전작인 PC엔진판에서 주인공을 리뉴얼하고, 무대도 일본이 되었다. 멀티 탭 사용으로 4명까지 동시 플레이가 가능하고, 퍼즐과 마작 등의 미니게임도 충실하다.

초 원인

ACT　허드슨　1994년 7월 22일　9,980엔　12M

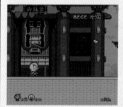

PC엔진을 대표하는 액션 게임이 슈퍼 패미컴으로 등장했다. 박치기가 무기인 원인을 조작해, 악의 공룡 킹 타마고돈 Ⅲ세를 물리치러 가자. 원인은 고기를 먹으면 파워 업하고, 특정 색깔의 사탕을 먹으면 몸 크기가 바뀌기도 한다.

파이프로 여자 올스타 드림슬램

ACT　휴먼　1994년 7월 22일　9,500엔　16M

인기 프로레슬링 게임의 여자 프로판. 전일본 여자 프로레슬링이 협력한 해당 소속 선수 18명 외에 가명 선수 6명도 등장한다. 코스튬과 등장 데이터뿐 아니라 고유 기술도 실제대로 재현. 기술을 거는 타이밍은 2종류 중 선택 가능하다.

프로 마작 키와미 Ⅱ

TBL　아테나　1994년 7월 22일　9,800엔　4M

본격적인 4인 대국 마작을 즐길 수 있는 시리즈 제2탄. 일본프로마작연맹과 일본마작최고위전을 비롯해 101개 단체가 추천한 타이틀이다. 전작의 12명에 더해 4명의 신규 프로 작사와 대전 가능하다. 게임 모드는 노멀과 챌린지 등 5개.

슈퍼 울트라 베이스볼 2

SPT　컬처 브레인　1994년 7월 28일　9,800엔　4M

마구와 비밀타법을 쓸 수 있는 야구 게임의 슈퍼 패미컴 제 2탄. 전작의 시스템을 계승해, 초인적인 플레이를 즐길 수 있다. 페넌트 리그는 서니 리그와 파라다이스 리그 중 하나를 골라서 진행하고, 이를 우승할 경우 챔피언 시리즈를 플레이할 수 있다.

아랑전설 SPECIAL

ACT　타카라　1994년 7월 29일　10,900엔　32M

아케이드에서 히트한 같은 이름 작품의 이식판. 기존 캐릭터 11명에, 추가로 보스 캐릭터 4명을 쓸 수 있게 되었고 비기로 「용호의 권」의 료 사카자키도 쓸 수 있다. 또한 각 캐릭터마다 초필살기가 있고, 연속기를 쓰기가 쉬워졌다.

코시엔 3

SPT　마호　1994년 7월 29일　9,800엔　12M

인기 야구게임 제 3탄. 전국 4,072개교 중에서 하나를 골라, 코시엔에서 개최되는 여름 전국고교야구선수권 우승을 노린다. '근성 배팅'과 '근성 피칭' 시스템이 새로 채용돼, 승부해야 할 시점에선 본 실력 이상의 힘을 발휘할 수도 있다.

슈퍼!! 파친코

SLG　아이맥스　1994년 7월 29일　9,800엔　8M

2개월 안에 얼마나 벌 수 있을까? 플레이어가 단기간의 파친코 프로 생활을 체험하는 파친코 게임. 군자금을 바탕으로 가재도구를 모아 30종류에 달하는 실존 기종을 게임 안에서 즐긴다. 수익을 내려면 반면의 침을 읽는 능력과 인내력이 중요.

슈퍼 니치부츠 마작 3 : 요시모토 극장 편

TBL　일본물산　1994년 7월 29일　10,800엔　16M

하자마 칸페이와 지미 오오니시 등의 요시모토 흥업 소속 코미디언 14명이 등장하는 마작 게임. 2~4명의 참가인수 조절 외에 세세한 룰도 설정 가능. 게임 모드는 프리 대전, 마작 요시모토 극장, 요시모토 마작대회, 마작입문 강좌가 있다.

줄의 꿈 모험

ACT　인포콤　1994년 7월 29일　8,800엔　8M

영국산 게임을 현지화한 횡스크롤 액션 게임. 츄파춥스와 제휴하여, 과자의 세계를 돌아다니게 된다. 마리오와 소닉을 목표로 만들어진 듯해, 스피드감 넘치는 상쾌한 액션으로 완성되었다.

천사의 시 : 하얀 날개의 기도

RPG　니혼 텔레네트　1994년 7월 29일　9,980엔　12M

PC엔진에서 시작된 시리즈 작품의 완결편에 해당하는 롤플레잉 게임. 정령어와 마법어를 습득해 두면 전투 시 몬스터와 교섭할 수 있어 아이템을 구입하거나 경험치도 받는 등, 전투 일변도가 아닌 시스템이 큰 특징이다.

파치슬로 이야기 : 유니버설 스페셜

SLG　KSS　1994년 7월 29일　9,800엔　8M

파치슬로 업계의 원로 메이커인 유니버설 관련 명기와, 이 작품에만 수록된 오리지널 기종 몇 종류를 즐길 수 있는 파치슬로 시뮬레이션 게임. '컨티'란 애칭으로 친숙한 '컨티넨탈' 시리즈 등도 있는, 슬롯 팬 대망의 작품.

해트트릭 히어로 2

SPT　타이토　1994년 7월 29일　8,900엔　8M

아케이드로 시작된 축구 게임 시리즈 2번째 작품. 게이지를 소비하는 '하이퍼 슛'과 '슈퍼 대시' 등의 커맨드 입력 기술 덕에 상쾌한 진행이 가능하다. PK는 대전만 되지만, '월드 리그' 등의 4가지 모드가 모두 2인 협력·대전이 가능한 것도 매력.

로드 러너 Twin : 저스티와 리버티의 대모험

ACT　T&E 소프트　1994년 7월 29일　8,800엔　8M

퍼즐 액션의 금자탑 「로드 러너」가 팝 스타일 그래픽으로 등장했다. 동화적 느낌의 세계를 무대로, 마법사 남매가 파괴된 상의 파편을 주워 모은다. 상하 2분할 화면으로 2인 협력 및 대전 플레이도 지원한다. 게임 모드는 총 4가지.

월드컵 USA 94

SPT　선 소프트　1994년 7월 29일　9,800엔　12M

1994년 FIFA 월드컵이 소재인 축구 게임. 일본은 '도하의 비극'이라 불린 시합에서 예선 패배를 했지만, 게임 내에선 다른 7개국과 함께 출장하므로 실제 출장국을 대신해 A~F 블록을 재편성할 수 있다.

슈퍼 파워 리그 2

SPT　허드슨　1994년 8월 3일　9,800엔　16M

일본 TBS 방송 및 아나운서와 제휴한 야구 게임. 전작에도 있었던 시합 후의 스포츠 뉴스에 더해 시합 중 실황 보이스도 추가되어, 마츠시타 켄지 아나운서의 음성이 승부욕을 돋워준다. 선수 등신도 높은 편이라 리얼한 느낌의 작품.

움직이는 그림 Ver.2.0 아롤

슈퍼 패미컴 마우스지원
PZL　알트론　1994년 8월 5일　9,800엔　8M

조각 위 그림이 움직이는 퍼즐 게임 「올리비아의 미스터리」(110p)의 속편. 이번 작품도 응답시간에 따라 엔딩이 분기되는 시스템이다. 퍼즐 개시 전에 완성도가 나오도록 바뀌었고 그림 퀄리티도 올라가, 플레이 감각이 크게 향상되었다.

귀신강림전 ONI

RPG　반프레스토　1994년 8월 5일　9,800엔　12M

게임보이로 나와 유저들의 고평가를 받았던 「ONI」 시리즈의 신작. 가마쿠라 시대가 무대인 RPG로, 전투 시 공격이나 회복을 무작위로 해주는 조력자 캐릭터 시스템을 추가했다. '천하오검'을 입수하면 강력한 모습으로 변모 가능.

J리그 사커 프라임 골 2

SPT　남코　1994년 8월 5일　8,800엔　12M

전작과 마찬가지로 모든 팀과 선수는 실명으로 등장한다. 참가 팀은 쥬빌로 이와타와 벨마레 히라츠카 두 팀이 늘어 총 12개 팀이 되었다. 전작의 리프팅 게임이 없어지고 PK 모드와 올스타전이 추가되었다.

제노사이드 2

ACT　켐코　1994년 8월 5일　9,800엔　16M

일본 PC인 X68000용 게임으로 발매된 횡스크롤 액션의 이식판. 플레이어는 '트레이서'에 탑승하여, 공격원호 무기 '베티'와 함께 앞을 가로막는 적들을 베어 쓰러뜨리는 경쾌한 액션 게임이다.

STG 슈팅 게임　ACT 액션 게임　PZL 퍼즐 게임　RPG 롤플레잉 게임　SLG 시뮬레이션 게임　SPT 스포츠 게임　RCG 레이싱 게임　AVG 어드벤처 게임　ETC 교육·기타　TBL 보드 게임

슈~퍼~ 닌자 군

ACT 잘레코 1994년 8월 5일 7,900엔 8M

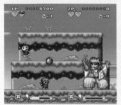

UPL의 아케이드 게임 「닌자 군」 2작품의 속편격인 총 8스테이지의 액션 게임. 버튼을 누르는 시간에 따라 높이가 달라지는 점프, 수리검과 분신을 활용해 싸운다. 각 스테이지의 보스를 물리치면 새로운 무기와 인술을 쓸 수 있다.

슈퍼 고교야구 : 일구입혼

SPT 아이맥스 1994년 8월 5일 9,800엔 8M

고교 야구부 감독이 되어, 학생 선수들을 성장시키며 대회 우승을 노리는 야구 게임. 대회는 봄·여름 중 하나를 선택할 수 있다. 옵션에서 모드를 '리얼'에서 '시뮬레이션'으로 바꾸면 매 투구 때마다 선수에게 사인을 보낼 수 있다.

슈퍼 화투

TBL 아이맥스 1994년 8월 5일 8,800엔 4M

일본의 전통 게임 화투(하나후다)의 TV 게임판. 일본의 화투 게임 중 가장 대중적인 '코이코이'를 적 캐릭터 8명을 상대로 치게 된다. 목적은 월 1회 열리는 토너먼트로 연간 종합 우승하는 것. 프리 대전과 토너먼트 2종류로 플레이한다.

핀볼 핀볼

TBL 코코너츠 재팬 1994년 8월 5일 9,980엔 8M

PC 게임을 이식한 핀볼 게임. 원작의 핀볼 8대 중 4대를 수록하여, 우주가 모티브인 'IGNITION', 서부극 풍의 'Steel Wheel', 록 풍의 'BEAT BOX', 서양 호러 느낌의 'Nightmare'를 즐길 수 있다.

마법 포이포이 포잇토!

PZL 타카라 1994년 8월 5일 8,800엔 8M

마법으로 공격하는 1~2인용 낙하계 퍼즐 게임. 블록을 가로·세로·대각선으로 3개 이상 맞추면 사라지는 흔한 룰이지만, 화면 오른쪽의 몬스터를 마법으로 공격하는 '몬스터 모드'와 적의 공격이 NEXT에도 영향을 주는 시스템은 보기 드문 요소.

신일본 프로레슬링'94 배틀필드 iN 도쿄 돔

ACT 바리에 1994년 8월 12일 11,800엔 20M

신일본 프로레슬링 공인과 사카구치 세이지 선수의 감수를 받은 프로레슬링 게임. 실존 선수가 입장곡과 퍼포먼스까지 재현되어 등장한다. 타이틀대로의 ''94 BATTLE FIELD IN 도쿄 돔'을 포함해 4가지 모드로 즐길 수 있다.

슈퍼 궁극 아슬아슬 스타디움 2

SPT 타이토 1994년 8월 12일 9,500엔 12M

일본 프로야구가 소재인 「아슬아슬」 시리즈 신작. 투구 시스템은 구종을 고르는 게 아니라 일단 공을 던지고 좌우로 조작하여 휘는 방식이다. 전작의 '프랙티스'가 없어지고 '올스타'가 추가됐으며, 난투 온오프 설정이 가능해진 게 특징.

슈퍼 삼국지

슈퍼 패미컴 마우스 지원

SLG 코에이 1994년 8월 12일 9,800엔 8M

PC에서 인기를 얻었던 역사 시뮬레이션 게임의 이식판. 6개 시나리오가 준비되어, 선호하는 군주로 중국 통일을 노린다. 일기토 애니메이션이 추가되고 인물의 얼굴 그래픽이 화려해지는 등, 연출과 비주얼이 강화되었다.

HARDWARE
1990
1991
1992
1993
1994
1995
1996
1997
1998
1999
2000
INDEX

슈퍼 파이널 매치 테니스

SPT | 휴먼 | 1994년 8월 12일 | 8,900엔 | 8M

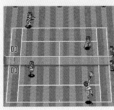

91년에 PC엔진으로 발매된 「파이널 매치 테니스」의 리뉴얼판. 코트는 그래스, 하드, 클레이 3종류를 준비했다. 옵션에서는 자신에게 맞는 라켓을 설정 가능해, 상황에 따라 교체도 할 수 있다. 선수는 총 28명이 등장한다.

플린스톤 : 트레저 오브 시에라 매드락

ACT | 타이토 | 1994년 8월 12일 | 8,500엔 | 8M

프레드와 바니가 전설의 보물 '시에라 매드락'을 찾아 모험을 떠나는 액션 게임. 주사위를 굴려 맵을 이동하고, 멈춘 칸에 따라 5종류의 미니게임이 발생한다. 아내 윌마와 베티에게 잡히면 시작지점으로 되돌아가게 된다.

뽀빠이 : 심술쟁이 마녀 시해그 편

TBL | 테크노스재팬 | 1994년 8월 12일 | 9,500엔 | 12M

마녀 '시해그'가 돌로 만들어버린 올리브와 친구들을 구하기 위해서는, 5개 섬에 흩어져있는 하트를 모으러 가야 한다. 말판놀이 스타일의 필드 맵과 액션 스테이지로 구성된 이색적인 작품.

레밍스 2 : 더 트라이브스

슈퍼 패미컴 마우스지원

PZL | 선 소프트 | 1994년 8월 12일 | 9,980엔 | 16M

전진밖에 모르는 레밍스에게 적절히 명령해가며 골까지 인도하는 퍼즐 게임 제 2탄. 명령이 전작의 8종류에서 48종류로 대폭 늘었다. 이번 작품의 목적은 섬에서 탈출하는 것으로, 열두 부족 전원을 구출하는 게 궁극적인 목표다.

와일드 건즈

STG | 나츠메 | 1994년 8월 12일 | 9,200엔 | 8M

조준점을 조작하는 건 게임 요소와, 좌우 이동 및 점프로 적탄을 피하는 액션 게임 요소가 일체화된 액션 슈팅 게임. 서부극에 SF 메카닉이 융합된 독특한 세계관이 매력이다. 2인 동시 플레이도 가능하다.

필승 777 파이터 II : 파치슬로 비밀정보

SLG | 바프 | 1994년 8월 19일 | 9,500엔 | 4M

'파치슬로 용궁전설'에 이은 제 2탄. 플레이어가 악의 조직을 물리치기 위해 파치슬로로 돈을 벌며 진행하는 롤플레잉 게임 풍 슬롯 게임. 공략지를 편의점에서 입수할 수 있고, 도중 경과를 카운터에서 발행하는 패스워드로 기록도 가능하다.

마작 오공 : 천축

TBL | 샤누아르 | 1994년 8월 19일 | 9,800엔 | 4M

서유기의 캐릭터가 등장하는 마작 게임. 아이템이나 사기 기술이 일절 없는 진지한 소프트다. 최초에 손오공 등에서 하나를 골라 플레이한다. 6개 나라를 돌며 마작 명인이 되는 게 목적. 프리 대전에선 18명의 캐릭터와 대전 가능.

애플시드 : 프로메테우스의 신탁

ACT | 비지트 | 1994년 8월 26일 | 9,800엔 | 16M

만화가 시로 마사무네가 그린 미완의 명작을 게임화. 화학병기와 생물병기 사용으로 황폐화된 지구를 무대로 주인공 일행이 활약하는 횡스크롤 액션이다. 스테이지는 듀난 혹은 브리아레오스를 골라 플레이한다. 비주얼 신도 있다.

캠퍼스 용병

ACT 컬처 브레인 1994년 8월 26일 10,800엔 20M

'주간 점프'에서 연재되었던 인기 만화와 애니메이션의 게임화. 원작의 오사카 편을 충실하게 재현한 내용이다. 게임은 '스토리', '근성', '맞짱', '단체전' 중에서 선택할 수 있다. 캐릭터는 쌍둥이와 파워 업한 주인공을 포함해 16명이 등장한다.

사이버 나이트 II : 지구 제국의 야망

RPG 톤킨 하우스 1994년 8월 26일 9,900엔 16M

전작에서 지구로 돌아간 주인공 일행이 가져온 기술을 활용해 은하 정복을 꾀하는 지구군을 상대로 싸우는 롤플레잉 게임. 전투 시 움직일 수 있는 '택티컬 보드'의 사이즈가 가로 7칸×세로 5칸이 되었다. 원호 시스템도 탑재되었다.

슈퍼 드라켄

RPG 켐코 1994년 8월 26일 9,800엔 16M

「드라켄」의 속편으로 등장한 액션 롤플레잉 게임. 사로잡힌 애인을 마도사에게서 구출하는 것이 목적. 필드에서는 3D 시점, 던전에서는 횡스크롤 액션이 된다. 던전에는 강적이나 다양한 퍼즐 요소가 기다리고 있다.

헬로! 팩맨

ACT 남코 1994년 8월 26일 8,800엔 12M

팩맨에게 지시를 내려 유도하여, 아내인 미즈 팩맨이 부탁한 용무를 수행해가는 액션 어드벤처. 팩맨은 상황에 맞춰 다채롭게 기분이 바뀌기 때문에, 플레이어의 지시를 듣지 않는 경우도 있다.

마츠무라 쿠니히로 전 : 최강의 역사를 갈아치워라!!

ACT 쇼에이 시스템 1994년 8월 26일 9,900엔 24M

탤런트 마츠무라 쿠니히로를 기용한 대전격투 게임. 최강의 남자가 되기 위해 격투가와 싸우는 내용. 마츠무라의 유행어 '바우바우'와 '삐로삐로'를 잘 사용해 이기자. 모드는 마츠무라의 도전(스토리)과 마츠무라 파이터(대전) 2가지.

요코즈나 이야기

ACT KSS 1994년 8월 26일 9,800엔 8M

스모 훈련장의 웃어른이 되어 제자를 육성하는 시뮬레이션 게임. 1월의 하츠바쇼부터 11월의 규슈바쇼까지를 거치며 도장의 제자들을 단련시킨다. 제자가 요코즈나가 되면 엔딩이다. 충성심 수치가 40 이하로 떨어진 제자는 도망가기도.

MOTHER 2 기그의 역습

RPG 닌텐도 1994년 8월 27일 9,800엔 24M

지구 정복을 꾀하는 우주인 '기그'와의 싸움을 그린 RPG. 전작과 스토리 연관성은 없고, 무대도 미국이 아니라 여러 나라가 모티브인 가상의 세계. 전화를 이용한 세이브나 돌아가는 숫자판으로 표시되는 체력 등의 시스템은 계승했다.

산리오 상하이

슈퍼 패미컴 마우스 지원

PZL 캐릭터 소프트 1994년 8월 31일 6,980엔 4M

같은 무늬의 마작패를 2개 1조로 지워나가는 퍼즐 게임 「상하이」를 산리오의 캐릭터들을 사용해 리메이크했다. 다음에 뭘 지우면 좋을지 알려주는 '도움 모드'가 있는 등, 저연령층에 맞게 만들어졌다.

HARDWARE

1990
1991
1992
1993
1994
1995
1996
1997
1998
1999
2000

INDEX

라이브 어 라이브

RPG 스퀘어 1994년 9월 2일 9,900엔 16M

당시 쇼가쿠칸 계 잡지에서 연재하던 아오야마 고쇼 등의 인기 만화가 7명이 각 시나리오의 캐릭터 디자인을 맡은 옴니버스 형식 RPG. 시대도 주인공도 다른 7가지 시나리오를 모두 클리어하면 중세편, 최종편 순으로 시나리오가 개방된다. 최종편은 임의의 주인공을 조작 캐릭터로 선택 가능해, 그때까지의 플레이 상황과 고른 주인공에 따라 엔딩이 분기된다.

▲ 각 시나리오의 보스는 별개 캐릭터지만, '오디오'라는 단어는 공통 키워드다.

헤베레케의 재미있는 퍼즐 어떠신가요

TBL 선 소프트 1994년 8월 31일 8,900엔 10M

말판놀이 형식으로 미니게임을 즐기는 아케이드용 퍼즐 게임 「재미있는 퍼즐 어떠신가요」의 캐릭터를 「헤베레케」 시리즈의 것으로 교체해 이식한 작품. 게임은 '크로스워드', '그림 맞추기', '틀린그림 찾기', '숨바꼭질' 4개를 수록.

더 파이어멘

ACT 휴먼 1994년 9월 9일 9,300엔 8M

「셉텐트리온」에 이은 휴먼의 재난 게임 제 2탄. 대화재가 일어난 빌딩에서 소방관 피트와 다니엘이 소방호스와 소화폭탄을 활용해 갇혀있는 사람들을 구조하면서 지하에 있는 약품 'MDL'을 회수해야 한다.

차플리프터 III : RESCUE SURVIVE

STG 빅터 엔터테인먼트 1994년 9월 9일 7,800엔 4M

헬리콥터를 조종해 적과 싸우는 슈팅 게임 시리즈의 신작. 스테이지 상에 있는 포로를 회수하는 것도 목적 중 하나로, 구출자 수가 적으면 임무 실패가 된다. 게다가 플레이어 기체의 공격은 적뿐만 아니라 포로도 맞으니 주의하자.

상하이 III

슈퍼 패미컴 마우스지원

PZL 선 소프트 1994년 9월 15일 8,900엔 8M

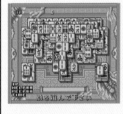

좌우 한 면과 윗면이 빈 패를 한 쌍씩 제거하는 마작 퍼즐로, 동명의 아케이드 게임 이식작. 제한시간 내에 12간지 이름을 딴 12개 스테이지를 공략하는 1인 플레이, 2인 대전 플레이와 협력 플레이를 지원하고, 보너스 게임인 신경쇠약도 수록했다.

스파크스터

ACT 코나미 1994년 9월 15일 9,800엔 8M

개발자 스스로 '애니멀 「혼두라」'라고 빗댄 바 있는 「로켓 나이트 어드벤처스」의 속편으로, 로켓을 짊어진 주인공의 하이스피드 액션이 특징인 작품. 메가 드라이브로도 발매되었지만, 게임 내용은 다르다.

외출하는 레스터~ 레레레레(^^;

ACT 아스믹 1994년 9월 16일 8,900엔 8M

남국의 섬에 표류해온 레스터가 탈출하기 위해 섬을 모험하며 해적이나 고릴라 등과 싸우는 액션 게임. 처음엔 소심하고 어설픈 주인공이 도와준 여성의 키스를 받고부터는 멋있어지는 등, 시종일관 코믹한 액션과 연출이 돋보인다.

실전! 파치슬로 필승법! 2

SLG　사미　1994년 9월 16일　9,980엔　8M

파치슬로 제작사인 사미가 직접 발매한 파치슬로 게임으로, 자사 작품 외에도 명기 '뉴 펄서' 등까지 수록해 화제가 되기도 했다. 당시의 홀 서비스 '모닝'이 들어가거나, 지역에 따른 구슬 환금률 차이도 반영하는 등 본격적인 작품.

리딩 자키

SLG　카롯체리아 재팬　1994년 9월 16일　9,800엔　4M

경마 게임이지만 경주마 육성 쪽이 아니라, 기수가 되어 레이스에 출장하는 액션 게임. 경주마 생산도 가능하다. 레이스 승리로 자금을 획득하면서, 동시에 랭킹 상위를 목표로 말의 능력치도 올려나가자. G1과 개선문상 제패가 목적.

못말리는 타잔 : 세계만유대격투 편

ACT　반다이　1994년 9월 18일　8,800엔　8M

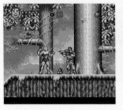

토쿠히로 마사야의 같은 이름의 만화가 소재인 액션 게임. 평소엔 우락부락한 마쵸맨인 타잔이 가끔 귀여운 모습이 되거나 불○껍질을 펼쳐 활공하는 등, 원작의 코믹한 표현을 게임 그래픽으로 재현했다.

그리고·만들고·즐기는 데자에몽

슈퍼 패미컴 마우스 지원

ETC　아테나　1994년 9월 20일　12,900엔　4M

슈팅 게임을 자작하고 플레이도 할 수 있는 「데자에몽」 시리즈 작품. 아테나의 아케이드 슈팅 「다이오」가 시스템의 기본이라, 「다이오」를 어레인지한 'DAIOH GALE'도 샘플 게임으로 수록되어 있다.

커비 보울

ACT　닌텐도　1994년 9월 21일　7,900엔　10M

볼로 변신한 커비를 잘 굴려 적을 쓰러뜨리고 컵 인시켜야 하는 액션 게임. 카피 기술을 활용하면 경로 단축도 가능한 등, 커비다움을 유지하면서도 연구하는 보람이 큰 게임 디자인이 특징이다. 모은 별 개수를 겨루는 2P 게임도 수록.

위잡 : 암흑의 왕

RPG　아스키　1994년 9월 22일　9,900엔　16M

여러 개의 시나리오로 구성된 RPG. 성별과 직업을 설정한 캐릭터를 조작해, 요건을 만족시키면 발생하는 시나리오를 공략한다. 왕국에 일어난 이변을 쫓아가다, 최종적으로 세계 붕괴의 위기를 막는 것이 목적.

사무라이 스피리츠

ACT　타카라　1994년 9월 22일　10,900엔　32M

캐릭터별로 고유 무기를 이용해 싸우는 대전격투 게임. 칼날 맞대고 겨루기나 진검 칼날잡기 등 무기를 활용한 공격이 작품의 특징이다. 시리즈 첫 작품인 아케이드판의 이식작이지만, 유혈 등의 잔혹표현은 순화됐으며 확대축소 연출도 생략되었다.

슈퍼 포메이션 사커 94 : 월드컵 파이널 데이터

SPT　휴먼　1994년 9월 22일　9,800엔　8M

전작의 3개월 후, 실제 월드컵에 출장한 24개국 선수 데이터를 바탕으로 제작한 데이터 갱신판. 수록 팀이 24개국에서 30개국으로 늘고, 난이도 기본값은 NORMAL이 되었다. 기본 시스템은 전작대로이고, 4명까지 동시 플레이 가능.

HARDWARE
1990
1991
1992
1993
1994
1995
1996
1997
1998
1999
2000
INDEX

HARDWARE
1990
1991
1992
1993
1994
1995
1996
1997
1998
1999
2000
INDEX

나카지마 사토루 감수 F-1 히어로 '94

RCG　바리에　1994년 9월 22일　9,800엔　8M

1991년에 은퇴한 전 F1 드라이버 나카지마 사토루가 감수한 레이싱 게임. 팀과 드라이버를 선택해 그랑프리에 도전한다. 시점을 평면적인 탑뷰부터 머신 후방 시점까지, 카메라 위치가 조금씩 다른 5단계로 설정할 수 있는 것이 특징이다.

본가 화투

TBL　이매지니어　1994년 9월 22일　9,800엔　8M

여러 가지 모드로 즐기는 화투 게임. '하나아와세', '코이코이' 대전을 통해 사로잡힌 소꿉친구 여성을 쫓는 스토리 모드 외에, 컨트롤러를 공유하여 2~5인으로 '친치로링', '화투 슬롯' 등을 플레이하는 파티 모드, 프리 대전도 수록했다.

래리 닉슨 슈퍼 배스 피싱

ACT　킹 레코드　1994년 9월 22일　9,800엔　12M

다수의 상을 수상한 전설의 앵글러, 래리 닉슨을 피처링한 배스 낚시 게임. 사메우라 댐과 코지마 호수 등 일본 내 유명 낚시 스팟이 등장한다. 어군탐지기로 물고기를 찾아내 적절한 태클을 선택한다. 래리 닉슨의 조언도 받을 수 있다.

리블 라블

PZL　남코　1994년 9월 22일　6,300엔　4M

남코의 아케이드 대표작. 화살촉 모양의 '리블'과 '라블'을 조작해, 필드 내의 고블린을 '바시시'로 둘러싸 잡아보자. 보너스 스테이지는 숨겨진 보물을 시간 내에 찾아내는 내용으로, 신경쇠약 게임을 즐기는 듯한 재미가 있다.

안젤리크

SLG　코에이　1994년 9월 23일　9,800엔　16M

여성용 육성 연애 시뮬레이션 게임 첫 작품. 여왕 후보로 선발된 여고생이 되어, 라이벌과 여왕 자리를 다투는 와중에 수호성 청년들과 사랑하게 된다. 여왕과 연애 성취는 양립할 수 없어, 플레이어는 사랑이냐 사명이냐를 선택해야만 한다.

고스트 체이서 덴세이

ACT　반프레스토　1994년 9월 23일　9,800엔　16M

컴퓨터의 감시체제를 농락하는 범죄자 '고스트'를 쫓는 SF 벨트스크롤 액션으로, 아케이드 게임 「덴진마카이」의 어레인지 이식작. 체력이 아닌 기술 게이지 소비로 필살기를 발동하는 시스템, 다운된 적에게도 먹히는 공격 등이 특징이다.

슈퍼 블랙배스 2

ACT　스타피시 데이터　1994년 9월 23일　9,800엔　16M

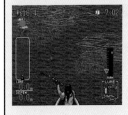

미국이 무대인 낚시 게임으로, 제한시간 내에 낚은 블랙배스의 무게로 승부를 겨룬다. 어군탐지기를 벗 삼아 보트로 호수를 돌며, 적절한 포인트에서 루어를 던진다. 루어나 실의 굵기도 중요한 요소. 중단 기능도 있어 가볍게 즐길 수 있다.

TOKORO'S 마작

TBL　빅 토카이　1994년 9월 23일　9,500엔　8M

연예인 토코로 죠지가 캐릭터 디자인을 맡은 마작 게임. 플레이어는 토코로 죠지가 되어, 당시의 탤런트나 토코로가 기르던 고양이 '다데오'가 모델인 캐릭터와 마작대결을 펼친다. 스토리가 있는 '이벤트' 등 여러 모드를 수록했다.

마작 전국 이야기

TBL　요지겐　1994년 9월 23일　9,300엔　8M

전국시대 무장들과 승부를 벌여 영토를 확대하고 타도 노부나가를 노리는 2인 대국 마작 게임. 리치 시에 '리치이오이다!'라고 선언하는 등의 시대감 넘치는 대사나, 패 교환 닌자를 보내 대국상대를 방해하는 시스템 등이 개성적이다.

드래곤볼 Z 초무투전 3

ACT　반다이　1994년 9월 29일　9,800엔　16M

같은 이름의 애니메이션 원작 격투 게임으로, 「초무투전」 시리즈 최종작. 캐릭터를 인조인간 편~마인 부우 편 내에서 뽑았다. 기본적으론 전작의 마이너 체인지판이지만, 원작이 부우 편 도중일 때 발매되었기에 스토리 모드는 없다.

크래시 더미 : Dr. 저브를 구출하라

ACT　어클레임 재팬　1994년 9월 30일　8,900엔　8M

미국 교통부 광고에 등장해 인기를 얻은 충돌 시험용 더미 인형을 캐릭터화한 '빈즈'와 '래리'가 주인공인 코믹한 액션 게임. 렌치 던지기와 점프로 공격하며, 대미지를 입을 때마다 손발 부속을 잃는다. 손발을 모두 잃으면 라이프 감소.

경마 에이트 스페셜 2 : 비장의 마권 구입술

SLG　이매지니어　1994년 9월 30일　9,980엔　8M

경마 에이트와의 제휴 소프트 제 2탄. 총 26개 데이터를 입력해 더 정확한 예상이 가능해졌다. 반대로 6개 항목만 입력하는 간이예상 모드도 있다. 신 요소인 어드벤처 모드는 매주 경마로 자금을 벌어 여자친구에게 선물을 준다는 내용.

타이니 툰 어드벤처 와글와글 대운동회

ACT　코나미　1994년 9월 30일　9,000엔　8M

타이니 툰 어드벤처의 캐릭터들이 상금을 노리고 미니게임 형식의 각종 경기에 도전하는 파티 게임. 경기는 절벽 끝까지 전력 질주하는 치킨 레이스와 웨이트 리프팅 등. 그래픽과 액션으로 미국 만화영화의 분위기를 잘 재현했다.

다운 더 월드 : MERVIL'S AMBITION

RPG　아스키　1994년 9월 30일　9,800엔　16M

슈퍼 패미컴 게임 중 최초로 주제가를 넣고, '패미통' 표지로 유명한 마츠시타 스스무가 캐릭터를 디자인한 RPG. 플레이어 자신이 용사로, 화면 너머의 플레이어에게 말을 거는 기사 가오에게 필드 및 전투 중 지시를 내리는 시스템을 채용했다.

텐류 겐이치로의 프로레슬링 레볼루션

ACT　잘레코　1994년 9월 30일　9,800엔　16M

시합 중 화면의 2/3를 레슬러의 리얼타임 액션 묘사에 배당하는 대담한 디자인의 프로레슬링 게임. 큰 기술의 발동 시 등에는 상하 윈도우가 하나로 합쳐져, 레슬러의 액션을 큰 화면으로 보여준다. 게임 모드는 4가지가 수록되어 있다.

바클리의 파워 덩크

SPT　DEN'Z　1994년 9월 30일　9,200엔　12M

'날으는 냉장고'라 불린 NBA 스타 선수 찰스 바클리가 감수한 2 on 2 농구 게임. 덩크슛 패턴이 다채롭고, 심판이 없어 거친 플레이도 얼마든지 가능한 것이 특징이다. 최대 4명까지 플레이 가능.

HARDWARE
1990
1991
1992
1993
1994
1995
1996
1997
1998
1999
2000
INDEX

버추얼 바트

ACT 어클레임 재팬 1994년 9월 30일 9,800엔 16M

'심슨 가족'의 바트가 주인공인 미니게임 모음집. 학교 과학축제에서 실험대에 선 바트가 다양한 가상현실 세계를 탐험한다. 룰렛 결과에 따라 다음 행선지가 바뀌어, 세기말 풍 폭력세계부터 워터 슬라이더까지 다양한 체험이 기다린다.

바이크가 좋다! 라이더 혼

RCG 메사이야 1994년 9월 30일 9,600엔 4M

스쿠터와 군용 바이크, 스포츠 바이크 등에 탄 8명이 경쟁하는 바이크 레이싱 게임. 여러 코스를 달리는 '라이 더 GP' 외에 '타임 트라이얼', '내구 레이스', 절벽 끝 아슬아슬한 지점까지 달리는 2인 플레이 전용 '치킨 런'을 수록했다.

휴먼 그랑프리 3 F1 트리플 배틀

RCG 휴먼 1994년 9월 30일 10,500엔 16M

3인 동시 배틀 지원이 특징인 F1 레이싱 게임. 대전은 물론, 총 16레이스를 달리는 '월드 그랑 프리'와 '타임 어택', 오리지널 드라이버를 만들거나 시즌 참가 팀을 교체할 수 있는 '에디트' 모드도 수록되어 있다.

마작대회 II

TBL 코에이 1994년 9월 30일 9,800엔 8M

역사상 유명인물과 대국하는 4인 마작 게임. 나폴레옹, 클레오파트라, 도요토미 히데요시 등 23명이 등장한다. 목적은 마작장 7곳의 완전제패. 마작을 계속 이겨 상금을 모으면 최강 인정을 받으며, 최강을 7회 획득하면 작룡결정전이 개최된다.

시드 마이어의 문명 : 세계 7대 문명

슈퍼 패미컴 마우스지원

SLG 아스믹 1994년 10월 7일 12,800엔 10M

토지를 개척해 국가를 번영시키는 턴제 전략 시뮬레이션 게임. 비디오 게임판 첫 작품의 이식작이다. 타국보다 한 발 앞서 우주로 이민하는 데 성공하거나 세계 정복을 완수하는 게 목적으로, 난이도는 5단계 중 선택 가능하다.

노스페라투

ACT 세타 1994년 10월 7일 9,800엔 16M

산제물로 바쳐진 여성을 구하러, 청년이 흡혈귀의 성에 숨어드는 액션 게임. 함정이 가득한 성을 탐색하는 점프 액션처럼 보이지만, 거친 육탄전으로 괴물을 때려눕히는 격투 액션 요소도 겸비. 참고로 컨티뉴 회수로 엔딩이 분기된다.

미스터 너츠

ACT 소프엘 1994년 10월 7일 8,800엔 8M

다람쥐 '너츠'가 세계를 위해 싸우는 액션 게임. 메시지는 영어로만 나오지만, 구름의 세계 등을 그린 그래픽이 아름다워 눈이 즐겁다. 도토리 던지기나 꼬리 공격 등, 다람쥐다운 액션을 구사하며 진행해 보자.

호혈사 일족

ACT 아틀라스 1994년 10월 14일 10,500엔 24M

호혈사 일족의 피를 계승한 자들이 당주 자리를 걸고 겨루는 대전격투 게임. BGM에 패 공을 들이는 시리즈로, 이 작품도 이색적인 가라오케 모드를 탑재했다. 2단 점프와 대시 공격 등, 당시엔 보기 드물었던 액션도 들어간 개성파 게임.

STG 슈팅 게임 ACT 액션 게임 PZL 퍼즐 게임 RPG 롤플레잉 게임 SLG 시뮬레이션 게임 SPT 스포츠 게임 RCG 레이싱 게임 AVG 어드벤처 게임 ETC 교육·기타 TBL 보드 게임

U.F.O. 가면 야키소반 : 케틀러의 검은 음모

ACT　DEN'Z　1994년 10월 14일　5,890엔　8M

컵라면 '닛신 야키소바 U.F.O.' TV 광고에 등장하는 캐릭터가 '소스 빔'과 '튀김가루 폭탄'을 무기로 싸우는 벨트스크롤 액션 게임. 원래는 캠페인 당첨자용 비매품이었지만, 이후 '당첨 축하합니다' 메시지 등을 수정해 일반 판매되었다.

파친코 팬 승리선언

SLG　POW　1994년 10월 15일　9,800엔　8M

파친코의 메카 '타마타노바바'를 주무대로, 주인공이 탑 파치슬로의 길을 노린다. 자택을 나와 귀가하는 하루마다 시간이 흐르니, 정해진 군자금으로 성과를 내자. 파친코 가동은 평일 한정이며, 휴일은 게임 내에서 각종 이벤트가 개최된다.

시모노 마사키의 Fishing To Bassing

ACT　나츠메　1994년 10월 16일　9,800엔　8M

비와 호수에서 개최되는 배스 낚시 대회에 참가하는 낚시 게임. 초기 소지금과 능력치가 다른 플레이어 캐릭터 중 하나를 골라 대회에 도전한다. 상점에서 보트와 낚싯대 등을 살 수 있지만, 참가비가 바닥나면 게임 오버가 되니 주의해야 한다.

배고픈 바카

PZL　마호　1994년 10월 19일　4,980엔　4M

공룡 '바카'가 주인공인 대전 퍼즐. 필드 위에 알을 낳아, 오델로처럼 라이벌의 알들 앞뒤로 자기 알을 놓으면 그 사이가 모두 자기 알로 바뀐다. 최종적으로 자기 알이 가장 많은 바카가 승리. 4명까지 동시 대전 가능하고, 태그매치도 지원한다.

키드 클라운의 크레이지 체이스

ACT　켐코　1994년 10월 21일　8,800엔　8M

잡지 '전격 슈퍼 패미컴'의 제휴 기획으로 켐코가 개발한 강제 스크롤 액션 게임. 폭탄을 멈추기 위해 도화선이 깔린 길을 돌파하는 내용으로, 골인 시 트럼프 마크가 붙은 아이템 4개가 없으면 스타트 지점으로 되돌아간다.

슈퍼 패밀리 서킷

RCG　남코　1994년 10월 21일　8,800엔　8M

패미컴에서 인기였던 명작 레이싱 게임이 슈퍼 패미컴판으로 파워 업. 화면 회전 기능을 활용해 헤어핀 등의 급격한 코너도 잘 재현했다. 주파회수가 많은 내구 레이스와 코스 에디트 등, 풍부한 방법으로 즐길 수 있다.

슈퍼 럭비

SPT　톤킨 하우스　1994년 10월 21일　9,000엔　8M

세계 16개국이 등장하는 럭비 게임. 대 CPU전과 대인전 외에, 월드컵에 도전하는 모드를 수록했다. 또한 룰을 잘 모르는 플레이어를 위한 텍스트 모드도 있어, 간단한 룰 설명과 용어해설을 읽어볼 수 있다.

데몬즈 블레이존 : 마계촌 문장 편

ACT　캡콤　1994년 10월 21일　9,800엔　16M

「마계촌」의 적 캐릭터 '레드 아리마'를 주인공으로 삼은 스핀오프 시리즈 마지막 작품. 문장의 힘을 사용하는 변신 액션이 이 작품의 특징으로, 각 문장에 따라 다른 모습과 특기를 쓸 수 있으니 이를 잘 이용하는 게 공략의 키포인트다.

필살 파친코 컬렉션

SLG 선 소프트 1994년 10월 21일 9,800엔 8M

군함행진곡이 점포 내에 울리던 옛날 파친코대가 수록되어, 일명 '아레파치'라 불리던 당시 점포가 일대 노름판으로 변화하던 시대의 팬들에게는 추억이 어린 인기 기종을 즐길 수 있다. 목표금액을 벌면 게임 클리어지만, 쉽지는 않을 터.

후나키 마사카츠 HYBRID WRESTLER 투기전승

ACT 테크노스 재팬 1994년 10월 21일 9,800엔 16M

프로레슬러 후나키 마사카츠가 설립한 단체 '판크라스'가 개발 협력한 격투 육성 게임. 플레이어 캐릭터에 연령 설정이 있어, 30세부터는 능력이 쇠퇴한다. 세대교체제를 도입해, 결혼해 아이가 태어나면 능력을 계승한 신 캐릭터로 육성이 가능.

헤라클레스의 영광 IV : 신들로부터 받은 선물

RPG 데이터 이스트 1994년 10월 21일 9,900엔 16M

주인공은 혼만 존재하며, 여러 사람이나 동물에 옮겨가 빙의하는 '트랜스퍼 시스템'으로 능력이나 사용 가능 기술이 변화한다. 100종 이상의 캐릭터에 빙의 가능하고, '영원한 생명'이 테마인 시나리오가 전작처럼 높은 평가를 받았다.

본격마작 테츠만 II

슈퍼 패미컴 마우스 지원

TBL 나그자트 1994년 10월 21일 8,900엔 4M

일본프로마작연맹과 일본마작 최고위전이 추천하는 마작 소프트. 연맹에 소속된 프로 작사와 대국하는 사기기술 없는 4인 대전 마작이다. 대국 가능한 프로 작사는 15명으로, 모두 실명으로 등장한다. 전 12회의 타이틀전 후 상금왕 획득이 목적.

일바니안의 성

슈퍼 패미컴 마우스 지원

SLG 일본클리리 비즈니스 1994년 10월 28일 9,980엔 16M

다수의 몬스터를 소환해 적 마스터를 물리치는 것이 목적인 턴제 시뮬레이션 게임. 아군 몬스터는 레벨업이나 클래스 체인지로 강화할 수 있다. 또한 적 몬스터를 아군으로 포섭하는 '배반의 항아리'를 이용해 부하를 늘리는 것도 가능.

화학자 할리의 파란만장

ACT 알트론 1994년 10월 28일 8,900엔 4M

흉악한 동물에게 축소장치를 도둑맞고 소인으로 변해버린 천재 과학자가 주인공인 액션 게임. 작은 몸 덕에 고무밴드나 압정을 무기 삼거나, 흡반과 제트팩을 써서 높은 곳으로 올라가는 등, 설정을 잘 살린 참신한 아이디어가 빛난다.

SANKYO Fever! 피버! : 파친코 실기 시뮬레이션 게임

SLG 니혼 텔레네트 1994년 10월 28일 9,800엔 8M

'데지파치'라 불리는 파친코대를 다수 수록한 파친코 게임. 명기 '피버 퀸 II' 등이 수록되어 있다. 스토리 모드는 군자금을 100만 골드 모으는 미션도 있으니, 패스워드를 사용해 느긋하게 장기전으로 플레이하자.

소년 닌자 사스케

ACT 선 소프트 1994년 10월 28일 9,800엔 12M

「쿠니오 군」 시리즈의 스탭 다수가 개발에 관여한 코믹한 인술 액션 게임. 이벤트가 많고 레벨 업 시스템을 채용한 '퀘스트 모드'와, 컨티뉴 횟수가 정해져 있고 이벤트가 적은 '액션 모드'를 탑재했다.

STG 슈팅 게임 ACT 액션 게임 PZL 퍼즐 게임 RPG 롤플레잉 게임 SLG 시뮬레이션 게임 SPT 스포츠 게임 RCG 레이싱 게임 AVG 어드벤처 게임 ETC 교육·기타 TBL 보드 게임

진 여신전생 if...

RPG 아틀라스 1994년 10월 28일 9,980엔 16M

인기 RPG 시리즈의 제 3탄. 시리즈 내에선 번외편격 작품으로, 주인공을 수호하는 가디언 시스템을 채용했다. 마신황에 의해 마계로 떨어진 학교에서 주인공 일행이 탈출을 꾀한다는 이야기. 전작과 전전작의 캐릭터도 게스트로 출연한다.

슈퍼 카지노 2

TBL 코코너츠 재팬 1994년 10월 28일 9,800엔 4M

본격 카지노 무대의 갬블 게임 모음집. 카지노 내를 거닐며 룰렛과 슬롯, 화상 경마, 바카라, 포커, 블랙잭에 참가할 수 있다. 100만 달러를 버는 게 목적인 1인용 스토리 모드, 2~4명이 즐길 수 있는 멀티플레이 모드를 수록했다.

졸업 번외편 : 자, 마작하자!

TBL KSS 1994년 10월 28일 9,800엔 8M

 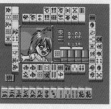

인기 육성 시뮬레이션 게임 「졸업」의 캐릭터가 등장하는 마작 게임. 학생의 육성을 마작으로 한다는 내용이다. 플레이 기간은 4월부터 다음해 3월까지의 12개월간. 마작 결과로 지도 결과가 변화한다. 학생을 무사히 졸업시키는 게 목적.

DEAR BOYS

SLG 유타카 1994년 10월 28일 9,800엔 12M

당시 '주간 소년 매거진'의 인기 만화 및 애니메이션판을 게임화했다. 선수를 연습과 시합으로 강화시켜 신인전에서 우승하는 게 목적. 시합은 시뮬레이션 요소가 강한 커맨드 선택 방식이며, 상대에게 접촉해 실행 가능한 커맨드를 선택한다.

테크모 슈퍼 베이스볼

SPT 테크모 1994년 10월 28일 9,800엔 12M

메이저리그 공인 야구 게임으로, 당시의 전 28개 팀 700명의 선수가 실명으로 등장한다. 게임 모드는 대 CPU전 중심으로, 프리시즌과 시즌 게임, 올스타 중에서 선택한다. 선수 데이터를 망라한 팀 데이터도 수록했다.

드라키의 퍼즐 투어 '94

PZL 이매지니어 줌 1994년 10월 28일 8,200엔 4M

줌의 이미지 캐릭터가 주인공인 대전 퍼즐 게임. 블록을 던져 위에서 내려오는 블록과 연결시켜, 동일 블록을 세로로 5개 이상 붙이면 지워지는 방식이다. 블록이 경계선을 넘으면 패하므로, 필요한 블록을 딱 필요한 만큼만 던져야 한다.

폭투 돗처즈 : 범프스 섬은 일대 소동

ACT BPS 1994년 10월 28일 8,500엔 8M

자신 외에는 전부 아웃될 때까지 볼을 마구 던지는 오리지널 스포츠 축제 '돗치'가 소재인 액션 게임. 볼의 비거리와 특수능력에 차이가 있는 8종류의 동물을 잘 사용해 끝까지 살아남아야 한다. 4명까지의 동시 대전도 지원한다.

페다 : 엠블렘 오브 저스티스

RPG 야노만 1994년 10월 28일 9,990엔 24M

수인과 기계인 등 다양한 종족이 살고 있고, 마법도 과학도 발전한 세계가 무대인 시뮬레이션 RPG. 완성도 높은 세계관과 그래픽이 호평을 받았고, 주인공의 선악에 따라 교체되는 동료와 변화하는 엔딩 등 제법 깊이도 있는 작품이다.

HARDWARE
1990
1991
1992
1993
1994
1995
1996
1997
1998
1999
2000
INDEX

HARDWARE
1990
1991
1992
1993
1994
1995
1996
1997
1998
1999
2000
INDEX

본격파 바둑 : 기성

슈퍼 패미컴
마우스 지원

TBL 타이토 1994년 10월 28일 14,800엔 8M

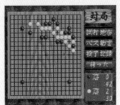

여류기사 오가와 토모코가 감수하고 일본기원이 추천한 본격파 바둑 소프트. 조언과 핸디캡 등 초보자용 기능도 탑재.

게임 모드는 대국, 재현, 판 작성, 묘수풀이, 실력 측정 5가지를 준비했다. 100문제에 달하는 묘수풀이는 상급자도 즐겨볼 만.

멀티플레이 발리볼

SPT 팩 인 비디오 1994년 10월 28일 8,900엔 8M

세계 각지의 강호 16개국 대표팀을 조작해 승리를 노리는 배구 게임. 공략하려면 4종류의 서브와 어택, 블록을 잘 구사할 필요가 있다. 게임은 프리 플레이와 월드컵 2종류를 준비했다. 2 : 2 등의 다인 플레이도 가능하다.

곤

ACT 반다이 1994년 11월 11일 8,800엔 8M

같은 제목의 대사 없는 만화가 원작인 총 8스테이지의 액션 게임. 게임에서도 2등신 공룡 '곤'은 대사나 체력 게이지

등이 아예 없고, 목적도 플레이어 스스로 찾아내야만 한다. 곤이 지구를 쪼개는 배드 엔딩 등, 원작의 분위기를 잘 재현했다.

실황 월드 사커 : PERFECT ELEVEN

SPT 코나미 1994년 11월 11일 9,980엔 16M

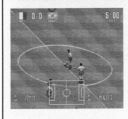

실황 음성을 도입한 축구 게임. 월드컵에 참가한 24개국을 사용할 수 있다. 현장감 넘치는 경기장과 실사 스캔

영상을 채용한 리얼한 선수 모션이 특징이다. 월드컵과 인터내셔널 컵, 아시아 컵에 출장할 수 있다.

파이어 파이팅

ACT 잘레코 1994년 11월 11일 9,890엔 8M

소방관이 되어 화재현장에 돌입해 피해자를 구출하는 액션 게임. 각 미션은 제한시간 내에 지정된 만큼의 인

원을 구하고 탈출해야 클리어된다. 미션이나 조건에 따라 발생하는 다양한 이벤트에 잘 대처하면 득점이 더욱 가산된다.

미키와 미니 매지컬 어드벤처 2

ACT 캡콤 1994년 11월 11일 9,500엔 12M

미키 마우스가 주인공인 액션 게임 제 2탄. 이 작품에선 미니로도 플레이할 수 있다. 전작에서 호평 받았던 코

스튬 체인지도 건재. 4종류의 코스튬을 잘 사용해가며 모험을 진행한다. 6스테이지 구성으로, 패스워드 컨티뉴도 지원한다.

모탈 컴뱃 II : 궁극신권

ACT 어클레임 재팬 1994년 11월 11일 11,800엔 24M

실사 스캔 영상을 사용한 대인기 격투 게임 시리즈 제 2탄. 등장 캐릭터가 증가했다. 궁극신권의 잔혹 표현

도 파워 업했지만, 슈퍼 패미컴의 플랫폼 규제에 따라 피는 녹색으로, 페이탈리티도 흑백으로 표시된다.

울티마 VII : 더 블랙 게이트

RPG 포니 캐년 1994년 11월 18일 9,800엔 8M

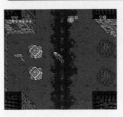

인기 PC RPG의 이식판. 시리즈 과거 작품들에 비해 액션 요소가 강해졌다. 전작의 200년 후 세계에서, 주인공 '아바

타'가 의문의 적 '가디언'에게 도전한다는 이야기. 마을 사람과의 대화나 복잡한 던전 공략 등으로 적의 수수께끼를 쫓는다.

GP-1 RS RAPID STREAM

RCG 아틀라스 1994년 11월 18일 9,800엔 12M

당시의 바이크 레이스 중 최고봉이었던 GP500 세계선수권을 모델로 삼은 타이틀. 레이서와 바이크는 가명이지만, 등장하는 코스는 실존하는 이름을 사용했다. 먼저 바이크와 메카닉을 골라, 종합우승을 노린다. 튜업도 승리의 열쇠다.

슈퍼 오목·쇼기 : 정석연구 편

슈퍼 패미컴 마우스지원

TBL 일본물산 1994년 11월 18일 9,500엔 8M

오목과 쇼기 양쪽을 즐기는 소프트. 양쪽 모두 프리 대국과, 1일 1국 대전으로 요코즈나를 목표로 하는 '요코즈나 모드'를 탑재했다. 단 플레이 시간은 오목이 15일, 장기는 7일로 다르다. 장기는 많은 정석이 수록돼 있어 실력 측정도 가능.

츠요시, 제대로 좀 하세요 : 대전 퍼즐구슬

PZL 코나미 1994년 11월 18일 8,500엔 8M

만화 및 애니메이션 '츠요시, 제대로 좀 하세요'의 캐릭터들과 낙하계 퍼즐「대전 퍼즐구슬」로 대결한다. 연쇄로 상대에게 '공격구슬'을 보낼 수 있고, 이를 역이용해 대연쇄로 역전을 노릴 수도 있다. 비 대전 모드인 '혼자서 착착'도 있다.

드림 바스켓볼 덩크 & 후프

SPT 휴먼 1994년 11월 18일 9,600엔 12M

부드러운 스크롤로 코트의 공간감이 느껴지는 농구 게임. 클럽팀이 세계 챔피언을 노리는 내용으로, 일본은 내셔널 팀이 대신한다. 일반적인 5：5 룰 외에 3 on 3와 1 on 1 등 다양한 룰로 플레이할 수 있다.

나카노 코이치 감수 경륜왕

SLG 코코너츠 재팬 1994년 11월 18일 9,980엔 4M

세계자전거선수권 10연패 위업을 달성한 나카노 코이치가 감수한 소프트. 경륜학교를 나온 주인공을 트레이닝시켜 일본 경륜계 최고를 노린다. 강화된 부분은 그래픽으로 알기 쉽게 표시된다. 똑같은 연습만 반복하면 근육통에 걸리기도.

HAGANE

ACT 허드슨 1994년 11월 18일 9,500엔 16M

시노비 일족의 생존자가 사이보그가 되어 복수를 위해 싸우는 고난이도 액션 게임. 사방신 이름이 붙은 무기의 활용, 덤블링 점프가 필살기로 연결되는 경쾌한 액션, 아메미야 케이타가 캐릭터 디자인을 맡은 일본 풍 스팀펑크 세계관이 특징이다.

파친코 비장 필승법

SLG 바프 1994년 11월 18일 9,800엔 8M

슈퍼 패미컴에서만도 수많은 종류가 발매된 바 있는 파친코 게임. 이 작품은 산요의 명기로 남자의 마음을 사로잡은「야구권」이 수록되어, 대박이 터진 후엔 보류 구슬로 연짱 터뜨리기도 기대할 수 있다. 그 외의 기종도 다수 수록.

꽃 피는 남자 : 구름 저편에

ACT 요지겐 1994년 11월 18일 9,800엔 16M

주간 소년 점프에 연재된 만화(원제는 '꽃의 케이지') 및 애니메이션의 게임판. 후마 코타로 편까지를 재현했다. 마에다 케이지를 포함해 개성 넘치는 캐릭터 8명이 등장. 평상시엔 커맨드 선택식 어드벤처이지만, 전투 시에는 대전격투로 바뀐다.

HARDWARE

1990
1991
1992
1993
1994
1995
1996
1997
1998
1999
2000

INDEX

패닉 인 나카요시 월드

ACT 반다이 1994년 11월 18일 6,800엔 4M

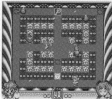

소녀 만화 잡지 '나카요시'에 게재된 인기 작품의 캐릭터들이 활약하는 액션 게임. '세일러문'이나 '금붕어 주의보' 등 애니메이션화된 작품도 등장한다. 자신의 동료를 보호하면서 적을 샷으로 쓰러뜨리자. 총 5스테이지 구성.

마그나 브라반 : 편력의 용사

RPG 애스크 1994년 11월 18일 9,800엔 12M

개성 넘치고 인간미 있는 캐릭터 8명이 모험하는 RPG. 시나리오는 애니메이션 각본가 타카야마 카츠히코가 맡았다. 전투는 실시간제. 각 캐릭터는 아이콘으로 표시된다. 일상에서 비일상으로, 그리고 최후에 일상으로 돌아가는 이야기 전개가 압권.

밀리티아

SLG 남코 1994년 11월 18일 8,800엔 12M

실시간으로 진행되는 전쟁 시뮬레이션. 서로 멀리 떨어진 섬에 진을 친 상태이지만 배가 없기 때문에, 미사일 등을 날려 공격해야 한다. 공격하면 착탄지점의 적진을 파악할 수 있으며, 적 사령부를 빨리 찾아내 모두 파괴하면 승리다.

몬스터 메이커 키즈 : 임금님이 되고파

TBL 소프엘 1994년 11월 18일 9,200엔 8M

인기 카드 게임 '몬스터 메이커'의 캐릭터를 사용한 보드 게임. 12명의 캐릭터 중 메인과 서브로 2명을 골라, 14곳의 영지를 획득하기 위해 다양한 미션을 거쳐야 한다. 가장 많은 영지를 획득한 캐릭터가 임금님이 된다.

유진 작수학원 2

TBL 바리에 1994년 11월 18일 9,800엔 16M

미소녀 만화의 1인자인 유진이 캐릭터 디자인을 담당한 마작 게임 제 2탄. '레이코', '마도카', '유카리' 3명 중 하나를 파트너로 삼아, 작수로 바뀌어버린 소녀들을 구출한다는 내용이다. 작수는 마작에서 이기면 구해낼 수 있다.

원조 파치슬로 일본제일

SLG 코코너츠 재팬 1994년 11월 25일 9,980엔 8M

추리 어드벤처 '파치슬로 코코너츠 살인사건'을 수록했다. 실존 기기는 아니지만 유명한 기종을 떠올리게끔 하는 기종이 홀에 설치돼 있어, 플레이어는 이를 공략하며 사건 해결의 실마리를 찾게 된다. 상급자용 퀴즈도 다수 수록.

카마이타치의 밤

AVG 춘 소프트 1994년 11월 25일 10,800엔 24M

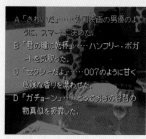
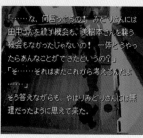

소설가 아비코 타케마루의 시나리오로 제작된 사운드 노벨. '오늘밤, 12시, 누군가 죽는다'라는 선전문구의, 여자친구와 함께 겨울 펜션을 찾아온 청년을 둘러싼 이야기다. 살인사건을 해명하는 '미스터리 편' 외에 '스파이 편', '악령 편' 등 다채로운 시나리오를 수록. 시나리오를 클리어할수록 이야기가 확장되는 구성이 히트해, 사운드 노벨을 하나의 장르로 정착시켰다.

▲ 전작과는 달리 배드 엔딩도 있으므로, 플레이어가 범인과 트릭을 간파해야 한다.

STG 슈팅 게임 ACT 액션 게임 PZL 퍼즐 게임 RPG 롤플레잉 게임 SLG 시뮬레이션 게임 SPT 스포츠 게임 RCG 레이싱 게임 AVG 어드벤처 게임 ETC 교육·기타 TBL 보드 게임

극상 파로디우스

STG　코나미　1994년 11월 25일　9,800엔　16M

파로디우스 시리즈의 아케이드 작품 이식판. 살짝 위험한 디자인의 '이너석 배리어'도 원작대로 이식되었다. 슈퍼 패미컴판에는 '고에몽', '드라큘라 군', '우파' 3작품에서 온 캐릭터가 추가되었다.

슈퍼 마작 3 매운맛

TBL　아이맥스　1994년 11월 25일　9,800엔　8M

시리즈 3번째 작품. 마작장 '삼번관'의 단골 고객이 되어, 개성이 풍부한 캐릭터들과 대국한다. 게임은 '프리 대전'과 '승자진출전' 2가지를 준비했다. 프리 대전에서 계속 이기면 새로운 캐릭터가 추가된다. 최종 목적은 '삼번관 배' 우승.

전국 고교축구

SPT　요지겐　1994년 11월 25일　9,800엔　8M

매년 겨울에 개최되는 전국 고교축구 선수권이 테마인 게임. 이 해에 참가한 총 4,449개교 전체 데이터를 완전 수록했다. 플레이어는 이중 한 학교를 골라, 지방예선을 돌파하여 국립경기장에서 열리는 전국대회 결승을 노린다.

대폭소!! 인생극장 오에도 일기

TBL　타이토　1994년 11월 25일　9,000엔　8M

무대를 에도시대로 옮긴 이색작. 전작과 달리 자산 양을 겨루는 내용으로 바뀌어, 자산을 사 모으는 요소를 강화했다. 5종의 스테이지는 각기 테마가 다른데, 스테이터스를 좌우하는 것과 직업에 관련된 것, 3D 던전 풍 등이다.

타케다 노부히로의 슈퍼 리그 사커

SPT　잘레코　1994년 11월 25일　9,800엔　8M

전 일본 대표 스트라이커였던 타케다 노부히로가 감수한 축구 게임 제 2탄. 3D 풍 화면은 물론, 롱 패스 시 필드를 부감 시점으로 보여주는 택틱스 스크린을 도입했다. 게임 모드는 5가지가 준비돼 있고, 축구 복권을 즐겨볼 수도 있다.

현재 용사 모집중 : 한 그릇 더

RPG　휴먼　1994년 11월 25일　9,900엔　16M

93년에 PC엔진으로 발매된 파티 게임의 속편. 판타지 RPG 풍 세계관으로, 왕이 되는 게 목적이다. 몬스터를 쓰러뜨려 명성치를 올리고, 다른 플레이어보다 먼저 왕좌 자리를 가져가자. 상대를 잘 방해하는 게 포인트고, 4인 동시 플레이 가능.

그렇구나! 더 월드

ETC　토미　1994년 11월 25일　9,500엔　12M

당시 후지 TV에서 방영했던 퀴즈 프로를 게임화했다. 프로의 분위기와 진행을 재현하면서, 1년에 걸쳐 12개국 순회로 변경. 사회는 아이카와 킨야와 쿠스다 에리코 두 사람이 맡았다. 마술사 트럼프맨도 등장. 여러 미니게임이 포함돼 있다.

아치와 함께 빙글빙글 퍼즐

PZL　빅터 엔터테인먼트　1994년 11월 25일　7,800엔　4M

기요노 사치코 원작의 그림책 및 애니메이션판을 게임화. 위에서 떨어지는 2개 한 짝의 앞뒤가 다른 그림 패널을 잘 회전시켜, 같은 그림이 가로나 세로로 2개 붙으면 사라지는 퍼즐 게임이다. 캐릭터 얼굴 아이콘을 맞추면 가로 한 줄이 지워진다.

HARDWARE

1990
1991
1992
1993
1994
1995
1996
1997
1998
1999
2000

INDEX

145

배틀 사커 2

SPT 반프레스토 1994년 11월 25일 8,800엔 10M

92년에 발매된 「배틀 사커」의 속편. 이번에도 SD화된 로봇 애니메이션 캐릭터와 특촬 히어로가 활약한다. 전작보다 캐릭터가 늘어나고 포메이션도 추가되었다. 필드는 각기 특징이 있는 6종류가 준비되었다.

슈퍼 동키 콩

ACT 닌텐도 1994년 11월 26일 9,800엔 32M

영국의 레어 사가 개발하고 닌텐도가 발매한 횡스크롤 액션 게임. 덩치가 큰 동키 콩과 날렵한 디디 콩을 조작해, 각자의 개성을 살려 스테이지를 공략한다. 슈퍼 패미컴 굴지의 그래픽과 치밀한 움직임이 훌륭한 작품.

아레사 II : 아리엘의 신비한 여행

RPG 야노만 1994년 12월 2일 9,800엔 16M

인기 RPG 시리즈의 제 2탄. 경쾌하고 시원시원하게 진행되는 스토리가 특징이다. 전투 신은 적이 4방향에서 습격해오는 전방위 스크롤 전투를 채용. 믹스트 폼으로 오리지널 아이템도 제작 가능. 상담 시스템이 이야기의 공백을 잘 메워준다.

더 라스트 배틀

RPG 테이치쿠 1994년 12월 2일 9,800엔 16M

주간 소년 점프의 게임 코너 '패미컴 신권'의 기고가였던 키무라 하지메가 감수한 RPG. 두 나라 사이의 다툼에 주인공이 휘말리는 이야기다. 마나를 조합해 마법을 만들거나 전투가 오토 배틀로 진행되는 등, 독자적인 시스템을 채용했다.

스트리트 레이서

RCG UBISOFT 1994년 12월 2일 9,200엔 8M

서킷에서 카트를 운전해 라이벌과 데드히트를 펼치는 레이싱 게임. 라이벌 차량을 차고 때리는 등의 공격은 물론, 타이어에 구멍을 낼 수도 있다. 등장하는 캐릭터는 총 8명. 화면 분할 표시로 4인 동시 플레이도 가능하다.

제복전설 프리티 파이터

ACT 이매지니어 1994년 12월 2일 9,980엔 16M

간호사에 여고생, 디스코 퀸, 쿠노이치 등 다양한 직업의 미녀 8명이 등장하는 2D 대전격투 게임. 플레이어 캐릭터의 어나더 컬러를 포함해 모든 캐릭터와 싸우는 스토리 모드와, 대전 모드가 있다. 칠부채 던지기 등 각 캐릭터 특유의 기술이 특징.

도카폰 3·2·1 : 폭풍을 부르는 우정

TBL 아스믹 1994년 12월 2일 9,600엔 12M

우정파괴 게임을 자칭하는 보드게임 제 2탄. 플레이어끼리 서로의 발목을 잡는 난장판이 특징이다. 게임 모드는 '노멀' 외에 시나리오를 진행하며 모은 자산을 겨루는 '시나리오', 특정 요건 달성이 목적인 '배틀 로얄', '퀴즈 모드'를 준비했다.

브레스 오브 파이어 II : 사명의 아이

RPG 캡콤 1994년 12월 2일 9,980엔 24M

인기 RPG 시리즈 2번째 작품. 전작의 500년 후 세계가 이번 작품의 무대다. 합체와 동료의 고유 스킬은 계승하고, 공동체 등 새로운 요소를 추가했다. 동료는 총 8명이 등장. 대사가 많아지고 화려한 장면 등 연출 면에서도 파워 업했다.

STG 슈팅 게임   ACT 액션 게임   PZL 퍼즐 게임   RPG 롤플레잉 게임   SLG 시뮬레이션 게임   SPT 스포츠 게임   RCG 레이싱 게임   AVG 어드벤처 게임   ETC 교육·기타   TBL 보드 게임

보르텍스 : THE FX ROBOT BATTLE

ACT 팩 인 비디오 1994년 12월 9일 9,900엔 4M

인간형과 전투기 등 4가지 형태로 변형할 수 있는 로봇 '보르텍스' 를 조작해 적과 싸우는 슈팅 게임. 슈퍼 FX 칩을 이용해 모든 화면이 폴리곤 처리되어, 매끄러운 3D 공간을 확보할 수 있다. 미션은 전부 7종류가 준비돼 있다.

캡틴 츠바사 V : 패자의 칭호 캄피오네

SPT 테크모 1994년 12월 9일 9,980엔 16M

「캡틴 츠바사」 시리즈 제 5탄. 내려다보는 시점으로 리뉴얼되고, 조작계도 기존작에서 약간 변화했다. 그래픽 퀄리티가 극적으로 올라갔고, 필살기 사용 시엔 보이스도 나온다. 메인 시나리오를 진행하면 11개의 서브 시나리오가 추가된다.

고질라 괴수대결전

ACT 토호 1994년 12월 9일 9,980엔 20M

특촬영화 '고질라' 시리즈에 등장하는 괴수를 사용한 대전격투 게임. 고전적인 시스템의 게임으로, 고질라와 킹기도라 등 괴수 10마리+α가 등장한다. 괴수의 울음소리가 영화를 제대로 재현해냈고, 차례로 부서져가는 도시 등의 연출도 볼거리.

삼국지 IV

SLG 코에이 1994년 12월 9일 14,800엔 24M

인기 시뮬레이션 게임 제 4탄. 무장의 개성을 이끌어내기 위해 새로운 24가지 특수능력을 추가했다. 내정 및 정보 커맨드가 간략화되고, 전투도 야전과 공성전으로 나뉘어 전작과는 시스템이 달라졌다. 신 무장 작성 및 이민족 개념도 도입되었다.

슈퍼 모모타로 전철 III

TBL 허드슨 1994년 12월 9일 9,500엔 8M

인기 보드 게임 시리즈 제 4탄. 새 역의 설치는 없지만, 대신 이벤트 수 및 카드 종류, 물건 수가 증가하고 가난뱅이 신과 킹 봄비도 위력이 늘어나, 해를 보낼수록 강력해진다. 킹 봄비 대책으로 로봇 연구소도 몇 개소 설치되었다.

말판놀이 퀘스트++ : 다이스닉스

TBL 테크노스 재팬 1994년 12월 9일 9,900엔 16M

91년에 발매된 전작의 흐름을 계승한 시리즈 제 2탄. RPG 요소를 섞은 말판놀이로, 4인 동시 플레이가 가능하다. 3인 파티를 짜 말을 이동시켜, 멈춘 칸에서 의뢰를 해결하며 진행한다. 최후에 포인트가 가장 많은 플레이어가 승리자다.

토리데

슈퍼 패미컴 마우스지원
TBL 타카라 1994년 12월 9일 8,800엔 8M

아케이드 게임의 이식판. '牌砦'라 쓰고 '토리데'라 읽는다. 팻더미에서 패 하나를 집어, 손 안의 패와 그림을 맞춰 버리는 퍼즐. 제한시간 내에 모든 패를 버려야 하며, 팻더미 안에는 아이템도 숨어있다. 문제집 '토리데 등용문'은 57문제를 수록.

배틀 크로스

RCG 이매지니어 1994년 12월 9일 9,800엔 8M

근미래를 무대로, 하늘을 나는 에어 바이크를 모는 레이싱 게임. 화면은 탑뷰 고정식이고, 코스는 온로드지만 점프대가 있는 오프로드에 더 가깝다. 코스 위의 아이템으로 라이벌을 방해할 수도 있다. 초보자용 연습 모드도 존재한다.

HARDWARE
1990
1991
1992
1993
1994
1995
1996
1997
1998
1999
2000
INDEX

라이온 킹
ACT　버진 게임　1994년 12월 9일　9,980엔　24M

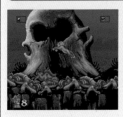

94년에 개봉한 디즈니의 대히트 만화영화를 게임화. 주인공 사자 '심바'의 다채롭고 부드러운 움직임과 아름다운 그래픽이 특징이다. 총 10스테이지 구성으로, 전반 6스테이지는 새끼 사자로, 후반 4스테이지는 성장한 모습으로 진행한다.

원더 프로젝트 J : 기계소년 피노
슈퍼 패미컴 마우스 지원
AVG　에닉스　1994년 12월 9일　11,800엔　24M

'기진'이라 불리는 기계소년 피노를 성장시키는 커뮤니케이션 어드벤처 게임. 플레이어의 지시에 따라 피노의 패러미터가 변화하고 행동 패턴도 바뀌어간다. 피노의 표정이 실로 풍부하고, 세계관도 꼼꼼하게 설정돼 있다.

푸른 전설의 슛!
SPT　KSS　1994년 12월 16일　10,800엔　12M

인기 만화의 애니메이션판을 게임화했다. 스토리는 원작의 현대회 편에 해당하고, 19개교가 참가하는 지방예선을 돌파한다는 내용이다. 각 선수마다 필살기가 준비돼 있고, 시합과 시합 사이의 트레이닝에서 능력치를 올릴 수도 있다.

바다낚시 명인 : 농어 편
ACT　일렉트로닉아츠 빅터　1994년 12월 16일　9,800엔　8M

농어 낚시가 테마인 타이틀. 물가와 모래사장, 제방 등에서 개최되는 대회의 우승을 노린다. 미끼 종류는 물론 포인트나 용구 등을 세세하게 고를 수 있다. 농어 낚시에 특화한 '챔피언 모드'와 자유롭게 낚시하는 '앵글링 모드' 2종류를 탑재.

NBA 라이브 95
SPT　일렉트로닉아츠 빅터　1994년 12월 16일　9,800엔　12M

지금도 신작이 이어지는 EA 스포츠의 NBA LIVE 시리즈 94년판. 당시의 최신 데이터를 사용해 해당연도 NBA에 소속된 총 27개 팀의 선수가 모두 실명으로 등장한다. 농구 게임 중에선 보기 드문 쿼터뷰 시점. 팀 에디트 기능도 있다.

힘내라 고에몽 3 : 시시 쥬로쿠베의 꼭두각시 만자굳히기
ACT　코나미　1994년 12월 16일　9,800엔　16M

인기 시리즈 제3탄. 전작까지는 액션 게임이었지만, 이번엔 어드벤처 게임이 되었다. 플레이어는 고에몽 등 4명의 캐릭터를 전환하면서 각자의 능력을 살려 진행해야 한다. 시간여행이 테마인, SF 색깔이 강한 작품이다.

기온바나
TBL　일본물산　1994년 12월 16일　7,980엔　8M

말판놀이 모드도 있는 화투 게임. 심플한 시스템의 게임으로, 화투는 블랙잭이나 바카라와 비슷한 '오이쵸카부'와 '코이코이', '그림 맞추기' 3종류를 즐길 수 있다. 말판놀이는 나름 스토리도 있으며, 그 외에 프리 대전과 대회 모드가 있다.

슈퍼 스네이키
PZL　요지겐　1994년 12월 16일　7,800엔　4M

「테트리스」의 원작자인 알렉세이 파지트노프가 감수한 퍼즐 게임. 몸을 꼬불거리며 떨어져 내려오는 뱀을 같은 색의 뱀과 붙여 지워나간다. 선택할 게 PLAY와 OPTION밖에 없는 심플한 시스템의 게임. 옵션에서는 배경 등을 설정할 수 있다.

슈퍼 박보장기 1000

TBL　바텀 업　1994년 12월 16일　9,800엔　4M

전일본 쇼기연맹 공인 소프트. 총 1,000가지 박보장기 문제를 수록했다. 조언 기능을 탑재했고, 실력에 따라 3급부터 3단까지 단위 인정도 해준다. 상급문제를 클리어하면 나오는 인정 패스워드를 제작사에 보내면 인정증도 받을 수 있었다고.

슈퍼 테트리스 3

PZL　BPS　1994년 12월 16일　8,500엔　8M

인기 퍼즐 게임 제 3탄. 오리지널 테트리스는 물론, 테트리스에 색깔 블록 룰을 추가한 '매지컬리스', 전작의 봄블리스를 리뉴얼한 '스파클리스', 4인 대전형 테트리스인 '패밀리스' 등 3가지 버전의 게임을 즐길 수 있다.

슈퍼 피싱 빅파이트

ACT　나그자트　1994년 12월 16일　9,800엔　12M

프로 배스 낚시꾼도 애용하는 낚싯대 메이커인 마미야 오피가 협찬한 배스 낚시 소프트. 배스 외의 물고기도 낚을 수 있다. 최종적으로는 배스 낚시 세계대회 우승이 목적. 난이도는 EASY, NORMAL, REAL의 3단계 중 선택한다.

슈퍼 레슬 엔젤스

ACT　이매지니어　1994년 12월 16일　9,980엔　12M

PC에서 인기를 얻은 프로레슬링 게임의 이식판. PC판 3편을 이식했다. 레슬러 육성과 단체 운영을 동시에 해야 하며, 시합은 카드 배틀로 전개된다. 본편인 단체 운영 모드는 4개 단체가 등장해, 업계 1위 자리를 놓고 겨룬다.

스키 파라다이스 : WITH 스노보드

SPT　팩 인 비디오　1994년 12월 16일　8,900엔　8M

게임 하나로 스키와 스노보드 양쪽을 즐기는 곱빼기 소프트. 실사 스캔 영상을 사용해 기상과 설면 변화, 경사면 기복도 리얼하게 재현했다. 게임은 프리 라이드, 컴피티션, 트레이닝 3가지를 준비했다. 스키와 스노보드는 종류 선택도 가능.

쿠궁! 암석 배틀

PZL　아이맥스　1994년 12월 16일　8,800엔　8M

같은 무늬의 블록을 가로·세로·대각선으로 3개 배치하면 지워지는 낙하계 퍼즐 게임. 시스템은 대전 형식으로, 블록을 지워 상대의 HP를 0으로 만들던가, 상대의 블록이 천장까지 쌓이면 승리한다. 게임은 스토리와 대전, 컨피그가 준비돼 있다.

도라에몽 3 : 진구와 시간의 보옥

ACT　에포크 사　1994년 12월 16일　9,500엔　12M

이전 작품들에 비해 그래픽과 시스템이 바뀌고, 스토리도 권선징악 SF가 되었다. 타임머신으로 여러 시대를 무대삼아, 소원을 이뤄주는 '시간의 보옥'을 찾는 조커 단을 물리치기 위해 미래인인 '젤로'와 모험한다.

나이젤 만셀 인디 카

RCG　어클레임 재팬　1994년 12월 16일　10,900엔　16M

전 F1 챔피언인 인디 카 챔피언 나이젤 만셀이 감수한 소프트. 미국 국내·국외를 포함해 총 15전을 펼쳐 챔피언을 노린다. 패스워드로 중단된 레이스부터 재개할 수 있다. 2인 플레이 시에는 화면이 상하로 분할된다.

HARDWARE
1990
1991
1992
1993
1994
1995
1996
1997
1998
1999
2000
INDEX

HARDWARE

1990
1991
1992
1993
1994
1995
1996
1997
1998
1999
2000
INDEX

화투왕

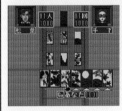

슈퍼 패미컴
마우스 지원

TBL 코코너츠 재팬 1994년 12월 16일 8,980엔 4M

'코이코이', '꽃맞추기', '오이쵸카부'를 즐길 수 있는 화투 게임. 게임 모드는 스토리 모드와 프리 대전을 수록했다. '투시'와 '배치 바꾸기' 등의 사기 기술 카드를 갖고 있다면 대전 중에 사용할 수도 있다.

미소녀 전사 세일러문 S : 장외난투!? 주역 쟁탈전

ACT 엔젤 1994년 12월 16일 9,980엔 20M

같은 제목의 인기 애니메이션이 모티브인 대전격투 게임. 이전작들의 메인 캐릭터 5명에 꼬마 세일러문을 더한 6명이 주인공 자리를 걸고 싸운다. 보스 캐릭터로 등장하는 세일러 플루토·넵튠·우라노스도 대전 모드 한정으로 사용 가능.

빅 일격! 파치슬로 대공략

SLG 애스크 1994년 12월 16일 9,800엔 4M

'뉴 펄서', '페가수스 421', '슈퍼 플래닛' 등의 인기 기기를 수록해 실전연구와 플레이어의 지식 및 기술 향상을 목표로 하는 파치슬로 시뮬레이션 게임. 점찍어둔 기기의 연습을 이 소프트로 했던 유저도 많다고.

필승 파치슬로 팬

SLG POW 1994년 12월 16일 9,800엔 8M

당시의 인기 파치슬로 정보지 중 하나였던 '필승 파치슬로 팬'과의 제휴 작품. '어쌔신 2' 등의 인기 기종을 연구공략할 수 있고, 스토리 모드에서는 플레이어가 여자친구와의 결혼자금을 벌기 위해 홀에서 메달을 따내야 한다.

풀 파워

RCG 코코너츠 재팬 1994년 12월 16일 11,000엔 16M

바이크와 제트스키로 속도를 겨루는 레이싱 게임. 미국 내를 순회하는 코스를 13구역으로 나눠 각 스테이지를 주행한다. 주행 중에는 좌우로 발차기를 날리는 액션으로 라이벌을 방해할 수도 있어, 2인 대전도 제법 불타오른다.

미키의 도쿄 디즈니랜드 대모험

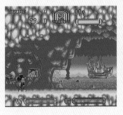

ACT 토미 1994년 12월 16일 9,800엔 12M

미키가 쇼를 연습하는 날에 놀러 나가버린 친구를 찾으러 간다는 액션 게임. 도쿄 디즈니랜드가 무대라, 각 스테이지는 해당 시설의 어트랙션을 소재로 하고 있다. 물과 가스가 든 2종류의 탱크를 사용하는 풍선 액션이 특징인 작품.

록맨 X2

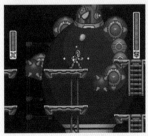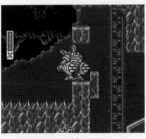

ACT 캡콤 1994년 12월 16일 9,800엔 12M

특 A급 레프리로이드의 반란 뒤에서 암약하는 조직 '카운터 헌터'와의 싸움을 그린 액션 게임으로, 「록맨 X」 시리즈 2번째 작품. 전작에서 자폭한 제로의 부활이 이번 작품의 목적 중 하나로, 제로의 파츠를 모두 모았는지 여부로 전개가 분기된다. 캡콤이 직접 만든 칩 'CX4'를 카트리지에 탑재하여 퀄리티가 크게 향상된 그래픽과 연출로 많은 주목을 받았다.

▲ 대시가 별도 파츠가 없어도 되는 기본 액션이 되어, 기존작보다 스피드감이 향상되었다.

와간 파라다이스
ACT 남코 1994년 12월 16일 8,800엔 10M

나마즈 군단과의 싸움을 그린 액션 게임. 이번 작품부터 와간이 종족 이름이라는 설정이 추가돼, 주인공에 '택트', '카린'이란 고유 이름이 붙었다. 보스전은 단어퍼즐 등의 미니게임으로 바뀌고, 난이도는 플레이어의 나이에 맞춰 변화한다.

더 그레이트 배틀 IV
ACT 반프레스토 1994년 12월 17일 9,600엔 12M

컴퍼티 히어로 시리즈의 신작. 전작 3편에서 로아 외의 조작 캐릭터를 전부 교체해, 울트라맨 파워드, 가면라이더 ZO, V2 건담이 등장한다. 라이더 킥이나 메가 스페시움 광선 등, 사용 캐릭터별로 개성 넘치는 기술을 쓸 수 있다.

테크모 슈퍼 보울 II : SPECIAL EDITION
SPT 테크모 1994년 12월 20일 9,980엔 16M

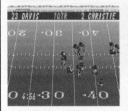

1994년 시즌에 따른 NFL 데이터를 반영한 미식축구 게임. 그래픽과 연출이 개량되고, 기능 면에서는 선수 트레이드 등이 새로 추가되었다. 3년간의 시즌을 치르는 모드를 클리어하면 특수한 메시지가 표시된다.

오카모토 아야코와 매치 플레이 골프 : 코올리나 골프 클럽in 하와이
SPT 츠쿠다 오리지널 1994년 12월 21일 9,700엔 8M

일본 여자 프로 골퍼 오카모토 아야코와 하와이에서 함께 라운딩하는 골프 게임. 게임 모드는 스트로크 플레이, 매치 플레이, 스킨즈 매치, 베트 스트로크, 토너먼트, 트레이닝이 있어 선호하는 모드로 플레이할 수 있다.

용호의 권 2
ACT 자우르스 1994년 12월 21일 10,900엔 32M

SNK가 개발한 아케이드용 대전격투 게임의 이식작. 버튼 입력시 누른 시간에 따라 펀치·킥 위력이 변화하는 시스템과, 던지기 기술을 당했을 때의 낙법이 새로 추가되었다. VS 모드에서는 「아랑전설」 시리즈의 기스를 사용할 수 있다.

애니멀 무란전 브루털
ACT 켐코 1994년 12월 22일 9,800엔 16M

토끼와 곰, 사자, 치타 등 동물이 모티브인 캐릭터들이 등장하는 대전격투 게임. 1인용 모드에서는 대전 상대를 쓰러뜨리면 캐릭터의 레벨이 오르고, 필살기 커맨드를 익히는 시스템이 채용되었다.

알버트 오디세이 II : 사신의 태동
RPG 선소프트 1994년 12월 22일 9,600엔 16M

전작의 10년 후가 무대인 작품. 기본적인 시스템은 전작을 답습하면서도, 전투 중에 동료가 있는 장소를 비집고 통과할 수 있거나, 파티 전원 상태로 마을을 출입할 수 있게 되는 등의 변경점이 추가되었다.

울트라 베이스볼 실명판 2
SPT 컬처브레인 1994년 12월 22일 9,800엔 8M

당시의 센트럴·퍼시픽 리그 데이터를 반영한 리얼함과, 공이 불타오르는 묘사 등의 유니크함을 겸비한 야구 게임. 전작보다 마구와 비밀타법의 종류가 늘어났고, 선수의 비주얼도 리얼 풍과 데포르메 풍 중에서 고를 수 있다.

원조 파친코 왕

SLG 코코너츠 재팬 1994년 12월 22일 9,980엔 8M

파친코가 대호황인 모 도시의 시장 자리에 앉기 위해, 파친코 실력이 장기인 주인공이 도전한다. 실기가 모티브인

여러 파친코대를 제패해 총 5장의 스토리를 진행해가자. 게임 내의 하네모노 기기는 구슬 움직임이 리얼해 실로 재미있다.

산스포 피싱 계류왕

ACT 이매지니어 1994년 12월 22일 9,980엔 10M

스포츠신문 '산케이 스포츠'가 감수한 낚시 게임. 실존 낚시도구를 다수 수록했고, 물고기는 52종류가 등장한다. 물

고기마다 계절과 기후, 장소, 루어 등 낚시도구를 요건에 맞게 선택해 클리어해야 한다. 모드는 '챌린지'와 '낚시 입문'을 준비.

슈퍼 캐슬즈

슈퍼 패미컴
마우스 지원

SLG 빅터 엔터테인먼트 1994년 12월 22일 9,800엔 8M

서양에서 인기를 얻은 PC 게임의 이식판. 중세 유럽의 브르타뉴 지방이 무대인 전략 시뮬레이션이다. 프랑스의

일개 영주가 되어, 왕위를 얻기 위해 영지를 확장해간다. 자원 조달부터 전투까지 모든 행동이 실시간으로 진행된다.

슈퍼 파이어 프로레슬링 스페셜

ACT 휴먼 1994년 12월 22일 11,500엔 32M

인기 프로레슬링 게임 시리즈 제4탄. 당시 주간 '프로레슬링'의 편집자였던 사이토 후미히코가 감수했다. 레슬

러는 모두 가명으로, 단체의 경계를 초월해 70명 이상의 레슬러가 등장한다. 모든 레슬러는 오리지널 기술을 갖고 있다.

대패수(大貝獸) 이야기

RPG 허드슨 1994년 12월 22일 10,900엔 24M

지구에서 소환된 주인공이 마왕 타도를 위해 여행하는 왕도 스토리지만, 잔혹 표현까지 있는 무거운 전개로 화제가 된 작품.

전투 협력은 물론 각지에서 도와주는 조력자(동료)와의 교류, 조력자 간의 대화, 스탬프 랠리나 마을 만들기 등 즐길 거리가 많다.

패왕대계 류나이트 : 로드 오브 팰러딘

RPG 반다이 1994년 12월 22일 9,800엔 12M

만화가 이토 타케히코 원작의 TV 애니메이션 스토리를 바탕으로 게임화했다. 주인공 아듀가 여행 도중에 만난 동료들과

함께 대모험을 펼친다는 이야기. 기본적으론 2D 탑뷰 시점이지만, 류나이트에 타는 보스전에서는 3D 배틀로 전환된다.

달려라 헤베레케

ACT 선소프트 1994년 12월 22일 9,500엔 10M

이전까지 발매된 「헤베레케」 시리즈의 캐릭터들이 등장하는 레이스 게임. 8명의 캐릭터 중 하나를 골라 서로를 잡

기 위해 달린다. 각 캐릭터마다 필살기가 준비돼 있어 적을 방해할 수 있다. 드리프트 주행도 가능.

배틀 자키

SLG 버진 게임 1994년 12월 22일 9,800엔 8M

고른 말을 조작해 레이스 승리를 노리는 액션계 경마 게임. 「패밀리 자키」 계열로, 원작사인 남코로부터 라이

선스를 받았다. 6종류의 트레이닝으로 말을 강화시키자. 4명이 겨루는 대전 모드와 우승마 예상 모드도 준비돼 있다.

파워 오브 더 하이어드
SLG　메사이야　1994년 12월 22일　9,800엔　12M

18가지 스테이지를 공략하는, 스토리가 있는 시뮬레이션 RPG. 다양한 마수를 용병으로 고용해, 그 마수가 가진 힘을 써 마법을 발동하는 '하이어드 시스템'을 탑재했다. 어떤 마수를 불러 성장시킬지를 파악하는 게 공략의 키포인트다.

포코냥! : 헨포코링 어드벤처
ACT　토호　1994년 12월 22일　8,800엔　8M

만화가 후지코·F·후지오의 만화·애니메이션을 원작으로 제작된 액션 게임. 주인공 '포코냥'이 제한 시간 내에 과자를 모은다는 내용이다. 적 캐릭터는 점프로 밟아 쓰러뜨릴 수 있다. 특성이 다른 캥거루나 고슴도치로 적절히 변신해 공략하자.

본격 쇼기 : 풍운아 용왕
슈퍼 패미컴 마우스지원
TBL　버진 게임　1994년 12월 22일　9,800엔　8M

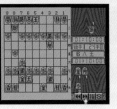

일반적인 대국 외에, 토너먼트전과 에디트 기능을 탑재한 본격적인 쇼기 소프트. 토너먼트전은 왕위계승전에서 연승해 용왕 칭호를 획득하는 게 목적이다. 과거의 명인전을 재현하는 모드도 있다. 에디트에서는 자유롭게 말을 배치할 수 있다.

마작 클럽
TBL　헥트　1994년 12월 22일　4,980엔　4M

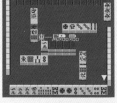

심플한 구성의 4인 대국 마작 게임. 43가지 룰이 준비돼 있어, 자신의 취향에 맞게 설정할 수 있다. 프리 대전에서는 개성 넘치는 16명의 캐릭터가 등장하고, 플레이어가 임의로 등록 가능한 4명을 포함하면, 합계 20명 중에서 골라 대전이 가능하다.

유☆유☆백서 특별편
SLG　남코　1994년 12월 22일　9,800엔　16M

인기 만화의 게임화 시리즈 제 3탄. 93년에 발매된 제1탄의 속편에 해당하는 타이틀이다. 스토리는 애니메이션판에서도 평이 좋았던 '마계의 문 편'을 재현했다. 시스템은 비주얼 배틀로 되돌아가, 게임 밸런스와 연출이 대폭 강화되었다.

요코야마 미츠테루 삼국지반희 : 말판놀이 영웅기
TBL　엔젤　1994년 12월 22일　9,800엔　12M

요코야마 미츠테루의 '삼국지'가 소재인 말판놀이 게임. 삼국지에 등장하는 군주들이 골인을 목표로 경쟁한다. 고른 군주에 따라 동료로 삼을 수 있는 무장 및 군사가 달라진다. 아이템과 이벤트도 다수 준비돼 있고, 전술도 중요한 요소다.

라이즈 오브 더 로보츠
ACT　T&E소프트　1994년 12월 22일　10,900엔　32M

근미래를 무대로 인간형 및 곤충형 등 다양한 형태를 한 로봇들이 싸우는 대전 격투 게임. 간단한 조작으로 필살기가 나간다. 로봇들은 입체적으로 그려져 부드럽게 움직인다. 모드는 대 CPU전과 대인 플레이, 트레이닝이 준비돼 있다.

우미하라 카와세
ACT　TNN　1994년 12월 23일　9,800엔　8M

루어가 달린 고무 로프를 천장이나 벽에 걸고 이동하는 독특한 스타일의 '러버링 액션' 게임. 장애물과 적을 피해 필드의 골인 지점인 문으로 향한다. 제한시간인 30분이 끝나는 시점에는 해당 필드가 최종 스테이지가 된다.

HARDWARE | 1990 | 1991 | 1992 | 1993 | 1994 | 1995 | 1996 | 1997 | 1998 | 1999 | 2000 | INDEX

HARDWARE

1990
1991
1992
1993
1994
1995
1996
1997
1998
1999
2000

INDEX

고 고 아크만

ACT 반프레스토 1994년 12월 23일 9,000엔 10M

토리야마 아키라의 인기 만화를 게임화했다. 악마 왕자 '아크만'을 조작해 천사와 싸우는 액션 게임. 검과 총 등의 무기와 아이템을 사용해 스테이지를 클리어하는 심플한 내용이다. 스테이지 도중 출현하는 선택지에 따라 이후 전개가 변화한다.

JWP 여자 프로레슬링 : 퓨어 레슬 퀸즈

ACT 잘레코 1994년 12월 23일 9,800엔 16M

여자 프로레슬링 단체 'JWP'의 협력으로 개발된 여자 프로레슬링 게임. 해당 단체 소속 선수는 모두 실명으로 등장한다. 입장곡은 물론 코스튬도 개별 준비돼 있다. JWP 룰로 시합하는 프로레슬링 모드 외에, 단체를 운영하는 보드 게임도 있다.

슈퍼 불타라!! 프로야구

SPT 잘레코 1994년 12월 23일 9,800엔 12M

87년에 발매된 대히트 야구 게임인 초대 「불타라 프로야구」의 리뉴얼판. 프로야구 TV 중계와 동일한 시선으로, 선수들의 특징적인 폼을 재현했다. 컨트롤러의 A·B·X·Y 버튼에 각각 변화구가 할당되어, 시합 전개가 투수에게 유리한 편.

파치슬로 승부사

SLG 일본물산 1994년 12월 23일 8,980엔 8M

파친코에 비해 파치슬로는 미경험자에게 입문의 벽이 높은 유희로 꼽히지만, 이 작품은 초보자도 알기 쉽게 배울 수 있는 모드가 있고, 마작 게임 제작사 일본물산(니치부츠)답게 마작 모드도 있는 등 내용이 푸짐한 소프트다.

기동무투전 G건담

ACT 반다이 1994년 12월 27일 9,800엔 16M

같은 제목의 인기 애니메이션을 게임화했다. 극중의 볼거리 중 하나인 모빌 파이터 간의 대결을 재현한 대전격투 게임. 애니메이션에 등장하는 필살기도 사용 가능하고, 캐릭터 보이스도 수록했다. 데빌 건담은 카토키 하지메의 오리지널 디자인.

루팡 3세 : 전설의 비보를 쫓아라!

ACT 에포크사 1994년 12월 27일 9,800엔 12M

퍼즐 풀이 요소가 섞여있는 사이드뷰 액션 게임. 수많은 영화와 애니메이션에서 친숙한 장면이 잘 재현돼 있어 원작의 팬들을 즐겁게 한다. 게임 내 캐릭터들의 모션도 부드러워, 플레이를 보기만 해도 즐거운 작품.

듀얼 오브 II

RPG 아이맥스 1994년 12월 29일 10,800엔 20M

시리즈 제 2탄에 해당하는 이야기 중시형 판타지 RPG. 전설의 마도석을 쫓는 두 소년의 이야기다. 전투는 3D 시점으로 전개되며, 캐릭터가 애니메이션으로 움직인다. 무기에 스킬이 설정돼 있어, 스킬을 올리면 약한 무기라도 필살기가 나간다.

슈퍼 즈간 2 : 츠칸포 파이터 아키나 컬렉션

TBL J·WING 1994년 12월 30일 9,980엔 12M

같은 이름의 카타야마 마사유키 원작 만화의 게임판. 전작에도 나왔던 12명에 더해 4명의 신규 캐릭터가 추가되었다. 게임 모드는 '프리 대국' 외에, 주인공이 마작으로 번 포인트로 여자친구에게 선물을 주는 '즈간 파이터'를 수록했다.

STG 슈팅 게임　ACT 액션 게임　PZL 퍼즐 게임　RPG 롤플레잉 게임　SLG 시뮬레이션 게임　SPT 스포츠 게임　RCG 레이싱 게임　AVG 어드벤처 게임　ETC 교육·기타　TBL 보드 게임

1995

SUPER FAMICOM
SOFTWARE ALL CATALOGUE

이 해에 발매된 소프트 수는 총 360 타이틀. 전년에 비해 약간 감소하긴 했으나, 하드웨어 가동률로 보면 여전히 차세대기보다도 슈퍼 패미컴 쪽이 높아, 발매된 소프트 라인업으로도 이를

여실히 증명하는 결과가 되었다.

이 즈음부터는 각 개발사들도 슈퍼 패미컴의 하드웨어 성능을 끌어내는 노하우가 원숙의 경지에 이르러, 2D에 한정하면 사실상 차세대기와도 우

열을 가리기 어려울 정도였다. 「프론트 미션」, 「크로노 트리거」, 「요시 아일랜드」, 「택틱스 오우거」, 「드래곤 퀘스트 Ⅵ : 몽환의 대지」 등 후세에도 인기가 많은 명작들이 이 해에 발매되었다.

X-MEN : MUTANT APOCALYPSE
ACT 캡콤 1995년 1월 3일 9,980엔 16M

마블 코믹스의 인기 시리즈를 게임화했다. 횡스크롤 액션 게임으로, 일본에서도 친숙한 인기 캐릭터들이 활약한다. 사이클롭스와 울버린 등 5명의 캐릭터를 사용할 수 있다. 캐릭터마다 커맨드 입력으로 필살기도 쓸 수 있다.

슈퍼 차이니즈 파이터
ACT 컬처 브레인 1995년 1월 3일 9,800엔 16M

「슈퍼 차이니즈 2」의 대전 모드를 파워 업시킨 대전격투 게임. 등장인물은 신 캐릭터를 포함해 총 14명. 2P 대전도 가능하고, 종횡 이동은 물론 캔슬 콤보, 카운터 기술 등이 존재하는 등 시스템이 잘 만들어져 있다.

타카하시 명인의 대 모험도 Ⅱ
ACT 허드슨 1995년 1월 3일 9,500엔 12M

슈퍼 패미컴으로 발매된 시리즈 제2탄. 육성 요소가 추가된 횡스크롤 액션이다. 타카하시 명인이 납치된 왕비 후보 소녀 티나를 구출하기 위해 불의 섬, 얼음의 섬 등 일곱 섬을 뛰어다닌다. 숨겨진 아이템을 입수해 명인의 능력을 올리자.

팩 인 타임
ACT 남코 1995년 1월 3일 7,900엔 8M

숙적 '어빌러스 네터'에 의해 알 수 없는 세계로 날아가 버린 팩맨을 원래 세계로 되돌아가게끔 하는 2D 액션 게임. 마법의 링을 통과하면 얻게 되는 로프, 파이어, 스윔, 해머라는 4가지 능력으로 도트를 많이 먹어 출구로 향하자.

꼬마경찰 봉커스 : 할리우드 대작전!
ACT 캡콤 1995년 1월 3일 8,500엔 8M

디즈니 애니메이션이 원작인 액션 게임. 할리우드 경찰 만화영화부 소속인 봉커스가 박물관이 도둑맞은 비보를 되찾아온다는 이야기다. 액션 패턴이 다채롭고 캐릭터의 리액션도 재미있다. 스테이지 마지막에는 보스가 기다리고 있다.

요기 베어
ACT 매지팩트 1995년 1월 3일 8,800엔 8M

미국의 인기 TV 애니메이션을 액션 게임화했다. 주인공 '요기 베어'가 아기 곰 '부부 베어'에게 케이크를 전해준다는 스토리다. 젤리스톤 공원 안을, 케이크를 떨어뜨리지 않고서 이동하자. 공원에는 해달 등, 이동을 도와주는 동물도 있다.

HARDWARE
1990
1991
1992
1993
1994
1995
1996
1997
1998
1999
2000
INDEX

갤럭시 워즈

STG 이매지니어 1995년 1월 13일 5,980엔 2M

아케이드 게임 여명기의 명작이 슈퍼 패미컴으로 부활. 화면 하단에서 발사한 미사일을 상단에서 이동하는 UFO에 명중시키는 게임이다. 원작의 비기도 사용 가능하고, 리메이크판인 네오 모드도 탑재. 패키지 일러스트는 스가야 미츠루가 맡았다.

실전! 마작 지침

TBL 애스크 1995년 1월 13일 9,800엔 8M

다종다양한 기질을 가진 15명의 마작사들과 대국하는 마작 게임. '프리 대국', '단위 심사', '월례 대회', '마작 지침' 4가지 모드를 탑재했다. 어느 모드를 골라도 대국이 기록되므로, 자신의 수순도 연구할 수 있다. 실전에서 실력을 길러보자.

작유기 오공난타

TBL 버진 게임 1995년 1월 13일 8,900엔 8M

'서유기'를 바탕으로 한 마작 게임. 손오공, 사오정, 저팔계 등 친숙한 캐릭터들과 작탁에 둘러앉는다. 천축에 도착하기까지의 여정에서, 습격해오는 요괴들과 마작으로 싸우게 된다. 신경쇠약과 파치슬로, 스크래치 등의 미니게임도 즐길 수 있다.

퍼즐 보블

 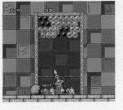 

PZL 타이토 1995년 1월 13일 6,800엔 4M

같은 회사의 히트작「버블 보블」의 캐릭터를 활용한 퍼즐 게임. 발사대에서 거품을 쏘아, 같은 색의 거품을 3개 이상 붙이면 터뜨릴 수 있다. 거품을 좌우의 벽에 반사시키는 테크닉을 사용해 고득점을 노리자.

두근두근 스키 원더 슈푸르

RCG 휴먼 1995년 1월 13일 9,600엔 8M

인간은 물론이고 로봇이나 바나나 등, 개성 넘치는 캐릭터 8명이 등장하는 스키 게임. 전부 15코스 구성이다. 에디트 기능을 사용해 오리지널 코스와 캐릭터도 만들 수 있다. 게임 모드는 1인 플레이와 대전 플레이, 타임 어택을 준비했다.

스타더스트 수플렉스

ACT 바리에 1995년 1월 20일 9,980엔 20M

가상의 여자 프로레슬링 단체 'VLPW'의 왕좌를 둘러싸고 16명이 격돌하는 프로레슬링 게임. 레슬러는 모두 가상 인물이지만, 각자 원래 모델이 존재한다. 게임 모드는 싱글과 태그, 레슬러 4명이 참가하는 배틀로얄의 3가지를 준비했다.

더비 스탈리언 III

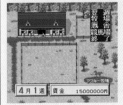

SLG 아스키 1995년 1월 20일 12,800엔 24M

인기 경마 게임 시리즈 제 3탄. 경주마를 육성해 메이저 레이스를 제패한다. 하코다테 및 츄쿄가 추가되어, 당시의 JRA 전 경마장이 들어갔다. 새로운 종마와 훈련소 자동관리 등의 신요소가 도입되고, 조교도 조교사에게 맡길 수 있게 되었다.

마이클 안드레티 인디 카 챌린지

RCG BPS 1995년 1월 20일 9,800엔 8M

91년 인디 카 챔피언인 마이클 안드레티가 감수한 본격적인 인디 카 게임. 총 16전을 연이어 치러, 시리즈 랭킹 1위에 서는 것이 목적이다. 멋지게 챔피언 자리에 오르면 마이클 안드레티와 승부를 펼쳐볼 수 있다.

STG 슈팅 게임　ACT 액션 게임　PZL 퍼즐 게임　RPG 롤플레잉 게임　SLG 시뮬레이션 게임　SPT 스포츠 게임　RCG 레이싱 게임　AVG 어드벤처 게임　ETC 교육·기타 게임　TBL 보드 게임

울버린

ACT 어클레임 재팬 1995년 1월 27일 10,900엔 16M

마블 코믹스의 인기 캐릭터 '울버린'이 주인공인 액션 게임. 비밀기지에서 도쿄까지를 무대로 스테이지가 펼쳐진다. 고고한 전사 울버린이 잃어버린 과거를 찾는 이야기. 아다만티움 손톱을 사용한 다채로운 액션을 즐길 수 있다.

키테레츠 대백과 : 초시공 말판놀이

TBL 비디오 시스템 1995년 1월 27일 8,900엔 10M

후지코·F·후지오 원작의 만화 및 애니메이션의 게임판. 강기태 등 5명의 캐릭터가 7가지 시대를 순회하는 말판놀이 게임이다. 아이템을 쓰면 행운이 올라가거나, 다른 플레이어를 워프시킬 수도 있다. 가위바위보나 스모 등의 미니게임도 있다.

강철의 기사 3 : 격돌 유럽전선

슈퍼 패미컴 마우스 지원

SLG 아스믹 1995년 1월 27일 12,800엔 12M

전차전이 테마인 시뮬레이션 게임 마지막 작품. 무대를 다시 유럽으로 옮겨, 제2차 세계대전을 헤쳐 나간다. 각각 독립된 15가지 시나리오를 모았고, 진행 순서는 자유롭게 결정 가능. 각 시나리오는 조우전과 공략전 2종류로 플레이할 수 있다.

파친코 이야기 2 : 나고야 샤치호코의 제왕

SLG KSS 1995년 1월 27일 9,800엔 12M

1990년대 전반기 '파친코가 번성해 넘쳐흐르던 거리'와 전국 각지에서 파친코 팬들이 원정 오는 광경도 드물지 않던 시대가 무대인 나고야에서의 파친코 이야기. 레저 시설 '샤치호코 고텐'은 7층 건물이다. 정보를 수집해 파친코대를 제패하자.

미라클 카지노 파라다이스

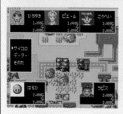

ETC 카롯체리아 재팬 1995년 1월 27일 9,800엔 8M

실력과 감으로 카지노 왕을 노리는 보드 게임. 음악을 코시로 유조, 캐릭터 디자인을 만화가인 고(故) 미즈타마 케이노죠가 맡았다. 주사위를 굴려 전진해 카지노를 렌탈, 카지노 수익을 모아 1위를 노린다. 맵은 난이도가 다른 4종류를 준비했다.

방과후 in Beppin 여학교

SLG 이매지니어 1995년 2월 3일 9,980엔 12M

특수범죄대항조직의 요원 후보생을 육성하는 시뮬레이션 게임. 플레이어는 후보생 3명 중 하나를 골라 1년간 훈련시킨다. 격투술, 초상술 및 로봇 제작 등 육성항목이 다양하다. 육성상황에 따라 후보생의 진로가 변동하게 된다.

아이언 코만도 : 강철의 전사

ACT 풋포 1995년 2월 10일 9,800엔 10M

사상 최강의 용병부대가 인류의 존망을 걸고 싸우는 벨트스크롤 액션 게임. 솔저 '잭'과 쿵푸 파이터 '창 리'를 조작해 'G.O.S.T.'의 야망을 분쇄하자. 풍부한 액션과 다양성 넘치는 스테이지가 준비되어 있다.

기동전사 건담 : CROSS DIMENSION 0079

SLG 반다이 1995년 2월 10일 9,800엔 12M

'기동전사 건담'의 스토리를 재현한 본편과 오리지널 스토리를 즐길 수 있는 2부작 구성의 시뮬레이션 게임. 1부에 등장하는 아무로를 제외한 아군 파일럿들의 레벨이, 2부 주인공과 서브 캐릭터들의 기본 레벨로 설정된다.

HARDWARE
1990
1991
1992
1993
1994
1995
1996
1997
1998
1999
2000
INDEX

더 심리 게임 2 : 매지컬 트립

ETC　비지트　1995년 2월 10일　8,800엔　8M

겟코코보와 점술사 코이즈미 마리카가 문제를 제작한 심리 게임. 장편소설을 읽으며 선택지로 회답하는 셀프

모니터링 등의 심리 테스트와, 기분전환 목적의 사이키델릭 영상을 감상하는 매지컬 트립 모드를 수록했다.

사이바라 리에코의 마작방랑기

TBL　타이토　1995년 2월 10일　9,800엔　4M

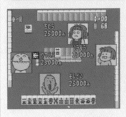

도박으로 큰 돈을 잃은 작가의 실제 체험담이 바탕인 만화 '마작방랑기'가 소재인 마작 게임. 16명의 개성적

인 캐릭터가 다양한 리액션을 보여준다. 게임 모드는 '스토리', 토너먼트인 '작황전', '프리 대국'을 수록했다.

잼즈

PZL　카롯체리아 재팬　1995년 2월 10일　7,800엔　4M

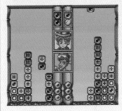

어떤 한 색깔의 주사위 1개 이상을 다른 색의 주사위로 가로·세로·대각선 상에 끼워 넣어 지우는 낙하계 퍼즐 게임. 남매가

악의 조직인 암흑마술단과 싸우는 '물리처라!! 암흑마술단' 외에, '철저하게 Jam!!', '함께 Jammes!!', 'V.S Jammes'를 즐긴다.

다루마 도장

PZL　DEN'Z　1995년 2월 10일　8,800엔　8M

아케이드에서 이식된 다루마 빼내기 풍 퍼즐 게임. 나무망치로 때려 줄의 왼쪽 끝이 아래쪽 공간으로 떨어지는 것을 이용

해, 같은 말을 일렬로 만들어 지워간다. 비주얼 신을 보며 이야기를 즐기는 '다루마 여행' 외에, 오리지널 게임 모드도 다수 수록.

카시와기 시게타카의 탑워터 배싱

ACT　바프　1995년 2월 17일　14,800엔　16M

'탑의 귀재'라는 별명이 있는 프로 낚시꾼 카시와기 시게타카가 감수한 낚시 게임. 수면 바로 아래를 노리는 낚

시법 '탑워터'를 배우며 아시노코에서 배스 낚시를 체험한다. 게임 모드는 '챌린지', '프리', 2P 대전 가능한 'vs MAN'이 있다.

긴타마 오야카타의 실전 파친코 필승법

SLG　사미　1995년 2월 17일　10,500엔　12M

다수의 파친코 전문지에서 공략 기사를 담당했던 긴타마 오야카타가 감수한 파친코 게임. 현재도 인기가 있어 종

종 리메이크되어 홀에 설치되는 '빅 슈터', '피버 퀸' 시리즈 등이 수록되어 있다.

타임캅

ACT　빅터엔터테인먼트　1995년 2월 17일　9,800엔　16M

같은 이름의 영화가 소재인 작품으로, 시간여행의 악용을 막기 위해 주인공이 다양한 시대를 넘어다니는 총 17스테이

지의 액션 게임. 실사 스캔 이미지를 사용한 캐릭터가 화면 내에서 매우 부드러운 모션으로 움직이는 것이 특징이다.

체스마스터

TBL　알트론　1995년 2월 17일　9,800엔　4M

게임보이로도 출시된 체스 게임의 슈퍼 패미컴 판. 대국 도중에 SELECT 버튼을 누르면 컴퓨터의 레벨과 수읽기

유무 등의 난이도를 세부 설정할 수 있고, 체스판 표시 타입 변경 등도 가능하다.

제독의 결단 II
SLG 코에이 1995년 2월 17일 14,800엔 24M

제2차 세계대전이 무대인 해전 시뮬레이션 게임. 하루가 항해와 전투의 2페이즈로 구성돼 있고, 매월 1회의 카드 배틀 형식 회의로 국정과 군정이 결정된다. 전작보다 등장 함선이 증가했고, 전투 위임을 함대 단위로 설정 가능해졌다.

파이터즈 히스토리 : 미조구치 위기일발!!
ACT 데이터 이스트 1995년 2월 17일 9,900엔 24M

시리즈 최종 작품. 미조구치를 주인공으로 변경해, 미조구치만 쓸 수 있는 스토리 모드 '미조구치 모드'를 수록했다. 라스트 보스로 「체르노브」의 주인공이 등장하는 자기 패러디나, 당시엔 아직 드물었던 연습 모드 탑재 등도 큰 특징이다.

얌얌
STG 반다이 1995년 2월 17일 9,800엔 12M

지하왕국의 왕자가 친구인 얌얌과 함께 세계 평화를 위해 뛰어다니는 RPG 풍 슈팅 게임. 마을 단위로 이동할 때는 「스페이스 해리어」 풍의 유사 3D 슈팅 화면이 된다. 독립된 20종 이상의 시나리오를 수록했다.

마신전생 II
RPG 아틀라스 1995년 2월 19일 10,800엔 24M

「여신전생」에서 파생된 시뮬레이션 RPG 시리즈 2번째 작품. 악마와의 싸움과 타임 슬립을 결합한 스토리가 전개된다. 로우 루트, 카오스 루트 각각에 라이트·다크 분기가 추가되어, 총 5개 패턴의 멀티 엔딩 방식이 되었다.

에스트폴리스 전기 II
RPG 타이토 1995년 2월 24일 9,980엔 20M

▲ 각지에서 동료로 삼을 수 있는 몬스터, '캡슐 몬스터'도 이번 작품의 특징 중 하나다.

네 신과 7명의 용사와의 싸움을 그린 RPG. 전작에서 영웅으로 칭송받았던 청년을 주인공으로 삼은 이야기로, 이 작품의 엔딩이 전작의 오프닝으로 연결되는 구조다. 돈이 4배로 들어오는 다회차 플레이인 '한 번 더' 모드와 선호하는 멤버로 추가 던전에 도전하는 '추가' 모드 등의 풍부한 파고들기 요소, 아이템을 활용한 던전의 퍼즐이 특징인 작품.

NFL 쿼터백 클럽 '95
SPT 어클레임 재팬 1995년 2월 24일 11,800엔 24M

미식축구의 주인공 포지션인 쿼터백에 초점을 맞춘 타이틀. 포메이션 수는 총 430종. NFL에서 활약하는 스타 선수는 물론, 플레이어가 만든 캐릭터도 사용할 수 있다. 과거의 명승부를 재현할 수 있는 모드도 준비했다.

NBA JAM 토너먼트 에디션
SPT 어클레임 재팬 1995년 2월 24일 11,800엔 24M

아케이드 게임 「NBA JAM」의 이식작. 2 : 2 형식의 농구 게임으로, 전원이 실존 선수가 모델이지만 리얼함보다 액션성을 중시한 운동성능으로 높은 평가를 받았다. 이식되면서 당시 선수들의 이적상황이 반영되었다.

클래식 로드 II

SLG　빅터엔터테인먼트　1995년 2월 24일　12,800엔　16M

경주마를 조교해 번식시키는 육성 시뮬레이션 게임임. 말의 골절률이 높으므로, 스트레스가 쌓이지 않도록 잘 관리할 필요가 있다. 경비 개념이 없어 성적이 부진해도 파산하지는 않지만, 50년이 경과하면 자동으로 엔딩이 나온다.

실황 파워풀 프로야구 2

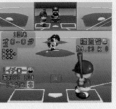

SPT　코나미　1995년 2월 24일　9,980엔　20M

대히트작이 된 '94에 이은 제 2탄. 기본 시스템을 계승한 사실상의 데이터 갱신판이다. 실황은 마이니치 방송의 오오타 모토하루 씨가 담당했다. 배터리 백업 기능으로 페넌트레이스 저장이 가능해졌다. '록온' 기능이 처음 등장한 것도 이 작품.

수도고 배틀 2 : 드리프트 킹 츠치야 케이이치 & 반도 마사아키

RCG　BPS　1995년 2월 24일　9,800엔　12M

드리프트 킹 츠치야 케이이치와 반도 마사아키가 감수한 공공도로 레이싱 게임. 차의 튜닝 아이템이 전작보다 대폭 증가해, 더욱 리얼한 내용이 되었다. 게임 모드는 '시나리오', 'VS 배틀', '프리 주행', '드리프트 대회'를 수록했다.

슈퍼 드리프트 아웃

RCG　비스코　1995년 2월 24일　9,980엔　16M

세계 랠리 선수권(WRC)에 도전할 수 있는 탑뷰 시점의 레이싱 게임. 스바루와 도요타, 미츠비시 등의 차량이 실명으로 등장한다. 주행 도중에 코스 전체가 표시되지는 않지만, 코너 직전에 화살표가 크게 표시되어 알려준다.

터프 메모리즈

SLG　벡　1995년 2월 24일　11,600엔　16M

승마 기수를 훈련시키는 육성 시뮬레이션 게임. 제 1회 일본 더비부터 30년간에 걸쳐, 플레이어는 기수가 되어 인마일체의 유명 자키를 목표로 한다. 성적이 오르면 다른 훈련소에서도 의뢰가 들어와, 친분이 생기는 훈련소가 늘어간다.

NAGE LIBRE : 정적의 수심

SLG　바리에　1995년 2월 24일　9,800엔　12M

이세계에서의 귀환을 목표로, 여고생들이 맨몸으로 싸우는 전략 시뮬레이션 게임. 전투는 카드 배틀식으로, 적도 아군도 전투 중 복장이 바뀌는 코스튬 카드의 존재가 특징. 소속 부 활동에 따라 공격 애니메이션이 바뀌는 등, 디테일에 공을 들였다.

배틀 핀볼

TBL　반프레스토　1995년 2월 24일　10,800엔　10M

SD화된 가면라이더나 건담 등의 컴퓨터 히어로가 등장하는 핀볼 게임. 각 작품이 모티브인 스테이지에서 가장 상부에 있는 보스를 물리치면 클리어다. 자력으로 볼을 유도하는 등, 적의 능력과 스테이지 내 장치가 풍부한 작품.

미소녀 전사 세일러문 S : 쿠루쿠링

PZL　반다이　1995년 2월 24일　6,800엔　4M

같은 제목의 인기 애니메이션 캐릭터가 등장하는 대전 퍼즐 게임. 화면에 늘어선 블록들 중 가로세로로 2개 이상 붙어있는 동일 색을 찾아내 상대보다 먼저 지워나간다. 플레이어 캐릭터로 세일러 전사 9명 외에 틱시도 가면 등도 고를 수 있다.

파랜드 스토리

RPG 반프레스토 1995년 2월 24일 10,800엔 16M

슈퍼 패미컴
마우스 지원

PC판 「파랜드 스토리」와 「파랜드 스토리 전기」를 합본한 소프트. 판타지 세계에서 전개되는 전통적인 스타일의 시뮬레이션 RPG로, 마우스 조작을 지원한다. 전투 신은 애니메이션으로 처리되어 코믹하게 표현된다.

From TV animation SLAM DUNK 2 : IH 예선 완전판!!

SPT 반다이 1995년 2월 24일 10,800엔 24M

같은 제목의 만화를 소재로, 선수의 능력 등을 재현한 농구 게임. 주역인 북산고교 팀을 조작해 카나가와 현 인터하이 예선에 도전하는 스토리 모드 외에, 2인 대전도 가능한 VS 모드와 규칙·용어를 확인하는 농구 입문 모드를 수록했다.

프론트 미션

SLG 스퀘어 1995년 2월 24일 11,400엔 24M

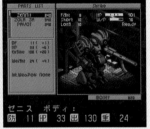

인간형 군용병기(반처)가 발전한 근미래의 지구가 무대인 전략 시뮬레이션 게임. 행방불명된 애인을 찾고 있는 전직 군인이 분쟁의 한가운데에서 진실을 발견하는 스토리로, 비극적인 세계관을 잘 그려내고 있다. 전투는 아군과 적이 구별된 턴제. 반처는 선호하는 파츠로 구성이 가능하지만 내구도가 개별로 설정돼 있어, 파괴된 파츠 무장은 사용이 불가능하다.

 ▲ 인터미션 구간에서는 반처의 파츠 구입·변경과 주점에서의 정보수집이 가능하다.

HEIWA 파친코 월드

SLG 쇼에이 시스템 1995년 2월 24일 9,900엔 12M

'루팡 3세'를 비롯해, 이른바 시대극이나 캐릭터 판권물 소재의 기기를 다수 개발·제조해 온 대형 파친코 메이커 'HEIWA'의 파친코대가 수록된 파친코 게임. 실전 모드에서 실력을 갈고닦아 보자.

본격파 대국 쇼기 : 쇼기 클럽

TBL 헥트 1995년 2월 24일 8,800엔 2M

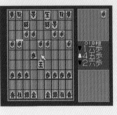

번잡한 설정 화면조차 없애고 기능을 필요 최소한까지 줄인 본격 쇼기 소프트. 비차 빼기, 각행 빼기, 2개 빼기 등의 핸디캡 설정이 가능해 플레이어 실력에 맞춘 대국을 즐길 수 있다. CPU의 사고 시간도 30초, 1분, 2분 이내의 3단계로 설정 가능.

영원의 필레나

RPG 토쿠마쇼텐 인터미디어 1995년 2월 25일 9,800엔 12M

잡지 '아니메쥬'에 연재되던 슈도 타케시의 같은 제목의 소설이 원작인 RPG. 여자로 태어나 남자로 길러진 필레나가 망국의 왕녀라는 자신의 정체를 알고서 고국 부흥을 위해 싸워나간다. 전투는 게이지가 찬 순서대로 움직이는 세미 리얼타임제.

시치미 닌자 콜로세움

ACT 인텍 1995년 2월 25일 8,800엔 8M

비전서를 둘러싸고 쿠노이치 4명이 싸우는 「봄버맨」 풍 게임. 4방향으로 수리검을 발사하는 마키비시와 손에 든 사슬낫을 이용해 싸운다. 게임 모드는 1인용과 2인용의 '시나리오 모드', 대전 가능한 'VS 모드'를 수록했다.

슈퍼 봄버맨 : 패닉 봄버 W

PZL 허드슨 1995년 3월 1일 8,900엔 8M

94년에 가동된 아케이드판 「패닉 봄버」의 변형 이식판. 봄버맨 캐릭터를 사용한 낙하계 퍼즐 게임이다. 같은 색의 봄버맨을 가로·세로·대각선으로 3개 맞춰 지워나간다. 게임 모드는 '스토리'와 '모두 함께 봄버맨' 2종류를 준비했다.

언더커버 캅스

ACT 바리에 1995년 3월 3일 9,800엔 16M

92년에 가동된 아케이드 게임의 이식판. 3명의 캐릭터가 날뛰는 벨트스크롤 액션이다. 각 스테이지 종료 후에 성적을 심사해, 쓰러뜨린 적의 머릿수와 기술에 따라 특전을 준다. 화면상에 나오는 병아리 등의 생물을 먹으면 체력이 회복된다.

슈퍼 에어 다이버 2

STG 아스믹 1995년 3월 3일 9,800엔 10M

인기 공중전 게임 제 2탄. 전투기는 미군의 F-15와 프랑스군의 미라쥬 중에서 선택한다. 전작과 달리 전략 페이즈가 신설되었다. 적기와 조우한 경우엔 공중전, 거점을 공략할 경우엔 대지상전으로 이행한다. 2인 대전 시에는 화면이 상하 2분할된다.

슈퍼 패미스타 4

SPT 남코 1995년 3월 3일 9,500엔 16M

「슈퍼 패미스타」시리즈 제 4탄. 타격 그래픽이 리뉴얼되고, 시리즈 최초로 선수에 컨디션 호조·난조의 바이오리듬이 붙었으며, 연고지 구장 설정이나 3D 시점에 따른 고저차 개념의 도입 등 수많은 변혁을 가한 타이틀이다.

슈퍼 매드 챔프

RCG 츠쿠다 오리지널 1995년 3월 4일 9,600엔 12M

공격도 방어도 허용되는 바이크 레이싱 게임. 캐릭터 5명 중 하나를 선택해 다른 4명과 배틀을 펼친다. 상대를 공격하면 돈도 얻는다. 이 돈을 모아 바이크를 튜닝하거나 새 바이크를 살 수도 있다. 격투로 상대의 바이크를 빼앗는 것까지 가능.

라스트 바이블 III

RPG 아틀라스 1995년 3월 4일 10,800엔 24M

게임보이로 발매된 「여신전생 라스트 바이블」시리즈의 속편. 하지만 전작과의 연결고리는 없어 독립된 작품으로 즐길 수 있다. 특징은 대화 신의 리얼타임 토크. 동료 악마 시스템과 마수 합성도 건재하다. 이 작품에선 마수도 레벨 업된다.

매지컬 파프

ACT 팩인 비디오 1995년 3월 10일 9,800엔 16M

지금은 사망한 유명 탤런트, 이이지마 아이가 주인공 캐릭터 목소리를 맡은 액션 게임. 프리 스크롤로 미로를 진행하여, 각 스테이지의 보스를 물리치면 클리어인 심플한 게임이다. 패키지와 매뉴얼 일러스트는 아카이 타카미가 담당했다.

크로노 트리거

RPG 스퀘어 1995년 3월 11일 11,400엔 32M

FF 시리즈의 사카구치 히로노부와 DQ 시리즈의 호리이 유우지, 만화가 토리야마 아키라가 한 팀이 되어 제작한 명작 롤플레잉 게임. 동료와 시간을 뛰어넘어 다양한 시대를 왕래하며 자신들의 미래를 멸망시킨 수수께끼의 생명체 '라보스'에 도전한다.

오라가 랜드 주최 베스트 파머 수확제

PZL 빅 토카이 1995년 3월 17일 7,800엔 4M

인기 과자 '컬'의 이미지 캐릭터 '컬 아저씨'가 주인공인 게임. 밭에 씨를 뿌리고 물을 주어 성장시킨 야채를 수확한다. '수확 시의 조합'으로 대전 상대에게 방해 캐릭터를 보내는 퍼즐과, '방해 캐릭터를 퇴치'하는 액션의 2가지 구성으로 이루어져 있다.

캡틴 코만도

ACT 캡콤 1995년 3월 17일 9,800엔 16M

미국 만화 히어로 스타일의 세계관이 특징인 벨트 스크롤 액션으로, 아케이드 게임의 이식작. 팔다리가 길쭉한 미이라 남자나 로봇에 탑승한 아기 등 4가지 타입의 캐릭터 중 선택하여, 범죄 초인을 쓰러뜨려야 한다. 동시 플레이는 2명까지 가능.

J리그 슈퍼 사커 '95 실황 스타디움

SPT 허드슨 1995년 3월 17일 9,980엔 16M

시리즈 제 2탄. 이 해의 J리그에 소속된 총 14개 클럽과 소속 선수 전체가 실명으로 등장한다. 스타디움은 16곳을 수록. 포메이션은 176종류가 준비되어, 상황에 따라 적절히 바꿀 수도 있다. 시합 스피드나 실력 레벨도 조정 가능.

슈퍼 작호

TBL 빅터 엔터테인먼트 1995년 3월 17일 9,800엔 8M

40명에 달하는 개성적인 등장인물과 승부하는 마작 게임. 데이터를 중시하여, 대국은 물론 성적 등도 기록된다. 대국 후에는 데이터도 분석해 준다. 목적은 예선을 돌파하여 작호 자리를 획득하는 것. 반장 단위로 세이브되므로 자신의 성장을 실감 가능.

슈퍼 핀볼 II : 더 어메이징 오디세이

TBL 멜닥 1995년 3월 17일 9,800엔 12M

세계가 인정한 No.1 디지털 핀볼 게임의 속편. 본격적인 핀볼을 즐길 수 있는 타이틀이다. 현실의 핀볼 기기처럼 전후좌우로 흔들 수도 있다. 아름다운 그래픽은 건재, 더블 플리퍼나 입체 램프 등 기기 특유의 구조도 잘 표현했다.

슈퍼 봄블리스

PZL BPS 1995년 3월 17일 7,500엔 4M

BPS의「테트리스」에 덤으로 들어가던「봄블리스」모드를 독립시킨 작품. 게임 자체도 리메이크되어, 대 CPU전을 추가했다. 게임 모드는 '콘테스트', '퍼즐', '대 CPU전', '대인전' 4가지가 있다. 콘테스트와 퍼즐은 각각 100스테이지를 준비했다.

스파이더맨 리설 포즈

ACT 에포크 사 1995년 3월 17일 9,800엔 12M

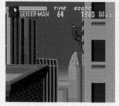

마블 코믹스 인기 작품의 게임판. 스파이더맨을 조작해 벽을 오르고 천장에 붙고 빌딩 사이를 이동하면서 적을 쓰러뜨리는 액션 게임이다. 거미줄은 적에게 발사할 수도 있다. 빼앗긴 인공 파도 발생기를 Dr.옥토퍼스에게서 되찾아오자.

스프린터 이야기 : 노려라!! 일확천금

SLG 바프 1995년 3월 17일 12,800엔 12M

경륜의 세계를 즐기는 소프트. 시뮬레이션 모드는 경륜선수가 되어 데뷔부터 은퇴까지를 플레이한다. 연습을 거듭해 6종의 특별 경륜에서 우승하자. 경륜 예상 모드는 실제 레이스를 예상할 수 있다. 전문 용어를 배우는 경륜입문 모드도 있다.

제 4차 슈퍼로봇대전

슈퍼패미컴
마우스 지원

SLG 반프레스토 1995년 3월 17일 12,800엔 24M

「슈퍼로봇대전」 시리즈 5번째 작품으로, 전작까지 이어져온 이야기의 완결편. 시스템이 대폭 개량되어 반격 시에도 행동 선택이 가능해지는 등, 이후 시리즈에도 큰 영향을 끼쳤다. 이 작품부터 주인공과 서브 주인공 설정이 가능해졌다.

열혈대륙 버닝 히어로즈

RPG 에닉스 1995년 3월 17일 10,800엔 16M

여러 시나리오를 즐길 수 있는 옴니버스 형식의 롤플레잉 게임. 4종의 시나리오를 각각 클리어하면 숨겨진 주인공을 고를 수 있게 되어, 최종적으로 8종의 시나리오를 즐길 수 있게 된다. 모든 시나리오를 클리어하면 스토리의 진상을 알게 된다.

배틀 레이서즈

RCG 반프레스토 1995년 3월 17일 9,800엔 8M

'컴퍼티 히어로 시리즈' 중 한 작품. 이 작품에선 가면라이더 ZO, 울트라맨 파워드, V2 건담, 로아가 스케이트보드나 롤러스케이트 등을 장착하고 레이스를 펼친다. 각 캐릭터마다 필살기가 마련되어 있다. 상대의 체력을 깎아 리타이어시키자.

지지 마라! 마검도 2 : 물리쳐라! 요괴 총리

ACT 데이텀 폴리스타 1995년 3월 17일 9,500엔 16M

횡스크롤 액션이었던 전작과는 완전히 다른 대전격투 게임이 되었다. 인간을 증오하는 요괴가 요괴 총리 자리를 노리고 있어, 이를 저지하기 위해 총리 선발 격투대회에 도전한다. 전작의 주인공 '켄노 마이'의 여동생 '히카리'가 주인공이다.

러브 퀘스트

RPG 토쿠마쇼텐 인터미디어 1995년 3월 17일 9,800엔 12M

캐릭터 디자인에 만화가 유즈키 히카루를 기용한 롤플레잉 게임. 마더 콤플렉스인 주인공이 결혼식에서 실종돼 버린 약혼자를 찾아 도쿄를 방황한다. 현대 사회가 무대로, 전투는 욕구불만인 여성을 구슬리는 행위로 묘사된다.

위닝 포스트 2

SLG 코에이 1995년 3월 18일 12,800엔 24M

인기 경마 시뮬레이션 제 2탄. 브리더 체험부터 레이스 참가까지, 마주의 감동을 재현한다. 30년이라는 기간 안에 G1 레이스를 모두 제패하는 게 목표다. 기본 시스템은 전작을 계승했으며, 그래픽이 아름다워졌고 개최 레이스도 2배 이상 늘었다.

터프 히어로

SLG 테크모 1995년 3월 21일 12,800엔 16M

스토리성을 중시한 경주마 육성 시뮬레이션. 주인공은 아버지로부터 작은 목장을 물려받은 브리더다. 라이벌인 형을 넘어서 더비 우승마를 육성하는 것이 목적. 말 기르기뿐만 아니라, 기수 육성 등 다양한 이벤트가 준비되어 있다.

고속사고 장기황

슈퍼패미컴
마우스 지원

TBL 이매지니어 1995년 3월 24일 12,800엔 8M

수많은 정석 패턴 입력으로 기존보다 빠른 사고속도를 자랑하는 쇼기 소프트. 일반 대전뿐만 아니라 연습과 토너먼트전, 박보장기 등을 즐긴다. 초보자부터 숙련자까지 레벨을 자유롭게 설정할 수도 있다. 박보장기는 정답 외의 수순이 허용되지 않는다.

디 아틀라스 : Renaissance Voyager
슈퍼 패미컴 마우스 지원

SLG 팩 인 비디오 1995년 3월 24일 10,800엔 16M

15세기 대항해시대를 무대로 세계지도를 만드는 시뮬레이션 게임. 플레이어는 모험에 직접 나가지 않고, 파견시킨 모험가가 가져온 정보로 지도를 제작한다. 모험 도중 보물을 발견하기도 해, 이를 발판으로 모험가를 더 많이 파견할 수도 있다.

슈퍼 마권왕 '95

ETC 테이치쿠 1995년 3월 24일 9,980엔 8M

게임보이로 인기를 얻은 「마권왕」 시리즈의 이식판. 경주마는 130마리 이상이나 등록 가능하다. 모드는 '데이터 입력', '승리마 예상', '개별연구'로 심플하다. 데이터 입력에서는 말과 레이스 결과 입력이 가능하고, 기수를 바꿔가며 예상할 수도 있다.

드래곤볼 Z 초오공전 : 돌격 편

RPG 반다이 1995년 3월 24일 10,800엔 16M

같은 제목의 인기 만화의 게임판. 대전격투였던 전작과 달리 플레잉 코믹스 스타일이 되었다. 내용은 원작의 1권부터 14권까지에 해당하며, 원작에 맞춰 이야기가 전개된다. 플레이어는 팬의 입장에서 가상의 라이벌과 진행도를 경쟁하게 된다.

필살 파친코 컬렉션 2

SLG 선 소프트 1995년 3월 24일 9,980엔 16M

판권물 파친코대를 다수 수록하고, 후지 상사의 간판 기종을 모은 작품. '익사이트', '어레인지 맨' 등 추억의 기기를 슈퍼 패미컴으로 즐길 수 있고, 당시 디지털 기기로는 부족함을 느끼던 유저가 가정에서 즐길 수 있는 환경을 제공해 주었다.

유☆유☆백서 FINAL : 마계최강열전

ACT 남코 1995년 3월 24일 9,800엔 24M

인기 만화 및 애니메이션판이 원작인 시리즈 제 4탄. 전작과 달리 이번엔 대전격투 게임이 되었다. 유스케 등의 주인공 5명에 더해, '마계의 문 편' 이후의 캐릭터가 등장한다. 게임 모드는 스토리와 토너먼트, 트레이닝 3가지를 준비했다.

록맨 7 : 숙명의 대결!

ACT 캡콤 1995년 3월 24일 9,800엔 16M

인기 액션 게임 제 7탄. 그래픽이 강화되고, 과거 작품들의 요소를 도입했다. 보스 캐릭터는 팬들로부터 공모를 받은 것. 러시와 비트 등의 도움 캐릭터는 물론, 차지 샷 등의 액션과 슈퍼 록맨 합체도 건재하다.

에미트 Vol.1 : 시간의 미아

AVG 코에이 1995년 3월 25일 11,800엔 24M

호화 스탭들이 모여 제작한 어드벤처 형식의 영어교육 소프트. 시나리오 원안을 작가 아카가와 지로, 캐릭터 디자인을 이노마타 무츠미, 음악을 코무로 테츠야가 담당했다. 애니메이션을 적극 사용한 연출이 특징으로, 많은 기종에 이식되었다.

에미트 Vol.2 : 목숨을 건 여행

AVG 코에이 1995년 3월 25일 11,800엔 24M

3부작으로 구성된 영어교육 소프트의 2번째 작품. 애니메이션 파트의 음성은 일본어와 영어로 수록되었다. 수수께끼의 노인으로부터 'EMIT'라는 단어를 듣게 된 여고생 다나카 유리가 '또 하나의 세계'로의 문을 열기까지의 이야기를 그린다.

HARDWARE
1990
1991
1992
1993
1994
1995
1996
1997
1998
1999
2000
INDEX

HARDWARE

1990
1991
1992
1993
1994
1995
1996
1997
1998
1999
2000

INDEX

에미트 Vol.3 : 나에게 작별을

AVG　코에이　1995년 3월 25일　11,800엔　24M

3부작이 동시에 출시된 영어교육 소프트의 완결편. 슈퍼 패미컴은 CD-ROM이 없기 때문에, 별도로 음성만 수록한 CD를 동봉했다. CD 플레이어에 '보이서 군'이란 어댑터를 장착해 소프트와 동기화시키는 방식을 채용했다.

쿄라쿠·산요·토요마루 Parlor! 팔러!

SLG　니혼 텔레네트　1995년 3월 30일　11,800엔　16M

집에서 즐길 수 있는 파친코 홀의 대인기 기종 '쿄라쿠'·'토요마루'·'산요' 3개 사의 파친코 기기가 수록된 실기 시뮬레이션 소프트. '돈 후앙', '슈퍼 보이', '핀볼' 등 추억의 기기를 게임 화면으로 즐길 수 있다.

복각판 슈퍼 삼국지 II

SLG　코에이　1995년 3월 30일　9,800엔　12M

인기가 많았던 「슈퍼 삼국지 II」를 복각 재발매한 작품. 원판은 정가 14,800엔이란 고액을 자랑하는 작품이었지만, 복각판은 유저가 구입하기 쉬운 9,800엔으로 가격을 조정했다. 게임 내용은 복각 전의 원작과 동일하다.

RPG 만들기 : SUPER DANTE

ETC　아스키　1995년 3월 31일　9,800엔　8M

DQ 풍 롤플레잉 게임을 스스로 만들 수 있는 개발 툴 소프트로, PC에서 인기가 많았던 「만들기」 시리즈 중에서 PC-9801판 「RPG 만들기 Dante98」을 이식한 작품. 샘플 게임인 「FATE」도 수록되었다.

에스파크스 : 이차원에서 온 방문자

RPG　토미　1995년 3월 31일　9,500엔　12M

문구 제조사인 산엑스가 자사의 노트와 필통 등에 게재했던 만화를 게임화했다. 바다에 떠오른 이세계를 무대로 주인공 에스파크스가 활약하는 심플한 액션 RPG다. 이야기가 진행되면 타임머신을 이용해 과거나 미래로 갈 수 있다.

구약 여신전생

RPG　아틀라스　1995년 3월 31일　10,800엔　16M

패미컴으로 발매된 「여신전생」 시리즈 중 I·II를 합본한 소프트. 하지만 시스템은 「진 여신전생」 기반으로 다시 제작해, 원작보다 즐기기 쉬워졌다. I 에서 II로 연결되는 시나리오 등의 새로운 요소도 추가되었다.

근대마작 스페셜

TBL　이매지니어　1995년 3월 31일　9,800엔　8M

마작 만화 잡지 '근대마작 오리지널'에 연재되던 작품 '노마크 폭패당'의 캐릭터를 사용한 4인 대국 마작 게임. 게임은 대국인 '챌린지', '프리 마작', '파티' 외에, 퀴즈 형식인 '필 버릴까' 4가지를 준비했다. 답안은 프로 작사가 해설해 준다.

더 모노폴리 게임 2

TBL　토미　1995년 3월 31일　11,500엔　12M

93년에 발매된 「모노폴리」의 속편. 이토이 시게사토와 하쿠타 이쿠오가 감수했다. 호텔에 숙박하며, 호텔에서 개최되는 모노폴리 대회 5종에서 우승을 노린다. 퀴즈와 슬롯, 마작 등의 미니게임도 충실. 3인 이상의 멀티플레이도 가능하다.

STG 슈팅 게임　ACT 액션 게임　PZL 퍼즐 게임　RPG 롤플레잉 게임　SLG 시뮬레이션 게임　SPT 스포츠 게임　RCG 레이싱 게임　AVG 어드벤처 게임　ETC 교육·기타　TBL 보드 게임

최고속사고 쇼기 마작

TBL　바리에　1995년 3월 31일　9,800엔　4M

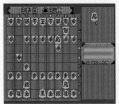

월간 프로마작 공인과 일본프로 마작연맹 추천을 받은, 쇼기와 마작을 즐길 수 있는 소프트. 특수 칩 'SA-1'을 내장해 쇼기의 사고시간을 단축했다. 양쪽 모두 대전 중심으로, 6명의 작사 및 기사와 대국한다. 마작은 지방 룰로 대전도 가능.

사상 최강 리그 : 세리에 A 에이스 스트라이커

SPT　TNN　1995년 3월 31일　9,980엔　12M

당시 축구 리그의 최고봉이었던 세리에 A가 무대인 축구 게임. 당시 세리에 주니어에는 미우라 카즈요시 선수가 재적 중이었다. 당시 세리에 A 소속 18개 클럽 선수들이 실명으로 등장. 원하는 포메이션을 설정할 수 있고, 선수 포지션도 바꿀 수 있다.

슈퍼 포메이션 사커 95 della 세리에 A

SPT　휴먼　1995년 3월 31일　9,980엔　12M

인기 축구 게임 제 4탄. 이탈리아의 세리에 A를 테마로 잡았다. 리그전으로 총 34시합을 치루는 세리에 A 모드는 오토 세이브를 채용했고, 플레이어의 시합 이외엔 스킵도 가능. 그 외에도 시추에이션 모드와 프랙티스 모드를 마련했다.

나와라 도련님 좋구나 최고다

ACT　선소프트　1995년 3월 31일　9,800엔　12M

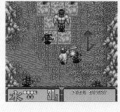

바보 도련님과 바보 왕자가 활약하는 액션 게임. 적을 물리쳐 파워를 모으면 잔뜩 단련한 마쵸 모습이 된다. 보스 캐릭터를 보통 모습으로 물리쳤을 때와 마쵸화해 물리쳤을 때 표시되는 화면 그래픽이 달라진다. 커맨드를 입력하면 괴상한 기술도 나간다.

하부 명인의 재미있는 쇼기

슈퍼 패미컴 마우스 지원

TBL　토미　1995년 3월 31일　12,000엔　8M

일본쇼기연맹 추천, 하부 요시하루 9단 감수 소프트. 본격 대국을 시작으로 마음대로 말을 놓을 수 있는 '쇼기 대전략', 텍스트로 두는 '츠이타테 쇼기', 승격한 말이 가면으로 바뀌는 '가면 쇼기', 지뢰를 밟은 상대 말은 자기 말이 되는 '지뢰 쇼기'를 수록.

미키 매니아 : THE TIMELESS ADVENTURES OF MICKEY MOUSE

ACT　캡콤　1995년 3월 31일　9,500엔　16M

미키 마우스가 출연한 과거 작품을 순회하는 액션 게임. 스테이지는 작품의 세계관에 맞춰 제작했다. 미키를 조작해 적을 쓰러뜨리고 퍼즐을 풀며 공략한다. 액션의 디테일이 상당해, 원작 영화를 떠올릴 만큼 부드러운 동작을 보여준다.

레이디 스토커 : 과거에서 온 도전

RPG　타이토　1995년 4월 1일　9,980엔　20M

모든 화면을 쿼터뷰로 표시하여 입체감을 낸 것이 특징인 액션 RPG. 높이 개념을 살린 퍼즐 등의 장치가 다수 준비되어 있다. 스토리는 주인공 레이디가 조역 2명과 함께 전설의 섬에 도착해 대규모 사건에 휘말려든다는 이야기.

전일본 프로레슬링 2 : 3·4 부도칸

ACT　메사이야　1995년 4월 7일　10,800엔　24M

전일본 프로레슬링의 90년대 황금기에 발매된 타이틀. 자이언트 바바와 점보 츠루타는 물론 미사와 미츠하루와 코바시 켄타, 스탠 핸슨도 사용 가능하다. 등장 레슬러는 총 19명. 3관 헤비급 등의 타이틀전과, 시리즈 프로모션을 시뮬레이트할 수도 있다.

HARDWARE
1990
1991
1992
1993
1994
1995
1996
1997
1998
1999
2000
INDEX

퍼즐합니다!

PZL　일본물산　1995년 4월 14일　8,980엔　8M

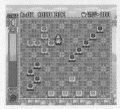

같은 색 블록을 상하좌우로 3개 붙여 지워가는 퍼즐 게임. 모드는 3가지가 마련돼 있고, 노멀에서는 숨겨진 스테이지를 합치면 99스테이지가 준비돼 있다. 대전은 2명부터 4명까지 플레이 가능. 스테이지 제작 기능도 들어있다.

Res Arcana 디아나 레이 점술의 미궁

ETC　코코너츠 재팬　1995년 4월 14일　9,500엔　8M

미인 점술사 디아나 레이가 점술과 심리 테스트를 해주는 소프트. 점술은 타롯, 별자리, 역술 중에서 선택할 수 있고 직업과 놀이, 금전, 연애를 점처 준다. 심리 테스트에서는 심층심리를 밝혀내, 자신이 어떤 인간인지를 알려준다.

라 워즈

RPG　유타카　1995년 4월 21일　9,800엔　12M

신도샤의 미디어믹스 프로젝트 일환으로, 하비 재팬의 TRPG와 소설 '워즈 1092'에 기반한 RPG. 주인공 시폰이 전설의 하얀 조병을 발굴해내 적의 야망을 분쇄한다는 이야기다. 캐릭터와 메카닉 디자인에 유명 스탭을 기용했다.

신 SD전국전 대장군열전

RPG　벡　1995년 4월 21일　9,800엔　12M

무사 건담 시리즈가 원작인 리얼타임 시뮬레이션 RPG. 주인공 건담 일행이 어둠의 황제를 물리친다는 이야기다. 분위기는 물론 글꼴까지 옛 일본 풍으로 표시된다. 전투 신의 행동 순서는 피아 구별 없이 민첩성이 높은 유닛부터 시작한다.

슈퍼 트럼프 컬렉션

TBL　바텀 업　1995년 4월 21일　8,900엔　4M

다양한 트럼프 게임을 즐길 수 있는 소프트. 수록된 게임은 도미노, 신경쇠약, 포커, 도둑잡기, 도봉, 세븐브리지, 스피드, 대부호, 블랙잭, 페이지 원의 10종류. 신경쇠약과 스피드는 2인 플레이도 가능하다.

슈퍼 리얼 마작 PV 패러다이스:올스타4인 대국

TBL　세타　1995년 4월 21일　9,800엔　12M

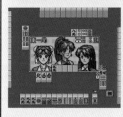

슈퍼 패미컴판으로는 2번째 작품. 아케이드판의 개변 이식작으로, 시리즈 최초로 4인 대국 마작이 되었다. P Ⅱ부터 PV까지의 여성 캐릭터 9명이 등장한다. 토너먼트 모드에서는 9명 중 3명을 골라 대전한다. 연습 모드도 있다.

택티컬 사커

SPT　일렉트로닉 아츠 빅터　1995년 4월 21일　9,800엔　12M

전략성을 중시한 축구 게임. 감독이 되어 팀을 승리로 이끄는 액티브 시뮬레이션 게임이다. 선수를 직접 조작할 필요 없이, 시합 전개에 맞춰 패스와 슛 등의 지시를 내린다. 5종류의 게임 모드에서 세계의 강호와 싸울 수 있다.

나츠키의 위기일발 배틀

ACT　엔젤　1995년 4월 21일　10,800엔　20M

슈에이샤의 베어즈 클럽과 영 점프에서 연재되던 인기 만화를 게임화했다. 주인공 키스미 나츠키를 조작해 라이벌들과 싸우는 2D 대전격투 게임이다. 등장하는 캐릭터 8명 중 하나를 선택해 싸우는 배틀 모드와 100명 연전 모드도 탑재.

마법진 구루구루

RPG 에닉스 1995년 4월 21일 10,800엔 16M

새벽을 가져오는 새 '오클락'의 알을 부화시키러 12개 탑에 봉인된 마법진을 모으는 RPG. 전투에서는 쿠쿠리를 조작해 마법진을 그려 반자동으로 싸우는 니케를 보좌한다. 마법진은 이 작품의 오리지널로, 마법 오바바나 북북노인 소환 등이 있다.

마멀레이드 보이

SLG 반다이 1995년 4월 21일 9,800엔 8M

요시즈미 와타루 원작의 인기 만화 및 애니메이션이 원작인 타이틀. 과거 발매됐던 게임보이판을 리뉴얼하고 새로운 이벤트를 추가했다. 주인공 미키가 되어, 3명의 남자 중 누구 한 명과 맺어지는 게 목적이다. 라이벌들과의 밀당을 즐겨보자.

미야지 사장의 파친코 팬 승리선언 2

SLG POW 1995년 4월 21일 9,800엔 8M

가전기기 체인점 죠난덴키의 명물 사장 미야지 토시오가 게임에 등장해 플레이어에게 파친코 어드바이스를 해주는, 저명인사가 작품에 등장하는 파친코 게임. 숨겨진 커맨드를 입력하면 등장인물이 전부 미야지 사장으로 바뀐다는데!?

리조이스 : 아레사 왕국의 저편

RPG 야노만 1995년 4월 21일 9,900엔 16M

슈퍼 패미컴과 게임보이로 전개된 「아레사」 시리즈 중 한 작품. 2인 동시 플레이가 가능한 액션 RPG다. 스토리는 불량배 그룹 '리조이스'의 리더 트레노가 마법사 돌과 함께 쓰나미에 휩쓸려간 동료를 찾아나선다는 것.

강의 누시 낚시 2

ACT 팩인비디오 1995년 4월 28일 10,800엔 12M

90년에 발매된 패미컴판의 속편. 낚시 게임에 RPG를 조합한 내용으로, 필드를 이동하며 '누시'라 불리는 물고기를 낚아야 한다. 등장하는 물고기는 66종류. 곤들매기와 블랙배스처럼 유명한 물고기부터 신기한 어종이나 멸종위기종까지 망라했다.

3차원 격투 볼즈

ACT 미디어 링 1995년 4월 28일 9,800엔 8M

구체로 이루어진 캐릭터를 사용한, 슈퍼 패미컴 최초의 3D 대전 격투 게임. 필드에 넓이 개념이 있어, 전후좌우로 이동할 수 있다. 캐릭터를 심플하게 만든 만큼 액션이 다채롭고 부드럽다. 시합을 리플레이하는 모드도 내장돼 있다.

J리그 익사이트 스테이지 '95

SPT 에포크 사 1995년 4월 28일 9,800엔 12M

히트작이 된 전작의 95년도 데이터판. 특징인 포메이션은 그대로 두고, 그 해 J리그에 소속된 전 14개 클럽이 선수까지 포함해 모두 실명으로 등장한다. 또한 골키퍼를 조작 가능하며, 오프사이드 반칙이 유효하게 되었다.

시뮬레이션 프로야구

SPT 헥트 1995년 4월 28일 12,800엔 16M

전 야쿠르트 스왈로즈의 명선수 후루타 아츠야가 감수한 야구 게임. 당시 현역이던 12개 구단의 선수가 모두 실명으로 등장한다. 플레이어가 감독으로 팀을 이끌어 일본 1위를 노리는 내용. 선수를 직접 조작할 필요 없이, 볼배합이나 노릴 공을 지시한다.

HARDWARE
1990
1991
1992
1993
1994
1995
1996
1997
1998
1999
2000
INDEX

초단위인정 초단 프로마작

슈퍼 패미컴 마우스 지원

TBL　갭스　1995년 4월 28일　9,800엔　4M

일본프로마작연맹이 공인하고, 나오키상 수상 작가인 이쥬인 시즈카가 추천한 마작 소프트. 프로 작사가 13명 등장한다. 플레이어의 성적을 분석해 기풍과 운, 견실성 등을 기록하는 기능도 있다. 초단 면허인정 모드에서는 50개 문제가 출제된다.

슈퍼 파친코 대전

SLG　반프레스토　1995년 4월 28일　6,900엔　4M

SD 시리즈로 친숙한 히어로들이 파친코 기기로 싸우는 게임. 각 캐릭터가 파친코 기기의 릴을 돌린 결과에 따라 상대를 공격한다는 독특한 아이디어의 작품이다. 스리세븐이나 리치를 터뜨려 화려한 기술을 발동해 보자.

슈퍼 봄버맨 3

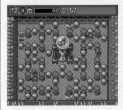

ACT　허드슨　1995년 4월 28일　8,900엔　12M

슈퍼 패미컴에서 5인 대전을 처음 구현해낸 「봄버맨」. 코어 메카를 모두 파괴하며 진행하는 총 6스테이지의 스토리 모드와, 싱글과 태그를 선택 가능한 배틀 모드를 수록했다. 배틀 시 패배자가 밖에서 공격 가능한 '된장 폭탄'이 처음 등장했다.

스톤 프로텍터즈

ACT　켐코　1995년 4월 28일　9,800엔　16M

당시 미국에서 인기였던 장난감 인형을 게임화한 타이틀. 미국 만화 스타일을 강조한 작풍의 벨트스크롤 액션이다. 주인공 5명 중 하나를 골라, 크리스탈 팰리스를 지키기 위해 최강의 정복자 ZOK 일당에 맞선다. 총 10스테이지 구성.

타롯 미스터리

ETC　비지트　1995년 4월 28일　9,800엔　8M

고대 이집트와 고대 유대가 기원이라 하는 타롯 점술을 집에서 간단히 체험할 수 있는 타이틀. 종합운, 연애운, 결혼운, 학업운, 대인운, 금전운의 6가지 점을 볼 수 있다. 타롯 카드는 컴퓨터가 알아서 조작해 준다.

트루 라이즈

ACT　어클레임 재팬　1995년 4월 28일　10,900엔　16M

94년에 개봉한 같은 제목의 영화 게임판. 아놀드 슈왈제네거가 연기한 주인공을 조작해, 테러리스트에게서 핵탄두를 되찾아오자. 무기는 머신건 등 6종류가 있다. 라이프제이프로 몇 번 실수해도 죽지는 않지만, 일반 시민을 쏘면 목숨이 줄어든다.

패세마작 능가

TBL　아스키　1995년 4월 28일　12,800엔　8M

현실의 마작에서 흐르는 미묘한 판의 분위기, '패세(牌勢)'를 시뮬레이트하는 마작 게임. 16명의 개성적인 작사들이 등장한다. 작사 메이킹 모드에서는 오리지널 작사를 만들 수 있다. 만든 작사는 플레이어로도 대전상대로도 사용 가능하다.

플래닛 챔프 TG3000

RCG　켐코　1995년 4월 28일　9,500엔　8M

미래가 무대인 레이싱 게임. 하이테크 머신을 운전해, 은하 내 행성에 설치된 코스를 주파한다. 한 레이스에서 10위 안에 들지 못하면 게임 오버가 된다. 4인 동시 플레이에서는 4분할 화면으로 표시된다. 코스는 전부 55종류.

신디케이트

ACT 일렉트로닉 아츠 빅터 1995년 5월 19일 9,800엔 8M

PC에서의 이식작. 근미래가 무대인 시뮬레이션 게임. 신디케이트의 보스가 되어 일반인을 납치해 요원으로 개조하여 적 조직으로 파견한다. 최종적으로는 적 조직 전부를 무력화시키는 게 목적. 세뇌와 암살, 학살도 가능한 등 폭력 요소가 있는 게임이다.

슈퍼 경마 2

SLG 아이맥스 1995년 5월 19일 11,800엔 12M

당시 후지 TV 계열에서 방영했던 같은 제목의 프로 공인 소프트 제 2탄. 중앙경마가 모델인 경주마 육성 시뮬레이션 게임이다. 전작에서 호평 받은 BGM은 그대로 사용했다. 레이스는 프로를 재현한 형식의 실황으로, 당시의 인기 코너도 재현했다.

스누피 콘서트

슈퍼 패미컴 마우스 지원

ACT 미츠이 부동산 / 덴츠 1995년 5월 19일 9,800엔 16M

인기 만화 '피너츠'의 캐릭터들이 활약하는 타이틀. 게임은 찰리 브라운, 슈로더, 라이너스, 리더의 4부로 나뉘어 있어, 각각 문제를 스누피가 해결하는 식이다. 모두 클리어하면 스누피가 콘서트를 개최한다.

배틀 타이쿤 : FLASH HIDERS SFX

ACT 라이트 스터프 1995년 5월 19일 10,980엔 24M

93년에 발매된 PC엔진용 격투 게임 「플래시 하이더스」의 속편 격 타이틀. 기본 시스템은 답습하되 초필살기를 추가했다. 게임 모드는 어드밴스드 모드와 VS 모드 2종류를 준비했다. 대전 전에 포인트를 분배해 능력을 가변할 수도 있다.

워록

ACT 어클레임 재팬 1995년 5월 26일 10,900엔 16M

악마의 아들 워록을 물리치기 위해 드루이드 전사가 활약하는 액션 게임. 퍼즐과 함정을 돌파하며, 강력한 힘이 깃들었다는 룬스톤 6개를 워록보다 먼저 모아야만 한다. 염파를 이용한 공격으로 멀리 있는 적을 쓰러뜨릴 수도 있다.

굴 패트롤

ACT 빅터 엔터테인먼트 1995년 5월 26일 8,800엔 8M

잘못하여 해방돼 버린 악령을 퇴치하기 위해, 플레이어와 친구 제리가 굴 패트롤이 되어 활약하는 액션 게임. 도서관을 탐색하며 악령을 퇴치한다는 내용으로, 캐릭터의 다채로운 액션이 즐겁다. 2인 동시 플레이도 가능하다.

컴퓨터 뇌력해석 울트라 마권

SLG 컬처 브레인 1995년 5월 26일 12,800엔 8M

유메노스케가 감수하고 경마평론가 하나오카 타카코가 추천한 경마 게임. 경마신문 등의 데이터를 입력해 '박사', '명인', '유메노스케' 3명의 예측을 받는다. 패밀리 모드는 총 12레이스를 예측해, 최후에 돈을 가장 많이 번 사람이 우승.

심시티 2000

SLG 이매지니어 1995년 5월 26일 12,800엔 16M

PC에서 인기였던 도시 육성 시뮬레이션 게임의 이식작. 도로와 건물을 건설해 거대도시로 발전시켜가자. 시점을 쿼터뷰로 변경하면 도시의 성장을 실감하게 관찰할 수 있다. 슈퍼 패미컴에서만 플레이 가능한 시나리오도 준비돼 있다.

HARDWARE
1990
1991
1992
1993
1994
1995
1996
1997
1998
1999
2000
INDEX

슈~퍼~ 퍼즐뿌요 루루의 루

PZL 반프레스토 1995년 5월 26일 9,200엔 8M

답이 정해진 퍼즐 문제를 푸는, 「뿌요뿌요」의 외전 격 게임. 스토리 모드는 아르르 편과 루루 편의 시나리오가 있고,

연쇄 문제만을 모은 '연쇄의 도'와 직접 문제를 만드는 '에디트', 무한 게임 '끝없이 뿌요뿌요' 등 여러 게임 모드를 준비했다.

스타게이트

ACT 어클레임 재팬 1995년 5월 26일 10,900엔 16M

인기 SF 영화가 원작인 액션 게임. 주인공 다니엘이 기관총을 한손에 들고 고대 유적의 비밀을 풀어나간다. 외계인 라를

물리치고 궁극의 수수께끼를 해명하는 것이 목적. 표시된 퀘스트를 클리어하면서 폭탄 자재를 수집하며, 석판 7개를 모으자.

스파크 월드

ACT DEN'Z 1995년 5월 26일 8,500엔 4M

차량을 조작해 필드 안에 전지를 설치하며 돌아다녀, 상대를 감전시켜 쓰러뜨리는 액션 게임. 마지막까지 살아

남은 차가 승리한다. 형사가 주인공인 스토리 모드는 1~2인 플레이가 가능하고, 배틀 모드는 2~4명까지 참가할 수 있다.

니치부츠 아케이드 클래식스

ETC 일본물산 1995년 5월 26일 5,980엔 4M

약칭 '니치부츠'로 유명한 일본물산의 고전 아케이드 게임 「문 크레스타」, 「크레이지 클라이머」, 「프리스키 톰」을 수록

한 합본. 각 게임을 고른 후 옵션에서 오리지널판과 어레인지판 중 하나를 선택하거나 익스텐드 점수를 설정할 수 있다.

파친코 연짱 천국 : 슈퍼 CR 스페셜

SLG 바프 1995년 5월 26일 9,800엔 4M

연속 대박이 터지는 것으로 인기였던 CR계 기기를 즐길 수 있는 파친코 게임. 오리지널 기기, 실존품과 유사한 기기 등 4가지

기기가 등장한다. 어드벤처 게임 풍의 스토리 모드와 대전 플레이를 즐길 수 있다. 확률변동 데이터 등을 해석하는 모드도 있다.

속기 2단 모리타 쇼기 2

슈퍼 패미컴 마우스지원

TBL 세타 1995년 5월 26일 14,900엔 4M

일본쇼기연맹 추천의, 종합 기력 2단 실력을 보유한 소프트. 세타가 독자 개발한 특수 칩을 내장해 사고 속도가 상승, 기력

과 속기를 양립시켰다. 일반 모드인 대국실과 초보자도 안심인 입문교실을 비롯해, 박보장기와 급위, 단위취득전을 탑재했다.

진수 대국바둑 : 바둑선인

TBL J·WING 1995년 6월 2일 15,500엔 8M

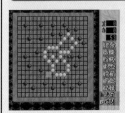

대 CPU전과 2P 플레이에 특화시킨 심플한 바둑 소프트. CPU는 다종다양한 기풍으로 플레이어에게 승부를 걸어온다. 장시

간 대국도 충실히 기록해주므로 승부에 집중할 수 있도록 제작되었다. 실력차가 날 때는 접바둑 등의 핸디캡도 붙일 수 있다.

엘파리아 II : 더 퀘스트 오브 더 멜드

RPG 허드슨 1995년 6월 9일 9,980엔 16M

93년에 발매된 전작의 100년 후를 그린 RPG. 엘파리아의 세계엔 돈 개념이 없어, 캐릭터와 무기의 속성을 이용해

무기를 강화하고 아이템을 제작해야 한다. 전투는 세미 오토로 진행되며, 속성을 이용해 진형을 짤 수도 있다.

STG 슈팅 게임 ACT 액션 게임 PZL 퍼즐 게임 RPG 롤플레잉 게임 SLG 시뮬레이션 게임 SPT 스포츠 게임 RCG 레이싱 게임 AVG 어드벤처 게임 ETC 교육·기타 TBL 보드 게임

요괴 버스터 루카의 대모험

ACT 카도카와쇼텐 1995년 6월 9일 10,800엔 8M

게임잡지 '마루카츠 슈퍼 패미컴'의 마스코트 캐릭터 '루카'가 주인공인 액션 게임. 루카는 손에 든 염라대왕의 머리로 요괴를 흡수하거나 벽에 달라붙는 등 다채로운 액션을 보여준다. 미니게임 '바이크 레이싱'은 아이템을 얻으며 골인을 노리는 게임이다.

본가 SANKYO FEVER 실기 시뮬레이션

SLG DEN'Z 1995년 6월 10일 18,800엔 12M

실제 존재하는 파친코 기기를 그대로 가정에서 시뮬레이션 가능한 소프트. 대형 메이커인 산쿄의 'CRF 월드 1', '피버 넵튠', '피버 워즈', '피버 캐슬' 4종류의 기기를 즐길 수 있다. 철침 등의 세부적인 설정 조정도 가능하다.

야광충

AVG 아테나 1995년 6월 16일 10,800엔 16M

화물선을 무대로, 야광충을 모티브로 한 스토리가 전개되는 사운드 노블. 각 본가 시라이시 마미가 집필한 '콘도 편', '밀항자 편', '살인 벌 편' 시나리오를 수록했다. 선택지에 따라 이야기 과정이 변화하는 시스템이다.

어스웜 짐

ACT 타카라 1995년 6월 23일 9,800엔 24M

지렁이 '짐'이 주인공인 액션 게임. 미국제 타이틀의 일본 현지화판이다. 짐은 인간의 지능과 응용력을 갖췄으며, 사이버슈츠를 착용하고 있다. 점프나 몸을 활용한 채찍 공격 등 경쾌한 액션이 특징으로, 스테이지 구성도 다채롭다.

실전 경정

SLG 이매지니어 1995년 6월 23일 11,800엔 12M

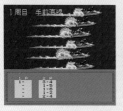

사단법인 전국모터보트경쟁회 연합회가 공인한 경정 게임. 3명의 경정 선수를 육성하는 스토리 모드와, 여러 명이서 경정 예상 게임을 즐기는 파티 모드, 등록된 선수 중 5명을 골라 경쟁하는 드림매치 모드를 탑재했다.

슈퍼 스타워즈 : 제다이의 귀환

ACT 빅터 엔터테인먼트 1995년 6월 23일 10,800엔 16M

대인기 영화의 게임판. 에피소드 6 '제다이의 귀환'에 기반을 둔 액션 게임이다. 반란군 전사가 되어, 다스 베이더와 황제 팰퍼틴을 쓰러뜨리는 것이 목적이다. 루크와 레아 공주 등, 조작 가능한 캐릭터가 15명으로 늘어났다.

트럼프 아일랜드

슈퍼 패미컴 마우스 지원

TBL 팩 인 비디오 1995년 6월 23일 8,900엔 4M

트럼프로 가능한 다양한 게임들을 즐길 수 있는 미니 게임 모음집. 포커와 피라미드, 프리셀 등 매니악한 타이틀을 포함해 총 12종류를 수록했다. 게임 도중의 배경그림은 당시 나인라이브즈 대표를 역임했던 아카이 타카미가 담당했다.

니시진 파친코 이야기

SLG KSS 1995년 6월 23일 10,800엔 8M

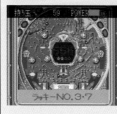

당시 '하루이치방', '하나만카이' 등으로 대박을 꿈꾸던 사람도 많지 않았을까? '니시진'의 인기 기종이 수록된 파친코 게임. 스토리 모드에서는 파친코 대회의 출장권을 따내기 위해 돈을 버는 데부터 이야기가 시작된다. 착실하게 벌이에 임해보자.

HARDWARE | 1990 | 1991 | 1992 | 1993 | 1994 | 1995 | 1996 | 1997 | 1998 | 1999 | 2000 | INDEX

HARDWARE

1990
1991
1992
1993
1994
1995
1996
1997
1998
1999
2000

INDEX

P맨

ACT 켐코 1995년 6월 23일 9,200엔 8M

배불뚝이 원시인이 공룡 뼈(이 세계에서의 돈)를 찾아 모험하는 액션 게임. 곤봉과 창 등의 무기를 이용한 풍부한 액션, 다양한 탈것, 식료품을 모으는 스코어 어택 요소 등이 마련돼 있다. 탈것의 경우 무면허이다 보니 경찰에 잡히기도 한다.

프린세스 미네르바

RPG 빅 토카이 1995년 6월 23일 9,900엔 16M

PC-9801용으로 발매된 작품의 이식작. 왕녀 미네르바와 그녀의 친위대 8명이 모험하는 총 5장짜리 스토리로 구성된 RPG다. 방어구별로 캐릭터의 그래픽이 다채롭게 준비돼 있는 것이, 미소녀들이 잔뜩 나오는 이 작품의 볼거리 중 하나다.

Mr. Do!

ACT 이매지니어 1995년 6월 23일 5,980엔 2M

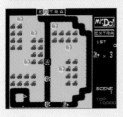

피에로를 조작하여 터널을 파며 전진해, 적을 사과로 깃눌러 없애버리는 액션 게임. 기본적으로 체리를 모두 모으거나 적을 전멸시키면 스테이지 클리어되지만, 화면 맨 위에서 나오는 EXTRA 몬스터를 모두 물리쳐도 클리어가 된다.

루인 암

RPG 반다이 1995년 6월 23일 10,800엔 20M

행방불명된 아버지를 찾아 남매가 모험하는 액션 RPG. 캐릭터 육성은 경험치나 레벨이 아니라, 게임 내에서 모은 '스타'를 능력치에 분배하는 방식. 연금술로 금속을 만들어 무기를 주문 제작하는 시스템도 있어, 캐릭터 육성의 자유도가 높다.

대물 블랙배스 피싱 : 인공호수 편

ACT 어클레임재팬 1995년 6월 30일 12,800엔 16M

프로 배스 낚시꾼인 시모노 마사키가 감수한 실전 지향형 낚시 게임. 자금 100만 엔을 바탕으로 배스 피싱 토너먼트에 참가해 우승하는 게 목적이다. 특징은 풍부하게 준비된 루어 수. 계절과 시간을 자유롭게 설정 가능한 프리 모드도 수록.

가메라 : 갸오스 격멸작전

SLG 사미 1995년 6월 30일 9,980엔 12M

특촬영화가 소재인 전략 시뮬레이션 게임. 플레이어는 괴수대책위원회 일원이 되어 괴수를 유도해 격퇴해야 한다. 주어진 예산 내에서 미사일과 전차 등의 병기를 배치해, 피해액이 최소화되게끔 작전을 실행할 필요가 있다.

그란히스토리아 환사세계기

RPG 반프레스토 1995년 6월 30일 11,400엔 16M

멸망일로를 걷고 있는 대륙이 무대인 RPG. 세계기(世界記)와 함께 이세계에서 온 주인공이 현지 인간들과 합세해 멸망의 운명을 바꿔나간다. 주인공의 행동에 따라 세계기에 기록된 대륙 멸망까지의 연표가 변화한다는 시스템이다.

서킷 USA

RCG VIET 1995년 6월 30일 9,800엔 16M

시판 차를 베이스로 개조한 차량을 사용하는 미국의 독자적인 경기, '스톡 카 레이스'가 소재인 레이싱 게임. 총 28레이스에서 취득 포인트를 다투어 종합 우승하는 것이 목적. 6위 밖이면 즉시 게임 오버가 되므로, 상금으로 머신을 강화하는 게 중요하다.

신일본 프로레슬링 공인 '95 도쿄 돔 BATTLE7

ACT 바리에 1995년 6월 30일 11,800엔 24M

당시의 프로레슬러들이 실명으로 등장하는 프로레슬링 게임. 기술을 되받는 '반격' 액션을 도입하여 앞을 내대볼 수 없는 공방을 실현했다. '케로쨩'이란 별명으로 친숙했던 링 아나운서 다나카 케로의 숨겨진 메시지 등, 스탭의 장난기도 엿보인다.

슈퍼 경정

SLG 일본물산 1995년 6월 30일 9,500엔 10M

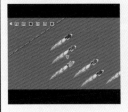

다양한 각도로 경정을 즐길 수 있는 작품. 교습소에서 시작하여 탑 레이서를 노리는 '경정 영웅전'과 1만 엔을 손에 쥐고 설정된 연수 내에 얼마나 버는지를 겨루는 '갬블 왕', 실제 레이스에서 우승선을 예상하는 '예상 모드' 3가지 모드를 준비했다.

슈퍼 파이어 프로레슬링 퀸즈 스페셜

ACT 휴먼 1995년 6월 30일 11,400엔 24M

여자 프로레슬링에 초점을 맞춘 「파이어 프로레슬링」 시리즈 파생작의 최종 작품. 실명 선수 17명과 가상 선수 21명이 등장한다. 특정 기술을 당하면 '빡치는' 빡침 시스템 등, 독자적인 시스템을 도입했다.

데어 랑그릿사

RPG 메사이야 1995년 6월 30일 10,800엔 16M

시뮬레이션 RPG 「랑그릿사 Ⅱ」를 기반으로, 시나리오 분기 및 소설판 「랑그릿사 Ⅱ」의 캐릭터 등을 추가한 작품. 원작에서는 적이었던 캐릭터와 동료가 되는 전개나, 인류의 적이 되어 과거의 동료들과 싸우는 전개도 만끽할 수 있다.

떴다! 럭키맨 : 럭키 쿠키 룰렛으로 돌격~

RPG 반다이 1995년 6월 30일 8,800엔 8M

보드 게임 풍 RPG. 악당맨에게 납치된 장미를 구출하러 가는 스토리로, 내용상 같은 제목의 애니메이션의 후일담에 해당한다. 룰렛을 돌려 나온 숫자만큼 이동하고, 전투에서도 슬롯을 돌려 공격방법을 결정하는 등, 원작처럼 '운'을 중시하고 있다.

복각판 제독의 결단

SLG 코에이 1995년 6월 30일 9,800엔 10M

슈퍼 패미컴판 「제독의 결단」(64p)의 가격을 낮춰 재발매한 작품. 게임 내용은 초기 발매판과 동일하며, 일본과 미국 중 한 나라에 소속되어 태평양전쟁을 헤쳐 나가는 해전 시뮬레이션 게임이다.

프로 마작 키와미 Ⅲ

TBL 아테나 1995년 6월 30일 9,800엔 8M

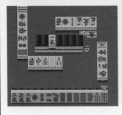

여러 플랫폼과 스마트폰 앱으로까지 출시된 마작 게임 시리즈 「키와미」 작품 중 하나. '갬블 모드'와 '프로 모드', '퀴즈 모드'를 수록했으며, 퀴즈 모드는 어느 패를 버릴지, 상대가 무슨 패를 가졌는지를 사고하는 능력을 배양하는 내용이다.

리틀 마스터 : 무지갯빛 마석

RPG 토쿠마쇼텐인터미디어 1995년 6월 30일 9,900엔 16M

시뮬레이션 RPG 시리즈 3번째 작품. 전투 도중 적절한 타이밍으로 버튼을 누르면 아군의 공방 시 보정치가 붙는 '임팩트 시스템'과, 동료 몬스터의 합체·합성, 턴 경과로 시간이 지나면 주간형·야간형 유닛에 영향을 주는 시스템 등이 특징이다.

HARDWARE
1990
1991
1992
1993
1994
1995
1996
1997
1998
1999
2000
INDEX

HARDWARE
1990
1991
1992
1993
1994
1995
1996
1997
1998
1999
2000
INDEX

캐러밴 슈팅 컬렉션
STG 허드슨 1995년 7월 7일 6,800엔 4M

캐러밴 공식 인정 소프트로 발매된 슈팅 게임 3작품을 하나로 합본 수록했다. 「스타 포스」, 「스타 솔져」, 「헥터 '87」의 패밀리 컴퓨터판을 일체 리메이크하지 않고 원작 그대로 속도 지연이나 플리커링까지 완전 재현한 것이 특징이다.

사기영웅전 인룡전설
RPG 아웃트리거공방 1995년 7월 7일 10,800엔 12M

사마천이 썼다는 중국의 역사서 '사기'를 기반으로 만든 RPG. 상고시대부터 춘추전국시대까지를 무대로, 사기에 등장하는 에피소드를 구현했다. 시스템은 전통적인 커맨드 선택식으로, 진행 도중엔 퍼즐 등의 미니게임도 준비돼 있다.

실전! 파치슬로 필승법! 클래식
SLG 사미 1995년 7월 7일 9,500엔 8M

명기 '알라딘', '뉴 페가수스', '윙클' 등이 수록된 파치슬로 게임. 구슬의 대량 잭팟으로 좌중의 주목을 모았던 '알라딘 찬스'(통칭 '아라찬')의 흥분을 집에서 맛볼 수 있어 팬들 사이에서 화제가 되었다.

진 일확천금
ETC 바프 1995년 7월 7일 9,800엔 8M

포커, 홀짝, 친치로링, 경정, 경마의 5가지 갬블 게임을 즐길 수 있는 가성비 좋은 타이틀. 천재 갬블러 4명을 상대로 자신의 실력을 겨룰 수 있다. 챌린지 모드의 랭크는 C부터 A까지 있고, 목표 금액을 모으면 표창장도 받는다.

슈퍼 F1 서커스 외전
RCG 일본물산 1995년 7월 7일 9,900엔 12M

시리즈 최종 작품. SD 캐릭터를 사용하여 코믹하게 전개된다. 레이싱 신은 리어 뷰 시점이다. 시판 차량 베이스의 GT 카부터 시작하여, 그룹 C로 차근차근 올라간다. 최종적으로는 F1 챔피언을 노린다. 코스는 16종류가 준비돼 있다.

상큼한 하이스쿨
SLG BPS 1995년 7월 7일 9,990엔 16M

교사가 되어 학생들을 지도해 학교의 명성을 올리자. 목표는 전국 제일의 유명 학교로 만드는 것. 특징은 학교를 커스터마이징 가능하다는 점이다. 자금 한도 내에서 시설을 만들 수 있다. 교사로서는 학생 중 한 명을 골라 졸업까지 지도해야만 한다.

파친코 챌린저
SLG 카롯체리아 재팬 1995년 7월 7일 9,800엔 8M

5개 층에 마련돼 있는 파친코들을 클리어해 가는 게임. 플레이어는 파친코가 차기 올림픽 정식종목에 채용된 가상의 세계에서 선수로 선발되기 위해 모든 층을 공략해야 한다. 파친코는 하네모노부터 디지털 파친코까지의 12대가 등장한다.

캣츠 런 : 전일본 K카 선수권
RCG 아틀라스 1995년 7월 14일 10,800엔 20M

실존하는 경차로 공공도로로 레이싱을 하는 게임. 등장 캐릭터의 반 이상이 여성이다. 등장하는 차량은 혼다 투데이와 스즈키 카푸치노 등 10대가 있다. 레이스는 스트레이트 런과 초이스 런 2종류가 있고, 아이템을 써서 라이벌 차량의 발을 묶을 수도 있다.

STG 슈팅 게임   ACT 액션 게임   PZL 퍼즐 게임   RPG 롤플레잉 게임   SLG 시뮬레이션 게임   SPT 스포츠 게임   RCG 레이싱 게임   AVG 어드벤처 게임   ETC 교육·기타   TBL 보드 게임

코시엔 4

SPT 마호 1995년 7월 14일 9,800엔 16M

시리즈 제 4탄. 고교야구 팀 감독이 되어 지방예선을 돌파하고 코시엔에서 우승을 노리는 것이 목적이다. 이번 작품에선 4,136개교 중 한 학교를 골라 플레이한다. 플레이 기간은 10년간. 선수는 3년마다 교체되므로, 성장과 육성을 파고들 필요가 있다.

공략 카지노 바

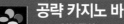

TBL 일본물산 1995년 7월 14일 7,800엔 8M

슬롯머신, 룰렛, 블랙잭 등 카지노에서 친숙한 7종류의 게임을 즐길 수 있다. 스토리 등 3가지 모드가 있고, 파티 모드에서는 4명까지 플레이 가능. 컨티뉴는 패스워드 방식이다.

슈퍼 경륜

SLG 아이맥스 1995년 7월 14일 9,800엔 12M

관계단체의 협력을 받아, S급 선수가 430명이나 실명으로 등장하는 경륜 게임. 차권사가 된 주인공이 경륜으로 번 돈으로 생활 레벨을 올려 여자친구와 결혼에 골인한다는 스토리. 게임은 스토리 모드와, 친구와 상금을 겨루는 파티 모드 2종류가 있다.

핏폴 : 마야의 대모험

ACT 포니 캐년 1995년 7월 14일 9,800엔 16M

인기 액션 게임의 최신작. 수많은 기종으로 발매되었다. 정글과 유적 등을 무대로, 다채로운 액션을 구사하며 악령에 사로잡힌 아버지를 구출해내자. 할리우드의 유명 스탭이 제작에 참가했고, 그래픽과 BGM도 파워 업했다.

미스틱 아크

RPG 에닉스 1995년 7월 14일 11,800엔 32M

환상적인 세계관의 RPG. 피규어가 되어 신전에 놓인 주인공이 원래 세계로 돌아가기 위해 세계를 열 열쇠, '아크'를 찾는다는 이야기다. 요네다 히토시, 야마다 아키히로를 기용한 캐릭터 디자인과 아이들만 존재하는 세계, 개성이 강한 음악으로 평가가 높다.

4인 쇼기

TBL POW 1995년 7월 14일 9,800엔 4M

4인 쇼기에 특화시킨 쇼기 소프트로, 플레이어 수가 부족할 경우 컴퓨터가 대신 상대해주는 모드가 있어 혼자서도 즐길 수 있다. 4인 대전은 멀티 플레이어 5가 없어도 컨트롤러만 2개 있으면 가능하도록 되어 있다.

라플라스의 악마

RPG 빅 토카이 1995년 7월 14일 9,900엔 16M

PC에서 이식된 호러 롤플레잉 게임. 1920년대 미국을 무대로, 유령 소동이 일어난 웨더탑 저택의 수수께끼를 파헤친다. 2D 던전으로 바뀌고, 캐릭터를 유저가 제작하는 방식이 아니라 소설판 기준으로 고정하는 등 원작에서 개변이 가해졌다.

악마성 드라큘라 XX

ACT 코나미 1995년 7월 21일 9,800엔 16M

슈퍼 패미컴판 드라큘라 시리즈 제 2탄. PC엔진의 「악마성 드라큘라 X」를 리메이크하고, 백 덤블링이나 점프 도중의 방향전환 등 새로운 액션을 추가했다. 일러스트는 야마다 아키히로를 기용했다. 패스워드로 컨티뉴가 가능하다.

고 고 아크만 2

ACT 반프레스토 1995년 7월 21일 9,500엔 12M

월간 V점프에 연재하던 같은 제목의 만화 게임화 제2탄. 에피소드는 게임을 위해 만든 오리지널이다. 검이 표준 장비가 되고, 던지기나 하단 찌르기 등 가능한 액션도 전작보다 늘어났다. 총과 부메랑도 사용 가능하고, 동일한 마크를 얻으면 파워 업한다.

쇼기 최강

슈퍼 패미컴
마우스 지원

TBL 마호 1995년 7월 21일 14,800엔 8M

특수한 연산 칩을 탑재해 사고 시간 단축을 실현한 소프트. 상대하는 CPU는 난이도를 3단계로 바꿀 수 있어, 플레이어의 실력에 맞는 대국이 가능하다. 그 외에도 쇼기 최강 모드에서는 8명의 강자와 연전하게 되며, 박보장기를 자동으로 푸는 모드도 있다.

슈퍼 배리어블 지오

ACT TGL 1995년 7월 21일 9,980엔 24M

9명의 웨이트리스가 최강 자리를 놓고 싸우는 대전 격투 게임. 캐릭터가 입은 의상은 제복이 예쁘다는 평가를 받은 실존 패밀리 레스토랑들의 유니폼을 참고해 디자인했다. 연속기도 잘 들어가, 속도감도 있고 상쾌감이 넘치는 작품이 되었다.

타케 유타카 G1 메모리

슈퍼 패미컴
마우스 지원

SLG NGP 1995년 7월 21일 12,800엔 24M

천재 기수 타케 유타카가 감수한 경마 게임. 실황은 스기모토 키요시가 맡았다. 실제와 동일한 18마리 레이스로 진행된다. 왕년의 명마를 기르는 메모리얼 모드와 기른 말로 중상 제패를 노리는 육성 모드, 명마와 대결하는 드림 매치를 준비했다.

던퀘스트 : 마신 봉인의 전설

RPG 테크노스 재팬 1995년 7월 21일 9,900엔 16M

갱도와 탑 등 4종의 던전을 모험하여, 숨겨진 수수께끼를 파헤쳐 가는 RPG. 플레이어 캐릭터 외에도 3명의 모험가들이 같은 던전을 탐색하고 있다. 레벨 업 개념이 없지만, 이벤트를 클리어해 칭호를 얻으면 능력치가 올라간다.

빅 일격! 파치슬로 대공략 2 : 유니버설 컬렉션

SLG 애스크 1995년 7월 21일 10,800엔 12M

'파이어버드', '트로피카나' 등의 1호기 명작들부터 '컨티넨털'까지 수록한, 실전 연구 목적의 파치슬로 시뮬레이션 게임. 이번 작품에서는 파치슬로 기기를 플레이어가 설계하는 모드도 준비되어 있다.

란마 1/2 오의사암권

PZL 토호 / 쇼가쿠칸프로덕션 1995년 7월 21일 8,800엔 8M

떨어져오는 가위바위보 블록을 가위바위보에서 이기는 형태로 쌓으면 블록이 사라지는 퍼즐 게임. 6명의 캐릭터를 선택할 수 있고, 도움 아이템 '양동이'를 사용하면 상대를 변신시켜 약체화되도록 할 수도 있다.

인디아나 존스 : Greatest Adventures

ACT 빅터 엔터테인먼트 1995년 7월 28일 10,800엔 16M

대히트 영화 시리즈의 비디오 게임판. 주인공 인디아나 존스가 되어 세계의 보물들을 찾아나서자. '레이더스'의 거대 바윗돌과 '마궁의 사원'의 광차 추격전, '최후의 성전'의 3가지 시련 등 원작 영화의 명장면들을 재현했다.

STG 슈팅 게임 ACT 액션 게임 PZL 퍼즐 게임 RPG 롤플레잉 게임 SLG 시뮬레이션 게임 SPT 스포츠 게임 RCG 레이싱 게임 AVG 어드벤처 게임 ETC 교육·기타 TBL 보드 게임

HARDWARE 1990 1991 1992 1993 1994 1995 1996 1997 1998 1999 2000 INDEX

울티마 공룡제국 : THE SAVAGE EMPIRE

RPG　포니 캐년　1995년 7월 28일　9,800엔　12M

고전 RPG의 외전격 작품. 이차원으로 날려간 주인공 '아바타'가 공룡들이 서식하는 태고의 세계에서 정글의 수수께끼를 해명해나가는 이야기다. 아이템끼리 합성하여 무기나 폭탄을 만들 수도 있다. 고대 부족을 도와주어 신뢰를 얻도록 하자.

울트라 리그 : 불타라! 축구 대결전!

SPT　유타카　1995년 7월 28일　9,800엔　12M

울트라맨 시리즈에 출연하는 히어로와 괴수가 등장하는 축구 게임. 캐릭터들은 모두 SD화된 모습으로 등장한다. 게임은 시나리오, 리그전, VS 모드 3가지를 준비했다. 필살 슛과 태클로 상대의 체력을 제로로 만들어야 한다.

에메랄드 드래곤

RPG　미디어웍스　1995년 7월 28일　9,800엔　16M

PC와 PC엔진에서 호평을 받았던 RPG의 이식판. 비주얼은 일러스트레이터 키무라 아키히로가 담당했다. 연애 요소가 강한 스토리와 애니메이션 느낌이 강한 연출이 특징이다. 기용된 성우들도 호화롭고, 오리지널 서브 시나리오도 수록했다.

캐리어 에이스

STG　유미디어　1995년 7월 28일　12,800엔　16M

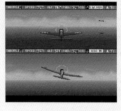

제2차 세계대전이 무대인 공중전 게임. 일본과 미국 중 하나를 선택해 전투기를 조종하는 플라이트 시뮬레이터다. 준비된 미션은 전부 7가지. 제각기 작전 내용이 다르다. 전투기 조종은 트레이닝 모드에서 연습해볼 수 있다.

취직 게임

SLG　이매지니어　1995년 7월 28일　11,800엔　12M

대학생이 되어 취직활동을 하는 게임. 소꿉친구를 사이에 두고 라이벌과 경쟁하면서, 1개월 이내에 몇 개 회사의 합격통보를 따내느냐를 겨루는 이야기다. 사전에 면접하는 회사를 조사해둬야만 답할 수 있는 문제도 있다. 멀티 엔딩이라 여러 번 즐길 수 있다.

초 원인 2

ACT　허드슨　1995년 7월 28일　8,900엔　12M

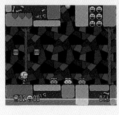

박치기와 무기로 적과 싸우는 초원인 시리즈 제 2탄. 슈퍼 원인은 고기를 먹으면 파워 업해 꼬마나 새 등의 원인으로 변신할 수 있다. 변신 바리에이션이 늘어났고 각각 특수능력도 있어, 이를 활용해야만 클리어 가능한 스테이지도 있다.

닌자보이 란타로

ACT　컬처 브레인　1995년 7월 28일　9,800엔　12M

같은 제목의 인기 애니메이션을 모티브로 한 횡스크롤 액션. 란타로, 키리마루, 신베 등의 견습 닌자들이 활약한다. 액션 게임 외에도 어드벤처 풍으로 스토리를 보여주거나 미니게임을 끼워 넣는 등, 버라이어티가 풍부한 내용의 작품이다.

배스 마스터즈 클래식

ACT　알트론　1995년 7월 28일　11,800엔　12M

미국에서 가장 권위 있는 배스 피싱 토너먼트 '배스 마스터즈 클래식'이 테마인 타이틀. 실제 대회와 동일한 룰로, 낚아 올린 배스의 무게를 겨룬다. 루어와 어군탐지기, 배스 보트의 엔진까지 세세하게 코디네이트할 수 있다.

HARDWARE
1990
1991
1992
1993
1994
1995
1996
1997
1998
1999
2000
INDEX

HARDWARE
1990
1991
1992
1993
1994
1995
1996
1997
1998
1999
2000
INDEX

뽁뽁이 헤베레케

PZL　선 소프트　1995년 7월 28일　8,900엔　10M

귀여운 캐릭터로 친숙한 「헤베레케」가 등장하는 낙하계 퍼즐 게임. 스테이지에 놓여있는 헤베나 오짱 등을 떨어 지는 블록 색깔에 맞춰 지워나가는 게 목적이다. 같은 색 블록을 4개 붙이면 지울 수 있다.

마작번성기

TBL　일본물산　1995년 7월 28일　6,800엔　4M

초보자부터 프로까지, 그리고 아이부터 어른까지 즐길 수 있는 마작 게임. CPU의 난이도는 5단계로 나뉘어, 플레이어의 실력에 맞춰 증감할 수 있다. 마작은 2인 내지는 3인 플레이도 가능하다. 덤으로 로얄 마작과 작호의 2개 타이틀이 걸려 있다.

번개 서브다!! 슈퍼 비치발리

SPT　VIET　1995년 8월 4일　9,800엔　8M

24명의 캐릭터 중 2명을 골라 싸우는 비치발리볼 게임. 게임 화면은 사이드뷰로, 커맨드를 입력하면 강력한 서브나 필살 어택을 사용할 수 있다. 게임 모드는 토너먼트전과 우승을 노리는 월드컵, 그리고 총력전인 프로 리그가 있다.

학교에서 있었던 무서운 이야기

AVG　반프레스토　1995년 8월 4일　11,800엔　24M

신문부 학생이 같은 학교의 학생들로부터 괴담을 취재하는 형식의 노벨 게임. 개성이 풍부한 화자들의 어투와, 실사영상을 스캐닝한 그래픽이 특징인 작품이다. 괴담 도중의 선택지와 화자를 고르는 순번에 따라 괴담의 전개와 내용이 변화한다.

귀신동자 ZENKI 열투뢰전

ACT　허드슨　1995년 8월 4일　9,980엔　16M

쿠로이와 요시히로 원작의 같은 이름의 만화를 게임화했다. 횡스크롤 액션이지만, 커맨드 입력으로 다양한 기술을 쓸 수 있다. 주인공 젠키는 꼬마 동자 타입과 큰 귀신 타입의 2종류가 있어, 스테이지에 따라 사용 타입이 달라진다.

J리그 사커 프라임 골 3

SPT　남코　1995년 8월 4일　9,800엔　16M

이전작들과 마찬가지로 실명 선수들이 등장하며, 참가 팀은 95년 J리그 개막 기준의 14개 팀으로 증가했다. 토너먼트인 '컵 전'과 오리지널 선수를 만들어 육성하는 '네가 히어로' 모드가 새롭게 추가되었다.

슈퍼 마리오 요시 아일랜드

ACT　닌텐도　1995년 8월 5일　9,800엔　16M

▲ 적의 공격에 당해도 일격에 죽지 않지만, 대신 아기 마리오가 견디는 시간이 줄어든다.

8색의 요시가 아기 마리오를 교대로 지키며 싸우는 액션 게임. 기본적으로는 골인 지점 도달이 목적이지만, 골인 지점 도달 시의 특수 아이템 소지 개수에 따라 득점이 변동하며, 한 월드 전체에서 100점을 얻으면 스페셜 스테이지를 플레이할 수 있게 된다. 알 던지기나 발버둥 점프, 히프 드롭 등의 액션이 이 작품에서 처음 등장하여, 이후 작품에도 채용되었다.

초마법대륙 WOZZ

RPG BPS 1995년 8월 4일 10,800엔 24M

이세계 WOZZ에 소환된 소년 3명이 세계를 위기에서 구하기 위해 모험하는 이야기다. BPS와 레드 컴퍼니, 쇼가쿠칸이 공동 기획하고, 캐릭터 디자인을 맡은 카시모토 마나부가 같은 시기에 만화도 연재했다. 무기는 새로이 발명해 만들 수도 있다.

슈퍼 파워 리그 3

SPT 허드슨 1995년 8월 10일 9,980엔 20M

인기 야구 게임 제3탄. 선수는 실명으로 등장한다. 전작과 달리 실황에 후쿠이 켄지, 가상의 뉴스 프로 아나운서에 야기 아키코로 캐스팅을 변경했다. 시스템은 기존 시리즈를 계승했지만, 선수 데이터는 95년판으로 교체하고 팀 에디트를 추가했다.

게임의 달인

슈퍼 패미컴 마우스 지원

TBL 선소프트 1995년 8월 11일 12,800엔 16M

4종류의 테이블 게임을 즐길 수 있는 소프트. 쇼기, 렌쥬, 마작, 그리고 오델로와 규칙이 비슷한 플레이스라는 게임이 들어있다. 게임은 초단부터 달인까지의 5명과 싸우는 수행 모드와, 세계 각국인과 싸우는 워드 모드, 프리 대전을 준비했다.

슈퍼 굿슨 오요요

PZL 반프레스토 1995년 8월 11일 9,980엔 12M

수몰돼 가는 던전 내에서 블록으로 발판을 만들어가며, 굿슨과 오요요를 골 지점까지 인도해가는 액션 퍼즐 게임. 원래는 아케이드용 게임으로, 이식되면서 2P용 '대전', 오리지널 스테이지를 만들 수 있는 '에디트' 모드가 추가되었다.

타케미야 마사키 9단의 바둑대장

슈퍼 패미컴 마우스 지원

TBL KSS 1995년 8월 11일 14,800엔 4M

타케미야 마사키 9단이 감수하고 일본기원이 추천한 본격적인 바둑 소프트. 대 CPU전과 2P 플레이 등, 대전에 특화돼 있다. 특수한 연산 칩을 탑재한 덕에 CPU의 사고시간이 매우 짧다. 레벨을 5단계로 바꿀 수 있으며, 핸디캡 대전도 가능하다.

천지를 먹다 : 삼국지 군웅전

SLG 캡콤 1995년 8월 11일 12,800엔 12M

모토미야 히로시 원작의 삼국지 만화를 게임화했다. 순수한 시뮬레이션 게임이 되어, 플레이어는 선호하는 진영을 골라 천하통일을 노린다. 부하들로부터 의견을 듣는 '의견 채용 커맨드'가 있고, 시나리오는 '적벽대전' 등 3가지를 준비했다.

도널드 덕의 마법 모자

ACT 에포크 사 1995년 8월 11일 9,800엔 12M

디즈니의 캐릭터 '도널드 덕'이 활약하는 액션 게임. 도널드가 여자친구에게 모자를 선물하기 위해 4종류의 아르바이트에 도전한다. 컨티뉴는 패스워드제인데, 단어 4개로 말 한 마디를 만드는 구조다.

닌자용검전 토모에

ACT 테크모 1995년 8월 11일 7,980엔 12M

패미컴판 「닌자용검전」 시리즈 3작품을 하나로 합본한 리메이크 작품으로, 패미컴판의 분위기를 충실하게 남기면서도 그래픽과 BGM, 난이도 등을 개편했다. 3작품 모두 패스워드를 채용해 컨티뉴가 가능해졌다.

HARDWARE
1990
1991
1992
1993
1994
1995
1996
1997
1998
1999
2000
INDEX

HARDWARE

1990
1991
1992
1993
1994
1995
1996
1997
1998
1999
2000

INDEX

파이팅 베이스볼

SPT　코코너츠 재팬　1995년 8월 11일　9,400엔　8M

미국의 메이저리그를 테마로 한 야구 게임. 당시 소속된 28개 팀이 등장한다. 게임 모드는 풀 시즌, 프리오프, 월드 시리즈 3종류를 준비했다. 선수별로 타격과 수비를 오토로 설정할 수 있고, 더블 플레이 등의 시프트도 사용할 수 있다.

블랙쏜 : 복수의 검은 가시

ACT　켐코　1995년 8월 11일　9,400엔　8M

어두운 세계관의 액션 게임. 캐릭터의 세밀한 움직임과 다채로운 액션이 특징이다. 주인공 카일이 멸망한 고국의 복수를 다짐하고, 사라크가 이끄는 제국에 도전하게 된다. 도중에 표시되는 패스워드를 입력하면 그 시점에서 재시작할 수 있다.

브랜디시 2 : THE PLANET BUSTER
슈퍼 패미컴 마우스 지원

RPG　코에이　1995년 8월 11일　10,800엔　24M

94년에 발매된 「브랜디시」의 속편으로, 같은 제목의 PC 게임이 이식판. PC판과 마찬가지로 마우스 조작이 가능하다. 전작의 2년 후라는 설정으로, 전투 시 무기로 공격하느냐 마법으로 공격하느냐로 성장하는 능력치가 달라진다.

코라쿠·산요·토요마루·다이이치·마루혼 Parlor! 팔러! 2

SLG　니혼 텔레네트　1995년 8월 25일　11,800엔　16M

대형 파친코 메이커 5개사가 협력한 파친코 실기 시뮬레이션 게임. 'CR 울트라 다이너마이트', 'CR 골든 캐츠', '마린 걸즈 7', '슬롯 파라다이스 2', '승부사 전설 2', '스파크' 6개 기기를 즐길 수 있다. 플레이 시작 시엔 기기 설명이 표시된다.

코롱 랜드

ACT　유미디어　1995년 8월 25일　6,800엔　8M

위에서 떨어져 내리는 볼(코롱)을 주위 상대에게 던져서 맞히는 액션 게임. 상대가 던진 볼을 총으로 포획해, 굴려서 크게 만든 코롱을 명중시키면 큰 대미지를 입힐 수 있다. 대전 가능한 배틀 모드와, 시나리오 모드를 탑재했다.

더 심리 게임 3

ETC　비지트　1995년 8월 25일　9,800엔　8M

「심리 게임」 시리즈 제 3탄. 역사를 테마로 하여 자신의 전생을 점친다. 십자군부터 시작해 프랑스 혁명, 러시아 혁명 등 7가지 시대를 순회하며 각 시대마다 준비된 10가지 문제에 답해야 한다. 문제는 그 시내 분위기에 맞춰 출제된다.

실전 배스 피싱 필승법 in USA

SPT　사미　1995년 8월 25일　9,800엔　12M

프로 배스 낚시꾼 요시다 카츠마사와 지미 휴스턴 두 사람이 감수한 낚시 게임. 사미 클래식 트레일에 출장해 우승하는 게 목적이다. 무대는 실존하는 레이크 세미놀 등의 4개 호수. 기후와 계절 설정이 가능한 프리 모드도 준비돼 있다.

휴먼 그랑프리 4 F1 드림 배틀

RCG　휴먼　1995년 8월 25일　11,400엔　16M

시리즈 제 4탄. 93년부터 95년 시즌까지의 데이터를 수록했다. 선호하는 팀을 골라 총 17전을 치른다. 타임 어택은 물론, 대전 모드에서 자유롭게 레이싱하거나, 수록된 3개 시즌의 차를 마음대로 쓸 수 있는 등, 3가지 게임 모드를 준비했다.

마수왕

ACT KSS 1995년 8월 25일 10,800엔 12M

폭력 묘사와 기괴한 세계관이 특징인 횡스크롤 액션 게임. 주인공 아벨이 납치당한 딸을 구하러 마왕에게 도전한다. 스테이지 보스를 물리치면 나오는 크리스탈을 얻으면 강력한 마수로 변신한다. 높은 난이도와 공략의 자유도를 즐길 수 있는 작품.

마츠카타 히로키의 슈퍼 트롤링

ACT 톤킨 하우스 1995년 8월 25일 9,900엔 16M

배우 마츠카타 히로키가 완전 감수한 낚시 게임. 보트와 연안낚시 등 4종류의 모드를 내장했다. 트롤링 모드는 세계 6개국의 바다를 돌며 청새치의 왕 '마린'을 노리는 시나리오 형태다. 정교한 그래픽으로 박력 있는 낚시를 즐길 수 있다.

카키노키 쇼기

슈퍼 패미컴 마우스 지원

TBL 아스키 1995년 9월 1일 12,800엔 12M

세계컴퓨터쇼기 선수권에 제 1회부터 참가해온 쇼기 소프트의 이식판. 일반적인 대국 외에도 10문제의 박보장기 모드가 있다. CPU 난이도를 3단계로 조정할 수 있고, 사고시간과 정석 사용 등의 설정도 가능. 타이틀명은 개발자 이름에서 땄다고.

배틀 로봇 열전

SLG 반프레스토 1995년 9월 1일 12,800엔 24M

다수의 애니메이션 작품 로봇이 한 자리에서 활약하는 시뮬레이션 RPG. 등장하는 캐릭터와 로봇은 토미노 요시유키 감독 작품과 오리지널 캐릭터로 구성돼 있다. 전투는 쿼터뷰로, 높이 개념이 있다. 풍부한 표정 그래픽도 특징이다.

슈퍼 인생게임 2

TBL 타카라 1995년 9월 8일 9,800엔 10M

인기 보드 게임 제 2탄. 직업이 23종류로 증가해, 더욱 파란만장한 인생을 즐길 수 있게 되었다. 게임은 플레이 시간에 따라 '속성 인생 코스'와 '느긋한 인생 코스' 2가지로 나뉘어 있다. 멀티 탭을 사용한 다인수 플레이도 지원한다.

바운티 소드

RPG 파이오니어 LDC 1995년 9월 8일 11,400엔 24M

상금 벌이꾼인 주인공이 활약하는 리얼타임 시뮬레이션 RPG. 동료 캐릭터는 AI로 움직여, 작전을 지시하면 전투는 오토로 진행된다. 장애물에 은신할 수 있고, 쓰러진 적의 경험치는 쓰러뜨린 캐릭터만이 획득하는 등, 독자적인 시스템을 탑재했다.

클럭 타워

AVG 휴먼 1995년 9월 14일 11,400엔 24M

「셉텐트리온」, 「더 파이어맨」에 이은 패닉 소프트 시리즈의 완결편. 화면상의 포인트를 클릭하여 주인공 소녀 '제니퍼'에게 지시를 내려, 정체불명의 살인귀가 사는 저택에서 탈출하는 것이 게임의 목적이다.

사쿠라이 쇼이치의 작귀류 마작필승법

TBL 사미 1995년 9월 14일 9,980엔 8M

마작경기단체 '작귀회' 설립자 사쿠라이 쇼이치가 감수한 마작 게임. 작귀회의 독자적인 마작 규칙을 채용했다. 사쿠라이는 실사영상으로 나오지만, 20년간 무패라 대전은 불가능. 소속 작사 16명과 대전 가능하고, 초보자용 모드로 기초부터 배울 수도 있다.

HARDWARE
1990
1991
1992
1993
1994
1995
1996
1997
1998
1999
2000
INDEX

HARDWARE

1990
1991
1992
1993
1994
1995
1996
1997
1998
1999
2000
INDEX

마리오의 슈퍼 피크로스

슈퍼 패미컴
마우스 지원

PZL 닌텐도 1995년 9월 14일 7,900엔 8M

가로세로의 숫자에 맞춰 칸을 깎아내 그림을 완성하는 「피크로스」 시리즈 작품 중 하나. 실수하면 타임이 깎이는 '마리오의 슈퍼 피크로스' 외에, 타임이 바뀌지 않고 사실상 힌트도 없는 '와리오의 슈퍼 피크로스' 모드도 신규 수록. 총 300문제가 있다.

앨리스의 페인트 어드벤처

슈퍼 패미컴
마우스 지원

AVG 에포크 사 1995년 9월 15일 8,800엔 8M

'이상한 나라의 앨리스'가 원작인 어드벤처 게임. 데포르메화된 앨리스가 차례로 수수께끼를 풀어나간다. 2종류의 스토리 모드 외에도 3종류의 미니게임이 있다. 마우스 조작을 지원하는 페인트 모드에서는 그림을 색칠하며 즐길 수도 있다.

슈퍼 철퇴 파이트!

PZL 반프레스토 1995년 9월 15일 9,000엔 10M

SD화된 히어로들이 철퇴를 무기삼아 싸우는 액션 게임. 격자형으로 디자인된 스테이지에서 아이템을 획득하며 상대를 물리친다. 제한시간은 3분. 각 스테이지의 보스를 물리치면 스테이지 클리어. 등장 캐릭터는 모두 필살기를 갖고 있다.

세인트 앤드류스 : 영광과 역사의 올드 코스

SPT 에포크 사 1995년 9월 15일 9,800엔 12M

스코틀랜드에 있는 세계에서 가장 오래된 골프장을 소재로 삼은 골프 게임. 코스는 세인트 앤드류스만 수록돼 있지만, 그런 만큼 깊이 있게 만들어져 있다. 플레이어의 핸디캡과 클럽의 비거리도 세부 조정이 가능하다. 게임 모드는 4가지를 준비했다.

필승 777 파이터 III : 흑룡왕의 부활

SLG 바프 1995년 9월 15일 10,800엔 8M

인기 파치슬로 게임 시리즈 제 3탄. 기존 시리즈와 마찬가지로, 실기와 유사한 기기를 공략하는 내용이다. 잡지 '파친코 비밀정보' 편집부가 감수한 6종의 오리지널 기기를 수록했다. 게임 모드는 일반적인 파치슬로 모드, 스토리 모드가 있다.

아사히신문 연재 가토 히후미 9단 쇼기 심기류

슈퍼 패미컴
마우스 지원

TBL 바리에 1995년 9월 22일 12,300엔 8M

아사히신문 연재로 활약했던 가토 히후미 9단의 감수 소프트. 특수 칩 SA-1을 탑재해 사고속도가 빠르고, 가토 9단이 고안한 박보장기 123문제를 즐길 수 있다. 게임 모드는 박보장기 외에 '대국실'과 말을 자유롭게 배치 가능한 '에디트'를 탑재했다.

사주명리학 입문 : 진 도원향

ETC 반프레스토 1995년 9월 22일 11,800엔 12M

중국의 음양오행설에 바탕을 두고 운명을 감정하는 소프트. '당신의 운명을 알기' 모드에서는 이름과 생년월일을 입력해 9항목의 점을 칠 수 있다. '상사·부하를 알기' 모드에서는 전국시대 무장을 예로 들어 해설한다. '운명의 슬롯머신'도 즐길 수 있다.

실황 월드 사커 2 : FIGHTING ELEVEN

SPT 코나미 1995년 9월 22일 9,980엔 24M

94년에 발매된 실황 시리즈의 제 2탄. 실황 음성을 도입한 현장감 넘치는 축구 게임이다. 이번 작품에는 시합 도중 선수 플레이의 해설도 들어갔다. 게임 모드는 8종류가 있다. 포메이션을 세세하게 설정할 수 있는데다, 상황에 맞춰 변경도 가능하다.

정글 스트라이크 : 이어지는 광기

STG 일렉트로닉 아츠 빅터 1995년 9월 22일 9,900엔 16M

93년에 발매된 「데저트 스트라이크」의 속편. 헬기와 호버보드, 바이크, 스텔스기 등을 조작해 테러리스트의 음모를 저지하는 게 목적이다. 게임 화면은 쿼터뷰로, RC 자동차 느낌으로 조작한다. 스테이지는 전부 4가지가 준비되어 있다.

초형귀 폭렬난투편

ACT 메사이야 1995년 9월 22일 11,800엔 16M

인기 슈팅 게임 「초형귀」의 캐릭터를 사용한 대전격투 게임. 캐릭터들은 기본적으로 공중에 떠서 움직이며, 독자적인 공격방법을 구사한다. 십자키를 돌리면 '포즈'를 잡으며, 기를 모으면 맨즈 빔을 발사할 수 있다.

진패

슈퍼 패미컴 마우스 지원

PZL 반프레스토 1995년 9월 22일 7,800엔 4M

그림이 같은 마작 패를 2개 1조로 제거해나가는 심플한 사고형 퍼즐 게임. 패는 직선으로만 연결되거나, 한 번에 한해 직각으로 꺾일 수 있다. 게임 모드는 '1인 플레이', '협력 플레이', '대전 플레이', '대 CPU전', '토너먼트전' 5종류를 준비했다.

드래곤볼 Z 초오공전 : 각성 편

AVG 반다이 1995년 9월 22일 10,800엔 16M

전작 '돌격 편'의 속편에 해당하는 플레잉 코믹스 작품. 원작 14권부터 28권까지의 내용을 충실히 그렸다. 신 요소 'DBZ 퀴즈'가 등장하고, 오반이 태어난 후엔 오공 파트와 오반 파트가 교대로 진행된다. 그야말로 'if' 전개를 즐길 수 있는 타이틀.

미소녀 전사 세일러문 : ANOTHER STORY

RPG 엔젤 1995년 9월 22일 11,800엔 24M

같은 제목의 만화 및 애니메이션이 소재인 RPG. 각본과 오리지널 캐릭터 디자인을 원작자가 직접 맡아, 운명을 조작하는 조직 '헬 데스티니'와 조직에 의해 부활한 과거 적들과의 싸움을 그린다. 엔딩은 굿과 배드 2종류가 존재한다.

본격파 대국 쇼기 : 신 쇼기 클럽

TBL 헥트 1995년 9월 22일 12,800엔 4M

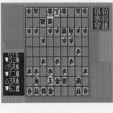 

같은 해 2월에 발매된 「쇼기 클럽」의 업그레이드판. 게임 모드는 1P 대 CPU, 1P 대 2P, CPU 대 CPU 3종류가 수록돼 있다. 특수 칩을 채용해 사고시간이 대폭 단축되었다. 전작처럼 핸디캡전도 가능하고, CPU 전법도 앉은비차 등으로 설정할 수 있다.

위저드리 VI : 금단의 마필(魔筆)

RPG 아스키 1995년 9월 29일 12,800엔 24M

인기 RPG 제 6탄. 게임 화면이 기존의 와이어프레임풍에서 리뉴얼되어 그래픽이 상당히 호화로워졌고 애니메이션도 들어갔다. 그린 그림이 현실화되는 마법의 펜 '코즈믹 포지'를 탐색하는 것이 목적이다. 새로운 종족과 직업도 다수 도입되었다.

웨딩 피치

TBL KSS 1995년 9월 29일 9,800엔 8M

TV 애니메이션과 만화로 인기를 모았던 타이업 기획물의 게임판. 히로인 3명이 좋아하는 야나기바 선배의 댄스 파트너 자리를 둘러싸고 미니게임으로 승부한다. 게임은 전부 8종류. 사격과 슬롯, 두더지 잡기, 신경쇠약과 비슷한 게임 등이 준비돼 있다.

HARDWARE
1990
1991
1992
1993
1994
1995
1996
1997
1998
1999
2000
INDEX

베른 월드

RPG 반프레스토 1995년 9월 29일 11,800엔 20M

프랑스의 소설가 쥘 베른의 세계를 재현한 테마파크가 무대인 RPG. 지진으로 뿔뿔이 흩어지게 된 부모를 주인공이 찾아 나선다는 스토리다. '해저 2만 리'와 '15소년 표류기' 등 베른의 유명 작품 등장인물들이 분위기를 더욱 돋워준다.

A열차로 가자 3 : 슈퍼 버전

슈퍼 패미컴 마우스 지원

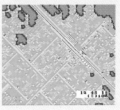

SLG 팩인비디오 1995년 9월 29일 10,800엔 16M

PC에서 호평을 받은 인기 시리즈 제 3탄의 개변 이식작. 철도회사를 경영하는 시뮬레이션 게임이다. 비어있는 토지에 철도를 깔아, 대도시를 목표로 발전시켜 가자. 시점을 탑뷰로 전환 가능해, 타 기종판보다 플레이하기 쉬워졌다.

NBA 실황 바스켓 : 위닝 덩크

SPT 코나미 1995년 9월 29일 10,800엔 24M

「실황」시리즈 제3탄. 나레이터인 크리스 페플러가 실황중계를 맡았다. 베이스는 아케이드 게임 「슬램 덩크」. 큼직한 캐릭터와 3D 풍 화면, 간단한 조작계가 특징이다. 시즌과 플레이오프 등, 가정용에 맞춘 독자 기능을 추가했다.

미식전대 바라야로

ACT 버진인터랙티브엔터테인먼트 1995년 9월 29일 9,800엔 16M

괴이한 센스의 적과 싸우며 미식도 즐기는 횡스크롤 액션 게임. 적을 쓰러뜨리고 식재료를 얻어, 스테이지 막간의 '디너 타임'때 요리를 만들어 체력을 회복한다. 물론 프로틴도 등장. 같은 적이라도 어떤 기술로 끝내느냐로 드롭하는 식재료가 바뀐다.

선더스 하사의 전투

슈퍼 패미컴 마우스 지원

SLG 아스키 1995년 9월 29일 12,800엔 12M

60년대 방영되었던 인기 TV 드라마 '전투(Combat!)'가 원작인 시뮬레이션 게임. 제2차 세계대전 중의 유럽을 무대로, 드라마의 시나리오에 기초하여 다양한 미션을 수행해나간다. 등장하는 병기도 스펙을 충실하게 재현했다.

상승마작 천패

위성방송 지원 슈퍼 패미컴 마우스 지원

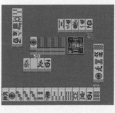

TBL 에닉스 1995년 9월 29일 8,900엔 8M

실존하는 프로 작사 12명과 대국할 수 있는 마작 게임. 경기마작 연습과 일반마작 연습을 시작으로, 풍부한 게임 모드를 내장했다. 경기마작 승급시험은 1급이 되면 프로 시험을 받을 수 있다. 새틀라뷰 지원 게임으로, 프로나 유명인들의 대국도 관전 가능.

전일본 GT 선수권

RCG 카네코 1995년 9월 29일 9,980엔 16M

시판차량 기반의 개조차량을 사용하는 레이싱 게임. GT 어소시에이션 공인으로, 츠치야 케이이치 등의 유명 드라이버는 물론 차량·코스 모두 실명으로 등장한다. 레이스는 총 5회로, 4종의 코스에서 겨룬다. 프로 드라이버의 어드바이스도 받을 수 있다.

더비 자키 2

SLG 아스믹 1995년 9월 29일 9,800엔 12M

기수가 되어 경주마를 조작해 레이스를 뛰는 경마 게임. 중앙·지방경마에서 실적을 쌓아 GI를 제패하는 게 목적이다. 게임은 경마학교 입학에서 시작하여 은퇴하는 42세까지를 플레이한다. 레이스 자체는 액션 게임으로, 비스듬히 내려다보는 사이드뷰 시점.

노마크 폭패당 : 사상 최강의 작사들

TBL 엔젤 1995년 9월 29일 10,800엔 12M

카타야마 마사유키 원작 마작 만화의 게임판. 원작에도 등장하는 3가지 타이틀전에 도전하는 게임이다. 등장하는 캐릭터 17명은 원작대로의 기풍으로 승부한다. '난폭패'나 '난폭수비' 등의 개인기도 있다. 초보자용의 레슨 모드도 준비돼 있다.

하멜의 바이올린

ACT 에닉스 1995년 9월 29일 9,600엔 12M

당시 '소년 간간'지에서 연재 중이던 인기 만화·애니메이션의 게임판. 음악으로 마물을 퇴치하는 주인공 하멜을 조작해 히로인 플루트를 이끌고 적을 쓰러뜨리는 액션 게임이다. 장소에 따라 적이나 방해물을 향해 히로인을 던지는 장면도 있다.

불의 황자 야마토타케루

RPG 토호 1995년 9월 29일 10,800엔 24M

일본신화 베이스의 고전 스타일 RPG. 주인공 야마토타케루가 되어 아마테라스에 대항하는 '츠쿠요미 신'을 물리친다. 적으로 일본·중국의 괴물은 물론 서양의 마물과 신, 심지어는 로봇까지 나온다. 시나리오는 「여신전생」의 니시타니 아야가 맡았다.

헤이안 풍운전

RPG KSS 1995년 9월 29일 11,800엔 12M

헤이안 시대 무대의 시뮬레이션 RPG. 일본 전국에서 동료를 모아 다이라노 마사카도를 부활시키려는 야와로 일족을 막자. 아군은 음양사부터 무사, 진언종 승려, 천태종 수행승 등. 아베노 세이메이나 후지와라노 미치나가 등의 역사적 인물도 동료가 된다.

HEIWA 파친코 월드 2

SLG 쇼에이 시스템 1995년 9월 29일 10,800엔 24M

유명 파친코 메이커인 HEIWA(헤이와)의 인기 기기가 수록된 이 작품에는 속칭 '권리물'이라 불렸던 구슬 대량 획득 가능 기기가 수록돼 있어, 홀에서 실제로 즐기기 전에 게임성을 미리 확인하는 유저도 있었다. 파친코 게임치고는 정가가 비싼 작품이기도.

홀리 엄브렐러 : 무모한 돈데라!!

RPG 나그자트 1995년 9월 29일 9,800엔 20M

신비한 우산을 사용해 적과 싸우는 횡스크롤 액션 게임. 우산 한 자루를 줍는 바람에, 주인공 켄이치는 이차원에서 돈데라 군단과의 싸움에 휘말린다. 쓸 수 있는 기술은 시나리오 진행에 따라 늘어난다. 캐릭터 디자인은 만화가인 에가와 타츠야.

마법기사 레이어스

RPG 토미 1995년 9월 29일 9,800엔 12M

이세계로 소환된 여중생 3명의 모험을 그린, 같은 제목의 만화 중 제1부에 기반한 RPG. 무기는 고정이지만 공격·방어를 거듭하면 장비 레벨이 상승하고 캐릭터가 강화된다. 어떤 요건을 만족시키면 진정한 엔딩에 도달할 수 있다.

메탈 맥스 리턴즈

RPG 데이터 이스트 1995년 9월 29일 12,800엔 32M

91년에 발매된 패미컴용 RPG 「메탈 맥스」의 리메이크판. 탱크를 조종해 몬스터를 물리쳐, 벌어들인 상금으로 탱크를 파워업시킨다. 시나리오 공략에 정해진 순서가 없어 자유도가 높은 게 특징. 탱크는 자유롭게 개조 가능하고, 장비도 대폭 증가했다.

성검전설 3

RPG 스퀘어 1995년 9월 30일 11,400엔 32M

세계 정복을 꾀하는 세력의 싸움에 휘말려든 주인공 일행의 모험을 그린 액션 RPG. 주인공과 동료 2명을 자유롭게 선택 가능해, 고른 캐릭터에 따라 스토리와 대사가 크게 변화하는 시스템이 특징이다. 덕분에 여러 번 반복해 즐길 수 있는 작품.

격투 버닝 프로레슬링

ACT BPS 1995년 10월 6일 10,800엔 20M

여러 게임 모드로 즐길 수 있는 프로레슬링 게임. '엑시비션', '세계통일전', '서바이벌 태그', '토너먼트전', '배틀로얄', '리그전', 'EDIT'를 수록했다. 어떤 요건을 만족시키면 모든 등장 레슬러와 싸우는 '세계통일 싱글전'에 도전할 수 있다.

신성기 오딧세리아 II

RPG 빅토카이 1995년 10월 6일 10,800엔 24M

「신성기 오딧세리아」의 속편. 각 장마다 바뀌는 주인공을 조작하다, 최후에는 모두가 한 편이 되어 명왕과의 싸움으로 결착을 짓는 스토리. 캐릭터의 성장 보정을 육탄전 혹은 공격주문 등으로 설정할 수 있어, 선호하는 패러미터로 육성 가능하다.

스파퐁

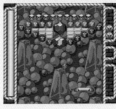

PZL 유타카 1995년 10월 6일 5,800엔 4M

좌우로 움직이는 패들을 조작하여 볼을 쳐내 블록을 지워나가는 액션 게임. 수많은 블록깨기 계열 파생작들 중에서도 가장 난이도가 낮게 설정된 편이고, 컨티뉴 회수도 제한이 없다. 블록 중에는 파워 업 아이템이 숨겨진 것도 있다.

택틱스 오우거

SLG 퀘스트 1995년 10월 6일 11,400엔 24M

'오우거 배틀 사가'의 2번째 작품으로, 각 캐릭터의 웨이트에 따라 행동순서가 결정되는 턴제 배틀식 시뮬레이션 RPG. 독자적인 게임 엔진의 그래픽으로 전장을 미려하게 묘사하고, 고저차와 방향이 공격에 영향을 주는 시스템을 한 눈에 알기 쉽게 표현했다. 선택지와 행동에 따라 로우·뉴트럴·카오스 루트로 분기되는 깊이 있는 시나리오도 유저들로부터 호평 받았다.

▲ 명확한 정의가 존재치 않는 민족분쟁을 무대로 한 복잡한 스토리가 전개된다.

게임의 철인 THE 상하이

슈퍼 패미컴 마우스지원

PZL 선 소프트 1995년 10월 13일 9,980엔 16M

마작 퍼즐 게임 「상하이」, 「룽룽」, 「자금성」 3작품이 합본된 타이틀. 각각 별개의 게임으로 즐길 수 있으며, 스토리에 맞춰 출제되는 문제를 푸는 모드와 개별 문제를 자유롭게 푸는 모드를 준비했다. 이미 푼 문제는 회색 숫자로 표시된다.

하이퍼 이리아

ACT 반프레스토 1995년 10월 13일 9,600엔 12M

특촬영화 '제이람'에서 파생된 OVA가 원작인 액션 게임. 주인공인 바운티 헌터 '이리아'를 조작해 4가지 스테이지를 클리어하자. 모두 클리어하면 최종 스테이지에 도전할 수 있다. 총에는 탄수 제한이 걸려 있다.

슈퍼 화투 2

TBL 아이맥스 1995년 10월 20일 9,800엔 8M

94년에 발매된 전작의 업그레이드판. 이번 작품에는 '코이코이'에 더해 '하나아와세'도 플레이할 수 있게 되었다.

게임 모드는 게임별로 프리 대전과 리그전, 토너먼트를 준비했다. 토너먼트는 총 4회전, 리그전은 8회전으로 우승을 결정한다.

종합격투기 RINGS : 애스트럴 바우트 3

ACT 킹 레코드 1995년 10월 20일 9,800엔 16M

마에다 아키라가 창설한 종합격투기단체 RINGS가 공인한 격투 게임 제 3탄. 실명으로 나오는 소속 선수 4명과 가상의 외국인 선수 11명이 등장한다. 파이팅 스타일은 입식과 관절기, RINGS 중에서 선택 가능. 게임 모드는 3가지가 있다.

천지창조

RPG 에닉스 1995년 10월 20일 11,800엔 32M

성경의 '창세기'에 쓰여 있는 천지창조를 모티브로 삼은 액션 RPG. 캐릭터 디자인은 후지와라 카무이가 담당했다. 주인공은 지구 지하의 주민인 아크. 이미 멸망한 지표의 생물들을 소생시키고, 이를 방해하는 적들을 쓰러뜨려 가는 장대한 스토리다.

매지컬 드롭

PZL 데이터 이스트 1995년 10월 20일 8,500엔 8M

화면 위에서 떨어져 내려오는 드롭을 추출하고, 이를 다시 발사해 매치되는 드롭을 지워나가는 액션 퍼즐 게임. 아케이드판을 매우 충실하게 이식했지만, 드롭을 조작하는 캐릭터가 피에로가 아니라 SD화된 사용 캐릭터가 되었다.

울트라 베이스볼 실명판 3

SPT 컬처 브레인 1995년 10월 27일 9,800엔 12M

센트럴·퍼시픽 리그 12개 구단에 더해, 가상의 6개 팀으로 구성된 울트라 리그가 존재하는 야구 게임의 제 3탄. 95년도 센트럴·퍼시픽 리그 소속 선수는 모두 실명으로 등장한다. 울트라 리그 선수는 마구나 비밀타법 등의 화려하고 초인적인 플레이가 가능.

SD F-1 그랑프리

RCG 비디오 시스템 1995년 10월 27일 10,900엔 16M

SD 캐릭터를 쓴 코믹한 레이싱 게임. F-1 드라이버의 이름을 패러디한 8마리의 동물 드라이버 중 하나를 골라 즐긴다. 후지 TV의 협력으로 드라이버 외에는 모두 실명이다. 미야케 마사하루 아나운서와 이마미야 준, 카와이 카즈히토가 실황을 맡았다.

간간 간짱

ACT 매지팩트 1995년 10월 27일 8,800엔 8M

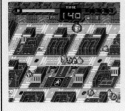

미리 만들어진 미로를 돌아다니는 '뽀요용'을 잡는 액션 게임. 뽀요용은 적색·청색·황색·녹색 4종류가 있어, 잡으면 별 모양의 마법진으로 데려가야 한다. 모든 뽀요용을 잡고 열쇠를 얻으면 스테이지 클리어다. 1P 모드는 19스테이지로 구성된다.

크리스탈 빈즈 : 프롬 던전 익스플로러

RPG 허드슨 1995년 10월 27일 9,500엔 12M

PC엔진으로 발매된 액션 RPG의 이식판. 8종류의 직업 중 하나를 골라, 임금님이 의뢰하는 퀘스트를 해결해간다. 도중에는 적과, 적의 소굴인 제너레이터가 기다리고 있다. 슈퍼 멀티 탭을 사용하면 3명까지 동시 플레이할 수 있다.

HARDWARE
1990
1991
1992
1993
1994
1995
1996
1997
1998
1999
2000
INDEX

저스티스 리그 TASK FORCE

ACT 어클레임 재팬 1995년 10월 27일 11,800엔 20M

DC 코믹스의 히어로들이 활약하는 크로스오버 타이틀을 게임화했다. 슈퍼맨과 배트맨을 비롯해 9명의 캐릭터가 등장하는 대전격투 게임으로, 게임 모드는 '스토리'와 '대전'을 준비했다. 각 캐릭터마다 필살기도 마련되어 있다.

저지 드레드

ACT 어클레임 재팬 1995년 10월 27일 10,900엔 16M

실베스터 스탤론이 주연한 영화가 원작인 횡스크롤 액션 게임. 영화의 원작은 코믹스로서, 핵전쟁 이후의 미래가 무대다. 플레이어는 주인공 저지 드레드가 되어 각 스테이지마다 2개씩 준비된 미션을 수행하게 된다.

하얀 링으로 : Twinkle Little Star

ACT 포니 캐년 1995년 10월 27일 9,980엔 12M

당시 실존했던 여자 프로레슬링 단체 'LLPW'와 오오니다 아츠시의 'FMW'가 협력한 육성 시뮬레이션 게임. 협력 단체에 소속된 레슬러는 모두 실명으로 등장한다. 게임 모드는 대 CPU전인 '싱글'과 2P 플레이인 '대전', '스토리'를 준비했다.

천지무용! 게~임 편

SLG 반프레스토 1995년 10월 27일 10,800엔 16M

장편 OVA 시리즈의 게임판. 인기가 많았던 제 1기와 제 2기 사이를 그린 오리지널 스토리. 시스템은 시뮬레이션 게임으로, 36스테이지를 준비했다. 그래픽의 재현도가 높고, 수록된 보이스 량도 상당히 많다. OVA와 동일 성우를 기용했다.

파치슬로 이야기 PAL공업 스페셜

SLG KSS 1995년 10월 27일 10,800엔 10M

'뉴 페가수스' 등의 명기를 내놓아온 파치슬로 메이커로서 1996년 폐업해 버린 PAL공업의 그리운 기종이 다수 수록된 파치슬로 게임. 2인 대전 모드가 있으므로 누가 더 반사 신경이 뛰어난지를 겨뤄볼 수 있다.

배트맨 포에버

ACT 어클레임 재팬 1995년 10월 27일 11,800엔 24M

같은 제목의 코믹스 원작 영화의 게임판. 시스템은 횡스크롤 액션으로, 원작의 분위기를 살린 어두운 세계에서 배트맨과 로빈이 활약한다. 캐릭터를 실사 스캐닝으로 표현해 모션도 부드럽다. 파고들 요소도 많고 2P 협력 플레이도 가능하다.

패널로 퐁

PZL 닌텐도 1995년 10월 27일 5,800엔 8M

요코이 군페이가 프로듀스한 퍼즐 게임. 밀려올라오는 블록을 교체해 같은 기호의 블록을 가로세로로 3개 붙이면 지워지는 룰로, 스토리 모드인 'VS'와 '스코어 어택', 지정 수순 내로 블록을 전부 없애야 하는 '퍼즐' 등을 즐길 수 있다.

포먼 포 리얼

ACT 어클레임 재팬 1995년 10월 27일 11,800엔 24M

전 헤비급 통합 세계 챔피언인 조지 포먼을 소재로 삼은 권투 게임. 리얼한 그래픽으로 중량감 있는 시합을 즐길 수 있다. 아마추어부터 시작해 프로 챔피언을 노리는 모드를 시작으로, 6종류의 모드를 플레이할 수 있다.

From TV animation SLAM DUNK : SD 히트 업!!
SLG 반다이 1995년 10월 27일 9,800엔 12M

이노우에 타케히코 원작 인기 만화의 TV 판권을 사용한 농구 게임. 이전 시리즈작과는 조작계가 크게 달라지고, SD 캐릭터가 활약한다. 각 캐릭터의 특징은 원작을 준수하여, 상대의 컨디션을 무너트리거나 '불꽃 덩크' 등의 필살기를 갖고 있다.

마작비상전 : 진 나키의 류
TBL 벡 1995년 10월 27일 8,900엔 8M

노죠 준이치 원작 인기 마작 만화의 게임판. 92년에 발매된 전작과는 달리, 내용이 원작을 따라간다. 원작 10권까지를 재현한 '스토리 모드'와, 원작에 등장하는 캐릭터 16명을 자유롭게 골라 대전하는 '프리 모드'가 있다.

마천전설 : 전율의 오파츠
RPG 타카라 1995년 10월 27일 10,800엔 24M

돌연 우주로 떠올라버린 일본열도에서 지구로 귀환하는게 목적인 RPG. 전통적인 커맨드 선택식으로, 주인공 5명 중 하나를 골라 히로인과 함께 각지에 있는 강력한 몬스터를 동료로 삼아야 한다. 거리 주변의 맵 화면과 3D 던전으로 구성된다.

라이트 판타지 II
RPG 톤킨 하우스 1995년 10월 27일 9,900엔 16M

시리즈 제 2탄으로, 전작의 수백년 후가 무대인 RPG. 특유의 느긋한 세계관은 그대로지만, 캐릭터는 더욱 귀여워졌다. 기본 시스템이 여러 면에서 개량되었으며, 등장하는 몬스터 대부분을 동료로 삼을 수 있는 프리 파티 시스템도 계승되었다.

감벽의 함대
SLG 엔젤 1995년 11월 2일 10,800엔 12M

아라마키 요시오 원작의 가상역사 소설을 게임화한 해전 시뮬레이션 게임. 시나리오 클리어형 시스템으로, 원작 4권까지의 내용을 플레이할 수 있다. 인터미션에서 동방 예루살렘 공화국에 투자하면 신 병기 배치시기를 앞당길 수 있다.

필살 파친코 컬렉션 3
SLG 선 소프트 1995년 11월 2일 8,980엔 16M

파친코 메이커인 다이이치가 개발한 파친코 기기를 시뮬레이션하는 시리즈 제 3탄. '더 나고야 2'·'댄스 댄스 2'·'CR 빅 소롯터 2'·'메가톤 펀치'·'뉴 빅세븐 파트 4' 5대를 수록했다. 게임은 실전 모드와 실습 모드 2종류가 준비돼 있다.

전국종단 울트라 심리게임
ETC 비지트 1995년 11월 10일 9,800엔 8M

인기 심리 게임 시리즈 제 4탄. 선택식 퀴즈에 답해 가며 자신의 성격과 마음의 파워를 측정해볼 수 있다. 게임은 가상의 퀴즈 프로 형식으로, 일본 전국 47도도부현을 릴레이식으로 순회하며 심리문제를 맞춰간다. 심리문제 중엔 CM 형식도 있다.

로맨싱 사가 3
RPG 스퀘어 1995년 11월 11일 11,400엔 32M

높은 자유도로 인기를 얻은 RPG 시리즈 제 3탄. 플레이어가 8명 중에서 고른 한 명의 주인공과 행동에 따라 이야기가 변화하는 프리 시나리오 시스템을 채용했다. 전투는 전작과 동일한 '파이터 모드'와, 동료에게 지시를 내리는 '커맨더 모드'를 탑재.

HARDWARE

1990
1991
1992
1993
1994
1995
1996
1997
1998
1999
2000
INDEX

캡틴 츠바사 J : THE WAY TO WORLD YOUTH

SPT 반다이 1995년 11월 17일 9,800엔 16M

같은 제목의 애니메이션의 게임판. 기존 시리즈 작품과는 연관성이 없다. 3D 풍의 필드에서 시합이 전개되며, 1 : 1 대결 시에는 버튼 연타로 상대와 겨루게 된다. 스토리는 리얼 재팬 7팀과의 대결부터 월드 유스 선수권 아시아 예선까지를 그렸다.

상하이 : 만리장성

슈퍼 패미컴
마우스 지원

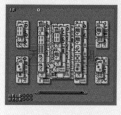

PZL 선 소프트 1995년 11월 17일 9,800엔 8M

익숙한 마작 퍼즐 게임 시리즈 작품. 아케이드판 기준의 '클래식 상하이'를 비롯해 룰이 다른 '그레이트 월'·'베이징'과 대전 형 상하이라고도 하는 '칭다오'의 4가지 모드를 수록했다. 스테이지를 클리어할 때마다 멋진 중국 풍경사진이 나온다.

신 스타 트렉 : 위대한 유산 IFD의 수수께끼를 찾아서

AVG 토쿠마쇼텐 1995년 11월 17일 9,800엔 20M

미국의 인기 SF 드라마의 게임판. 피카드 선장 등의 인기 캐릭터를 조작해, 우주에 숨겨진 수수께끼를 쫓는 어드벤처 게임이다. 지령을 받아 목적지 행성까지 엔터프라이즈 호로 항행하는 모드와, 목적지에서 임무를 수행하는 모드가 있다.

전국 고교축구 2

SPT 요지겐 1995년 11월 17일 9,800엔 8M

94년에 발매된 「전국 고교축구」의 속편. 대회에 참가하는 전국 4,063개교 중 하나를 골라, 지방예선부터 시작해 전국대회 우승을 노린다. 파울이 추가되는 등, 전작에 비해 난이도가 한층 올라갔다. 패스로 진형을 잘 돌파해야 이길 수 있다.

블록깨기

슈퍼 패미컴
마우스 지원

PZL POW 1995년 11월 17일 5,980엔 4M

패들을 조작해 볼을 쳐내어 화면 상단에 있는 블록들을 부숴나가는 간단한 게임. 스토리에 따라 스테이지를 진행하는 모드, 대전 플레이 모드, 100스테이지 클리어를 노리는 모드기 준비돼 있다. 아이템을 얻으면 패들의 성능이 변화한다.

렌더링 레인저 R2

ACT VIET 1995년 11월 17일 10,800엔 16M

다양한 무기를 적절히 활용하며 스테이지를 진행하는 액션 게임. 주인공을 조작해 전진하는 액션 스테이지와, 주인공이 탄 우주선으로 적기를 격추하는 슈팅 스테이지 2종류로 구성돼 있다. 슈퍼 패미컴의 성능을 최대한 활용해, 볼거리가 많은 타이틀.

로고스 패닉 : 인사합시다

PZL 유타카 1995년 11월 17일 9,800엔 10M

만화가 시리아가리 코토부키가 캐릭터 디자인을 맡은 퍼즐 게임. 무작위로 나오는 카드를 5×5칸 필드에 배치해 단어를 만들면 지워진다는 룰이다. 먼저 상대의 필드를 카드로 꽉 채우면 이긴다. 필요한 카드가 나오면 상대보다 먼저 가져가야 한다.

슈퍼 동키 콩 2 : 딕시 & 디디

ACT 닌텐도 1995년 11월 21일 9,800엔 32M

「슈퍼 동키 콩」의 속편. 적에게 사로잡힌 동키 콩 대신, 디디 콩의 여자친구인 딕시 콩이 처음 등장해 플레이어의 조작 캐릭터로 추가되었다. 딕시로 플레이할 때는 포니테일 머리를 이용해 활공도 할 수 있다.

STG 슈팅 게임 ACT 액션 게임 PZL 퍼즐 게임 RPG 롤플레잉 게임 SLG 시뮬레이션 게임 SPT 스포츠 게임 RCG 레이싱 게임 AVG 어드벤처 게임 ETC 교육·기타 TBL 보드 게임

귀신동자 ZENKI 전영뢰무

ACT　허드슨　1995년 11월 24일　9,980엔　16M

전작 「열투뢰전」에 이은 제 2탄. 실제 등신의 캐릭터를 조작했던 전작과 달리, 이번엔 SD 캐릭터화된 젠키와 히로인 치아키를 조작하는 액션 파트와, 거대한 귀신 젠키로 싸우는 보스 전으로 나뉜다. 보스 전은 애니메이션 배틀로 펼쳐진다.

슈퍼 억만장자 게임 : THE GAME OF BILLIONAIRE

TBL　타카라　1995년 11월 24일　9,800엔　8M

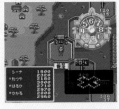

인기 보드 게임 '억만장자 게임'을 비디오 게임화한 타이틀. 토지와 주식 등의 자산을 늘려가, 목표금액에 도달하는 것이 목적이다. 불린 자산은 투자하여 더 크게 벌 수도 있다. 플레이어끼리 자산을 쟁탈하거나 매수하는 등으로 겨루는 것도 가능.

무적 파워레인저

ACT　반다이　1995년 11월 24일　9,980엔　12M

일본의 특촬 드라마 '공룡전대 쥬레인저'를 미국에서 리메이크한 TV 드라마를 게임화했다. 5명의 파워레인저 중 하나를 매 스테이지마다 골라, 나타나는 적들을 쓰러뜨려가는 액션 게임. 최종 스테이지에서는 거대 로봇으로 적 몬스터와 싸운다.

마녀들의 잠

AVG　팩인비디오　1995년 11월 24일　10,800엔　24M

작가 아카가와 지로의 소설 2작품을 원작 삼아 미나토 기켄 사가 개발한 사운드 노벨. 폐쇄된 산속 마을에서 일어나는 살인사건을 그린 '마녀들의 황혼'을 제 1막으로 하고, 그후 분기되는 이야기 중 하나에 '마녀들의 오랜 잠'의 내용을 집어넣었다.

리딩 자키 2

SLG　카롯체리아 재팬　1995년 11월 24일　9,800엔　8M

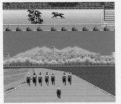

기수가 되어 말을 직접 조작하여 레이스에서 우승을 노리는 액션 게임 제 2탄. 레이스 화면은 유사 3D로 묘사된다. 이번 작품에선 조교 시스템이 강화되어, 경주마의 성장 방향성을 컨트롤할 수 있다. 목표는 개선문상에서 우승하는 것.

제로욘 챔프 RR-Z

RCG　미디어링　1995년 11월 25일　11,900엔　24M

94년에 발매된 「제로욘 챔프 RR」의 속편. 이번엔 주인공의 성장을 깊이 있게 그렸다. 전작에서는 대전으로만 사용 가능했던 아이스 코스와 웨트 코스도 본편에 들어갔고, 미니게임에는 추리 게임도 추가. 본편과는 독립된 스토리 모드도 있다.

오짱의 네모네모 로직

PZL　선 소프트　1995년 12월 1일　6,980엔　4M

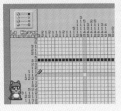

회사의 마스코트 캐릭터 '오짱'이 지켜보는 가운데, 힌트를 바탕으로 칸을 칠해 나가 그림 한 장을 완성해내는 논리 퍼즐 게임. 퍼즐은 전부 300문제가 준비돼 있다. 플레이 방법을 배우는 모드가 있어 초보자라도 안심. 에디트 모드도 있다.

마루코는 아홉 살 : 노려라! 남국의 아일랜드!!

TBL　코나미　1995년 12월 1일　9,000엔　16M

사쿠라 모모코 원작의 인기 만화·애니메이션이 소재인 타이틀. 작품의 인기 캐릭터들이 남국의 섬으로 가기 위해 미니게임에 도전한다. 미니게임은 '볼 맞추기', '우끼우끼 풀장', '페인트칠하기' 3종류. 매니악한 퀴즈도 수록돼 있다.

HARDWARE | 1990 | 1991 | 1992 | 1993 | 1994 | 1995 | 1996 | 1997 | 1998 | 1999 | 2000 | INDEX

도카폰 외전 : 불꽃의 오디션

TBL　아스믹　1995년 12월 1일　8,800엔　8M

인기 보드 게임 제 3탄. 선택할 수 있는 캐릭터는 10명이고, 맵은 7종류가 준비돼 있다. 목적은 주인공 쟁탈 오디션에 출장해 우승하는 것. 최종적으로 소지금이 가장 많은 사람이 우승한다. 전투가 카드 배틀이 되어 단시간에 승부가 나도록 바뀌었다.

파치오 군 SPECIAL 3

SLG　코코너츠 재팬　1995년 12월 1일　10,800엔　8M

과거 패미컴으로 발매된 시리즈 4개 작품을 합본한 볼륨 만점 소프트. 다만 완전판이 아니고 어디까지나 간소화판이다. 이제까지 나왔던 파치오 군 가족은 모두 등장. 고정타법이나 리치 타이밍 등의 아이템은 한 작품 내에서 계속 쓸 수 있게 되었다.

이상한 던전 2 : 풍래의 시렌

RPG　춘 소프트　1995년 12월 1일　11,800엔　32M

「이상한 던전」 시리즈 2번째 작품인 던전 탐색형 RPG. 일본 풍 세계관으로 구성된 로그라이크 게임으로, 몬스터 역시 완전 오리지널로만 구성했다. 추가요소로 동료 시스템 및 던전 내의 상점 등이 있는데, 특히 신규 아이템인 '항아리'는 합성과 강화 등, 기존 아이템을 강화하거나 여러 능력을 부여하는 기능도 있어 게임에 새로운 전략성을 가져다주었다.

▲ 환상의 황금향을 찾아내려, 들어갈 때마다 구조가 바뀌는 던전을 답파해가는 스토리.

프랭크 토마스 빅 허트 베이스볼

SPT　어클레임 재팬　1995년 12월 1일　11,800엔　24M

시카고 화이트 삭스 등 여러 팀에서 활약한 명선수 프랭크 토마스가 감수한 야구 게임. 미국 메이저리그가 게임의 모티브로, 일반적인 시합 외에 홈런 더비, 그리고 미리 설정된 상황을 클리어해야 하는 시나리오 모드 등 5종류의 모드를 수록했다.

B.B.GUN

SLG　아이맥스　1995년 12월 1일　11,800엔　12M

서바이벌 게임을 테마로 삼은 시뮬레이션 게임. 턴제로 진행하며, 한 팀은 리더 외에 어태커나 디펜스 등 8명으로 구성된다. 필드는 숲이나 사무실 등 총 7종류. 실존 총기를 모델링한 리얼한 무기들이 등장한다.

록맨 X3

ACT　캡콤　1995년 12월 1일　9,800엔　16M

「록맨 X」 시리즈 제 3탄. 슈퍼 패미컴으로 발매된 마지막 타이틀이다. 기본 시스템은 전작을 계승했고, 인기 캐릭터인 '제로'를 사용할 수 있게 되었다. 라이드 아머가 4종류로 늘어났고, 전송기에서 임의로 호출할 수 있다.

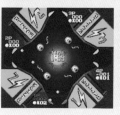

아메리칸 배틀 돔

TBL　츠쿠다 오리지널　1995년 12월 8일　9,800엔　8M

미국제 완구 '배틀 돔'을 비디오 게임화한 타이틀. 게임 자체는 4명이서 즐기는 핀볼로, 굴러내려오는 볼을 자신의 골에 들어오지 않도록 플리퍼로 쳐내야 한다. 골에 들어가면 실점하며, 가장 실점이 적은 플레이어가 승리한다.

STG 슈팅 게임　ACT 액션 게임　PZL 퍼즐 게임　RPG 롤플레잉 게임　SLG 시뮬레이션 게임　SPT 스포츠 게임　RCG 레이싱 게임　AVG 어드벤처 게임　ETC 교육·기타　TBL 보드 게임

안젤리크 : 프리미엄 BOX

SLG 코에이 1995년 12월 8일 9,800엔 16M

94년에 발매된 여성용 연애 시뮬레이션 게임 「안젤리크」에 프리미엄 굿즈를 동봉한 한정 세트. 굿즈는 드라마를 수록한 CD와 새로 그려진 코믹 부클릿, 수호성들의 프리미엄 카드로 구성되어 있다.

클락웍스

PZL 토쿠마쇼텐 1995년 12월 8일 7,800엔 4M

「테트리스」를 만든 알렉세이 파지트노프가 디자인한 퍼즐 게임. 스테이지 전체가 시계태엽 장치처럼 돼 있어, 시계방향 혹은 반시계방향으로 돌려 옮겨가 시계침이나 적 캐릭터를 피해 골인하는 내용. 총 50스테이지 구성이고, 타임 어택도 있다.

슈~퍼~ 뿌요뿌요 투[通]

PZL 컴파일 1995년 12월 8일 8,800엔 16M

대히트한 낙하계 퍼즐 「뿌요뿌요」의 속편. 전작의 기본 시스템은 동일하고, 여기에 상쇄와 싹쓸이 개념, 색깔 뿌요의 표정변화 등 이후 시리즈에도 계승되는 시스템 및 연출을 추가했다. 등장 캐릭터도 30종 이상으로 대폭 늘어났다.

슈퍼 모모타로 전철 DX

TBL 허드슨 1995년 12월 8일 9,500엔 16M

인기 시리즈 제5탄. ROM 용량이 2배로 늘어나고 맵이 리뉴얼되었다. 덕분에 새로운 역과 신규 이벤트, 신규 카드 등도 다수 등장. 룰도 변경되었다. 새로 추가된 은하철도 카드를 사용하면, 다른 맵의 우주로 여행할 수도 있다.

미소녀 전사 세일러문 SuperS : 몽실몽실 패닉

PZL 반다이 1995년 12월 8일 7,980엔 8M

같은 제목의 인기 애니메이션 캐릭터를 사용한 퍼즐 게임. 일정 시간마다 일렬로 늘어서 차오르는 풍선들을, 같은 색끼리 맞추거나 빔을 쏴 터뜨려나간다. 파워 게이지를 모아, 턱시도 가면을 부르거나 애니메이션과 동일한 필살기를 쓸 수도 있다.

마스터즈 New 머나먼 오거스타 3

SPT T&E소프트 1995년 12월 8일 11,800엔 16M

인기 3D 골프 시뮬레이션 게임의 업그레이드판. 특수 칩을 채용하여 그래픽이 한 차원 더 아름다워지고, 처리 속도도 빨라졌다. 타이틀명은 오거스타 골프 클럽에서 개최되는 메이저 대회 '마스터즈 토너먼트'에서 따왔다.

드래곤 퀘스트 VI 몽환의 대지

RPG 에닉스 1995년 12월 9일 11,800엔 32M

일본 슈퍼 패미컴 역대 소프트 판매량 3위에 빛나는 타이틀로, 꿈과 현실 두 세계를 왕래하며 모험한다. 이번 작품의 테마는 '발견'으로, 대지에 생긴 거대한 구멍에 빠진 주인공이, 원래의 세계와 닮았지만 다른 또 하나의 세계 '몽환의 대지'를 발견하며 이야기가 시작된다. 전직 시스템의 부활 및 동료 몬스터 등, 이전 시리즈에서 호평 받았던 요소를 도입했다.

▲ 이 작품을 바탕으로 만화와 소설, 드라마 CD 및 등장인물 '테리'의 스핀오프 작품도 발매되었다.

HARDWARE 1990 1991 1992 1993 1994 1995 1996 1997 1998 1999 2000 INDEX

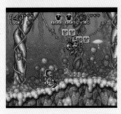

미키와 도널드 매지컬 어드벤처 3

ACT 캡콤 1995년 12월 8일 9,800엔 16M

디즈니 캐릭터들이 등장하는 액션 게임 제 3탄. 이번 작품에선 도널드를 조작할 수 있게 되었다. 호평 받은 코스튬 체인지는 노멀 외에 3종류가 등장하고, 캐릭터별로 디자인 및 성능이 다르다. 코스튬에 따라서는 협력 플레이도 가능.

에미트 : 밸류 세트

AVG 코에이 1995년 12월 15일 19,800엔 24M+24M+24M

같은 제목의 영어교육 소프트 Vol.1~3까지를 세트화하여 저렴한 가격으로 재발매한 타이틀. 리모컨이 포함된 '보이서 군'도 동봉했다. '또 하나의 세계'에서 돌아온 주인공 유리 앞에 '또 하나의 유리'가 모습을 드러내는 서스펜스 풍 스토리다.

고 고 아크만 3

ACT 반프레스토 1995년 12월 15일 9,800엔 16M

아크만 시리즈의 마지막 작품. 전작까지는 적대했던 아크만과 천사가 함께 싸운다는 스토리로, 무기 공격이 가능한 아크만과 비행할 수 있는 천사를 조작하게 된다. 게다가 아이템 사용도 가능해졌다. 아이템은 각지의 상점에서 혼과 교환해 입수한다.

JB 더 슈퍼 배스

ACT NGP 1995년 12월 15일 11,800엔 20M

일본 배스 프로 협회(JB)와 일본 배스 클럽(NBC)의 공인 소프트. 배스 프로인 카와베 히로카즈가 감수했다. 실존 메이커가 출시한 루어 및 장비품이 다수 등장한다. 배스 낚시를 즐기는 토너먼트 모드와, 퀴즈 형식의 라이선스 모드가 있다.

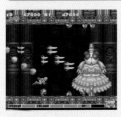

실황 수다쟁이 파로디우스

STG 코나미 1995년 12월 15일 9,980엔 24M

코나미의 전매특허인 실황 시스템이 파로디우스 시리즈와 합체한 가정용 오리지널 작품. 실황은 성우 야나미 죠지가 맡아 코믹한 수다 연기를 보여준다. 클래식부터 일본 전통음악까지 다양한 장르를 모티브로 삼은 BGM을 들을 수 있는 것도 특징.

상인이여, 큰 뜻을 품어라!!

TBL 반다이 1995년 12월 15일 9,800엔 12M

해양무역이 테마인 보드 게임. 한 항구에서 물건을 싸게 매입해 다른 항구에서 비싸게 팔아 재산을 불린다. CPU 포함 4명이 즐기는 룰로, 도중 순위에 따라 주사위를 굴리는 순서가 바뀐다. 카드와 이벤트 등의 역전요소도 많아, 끝까지 방심할 수 없다.

슈퍼 블랙배스 3

ACT 스타피시 데이터 1995년 12월 15일 11,800엔 32M

인기 배스 낚시 게임 제 3탄. 무대를 미국에서 일본으로 옮겼고, 레벨 및 소지금 시스템이 추가되었다. 전문 용어를 해설해주는 도움말 기능도 준비했다. 게임 모드는 상금을 버는 바자 모드와 토너먼트에 참가하는 배스 프로 모드 2가지다.

성수마전 비스트 & 블레이드

RPG BPS 1995년 12월 15일 11,800엔 20M

게임잡지 '전격 슈퍼 패미컴'에 연재되던 독자참여 기획을 게임화했다. 마수왕을 물리치는 것이 목적인 시뮬레이션 RPG. 플레이어는 빛의 전사로, 무기로 싸우는 인간과 특수공격이 가능한 드래곤·페가수스 등을 동료로 삼고 '짐승의 검'을 찾아 여행한다.

테일즈 오브 판타지아

RPG　남코　1995년 12월 15일　8,800엔　48M

액션 게임을 방불케 하는 전투 신이 특징인 RPG. 당시로서는 최대급 용량인 48Mbit ROM을 채용하여, 전투 시 음성출력은 물론 오프닝에서 주제가 보컬곡도 나온다. 시스템은 심플하지만 난이도가 높고, 과거·현재·미래를 넘나드는 스토리가 인상적이다.

테마 파크

SLG　일렉트로닉 아츠 빅터　1995년12월15일　11,800엔　16M

유원지를 운영하는 경영 시뮬레이션 게임. 경영자가 되어 놀이기구나 상점을 설치하고 스탭을 고용하는 등, 할 수 있는 일은 전부 해야 한다. 어떤 유원지로 만들지는 플레이어의 자유. 클리어 요건을 완수한 후에도 그대로 계속 플레이할 수 있다.

도라에몽 4 : 진구와 달의 왕국

ACT　에포크 사　1995년 12월 15일　9,500엔　12M

전작까지의 4명에 도라미를 추가하여, 각기 개성이 다른 캐릭터 5명을 조작해 '달의 왕국'을 모험하는 횡스크롤 액션 게임. 2인 동시 플레이와 맵 시스템, 캐릭터 고유 루트 등을 새로이 도입했다.

니치부츠 아케이드 클래식스 2 : 헤이안쿄 에일리언

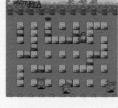

ACT　일본물산　1995년 12월 15일　5,980엔　4M

검비위사(헤이안 시대의 경찰관과 비슷한 관직)가 되어 에일리언을 파묻는 고전 액션 게임 「헤이안쿄 에일리언」을 수록했다. 게임은 오리지널 모드와 어레인지 모드 2종류가 있고, 대전 플레이도 지원한다. 조작 버튼 설정 및 익스텐드는 옵션에서 변경 가능.

프린세스 메이커 : Legend of Another World

SLG　타카라　1995년 12월 15일　9,980엔　16M

요정계 소녀의 아버지가 되어 18세까지 키워가는 게임. 어학·요리 공부나 무사수행 등 다양한 경험을 쌓게 해 공주로 만드는 것이 목표다. 「프린세스 메이커 2」의 리메이크 이식판이지만, 게임 내 그래픽은 이 작품용으로 새로 그린 오리지널이다.

본가 SANKYO FEVER 실기 시뮬레이션 2

SLG　BOSS커뮤니케이션즈　1995년12월15일　10,800엔　12M

일본 파친코 업계의 대기업인 산쿄의 인기 기종을 수록한 시리즈 제 2탄. 'CR 은하 피버 SP', 'CR 피버 원 GP', '파치파치 스타디움', '프루츠 찬스' 4대를 시뮬레이션한다. 파친코 용어와 매너를 해설해주는 모드도 있다.

가져가라 Oh! 대도둑

TBL　데이터 이스트　1995년 12월 15일　9,800엔　8M

괴도들의 활약을 코믹하게 그린 보드 게임. '가져가라 시'의 악덕 시장에게 빼앗긴 보물을 미술관이나 박물관에서 되찾아와야 한다. 룰렛을 돌려 나온 수만큼 칸을 전진한다. 맵에는 미니게임을 비롯해 10종류의 이벤트가 준비되어 있다.

미즈키 시게루의 요괴 백귀야행

TBL　KSS　1995년 12월 20일　11,800엔　12M

일본 전국 각지를 순회하며 일본 제일의 요괴가 되는 게 목적인 보드 게임. 슬롯을 돌려 칸을 전진한다. 다양한 방법으로 영력과 동료를 모으자. 최종적으로 가장 영력이 높은 플레이어가 승리한다. 게임은 4명까지 참가 가능하며, 오토 세이브도 지원한다.

SD건담 GNEXT

SLG　반다이　1995년 12월 22일　12,800엔　12M

위성방송
지원

가사풍 전사 시리즈의 계보를 계승한 시뮬레이션 게임. '건담 W'까지의 기체를 수록해, 상당히 많은 유닛이 등장한다. 맵 구성을 다양화하고 시나리오 모드를 도입했으며, 최대 4개 세력으로 나뉘어 전투도 가능한 등 게임이 크게 진화했다.

힘내라 고에몽 반짝반짝 여행길 : 내가 댄서가 된 이유

ACT　코나미　1995년 12월 22일　9,980엔　24M

슈퍼 패미컴판 「고에몽」 시리즈 제 4탄. 어드벤처 게임이었던 전작과는 달리, 이번엔 액션 게임으로 회귀했다. 시스템은 2편 「괴상한 장군 맥기네스」를 계승하면서도, 전작의 퍼즐 풀이와 탐색 요소도 집어넣었다.

월면의 아누비스

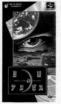

AVG　이매지니어　1995년 12월 22일　11,800엔　24M

최초의 일본인 월면연구소 연구원이 되어, 인간의 상식을 뛰어넘는 사건을 해결해가는 사운드 노벨. 지나간 시나리오를 장단위로 다시 읽을 수 있는 '되읽기 기능'을 탑재했다. 숨겨진 패러미터로 '성격' 개념이 있어, 이에 따라 나오는 선택지나 엔딩이 바뀐다.

황룡의 귀

ACT　바프　1995년 12월 22일　9,980엔　8M

당시 영 점프에서 연재되던 인기 만화를 게임화. 돈과 여자를 마음대로 부릴 수 있는 '황룡의 귀'의 소유자 '키로에몽'을 조작해 적을 쓰러뜨리는 액션 게임으로, 스토리는 원작을 따라 진행된다. 게이지를 모아 파워 업할 수도 있다.

더 그레이트 배틀 V

ACT　반프레스토　1995년 12월 22일　9,800엔　12M

SD 캐릭터화된 애니메이션 및 특촬 드라마 캐릭터들이 싸우는 인기 액션 게임 제 5탄. 서부영화 풍 세계관에다, 슈팅 스테이지도 들어가 있다. 갓 건담과 가면라이더 RX, 울트라맨에 추가로 오리지널 캐릭터 '로아'도 사용 가능.

석류의 맛

AVG　이매지니어　1995년 12월 22일　11,800엔　16M

SF·특촬 연구가인 히지리 사키가 시나리오를 담당한 사운드 노벨 게임. 지진으로 함몰된 빌딩에서 탈출하는 와중에, 2차대전 당시 과학연구소의 비밀이 밝혀지게 된다. 고른 선택지에 따라 이야기가 바뀌며, 읽은 총 문장량이 달성도로 표시된다.

3×3EYES : 수마봉환

AVG　반프레스토　1995년 12월 22일　10,800엔　16M

같은 제목의 타카다 유조 원작 인기 만화를 게임화한 제 2탄. 슈퍼 패미컴 오리지널 작품으로, 액션과 어드벤처, 이벤트 전투를 조합한 시스템이다. 선택지에 따라 스토리가 바뀌며, 필살기를 사용할 때는 성우의 보이스가 나온다.

쇼기 삼매경

TBL　VIET　1995년 12월 22일　9,800엔　8M

슈퍼 패미컴
마우스지원

전일본 박보장기 연맹 공인 소프트. 박보장기뿐만 아니라 대국, 말판놀이 풍의 '마와리 쇼기' 등 다양한 장기를 즐길 수 있다. 4인 대국이나, 쇼기 말을 사용한 슈팅 게임까지도 들어있고, 박보장기는 총 500문제를 준비했다. 마우스 조작도 지원한다.

STG 슈팅 게임　ACT 액션 게임　PZL 퍼즐 게임　RPG 롤플레잉 게임　SLG 시뮬레이션 게임　SPT 스포츠 게임　RCG 레이싱 게임　AVG 어드벤처 게임　ETC 교육·기타　TBL 보드 게임

HARDWARE　1990　1991　1992　1993　1994　1995　1996　1997　1998　1999　2000　INDEX

슈퍼 차이니즈 월드 3 : 초차원 대작전
RPG 컬처브레인 1995년 12월 22일 9,800엔 12M

인기 시리즈 제 3탄. 장르는 액션 RPG이지만, 게임 시작 시에 '액션' 혹은 '커맨드' 중에서 선택할 수 있고, 선택한 시스템에 따라 시나리오가 바뀐다. 캐릭터는 기존의 주인공인 잭과 류는 물론, 전작의 슌과 링링도 등장한다.

슈퍼 파이어 프로레슬링 X
ACT 휴먼 1995년 12월 22일 11,900엔 32M

머리·팔·다리에 개별적으로 내구력이 설정되어 있고, 선수 고유의 과거 부상으로 인한 약점도 재현하는 등 현실적 요소를 더욱 강화했다. 외전작품「블레이징 토네이도」의 레슬러도 수록하고, 난무기 등 과격한 필살기를 가진 레슬러도 에디트 가능.

전국의 패자 : 천하포무로의 길
SLG 반프레스토 1995년 12월 22일 12,800엔 16M

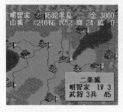

91년에 게임 아츠가 메가 CD로 발매했던「천하포무」의 이식판. 전국시대 다이묘 중 한 명이 되어 천하통일을 노리는 시뮬레이션 게임이다. 내정과 인사 등의 4가지 페이즈를 활용해 나라를 키워나가자. 세이이타이쇼군이 되어 다이묘를 거느릴 수도 있다.

테크모 슈퍼 보울 III : FINAL EDITION
SPT 테크모 1995년 12월 22일 12,800엔 16M

인기 미식축구 게임 제 3탄. 선수 데이터가 최신판으로 갱신되고, 그래픽과 연출 면에서도 강화되었다. 3년 연속으로 슈퍼 보울을 제패하면 특별한 엔딩을 볼 수 있다. 선수를 트레이드하거나 오리지널 선수를 육성할 수도 있다.

천외마경 ZERO
RPG 허드슨 1995년 12월 22일 9,980엔 40M

시리즈 유일의 슈퍼 패미컴용 타이틀. 가상의 세계 '지팡구'에서 전개되는 모험활극으로, 특수 칩을 내장해 선명한 그래픽과 애니메이션을 표현한다. 'PLG 시스템'으로 게임 내에서도 현실과 동일하게 시간이 흐르고, 특정 시간에만 발생하는 이벤트도 있다.

배틀 서브마린
SLG 팩인 비디오 1995년 12월 22일 9,800엔 8M

잠수함을 조작하여 주어진 미션을 수행하는 3D 풍 슈팅 게임. 조작할 수 있는 잠수함은 총 3종류다. 플레이어는 함장이 되어 적의 공격을 회피하며 적함을 어뢰와 기총으로 격침시켜야 한다. 어뢰는 어느 정도까지는 호밍 기능도 있다.

파랜드 스토리 2
슈퍼 패미컴 마우스지원
RPG 반프레스토 1995년 12월 22일 12,800엔 24M

전작으로부터 20년 후의 세계를 그린 시뮬레이션 RPG. 시나리오는 이 작품을 위해 제작된 오리지널로, 난이도가 대폭 올라갔다. 스테이지를 클리어해 경험치를 벌어 동료를 늘려가자. 전투 신에서는 SD화된 캐릭터가 1:1로 뜨거운 배틀을 펼친다.

파이널 파이트 터프
ACT 캡콤 1995년 12월 22일 9,980엔 24M

인기 벨트스크롤 액션 시리즈 제 3탄. 가이와 해거에, 추가로 신 캐릭터인 딘과 루시아가 등장한다. 2편보다 난이도를 낮췄고, 대시 공격과 커맨드 기술, 슈퍼 메가 크러시를 도입하여 경쾌한 플레이를 즐길 수 있다.

HARDWARE
1990
1991
1992
1993
1994
1995
1996
1997
1998
1999
2000
INDEX

HARDWARE
1990
1991
1992
1993
1994
1995
1996
1997
1998
1999
2000
INDEX

로도스도 전기

 RPG 카도카와쇼텐 1995년 12월 22일 10,800엔 20M

같은 제목의 인기 소설을 게임화한 RPG로, 제각기 주인공이 다른 총 4장으로 구성했다. 1장부터 3장까지는 원작의 과거 이야기, 4장은 원작의 1권에 해당하는 스토리다. 전투는 5×3칸 필드 상에서 시뮬레이션 방식으로 진행된다.

최강 타카다 노부히코

 ACT 허드슨 1995년 12월 27일 10,900엔 24M

UWF 인터내셔널의 협력을 받은 타이틀로, 실명으로 등장하는 타카다 노부히코를 비롯해 총 10명의 레슬러가 등장한다. UWF 룰로 긴장감 넘치는 시합을 즐길 수 있다. 최강을 노리는 STORY 모드와, 캐릭터를 단련시키는 SPARING 모드가 있다.

삼국지 영걸전

 SLG 코에이 1995년 12월 28일 12,800엔 24M

유비가 주인공인 시뮬레이션 RPG. 도원결의로부터 시작하여, 중국 통일과 한 왕조 재흥을 목표로 한다. 스토리와 대화를 중시한 게임으로, 스토리 파트와 전투 파트가 교대로 진행되며 도중에 스토리 분기가 몇 군데 존재한다. 240명 이상의 무장이 등장.

이스 Ⅴ : 사라진 모래도시 케핀

 RPG 니혼팔콤 1995년 12월 29일 12,800엔 24M

붉은 머리카락의 검사 아돌이, 고대 연금술이 남아있다는 환상의 도시를 조사하기 위해 모험을 떠나는 RPG. 고저차 개념을 도입해 점프가 가능해졌고, 검을 휘두르는 공격이나 방패를 이용한 방어, '연금마법 시스템' 등이 추가되었다.

Parlor! 팔러! Ⅳ CR

코라쿠·산요·토요마루·
오쿠무라·다이이치·마루혼
 SLG 니혼 텔레네트 1995년 12월 29일 11,800엔 16M

파친코 업계 빅메이커 6개 사가 협력한 파친코 게임. 'CR 퍼펙트 게임', 'CR 매지컬 패닉', 'CR 코마코마 클럽 3', 'CR 서커스 3', 'CR 몽키 찬스 V', 'CR 스파크 슈트'를 즐길 수 있다. 일기 모드 등의 새로운 기능도 추가되었다.

슈퍼 쇼기 3 : 키타헤이

슈퍼 패미컴
마우스 지원
 TBL 아이맥스 1995년 12월 29일 12,800엔 12M

인기 쇼기 게임 제 3탄. 특수 칩 SA-1을 탑재하여 CPU의 사고 시간을 단축시켰다. 대국 외에 말판놀이와 룰이 비슷한 '마와리 쇼기', 플레이어가 사범이 되어 소녀제자를 육성하는 '쇼기의 별' 모드를 탑재했다. 마우스 조작도 지원.

대국 바둑 이다텐

슈퍼 패미컴
마우스 지원
 TBL BPS 1995년 12월 29일 14,800엔 8M

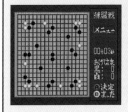

경묘한 입담으로 수많은 바둑프로에서 해설을 맡았던 시라에 하루히코 8단이 감수한 바둑 소프트. '연습전'과 NEC배 규칙을 채용한 '진검승부' 등 4가지 모드를 즐길 수 있다. 묘수풀이는 기본부터 특상까지 6단계가 있어, 총 420문제에 도전 가능.

대폭소!! 인생극장 : 좌충우돌 샐러리맨 편

 TBL 타이토 1995년 12월 29일 9,800엔 16M

슈퍼 패미컴판으로는 시리즈 마지막 작품. 샐러리맨이 되어 실제로도 일어날 법한 이벤트를 클리어해 나가며 소지금 1위를 목표로 한다. 특정 이벤트에서는 라이벌의 행동에 개입할 수 있는 등, 액션 요소도 강해졌다. 시리즈 최초로 세이브 기능이 있다.

1996

1996년은 닌텐도 진영의 차세대 게임기 '닌텐도 64'가 발매된 해이다. 슈퍼 패미컴의 타이틀 수도 전년도의 반절 이하인 152종까지 급감하여, 쇠퇴 기임을 실감케 하였다.

하지만 줄어든 타이틀 수가 닌텐도 64 쪽이 아니라 플레이스테이션 등의 타사 게임기 쪽으로 넘어가버렸기 때문에, 닌텐도는 「슈퍼 마리오 RPG」·「별의 커비 슈퍼 디럭스」에 슈퍼 패미

컴을 4,000엔 저렴하게 살 수 있는 쿠폰을 동봉하여, 소프트가 부족한 닌텐도 64 대신 염가이면서 가동률도 높았던 슈퍼 패미컴을 연명시키는 방침을 도출해냈다.

마도 이야기 : 똘똘한 대유치원생
RPG 토쿠마쇼텐인터미디어 1996년 1월 12일 9,900엔 16M

「뿌요뿌요」에 등장하는 캐릭터들이 출연하는 타이틀. 아르르 등의 친숙한 캐릭터들이 등장한다. 전투 전에 말장난 개그 데모가 나오는 등, 원작의 분위기는 그대로 계승했다. 스토리는 아르르가 마도유치원 졸업을 위해 모험 여행을 떠난다는 것.

갯바위 낚시 : 외딴섬 편
ACT 팩인비디오 1996년 1월 19일 10,800엔 16M

배스 낚시 등의 스포츠계와는 궤를 달리 하는 낚시 게임. 이즈 제도의 갯바위 7곳을 무대로, 하루 단위의 낚시 성과를 겨룬다. 등장하는 물고기는 돌돔과 넙치 등 20종류. 낚시법도 루어 낚시나 카고 낚시 등 5종류다. 릴 액션 등도 매우 리얼하다.

Parlor! 팔러! 3
코라쿠·산요·토요마루·오쿠무라·타이요
SLG 니혼 텔레네트 1996년 1월 19일 11,800엔 20M

파친코 빅 메이커 5개 사의 실기를 간편하게 즐기는 푸짐한 시리즈. '이코마 키넨 II', '코마코마 클럽 2', '모험도 2', 'CR 파치프로 히스토리 X', '무환전설', '타누키치 군 2' 6대를 즐길 수 있다. 데이터의 방에선 그래프가 2화면 스크롤로 표시된다.

적중 경마학원
SLG 반프레스토 1996년 1월 19일 9,980엔 8M

경마를 테마로 삼아 다채로운 모드를 탑재한 소프트. '예상'에서는 대박, 중박 등 노리는 타입 별로 예상이 가능하다. 그 외에 가상 레이스를 예상해 상금을 버는 '갬블', 기수가 되어 레이스에 출전하는 '액션', 전국의 경마장을 제패하는 '전국제패'도 있다.

바둑 클럽
TBL 헥트 1996년 1월 26일 12,800엔 8M

90년에 발매된 패미컴판 「바둑 지침」의 후속작에 해당하는 소프트. 대국은 대 CPU전만 가능하다. 과거 시리즈와 마찬가지로 '명국 관전 모드'를 탑재해, 프로의 대국을 관전할 수 있다. 본인방과 명인전 등 7대 타이틀의 총 30국을 수록했다.

SD건담 : Power Formation Puzzle
PZL 반다이 1996년 1월 26일 8,800엔 8M

건담과 낙하계 퍼즐을 조합한 타이틀. 똑같은 그림의 퍼즐을 붙여 없애면 오히려 안 된다는, 기존의 상식을 깨는 의욕적인 시스템을 채용했다. 일정 수만큼 쌓아올리면 모빌슈츠 제조가 가능해져, 대전 상대와 싸울 수 있다.

슈퍼 야구도

SPT 반프레스토 1996년 1월 26일 12,800엔 12M

PC에서 호평 받았던 프로야구 시뮬레이션 게임의 이식작. 플레이어는 감독이 되어 팀 전체의 매니지먼트를 맡는다. 드래프트와 캠프로 팀을 강화해, 페넌트레이스를 제패하자. 팀 성적이 너무 나빠지면 해임당해 게임 오버가 된다.

노부나가의 야망 : 천상기

SLG 코에이 1996년 1월 26일 12,800엔 24M

정통 역사 시뮬레이션 게임 시리즈 6번째 작품. 등장하는 전국 다이묘 중 하나를 골라, 전국 통일을 노린다. 무장의 성장이 테마라, 능력치 종류가 매우 세분화되어 있다. 무장은 전투와 교육으로 성장시킬 수 있다. 성도 전작보다 대폭 늘어났다.

헤이세이 군인장기

TBL 카롯체리아 재팬 1996년 1월 26일 9,800엔 4M

회사 '헤이세이샤'의 사장이 되어, 보드 게임 '군인장기'로 상대 회사와 쟁탈전을 벌이는 게임. 승리조건은 적 본사 점령이나 유닛 전원의 격파. 유닛끼리 접촉하면 전투하며, 패배한 유닛은 사라진다. 모든 회사를 쓰러뜨리면 엔딩이다.

MADARA SAGA : 유치원전기 마다라

RPG 데이텀 폴리스타 1996년 1월 26일 9,800엔 16M

미디어믹스 작품 'MADARA'의 파생작 중 하나로, 쿼터뷰 스타일의 RPG다. 손 모양의 커서로 주인공을 유도해, 다양한 장소에서 정보를 모아 스토리를 진행해간다. 최종 목표는 대 보스의 격퇴. 적과의 전투는 가위바위보로 진행된다.

무인도 이야기

SLG KSS 1996년 1월 26일 12,800엔 16M

PC에서 인기를 얻은 서바이벌 라이프 시뮬레이션 게임의 이식판. 비행기 사고에 휘말린 주인공 포함 남녀 6명이, 표착한 무인도에서 식량 등을 확보하며 탈출한다는 내용이다. 이식되면서 이벤트 발생조건 및 일부 묘사가 수정되었다.

RPG 만들기 2

위성방송 지원

ETC 아스키 1996년 1월 31일 12,800엔 16M

95년에 발매된 전작의 개량판. 용량이 약 2.5배로 늘어나고 그래픽도 향상되었다. 새 틀라뷰가 지원되어, 카트리지에 외부 메모리 팩용 커넥터가 있어 작품의 저장노 가능하며, 추가 소재와 샘플 게임도 위성방송으로 제공되었다.

막말강림전 ONI

RPG 반프레스토 1996년 2월 2일 12,800엔 32M

「귀신강림전 ONI」의 속편. 막부 말기를 무대로, 역사적 사실을 재현하면서도 적절한 개변을 가한 작품이 되었다. 사카모토 료마와 오키타 소지 등 실존했던 인물이 등장한다. 무기 자체에 레벨이 있어, 레벨에 따라 공격력도 올라가는 시스템이다.

쇼기 최강 Ⅱ : 실전대국 편

슈퍼 패미컴 마우스지원

TBL 마호 1996년 2월 9일 10,800엔 4M

특수 칩 덕분에 사고시간이 단축된 것이 특징인 쇼기 소프트. 150종류 이상의 '판 이어하기' 모드는 초급·중급·상급 랭크가 있어, 조건을 만족시키면 다음 랭크에 도전 가능하다. 상급을 클리어하면 '최강전'이 나오니, 모두 클리어하여 인정증을 받자.

STG 슈팅 게임 ACT 액션 게임 PZL 퍼즐 게임 RPG 롤플레잉 게임 SLG 시뮬레이션 게임 SPT 스포츠 게임 RCG 레이싱 게임 AVG 어드벤처 게임 ETC 교육·기타 TBL 보드 게임

바하무트 라군
RPG　스퀘어　1996년 2월 9일　11,400엔　24M

하늘을 부유하는 섬들 '라군'으로 구성된 세계가 무대인 시뮬레이션 RPG. 망국의 전룡대 대장이 여러 나라를 멸망시킨 제국에 저항하는 스토리를 주축으로, 소꿉친구였던 전직 공주와의 엇갈리는 운명과 실연을 그린 전개도 주목받았다. 4인 1조의 유닛에 드래곤이 하나 붙는 시스템이 큰 특징으로, 드래곤은 도중에 얻게 되는 다양한 아이템을 먹여 성장시킬 수 있다.

▲ 클리어 후 돈과 아이템, 파피를 제외한 드래곤의 레벨을 계승해 2주차를 시작하는 모드도 있다.

두근두근 메모리얼 : 전설의 나무 아래에서
슈퍼 패미컴 마우스지원
SLG　코나미　1996년 2월 9일　9,980엔　32M

고교 3년간 주인공을 육성해, 졸업식 날 소녀에게서 고백받는 것이 목적인 육성+연애 시뮬레이션 게임. PC엔진이 원작인 이식작으로, BGM의 편곡, 전화 시스템, 시오리의 생일과 소속 부 활동 관계 등 여러 디테일이 변경되었다.

프로 기사 인생 시뮬레이션 : 쇼기의 황혼기
TBL　아틀라스　1996년 2월 16일　12,800엔　8M

프로 쇼기 기사로서의 인생을 체험할 수 있는 소프트. 스토리 모드에서는 10년 동안 '용신'·'기선'·'철인' 등의 타이틀을 획득해 7관왕을 달성해야만 한다. 게임 도중에는 쇼기에 관련된 것 외에도 다양한 이벤트가 준비돼 있다.

귀신동자 ZENKI 천지명동
TBL　허드슨　1996년 2월 23일　9,980엔　16M

같은 제목의 만화·애니메이션 원작의 게임화 제3탄. 액션이 메인이었던 전작까지와는 달리, 이번엔 4명까지 참가할 수 있는 보드 게임이 되었다. 나온 주사위 눈만큼 패널을 연결해, 귀신상을 목표로 전진한다. 전투 신도 준비돼 있다.

배틀테크 3050
ACT　애스크　1996년 2월 23일　9,800엔　12M

'메크'라는 머신을 조작해 적과 싸우는 쿼터뷰 액션 게임. 시리즈를 상징하는 간판 메크 '팀버울프'를 조종하여 다양한 미션을 달성하자. 미션 클리어 형식으로, 스테이지마다 파괴해야 할 목표가 달라진다.

프론트 미션 시리즈 : 건 해저드
ACT　스퀘어　1996년 2월 23일　11,400엔　24M

95년에 발매된 「프론트 미션」의 외전격 작품. 시리즈 시계열에서는 벗어나 있는 작품이다. 시스템도 시뮬레이션이 아니라 반처를 직접 조작해 싸우는 액션 RPG로서, 적을 쓰러뜨려 경험치를 벌어 레벨 업해야 한다.

실황 파워풀 프로야구 3
SPT　코나미　1996년 2월 29일　7,500엔　24M

인기 게임 시리즈 제3탄. 실황 담당이 당시 아사히방송 아나운서였던 아베 노리유키로 변경되었다. 이후 파워프로 시리즈의 대명사가 된 '석세스 모드'가 처음 탑재되었다. 오리지널 야수를 2군에서 단련시켜, 코치의 평가를 거쳐 1군 편입을 노린다.

HARDWARE 1990 1991 1992 1993 1994 1995 1996 1997 1998 1999 2000 INDEX

슈퍼 패미스타 5

SPT　남코　1996년 2월 29일　6,980엔　20M

슈퍼 패미컴판으로는 시리즈 최종 작품. 선호하는 팀과 구장을 골라 대전하는 '일발승부'를 비롯한 기존의 4가지 모드에 더해, 다른 팀에서 자유롭게 선수를 뽑아올 수 있는 '꿈의 FA'에다 'OB에 도전' 등, 4가지 모드가 신규 추가되었다.

NFL 쿼터백 클럽 '96

SPT　어클레임 재팬　1996년 3월 1일　11,800엔　24M

전작인 '95년도판의 시스템에 최신 데이터를 적용시켜 리뉴얼한 타이틀. 익스팬션으로 탄생한 2개 팀이 추가되어 총 30개 팀이 등장한다. 모든 선수 데이터가 갱신된 것은 물론, 과거의 명승부를 재현하는 시뮬레이션 모드도 리뉴얼되었다.

기동전사 Z건담 : AWAY TO THE NEWTYPE

SLG　반다이　1996년 3월 1일　11,800엔　24M

95년에 발매된 「CROSS DIMENSION」의 속편으로, 'Z건담'의 스토리 기준으로 전개된다. 시스템은 시뮬레이션과 3D 슈팅에 격투 요소를 가미했다. 게임은 크와트로 편, 카미유 편, 에마 편 3가지 파트로 나뉘어 있다.

사메가메

위성방송 지원

PZL　허드슨　1996년 3월 1일　8,980엔　8M

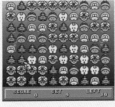

신중히 생각하며 진행해야 하는 타입의 퍼즐 게임. 2개 이상 붙어있는 동일 그림 아이콘을 선택해 없애면, 빈칸만큼 낙하해 메워지고 다시 그림이 연결된다. 이를 이용해 진행하다가 더 이상 없앨 아이콘이 없어지면 게임 오버. 대전 모드도 있다.

그믐

AVG　반프레스토　1996년 3월 1일　7,800엔　32M

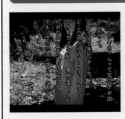

95년에 발매된 「학교에서 있었던 무서운 이야기」에 이은 텍스트 어드벤처 제2탄. 법회 때 모인 친척지간 6명의 괴담을 하나씩 골라 듣고, 다 들으면 7번째 괴담이 시작된다. 듣는 순서를 바꿈으로써 총 40종 이상의 시나리오를 읽을 수 있다.

둠

STG　이매지니어　1996년 3월 1일　12,800엔　16M

94년에 발매된 「울펜슈타인 3D」의 시스템을 개량한 신작. 주인공 시점의 3D 슈팅으로, 미로처럼 꼬인 공간에서 나타나는 적을 물리치며 깊숙이 전진하는 게임. 선택 가능한 3종의 시나리오 내에는 각각 숨겨진 스테이지와 보스 스테이지가 있다.

레슬매니아 디 아케이드 게임

ACT　어클레임 재팬　1996년 3월 1일　11,800엔　24M

미국 최대의 프로레슬링 단체 WWF(현 WWE)의 이벤트 '레슬매니아'를 테마로 삼은 프로레슬링 게임. 「모탈 컴뱃」의 미드웨이 사가 개발한 게임이다 보니, 레슬러가 악령을 소환하거나 상대를 감전시키는 등 비현실적인 기술이 속출한다.

레볼루션 X

STG　어클레임 재팬　1996년 3월 1일　11,800엔　16M

미국의 록밴드 '에어로스미스'가 등장하는 3D 건 슈팅 게임. 납치당한 에어로스미스 멤버들을 구출하는 게 목적이다. 등장인물은 모두 실사 스캔 영상으로, 영어로 보이스도 나온다. 멤버 전원을 구출하면 진정한 엔딩이 나온다.

은하전국군웅전 라이

SLG　엔젤　1996년 3월 8일　10,800엔　16M

마나베 죠지의 만화가 원작인 일본풍 스페이스 오페라의 게임판. 작품의 세계관을 충실하게 재현한 시뮬레이션 게임으로, 우주함대를 지휘해 은하 통일을 노린다. 함대 이동 시에는 리얼타임으로, 전투는 배틀 맵으로 전개된다. 물리친 무장의 등용도 가능.

실전 파친코 필승법! 2

SLG　사미　1996년 3월 8일　7,800엔　12M

사미, 산쿄, 뉴긴의 파친코를 즐길 수 있는 소프트. '탄환이야기 SP', '뉴 빅 슈터', '피버 루센트 DI', '피버 퀸 II', '피버 페스티벌 I'을 수록했다. 강좌 모드에서는 각 실기의 설명도 받을 수 있다.

슈~퍼~ 뿌요뿌요 투[通] 리믹스

PZL　컴파일　1996년 3월 8일　6,800엔　16M

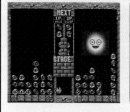

1996년 2월 이후 SFC 소프트의 일제 가격인하에 맞춰 발매된 마이너 체인지판. '쉽게 하는 뿌요뿌요' 모드가 3단계 레벨로 분할되고, 30종류 이상의 캐릭터와 차례차례 대전하는 '투[通] 모드'를 추가하는 등 컨텐츠를 다듬어 즐기기 쉬워졌다.

카오스 시드 : 풍수회랑기

RPG　타이토　1996년 3월 15일　9,980엔　20M

고대 중국과 비슷한 세계관에서 전개되는 동굴(던전) 육성 시뮬레이션 게임. 방과 통로를 설치해 던전을 확장하고, 에너지를 모아 용맥을 활성화시키자. 시뮬레이션 요소와 RPG 요소가 공존하며, 자신만의 던전을 만들 수 있다. 연구하는 맛이 있는 작품.

슈퍼 마리오 RPG

RPG　닌텐도 / 스퀘어　1996년 3월 9일　7,500엔　32M

언제나 그랬듯 이번에도 또 납치당하는 피치 공주를 구하기 위해 쿠파 성을 향하면서 시작되는 액션 롤플레잉 게임. 심볼 인카운트 시스템을 채용해, 필드에서도 적을 잘 피하면 전투 없이 진행 가능하다. 또한 전투도 일반 공격 시 타이밍에 맞춰 버튼을 누르면 대미지가 올라가거나, 가드마저도 버튼을 적절히 누르면 대미지가 줄어드는 등의 액션 요소가 있다.

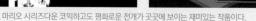
▲ 마리오 시리즈다운 코믹하고도 평화로운 전개가 곳곳에 보이는 재미있는 작품이다.

더비 스탤리언 96

위성방송 지원

SLG　아스키　1996년 3월 15일　12,800엔　24M

인기 경마 게임 시리즈 제4탄. 시스템은 전작을 답습했지만 새틀라뷰를 지원하고, '흥미로운 교배'라는 이름의 새로운 교배이론이 최초로 등장한다. 라이벌 선수와 말 이름이 실존하는 명칭으로 바뀌고, 레이스 팡파르도 JRA에서 실제 사용하는 곡을 넣었다.

고갯길 전설 : 최고속 배틀

RCG　BPS　1996년 3월 15일　10,800엔　24M

레이서가 되어 고갯길을 공략하는 오토바이 레이싱 게임. '바리바리 머신' 등의 오토바이 잡지가 개발 협력하여, 세팅 등도 리얼함을 잘 반영했다. 등장 캐릭터에 모두 실존하는 레이서를 기용하는 등, 개발사의 자존심이 엿보이는 타이틀이다.

HARDWARE
1990
1991
1992
1993
1994
1995
1996
1997
1998
1999
2000
INDEX

브랜디시 2 익스퍼트

슈퍼패미컴 마우스지원

RPG　코에이　1996년 3월 15일　8,800엔　24M

인기 액션 RPG의 업그레이드판. 게임 시스템과 시나리오 등의 기본적인 내용은 동일하지만, 전투 난이도를 3단계로 조절할 수 있다. 한 번 게임을 클리어하면 닌자 마스터나 도라 등의 강력한 보스 캐릭터와 연속으로 전투하는 '타임 어택'이 추가된다.

별의 커비 슈퍼 디럭스

ACT　닌텐도　1996년 3월 21일　7,500엔　32M

옴니버스 스타일의 액션 게임. 보물을 수집하는 '동굴대작전'과, 진행 도중에 획득한 카피 능력만 사용 가능한 '은하수의 꿈' 등 이색적인 9가지 게임 모드를 수록했다. 카피 능력을 얻으면 2P로 조작 가능한 '헬퍼'를 만들어낼 수 있다.

이스 V 익스퍼트

RPG　코에이　1996년 3월 22일　11,800엔　24M

「이스 V」 출시 3개월 후에 발매된 개량판. 타이틀명처럼 상급자 기준으로 개변하여, 버그를 수정하고 난이도를 재조정했으며 숨겨진 던전과 보스 캐릭터 타임 어택 모드를 추가했다. 맵도 일부 교체되었다.

갬블 방랑기

TBL　바프　1996년 3월 22일　8,500엔　8M

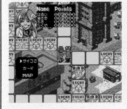

4명까지 참가 가능한 보드 게임. 말판놀이 스타일의 게임으로, 다양한 갬블을 즐기며 진행한다. 준비된 갬블은 경마, 홀짝, 친치로링 등. 골인했을 때 가장 소지금이 많은 플레이어가 이긴다. 그야말로 갬블 인생을 즐길 수 있는 게임.

'96 전국 고교축구 선수권

SPT　마호　1996년 3월 22일　7,800엔　12M

예선에 참가한 전국 4,096개교 중에서 한 학교를 골라, 고교생활 3년 내에 전국대회 우승을 노린다. 매년 초두에 30일간의 연습기간이 설정돼 있어, 선수의 능력 향상을 노리거나 연습시합을 치르는 등으로 능력치를 한층 더 끌어올릴 수 있다.

스테이블 스타 : 훈련소 이야기

실황 경마 시뮬레이션

SLG　코나미　1996년 3월 22일　11,800엔　32M

조교한 말로 해외 G1 우승을 노리는 경주마 육성 시뮬레이션 게임. 레이스에서 지원되는 실황 음성은 간사이 TV의 스기모토 키요시 아나운서가 맡았다. 플레이어는 조교사로서 말을 조교해 성적을 올리고, 양질의 말로 만들기 위해 인맥을 넓혀야 한다.

마장기신 : THE LORD OF ELEMENTAL

슈퍼로봇대전 외전

SLG　반프레스토　1996년 3월 22일　7,800엔　32M

「슈퍼로봇대전」에 등장하는 '마장기신 사이버스터'를 단독으로 게임화한 스핀오프 작품. 스토리는 총 2부 구성으로, 「EX」와 마찬가지로 이세계 '라 기아스'가 무대다. 「슈퍼로봇대전」 시리즈 최초로 리얼한 등신의 그래픽을 채용했다.

도레미 판타지 : 미론의 두근두근 대모험

ACT　허드슨　1996년 3월 22일　6,800엔　16M

86년에 발매된 「미궁조곡」의 속편. 주인공이 전작과 마찬가지로 '미론'인 것 외에 스토리적인 연관은 없다. 스테이지 클리어형 횡스크롤 액션 게임으로, 마법의 스트로우를 무기삼아 마인 아몬에게 빼앗긴 악기 5종류와 숲의 요정 에리스를 되찾는 게 목적.

HARDWARE 1990 1991 1992 1993 1994 1995 1996 1997 1998 1999 2000 INDEX

NEW 얏타맨 : 난제난감 야지로베

ACT　유타카　1996년 3월 22일　8,800엔　12M

인기 TV 애니메이션 「이겨라! 얏타맨」의 캐릭터가 활약하는 액션 게임. 얏타맨이나 해골단 중 한쪽 캐릭터를 조작해, 필드 내에 숨겨진 키 아이템을 찾아내야 한다. 화면이 상하 2분할되어 진행되며, 오리지널 메카닉도 다수 등장한다.

린하이펑 9단의 바둑대도

슈퍼 패미컴 마우스 지원

TBL　애스크　1996년 3월 22일　14,800엔　12M

본인방전과 명인전 등 수많은 타이틀을 석권한 린하이펑이 감수한 바둑 게임. 일본기원 추천 소프트이기도 하다. 특수 칩을 탑재해 CPU의 사고시간이 짧다. 게임 모드는 '대국' 외에 '바둑 규칙 설명', '묘수풀이', '명국 기보 연구'가 있다.

안젤리크 : 보이스 판타지

SLG　코에이　1996년 3월 29일　9,800엔　24M

게임의 기본 시스템 및 내용은 「안젤리크」와 동일하다. 패키지에 동봉된 어댑터 '보이서군'과 캐릭터의 음성을 수록한 스페셜 CD를 사용하면, 게임의 전개에 맞춰 캐릭터 보이스를 들을 수 있게 된다.

SD건담 GNEXT : 유닛 & 맵 컬렉션

SLG　반다이　1996년 3월 29일　3,800엔　4M

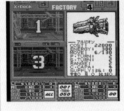

95년에 발매된 「SD건담 GNEXT」 전용 확장 ROM 카트리지. 「GNEXT」 카트리지에 추가 삽입하면 새틀라뷰 없이도 추가 데이터를 이용할 수 있다. S건담 등의 일부 MS가 교체되었고, 오리지널 맵과 MS도 추가되었다.

쿄라쿠·산요·마루혼 Parlor! 팔러! 5

SLG　니혼 텔레네트　1996년 3월 29일　8,000엔　12M

파친코 빅 메이커 3개 사가 협력한 실기 파친코 시뮬레이션 게임. '반짝반짝 파라다이스', 'CR 크레이지 박사', 'CR 건맨', '나가라 긴페이', '오류 씨' 5개 기종을 수록했다. 마음껏 즐기는 프리 모드 외에, 파치슬로 프로를 노리는 파친코 로드를 탑재.

GT 레이싱

RCG　이매지니어　1996년 3월 29일　8,500엔　16M

시빅과 스카이라인 등, 실제 시판되었던 차량 10종이 등장하는 카 레이싱 게임. 레이스에서 5위 이내를 기록하면 차의 기본성능을 올려주는 스페셜 파츠를 입수한다. 총 7번의 레이스로 연간 챔피언을 결정하는 모드, 대전 모드 등을 준비했다.

신기동전기 건담W : ENDLESS DUEL

ACT　반다이　1996년 3월 29일　7,500엔　16M

같은 제목의 인기 작품을 모티브로 제작한 대전격투 게임. 원작에 등장하는 모빌슈츠로 1:1 대전할 수 있다. 기본기술은 펀치와 킥이지만 장비한 화기를 사용하거나 포신으로 때리는 등, 호쾌함이 넘치는 게임이다. 필살기와 체인 콤보 등도 있다.

슈퍼 파이어 프로레슬링 X 프리미엄

ACT　휴먼　1996년 3월 29일　8,000엔　32M

슈퍼 패미컴판으로는 시리즈 마지막 작품. 「X」 이후 불과 3개월 만에 발매된 게임으로, 카트리지에 저장 가능한 에디트 레슬러가 16명에서 80명으로 대폭 늘어난 특별판이다. 터보 파일도 지원하지만, 기본 저장용량만으로도 충분히 즐길 수 있다.

HARDWARE | 1990 | 1991 | 1992 | 1993 | 1994 | 1995 | 1996 | 1997 | 1998 | 1999 | 2000 | INDEX

HARDWARE

1990
1991
1992
1993
1994
1995
1996
1997
1998
1999
2000
INDEX

슈퍼 포메이션 사커 96 : 월드 클럽 에디션

SPT　휴먼　1996년 3월 29일　7,500엔　12M

슈퍼 패미컴판으로는 시리즈 마지막 작품. 세계 각국의 리그에서 18개 팀을 뽑아낸 월드 클럽 에디션이다. 남미·유럽·아시아 각 지역마다의 스타일과 개성적인 선수로 즐길 수 있다. 리그전과 토너먼트 모드 등 다채로운 모드를 탑재했다.

전진, 에비스마루! 꼭두각시 미로 : 사라진 고에몽의 수수께끼!!!

PZL　코나미　1996년 3월 29일　5,800엔　8M

인기 시리즈의 외전격 타이틀로, 슈퍼 패미컴으로는 마지막 작품. 오랫동안 고에몽의 파트너로 머물렀던 에비스마루가 주인공으로 활약하는 액션 퍼즐 게임이다. 미로 안에서 배회하는 에비스마루를 출구까지 유도하자. 세이브는 패스워드 시스템.

드래곤볼 Z : 하이퍼 디멘션

ACT　반다이　1996년 3월 29일　7,800엔　24M

「초무투전」과는 시스템이 달라진 2D 대전격투 게임. 잽싸고도 부드러운 모션으로 캐릭터의 액션을 표현했다. 필드에 안쪽·바깥쪽 개념이 있어, 상대의 공격을 화면 안쪽으로 파고들어 피하거나, 피한 후 다시 뛰어들어 공격하는 3D 기술을 쓸 수 있다.

닌자보이 란타로 2

ACT　컬처 브레인　1996년 3월 29일　7,800엔　8M

같은 제목의 인기 애니메이션 원작 게임화 제 2탄. 닌자학교에 다니는 란타로·키리마루·신베 3인조와, 쿠노이치 교실에 다니는 말괄량이 소녀 3인조가 인술과 도구를 구사하며 모험한다. 전작과 마찬가지로, 액션과 어드벤처 2가지 모드로 나뉘어 있다.

미소녀 전사 세일러문 SuperS : 전원 참가!! 주역 쟁탈전

ACT　엔젤　1996년 3월 29일　7,800엔　24M

94년에 발매된 「장외난투!? 주역 쟁탈전」 기반의 대전격투 게임. 적 캐릭터로 세일러 새턴이 추가되고, 필살기와 그래픽도 리뉴얼했나. 전작과 미찬가지로, 엔딩을 보고 나면 사용한 캐릭터가 주인공이 되어 타이틀 화면이 교체된다.

미소녀 레슬러 열전 : 블리자드 Yuki 난입!!

SLG　KSS　1996년 3월 29일　8,000엔　20M

같은 제목의 만화를 게임화했다. 주인공인 블리자드 Yuki를 포함한 소녀들 중 하나를 골라 레슬러로 육성한다. 「레슬 엔젤스 V1」에 가까운 시스템으로, 해당 작품의 캐릭터도 등장한다. 멀티 엔딩 시스템을 채용해, 시합 승패에 따라 전개가 바뀐다.

루드라의 비보

RPG　스퀘어　1996년 4월 5일　8,000엔　32M

앞으로 16일 후면 멸망이 확정되어 있는 세계에서 모험하는 롤플레잉 게임. 3명의 주인공 중에서 골라 스토리를 진행하는데, 각자의 행동과 선택이 다른 캐릭터의 시나리오에도 영향을 끼친다. 3명의 시나리오를 모두 클리어하면 4번째 주인공이 개방되고, 전원이 합류해 보스에 도전하게 된다. '언령 시스템'이라는 독특한 마법 시스템을 채용한 것으로도 유명.

▲ 언령은 일정 법칙에 따라 플레이어가 직접 만들 수 있다. 「파이널 판타지」의 마법도 사용 가능.

STG 슈팅 게임　ACT 액션 게임　PZL 퍼즐 게임　RPG 롤플레잉 게임　SLG 시뮬레이션 게임　SPT 스포츠 게임　RCG 레이싱 게임　AVG 어드벤처 게임　ETC 교육·기타　TBL 보드 게임

실전! 파치슬로 필승법! 야마사 전설

SLG 　사미 　1996년 4월 5일 　6,900엔 　8M

지금도 후계기가 현역으로 가동되고 있는 '뉴 펄서'와 '빅 펄서', '슈퍼 플래닛' 등 야마사의 인기 기종이었던 실기가 다수 수록되어 있는 파치슬로 소프트. 리치 찬스를 마음껏 만끽할 수 있는 게임이다.

음악 만들기 : 멜로-디

위성방송 지원

ETC 　아스키 　1996년 4월 12일 　9,980엔 　8M

「만들기」 시리즈 중 한 작품으로, 슈퍼 패미컴 유일의 음악 제작 전문 소프트. 제작한 곡은 「RPG 만들기」와 「사운드 노벨 만들기」에서 사용할 수 있다. 제작은 악보에 음표를 넣는 심플한 방식이다. 44개 음색을 쓸 수 있고, 가사 입력도 가능.

마법진 구루구루 2

RPG 　에닉스 　1996년 4월 12일 　8,000엔 　24M

같은 제목의 만화가 원작인 RPG. 오토로 싸우는 니케를 마법진으로 서포트하는 시스템은 전작과 마찬가지지만, 액션 RPG처럼 필드 상에서 그대로 배틀이 일어나므로, 전투 도중에 적이 늘어나기도 한다. 스토리는 원작을 충실히 따라간다.

호라이 고교의 모험!

RPG 　J·WING 　1996년 4월 19일 　7,980엔 　16M

당시 라이트노벨과 네트워크 게임으로 전개된 미디어믹스 '호라이 고교(蓬莱学園)' 작품 중 하나. 플레이어는 전학생으로, 학교에서 일어나는 괴사건을 해결한다. 다른 부활동으로 기술을 익히거나, 우정 포인트를 모아 친교에 쓰는 등으로 1년간을 보내자.

일발역전 경마·경륜·경정

SLG 　POW 　1996년 4월 26일 　9,800엔 　8M

타이틀명대로, 경마·경륜·경정 세 갬블 스포츠를 한 패키지로 즐길 수 있는 소프트. 애인의 부친에게 결혼을 승낙받기 위해 갬블로 돈을 버는 '스토리 모드'와 레이스만을 즐기는 '프리 플레이' 등, 갬블 특유의 일발역전을 즐길 수 있는 게임이다.

J리그 익사이트 스테이지 '96

SPT 　에포크 사 　1996년 4월 26일 　7,980엔 　16M

3년에 걸쳐 시리즈가 이어진 「익사이트 스테이지」의 마지막 작품. 키 컨피그로 L·R과 START 버튼에 포메이션을 할당할 수 있게 되어, 시합 도중에도 즉시 전환이 가능하다. 토너먼트 모드를 클리어하면 숨겨진 팀을 사용할 수 있다.

점핑 더비

SLG 　나그자트 　1996년 4월 26일 　9,800엔 　16M

장애물 레이스 전용 경주마를 육성하는 경마 게임. 기수가 되어 말에 타는 것뿐만 아니라, 말을 기르는 육성 시뮬레이션 요소도 섞여있다. 코스는 경마장 외에도 해안과 고속도로 등 바리에이션이 풍부하다. 우승하면 말의 능력치도 올라간다.

슈퍼 경정 2

SLG 　일본물산 　1996년 4월 26일 　8,500엔 　8M

히트작이 된 경정 시뮬레이션 게임 제 2탄. 이번 작품도 다양한 각도에서 경정을 즐길 수 있다. 경정 선수가 되어 6대 레이스 제패를 노리는 모드와 우승선을 예상하는 모드, 경정에 관한 지식을 배우는 모드 등 3가지 모드가 준비돼 있다.

슈퍼 봄버맨 4

ACT　허드슨　1996년 4월 26일　7,777엔　16M

「슈퍼 봄버맨」 시리즈 4번째 작품. 다른 봄버맨을 날려버리는 '푸시' 액션이 추가되어 근접전 공방이 가능해졌고, 중간보스와 연속으로 전투하는 '챔피언십 모드'와 각종 아이템 유무 등을 설정할 수 있는 '매니악 모드'가 추가되었다.

토이 스토리

ACT　캡콤　1996년 4월 26일　7,500엔　32M

장난감들이 주인공인 같은 제목의 영화를 게임화했다. 카우보이 인형 '우디'를 조작해, 레이스와 입체미로 등의 스테이지를 클리어한다. 애니메이션이 원작 영화를 잘 재현해, 모션이 부드럽다. 스테이지를 4개 단위로 클리어할 때마다 패스워드가 나온다.

팔러! 미니 : 파친코 실기 시뮬레이션 게임

SLG　니혼 텔레네트　1996년 4월 26일　4,900엔　8M

당시 인기가 있었던 파친코 실기를 시뮬레이션하는 게임. 'CR 긴긴 파라다이스'와 'CR 용왕전설 Z'를 수록했다. 스토리 모드에는 4가지 시나리오를 수록했다. 침을 조정할 수도 있고, 실기의 특수기능도 볼 수 있다.

HEIWA 파친코 월드 3

SLG　쇼에이 시스템　1996년 4월 26일　7,800엔　24M

대형 파친코 메이커 '헤이와'의 실기를 시뮬레이션하는 파친코 게임의 마지막 작품. 'CR 용신', '요코즈나 전설', '브라보 스트라이커', '브라보 걸 2' 4가지 기기가 수록돼 있다. 특정일의 대박 회수 등의 데이터도 참조 가능하다.

파이어 엠블렘 : 성전의 계보

RPG　닌텐도　1996년 5월 14일　7,500엔　32M

시뮬레이션 RPG의 원점이라 할 수 있는 「파이어 엠블렘」 시리즈 4번째 작품. 플레이어는 적 거점 제압이 승리조건인 총 12개 스테이지를 공략한다. 각 스테이지의 진행상황에 따라 새로운 길이 개방되는 시스템을 추가한 결과, 한 스테이지당 볼륨이 크게 늘었다. 또한 검·도끼·창 및 마법 간의 가위바위보 상성이 이 게임부터 도입되어, 진략성도 늘어났다.

▲ 성별이 다른 유닛 둘을 인접시키면 연애로 발전해, 다음 세대에 등장하는 캐릭터가 바뀐다.

동네 모험대

RPG　파이오니어LDC　1996년 5월 24일　7,980엔　20M

주인공은 유치원에 다니는 여자아이. 하느님으로부터 평화를 지켜달라는 부탁을 받고 동네 모험대를 결성한다! 월요일부터 토요일까지는 육성 시뮬레이션 파트로 캐릭터의 능력치를 올려, 일요일의 RPG 파트에서 모험을 즐기는 시스템이다.

슈퍼 굿슨 오요요 2

PZL　반프레스토　1996년 5월 24일　7,800엔　10M

침몰해가는 섬에 있는 굿슨과 오요요를 도와주기 위해, 블록을 쌓아 올려 골 지점으로 인도하는 액션 퍼즐 게임. 1~2명이 즐길 수 있는 '게임'·'대전' 모드뿐만 아니라, 특정 블록만 사용해 클리어해야 하는 '퍼즐 굿슨' 모드도 신규 수록되었다.

STG 슈팅 게임　ACT 액션 게임　PZL 퍼즐 게임　RPG 롤플레잉 게임　SLG 시뮬레이션 게임　SPT 스포츠 게임　RCG 레이싱 게임　AVG 어드벤처 게임　ETC 교육·기타　TBL 보드 게임

트레저 헌터 G

RPG　스퀘어　1996년 5월 24일　7,900엔　24M

액션 요소가 강한 RPG. 명망 높은 트레저 헌터의 후손인 형제가, 수수께끼의 소녀 및 원숭이와 함께 세계를 돌며 오파츠의 수수께끼를 파헤친다. 전투는 '액션 포인트 배틀 시스템'이라 하여, 액션 포인트를 소비해 이동·공격 등을 실행하는 식이다.

사운드 노벨 만들기

ETC　아스키　1996년 5월 31일　8,200엔　24M

「만들기」 시리즈 중에서도 사운드 노벨 제작에 특화시킨 작품. 샘플 게임인 '여름의 나무에 깃든 요정(님프)'은 초기 「파이널 판타지」 시리즈의 시나리오를 맡았던 테라다 켄지가 제작했다. 새틀라뷰 지원 소프트로, 8M 메모리 팩에 8개까지 저장 가능.

스파퐁 DX

PZL　유타카　1996년 5월 31일　5,800엔　8M

전작 「스파퐁」의 업그레이드판. 시스템 자체는 크게 바뀌지 않아, 전작에서 익힌 테크닉은 이 작품에도 통용된다. 전작에는 없었던 패스워드가 추가되었고, 화면을 세로로 2분할한 대전 모드도 신설되어 플레이의 폭이 넓어졌다.

다크 하프

RPG　에닉스　1996년 5월 31일　8,000엔　24M

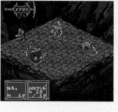

독특한 시스템을 채용한 판타지 롤플레잉 게임. 인류를 멸망시키려 하는 마왕과, 그에 맞서는 인간 용사를 교대로 조작하여, 7일 후에 닥쳐올 인류 멸망까지를 플레이한다. 플레이어는 마물과 싸워, 신의 힘으로 마을을 발전시켜간다.

피싱 코시엔

ACT　킹 레코드　1996년 5월 31일　9,800엔　16M

TV 도쿄 계열의 낚시 프로 'THE 피싱'을 게임화한 타이틀. 체력·기술·운 능력치가 각기 다른 고교생을 골라 3인 1조로 팀을 구성한다. 각지의 예선을 돌파해, 다른 지구의 예선을 돌파한 팀과 낚시 대결로 우승을 노려야 한다.

J리그 '96 드림 스타디움

SPT　허드슨　1996년 6월 1일　7,980엔　20M

허드슨의 J리그 시리즈 제 3탄. 룰은 96년 J리그 기준으로, 클럽 역시 당시 J1 소속 16개 팀 중에서 고를 수 있다. 선수는 모두 3D CG로 렌더링되어 움직임이 부드럽다. 게임 모드는 J리그 모드를 비롯해 올스타 등 4가지를 탑재했다.

아라비안나이트 : 사막의 정령왕

RPG　타카라　1996년 6월 14일　7,800엔　20M

아랍 풍의 세계를 이프리트 등의 정령과 함께 여행하는 RPG. 정령왕의 힘이 담겨 있는 수정을 모은다는 목적 외엔 기본적으로 자유행동으로, 어떤 행동을 했느냐에 따라 엔딩이 결정되는 멀티 엔딩 시스템이다. 전투는 쿼터뷰 형식으로 진행된다.

베스트 샷 프로 골프

SPT　아스키　1996년 6월 14일　8,200엔　32M

JPGA(일본프로골프협회)가 감수한 프로 골퍼 육성 시뮬레이션. 15세 소년을 프로 골퍼로 육성시켜 상금을 획득한다는 내용이다. 특징은 선수 개개마다 잠재능력이 설정돼 있어, 이것이 낮으면 아무리 잘 키워도 성장하지 않는다는 점이다.

HARDWARE
1990
1991
1992
1993
1994
1995
1996
1997
1998
1999
2000
INDEX

HARDWARE

1990
1991
1992
1993
1994
1995
1996
1997
1998
1999
2000
INDEX

공상과학세계 걸리버 보이
RPG　반다이　1996년 6월 28일　7,800엔　12M

일본에서 당시 TV 방영 중이던 같은 제목의 애니메이션을 게임화했다. RPG 요소가 있는 액션 게임. 플레이어는 걸리버, 에디슨, 미스티라는 개성적인 세 캐릭터를 잘 활용하여 스테이지를 클리어해야 한다. 캐릭터들은 제각기 능력치가 다르다.

슈~퍼~ 퍼즐뿌요 투[通] : 루루의 무쇠팔 전성기
PZL　컴파일　1996년 6월 28일　9,800엔　12M

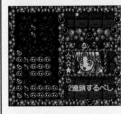

「뿌요뿌요」의 룰을 기반으로 다양한 미션을 클리어하는 파생게임 「퍼즐뿌요」 시리즈 중 한 작품으로, 「슈~퍼~퍼즐뿌요 루루의 루」(172p)의 속편. 문제 수는 전작보다 50문제쯤 늘어나, 약 300문제를 수록했다.

SD 울트라 배틀 울트라맨 전설
슈패미 터보 전용
ACT　반다이　1996년 6월 28일　3,980엔　4M

'울트라맨'이 원작인 대전격투 게임. 플레이어는 울트라맨, 레드킹, 발탄 성인 중 원하는 캐릭터를 골라 다른 두 캐릭터와 싸운다. 그래픽이 상당히 공들여 그려져 있어, 코믹하면서도 다채로운 액션을 펼친다.

SD 울트라 배틀 세븐 전설
슈패미 터보 전용
ACT　반다이　1996년 6월 28일　3,980엔　4M

동시 발매된 「울트라맨 전설」의 캐릭터를 '울트라 세븐' 관련으로 교체한 타이틀. 플레이어는 세븐, 킹죠, 에레킹 중 하나를 골라 다른 캐릭터와 싸운다. 2P 대전에서 상대를 이기면 필살기를 빼앗을 수도 있다. 3주차를 돌면 게임 클리어.

퐁퐁 닌자 월드
슈패미 터보 전용
PZL　반다이　1996년 6월 28일　3,980엔　4M

대전형 액션 게임. 아이템 보급 상자에서 입수하는 수리검과 폭탄 등의 아이템을 구사해, 상대의 진지를 파괴하거나 적을 쓰러뜨리는 게임이다. 작품의 특징은 맵 에디트 기능 탑재로, 멀티 탭을 사용하면 최대 4명까지 대전할 수도 있다.

트래버스 : 스타라이트 & 프레리
RPG　반프레스토　1996년 6월 28일　7,800엔　32M

마왕이 존재하지 않는 자유로운 RPG. 세계적인 위기도 딱히 없는 평화로운 세계에서, 플레이어는 각국을 돌며 다양한 모험을 즐길 수 있다. 함께 모험 가능한 동료가 31명으로 꽤나 많고, 친해진 여성 대부분과 결혼해 엔딩을 볼 수 있는 것도 특징.

니시진 파친코 이야기 2
SLG　KSS　1996년 6월 28일　10,800엔　16M

인기 파친코 게임 제 3탄. 빅 메이커인 니시진이 출시한 인기 실기를 즐겨볼 수 있다. 수록 기기는 'CR 격추왕', 'CR 지피지기 드림 R', 'CR 에이스 트레인', '허니 플래시' 4기종. 홀 내에서 나오는 안내방송도 재현돼 있다.

팔러! 미니 2 : 파친코 실기 시뮬레이션 게임
SLG　니혼 텔레네트　1996년 6월 28일　4,900엔　8M

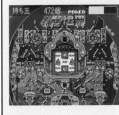

인기 시리즈 제 2탄. 'CR 프루츠 패션'과 'CR 야지키타' 2기종을 시뮬레이션할 수 있다. 게임 모드는 공략과 실전 2종류를 준비했고, 침의 조정도 가능하다. 구슬 정산 시 표시되는 패스워드를 사용하면 게임 중간부터 재개할 수 있다.

퍼즐 닌자보이 란타로 : 닌자학교 퍼즐대회 편

PZL 컬처 브레인 1996년 6월 28일 6,980엔 4M

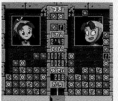

같은 제목의 애니메이션이 소재인 퍼즐 게임. 2개 1조로 떨어지는 패널을 회전시키거나 분리시켜, 같은 색이나 도형을 3개 맞추면 사라지는 규칙이다. 한 번에 대량의 패널을 없애 일정 득점을 벌면 상대를 공격할 수 있는 패널도 있다.

바다의 누시 낚시

RPG 팩 인 비디오 1996년 7월 19일 7,800엔 16M

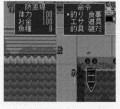

낚시를 좋아하는 일가족 4명이 각자 다른 이유로 '누시'를 찾아 여행을 떠나는 낚시 RPG. 「누시 낚시」 시리즈 최초로 바다 중심의 낚시가 메인이다. 방파제와 원양, 외딴섬 등에서 총 109종류의 물고기를 낚을 수 있고, 밤낚시나 트롤링도 도전 가능.

실황 파워풀 프로야구 '96 개막판

SPT 코나미 1996년 7월 19일 7,500엔 24M

96년 일본 프로야구 개막에 맞춰, 인기 시리즈의 선수 데이터를 교체한 타이틀. 외국인 등 신규 입단한 선수가 추가되었다. 시나리오 모드의 시합도 리뉴얼되어, 새로운 명장면을 재현할 수 있다. 석세스 모드에서는 고장률이 표시되도록 바뀌었다.

슈퍼 트럼프 컬렉션 2

TBL 바텀 업 1996년 7월 19일 5,800엔 4M

전작 「슈퍼 트럼프 컬렉션」에 도둑잡기와 도봉, 세븐브리지를 추가한 업그레이드판. 총 10종류의 트럼프 게임을 즐길 수 있다. 도움말 기능도 있어, 규칙을 모르는 초보자라도 안심하고 플레이할 수 있다.

슈패미 터보 전용 게게게의 기타로 요괴 돈쟈라

TBL 반다이 1996년 7월 19일 3,980엔 4M

같은 이름의 미즈키 시게루 원작 인기 만화에, 마작 스타일의 테이블 게임 '돈쟈라'를 조합한 타이틀. 토너먼트 모드는 베이직·스페셜 2가지 모드가 준비돼 있다. 돈쟈라 외에도 신경쇠약과 땅따먹기 게임을 즐길 수 있다.

스타 오션

RPG 에닉스 1996년 7월 19일 8,500엔 48M

스페이스 오페라적 요소를 섞은 SF 판타지 RPG. 세밀하게 그려진 그래픽과 하드웨어의 제약을 초월한 사운드, 뛰어난 전략성을 갖춘 전투 시스템은 물론, 48Mbit ROM 카트리지를 채용해 성우의 보이스 대사까지 수록해냈다.

어스 라이트 : 루나 스트라이크

SLG 허드슨 1996년 7월 26일 7,980엔 24M

전작 「어스 라이트」에서 스토리가 이어지는 SF 시뮬레이션 게임. 기본 시스템은 전작을 계승했다. 총 5장 구성이지만, 특정 요건을 만족시키면 6장으로 진행할 수 있다. 사령관을 육성할 필요가 생겼고, 지휘효과와 필살기 등의 요소가 추가되었다.

에너지 브레이커

RPG 타이토 1996년 7월 26일 7,800엔 24M

전략성 높은 시뮬레이션 RPG. 무대인 자므리아 섬을, 기억을 잃은 주인공이 모험한다. 고저차를 이용하거나 배후에서 공격하면 대미지가 늘어나는 등, 전투에 시뮬레이션 요소가 상당히 강하다. 캐릭터 디자인을 만화가 나이토 야스히로가 맡았다.

HARDWARE
1990
1991
1992
1993
1994
1995
1996
1997
1998
1999
2000
INDEX

심시티 Jr.

SLG　이매지니어　1996년 7월 26일　8,200엔　8M

원작은 PC판 「심시티」. 도시계획으로 도시를 발전시키는 「심시티」와는 달리, 한정된 공간 내에서 자유롭게 건물을 짓는 게임이다. 규모가 작은 만큼 시스템도 간략화돼 있어, 자신의 취향대로 건물을 세워가며 자신만의 동네를 만들 수 있다.

슈패미 터보 전용 SD건담 제네레이션 일년전쟁기

SLG　반다이　1996년 7월 26일　3,980엔　4M

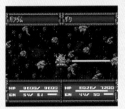

애니메이션 '기동전사 건담'을 소재로 한 슈패미 터보 전용 전략 시뮬레이션 게임으로, 우주세기 순으로 발매된 총 6작품 중 첫 번째에 해당한다. 게임 모드로는 일년전쟁부터 데라즈 분쟁까지를 그린 이벤트 모드와, 2P 대전 모드가 있다.

슈패미 터보 전용 SD건담 제네레이션 그리프스 전기

SLG　반다이　1996년 7월 26일　3,980엔　4M

「SD건담 제네레이션」 시리즈 2번째 작품으로, 애니메이션 '기동전사 Z건담' 기반의 작품. 헥스 맵 형식의 턴제 전략 시뮬레이션 게임으로, 슈패미 터보에 카트리지를 2개 삽입하면 육성한 자신과 친구의 부대로 대전 플레이가 가능하다.

스프리건 파워드

STG　나그자트　1996년 7월 26일　9,800엔　8M

PC엔진으로 발매되었던 「스프리건」 시리즈의 제3탄. 1인 플레이 전용 횡스크롤 슈팅 게임으로, 총 6스테이지 구성이다. 3D 렌더링된 캐릭터가 부드럽게 움직이며, 2종류의 정령구를 얻으면 서브웨폰을 사용할 수 있다.

테이블 게임 대집합!! : 쇼기·마작·화투·투 사이드

TBL　바리에　1996년 7월 26일　6,800엔　8M

쇼기, 4인 대국 마작, 화투, 투 사이드(오델로)를 즐기는 테이블 게임 모음집. 쇼기와 투 사이드만 2인 대전 플레이가 가능하며, 그 외에는 컴퓨터와의 대진만 가능하다. 대전 상대 캐릭터는 영맘, 불량소녀 등의 5명 중 자유롭게 선택 가능.

레너스 II : 봉인의 사도

RPG　아스믹　1996년 7월 26일　9,980엔　32M

「레너스 : 고대 기계의 기억」(66p)의 수년 후를 그린 이야기. 신의 힘에 눈뜬 소년 펄스가 주인공인 판타지 RPG다. 기본적인 시스템은 전작과 동일하지만, 모든 커맨드를 십자키로만 실행할 수 있게 하는 등 유저 편의성이 대폭 상승했다.

대패수 이야기 II

RPG　허드슨　1996년 8월 2일　8,200엔　40M

지구에서 소환된 용사가 환상대륙에 부활한 암흑마도사 디크와 싸우는 판타지 RPG. 「대패수 이야기」의 속편이지만, 용사는 전작과 별개 인물이다. 건물을 짓는 '우리 마을 시스템'과 스탬프 랠리, 조력자 등 전작에서도 인기였던 시스템은 계승했다.

빨간망토 차차

RPG　토미　1996년 8월 9일　7,800엔　12M

같은 제목의 소녀 만화 및 애니메이션이 원작인 RPG. 견습 마법사 차차가 다른 세계를 구하러 간다는 오리지널 스토리로, 뚜뚜와 빙빙을 동료로 삼아 모험을 떠난다. 차차와 떨어지면 친구들이 울음을 터뜨리는 등, 디테일도 잘 살린 작품.

슈퍼 파워 리그 4

SPT　허드슨　1996년 8월 9일　7,980엔　16M

인기 야구 게임 시리즈 제 4탄. 슈퍼 패미컴판으로는 마지막 작품이다. 등장하는 선수의 타격 폼을 실사 스캐닝하는 등 리얼함을 추구하여, 전작보다 그래픽 질감이 향상되었다. 당시 프로야구 뉴스를 담당했던 후쿠이 켄지가 실황 중계한다.

닌자보이 란타로 스페셜

ACT　컬처 브레인　1996년 8월 9일　8,800엔　4M

같은 제목의 인기 만화·애니메이션의 극장판을 게임화했다. 닌자 소년들을 조작해 독버섯단에 납치당한 단조를 구출하러 가는 게임으로, 인술을 구사하는 횡스크롤 액션과 어드벤처 형식의 스토리, 미니게임의 3개 파트로 진행하게 된다.

목장이야기

SLG　팩 인 비디오　1996년 8월 9일　7,800엔　16M

지금도 이어지는 「목장이야기」 시리즈의 첫 작품인 목장 경영 시뮬레이션 게임. 2년 내에 목장을 개간하여 밭일과 목축으로 수입을 늘려야 한다. 사계절과 시간 경과는 자라는 작물들과 마을 주민들의 행동에 영향을 준다. 주인공은 남자 한정으로, 신부 후보가 5명 있고, 결혼하여 2명까지 아이를 낳을 수 있다. 태어난 아이를 안아줄 수 있는 건 시리즈 중 이 작품뿐.

 ▲ 속편과 세계관이 연결되어, 이 작품의 신부 후보들과의 후손이 「목장이야기 2」에 등장한다.

슈패미 터보 전용　SD건담 제네레이션 액시즈 전기

SLG　반다이　1996년 8월 23일　3,980엔　4M

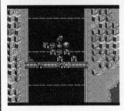

애니메이션 '건담 ZZ'를 무대로 5개 스테이지에 도전하는 작품으로, 클리어 후에도 레벨과 자금을 계승해 플레이할 수 있다. 시리즈 전반에 적 모함을 물리치면 그 모함에서 출격한 기체를 아군으로 만드는 기능이 있는데, 2P 대전 시에도 활용 가능.

슈패미 터보 전용　SD건담 제네레이션 바빌로니아 건국전기

SLG　반다이　1996년 8월 23일　3,980엔　4M

「SD건담 제네레이션」 시리즈 4번째 작품으로, '기동전사 건담 역습의 샤아'와 '기동전사 건담 F91' 기반의 5개 맵을 수록했다. 인터미션에서 유닛 생산이 가능하지만, 같은 기체라도 클래스 체인지로 만든 기체 쪽이 더 강력하다.

슈패미 터보 전용　격주전대 카레인저 : 전개! 레이저 전사

ACT　반다이　1996년 8월 23일　3,980엔　4M

당시 일본에서 방영되던 같은 제목의 인기 특촬 드라마를 게임화했다. 카레인저로 변신하는 주인공 5명이 우주폭주족 보조크를 물리친다. 시스템은 전형적인 횡스크롤 액션으로, 각자 특징이 다른 카레인저들 중 하나를 골라 스테이지를 진행한다.

후루타 아츠야의 시뮬레이션 프로야구 2

SLG　헥트　1996년 8월 24일　8,000엔　16M

전 야쿠르트 스왈로즈 명 선수 후루타 아츠야가 감수한 프로야구 시뮬레이션 게임. 플레이어는 팀 감독이 되어 지휘봉을 잡는다. 선수 한 명당 20개 이상의 능력치가 설정돼 있고, 에디트 모드에서는 팀명 및 로고는 물론 선수 등번호까지 변경 가능.

대전략 익스퍼트 WWII : WAR IN EUROPE
SLG　아스키　1996년 8월 30일　9,800엔　16M

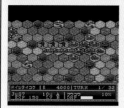

제2차 세계대전 중의 유럽을 무대로, 독일군을 조작하여 실존 병기를 배치해 싸우는 전략 시뮬레이션 게임. 서부와 동부 중 한쪽 전선을 선택하여 플레이하는 캠페인 모드와, 원하는 시나리오만을 플레이하는 시나리오 모드를 수록했다.

 **넘버즈 파라다이스**
ETC　어클레임 재팬　1996년 8월 30일　8,800엔　4M

3자리부터 4자리까지의 숫자를 조합해 맞추는 복권 '넘버즈'의 분위기를 맛볼 수 있는 타이틀. 당시 소문으로 돌던 수많은 '당첨 법칙'을 시뮬레이트해 당첨번호를 예측할 수 있으며, 초보자도 알기 쉽도록 넘버즈의 룰을 가르쳐주는 설명 모드도 탑재.

 **필살 파친코 컬렉션 4**
SLG　선 소프트　1996년 8월 30일　9,980엔　16M

시리즈 제 4탄. 코라쿠의 파친코를 즐길 수 있다. '오류 씨', '타누키치 군 2', '슈퍼 샷', '보물섬', '프루트 파라다이스 2', '버드 셰이크' 6개 기종을 수록했다. 게임은 실전 모드, 코라쿠 모드, 이벤트 모드의 3가지를 탑재했다.

 **본가 SANKYO FEVER 실기 시뮬레이션 3**
SLG　BOSS 커뮤니케이션즈　1996년 8월 30일　7,480엔　8M

빅 메이커인 산쿄가 협력한 파친코 게임 제 3탄. '피버 퀸', '피버 메가폴리스 SP', 'CR 피버 사이' 3대를 철저하게 시뮬레이트했다. 역 앞이나 교외 등의 입지와 주변과의 경합상황, 개점 데이터 등도 반영되어 있다.

 **실황 파워 프로레슬링 '96 : 맥스 볼티지**
ACT　코나미　1996년 9월 13일　7,980엔　32M

실황 스포츠 시리즈 중 한 작품. 4개 단체와 50명의 레슬러가 등장한다. 신진 레슬러를 4개 단체 챔피언으로 만드는 것이 목적으로, 일반적인 시합 외에 트레이닝도 할 수 있다. 실황은 당시 신일본 프로레슬링 중계를 담당했던 츠지 요시나리가 맡았다.

 **페블 비치의 파도 New : 토너먼트 에디션**
SPT　T&E 소프트　1996년 9월 13일　8,000엔　16M

인기 골프 게임 제 3탄. 신형 그래픽 엔진과 SA-1 칩을 탑재해, 영상을 그리는 속도가 대폭 올라갔다. 전작에서는 담담한 폴리곤이었던 지형묘사 역시 리얼한 점묘화 풍이 되었다. 샷을 칠 때의 방향이나 스윙 등의 표현도 더욱 입체적으로 진화했다.

 위저드리 외전 IV : 태마(胎魔)의 고동
RPG　아스키　1996년 9월 20일　8,000엔　32M

시리즈 이전 작들보다 세계관이 한층 일본 풍으로 크게 기운 이색적인 「위저드리」. 스토리 면에서는 「외전 III」의 프리퀄에 해당한다. 도 계열 무기가 늘어났을 뿐 아니라, 적 캐릭터와 미궁의 디자인도 대부분 일본 풍으로 바뀌었다.

 매지컬 드롭 2
PZL　데이터 이스트　1996년 9월 20일　7,800엔　16M

인기 액션 퍼즐 게임 제 2탄. 전작에서 캐릭터 디자인을 리뉴얼했다. 전작의 캐릭터들에, 저스티스 등 새로운 캐릭터 4명을 추가했다. 라스트 보스까지 노 미스로 클리어하면 숨겨진 보스 '블랙 피에로'가 등장한다.

STG 슈팅 게임　ACT 액션 게임　PZL 퍼즐 게임　RPG 롤플레잉 게임　SLG 시뮬레이션 게임　SPT 스포츠 게임　RCG 레이싱 게임　AVG 어드벤처 게임　ETC 교육·기타　TBL 보드 게임

슈퍼 니치부츠 마작 4 : 기초연구 편

TBL   일본물산   1996년 9월 27일   7,500엔   8M

인기 마작 게임 제 4탄. 마작부 소속 여고생이 프로 작사를 꿈꾼다는 스토리다. 17명의 대전 상대가 등장하는 '대회 모드'는, 난이도를 4가지 레벨 중에서 선택 가능해 버라이어티가 풍부한 대국을 즐길 수 있다. 대국도 2~4명까지 자유롭게 가능.

슈패미 터보 전용
SD건담 제네레이션 콜로니 격투기

SLG   반다이   1996년 9월 27일   3,980엔   4M

「SD건담 제네레이션」 시리즈 마지막 작품 중 하나로, '기동무투전 G건담' 기반의 총 5개 맵을 수록한 전략 시뮬레이션 게임. 2P 대전 모드에서는 슈패미 터보에 카트리지를 2개 삽입하여, 이 시리즈의 다른 작품끼리도 대전 가능하다.

슈패미 터보 전용
SD건담 제네레이션 잔스칼 전기

SLG   반다이   1996년 9월 27일   3,980엔   4M

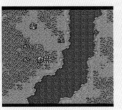 

시리즈 5번째에 해당하는 이 작품은 애니메이션 '기동전사 V건담' 기반의 총 5화를 수록했다. 적 모함을 파괴해 적 유닛을 아군으로 삼는 기능은 2P 대전 모드에서도 유효한데, 대전 중 적군에 파괴 혹은 노획된 유닛은 대전 후에도 복구되지 않는다.

슈패미 터보 전용
짱구는 못말려 : 장화로 텀벙!!

ACT   반다이   1996년 9월 27일   3,980엔   4M

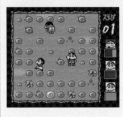 

같은 제목의 인기 만화·애니메이션이 원작인 액션 퍼즐 게임. 화면 상에 배치된 물웅덩이 위로 점프하여, 상대에게 물보라를 끼얹는 게임이다. 도중에 출현하는 도시락 상자를 얻으면 다양한 아이템을 쓸 수 있다. 3명까지 동시 플레이를 지원한다.

슈패미 터보전용
미소녀 전사 세일러문 세일러 스타즈 : 뭉실뭉실 패닉 2

PZL   반다이   1996년 9월 27일   3,980엔   8M

'세일러문' 캐릭터들을 사용한 퍼즐 게임 제 2탄. 스타트 시에 전작과 동일한 룰인 '뭉실뭉실 모드 1'과, 풍선 2개 이상을 연쇄해야 하는 '뭉실뭉실 모드 2'를 선택한다. 변신시와 필살기 사용 시, 성우가 연기한 보이스가 나온다.

팔러! 미니 3 : 파친코 실기 시뮬레이션 게임

SLG   니혼 텔레네트   1996년 9월 27일   4,900엔   8M

인기 파친코 게임 제 3탄. 이 작품에서는 파친코 메이커인 토요마루의 'CR 경마천국 유슌 편 V'와 '나나시'를 플레이한다. 실전 모드가 파워 업되어, 이 작품부터 침의 상태가 다른 8대 중 하나를 고를 수 있어 기기를 고르는 재미가 늘었다.

몬스타니아

RPG   팩 인 비디오   1996년 9월 27일   7,800엔   20M

적과 아군의 움직임이 턴제로 전환되는 아동 취향의 시뮬레이션 RPG. 이벤트 신 외에는 모든 행동이 적·아군 교대의 턴제로 진행된다. 모험의 무대는 '몬스타니아'라는 가상의 섬으로, 진행에 따라 개방되는 짤막한 임무들을 해결하며 플레이한다.

위닝 포스트 2 프로그램 '96

SLG   코에이   1996년 10월 4일   9,800엔   24M

전작의 시스템은 그대로 두고, 데이터를 그 해의 최신판으로 갱신한 타이틀. 시리즈 최초로 PC판보다 선행 발매되었다. 당시 중앙경마가 채용한 새 프로그램에 대응한 작품으로, 새로 GI의 'NHK 마일 컵' 등을 수록했다.

HARDWARE
1990
1991
1992
1993
1994
1995
1996
1997
1998
1999
2000
INDEX

서러브레드 브리더 Ⅲ

SLG　헥트　1996년 10월 18일　8,200엔　16M

인기 경마 시뮬레이션 게임 시리즈 제 3탄. 세계 각지의 명마가 출전하는 대회의 우승을 위해, 유럽이나 북미에서도 통할 혈통마를 육성하는 내용이다. 투자 시스템이 신규 추가되어, 목장 증축은 물론 해외 진출도 가능해졌다.

마블 슈퍼 히어로즈 : 워 오브 더 젬

ACT　캡콤　1996년 10월 18일　7,800엔　16M

아이언맨, 스파이더맨, 캡틴 아메리카 등의 미국 마블 코믹스 히어로 5명이 활약하는 횡스크롤 액션 게임. 스토리는 인피니티 젬이라 불리는 보석 6개를 회수하여 세계를 다시 평화롭게 한다는 것이다.

타워 드림

TBL　아스키　1996년 10월 25일　8,000엔　16M

회사를 설립하거나 합병하는 등의 활동을 거듭해 최고의 부자가 되는 것이 목표인 보드 게임. 돈을 위해 일부러 회사를 파산시키거나, 타인의 회사에 편승은 물론 탈취까지도 서슴지 않는 전개가 매력. 캐릭터 디자인은 만화가 사쿠라 타마키치가 맡았다.

마블러스 : 또 하나의 보물섬

AVG　닌텐도　1996년 10월 26일　6,800엔　24M

3인조 소년이 해적에게 납치된 선생님을 구하기 위해 전설의 해적 '캡틴 매버릭'의 보물에 얽힌 수수께끼에 도전한다. 아오누마 에이지를 비롯한 「젤다의 전설」 스탭들이 모여 제작한 액션 어드벤처 게임.

슈퍼 동키 콩 3 : 수수께끼의 크레미스 섬

ACT　닌텐도　1996년 11월 23일　6,800엔　32M

'슈퍼 패미컴 사상 최강의 화질'이라는 선전문구와 함께 등장한 작품. 디디 콩과 교대하는 형태로 딩키 콩이 추가되어, 딩키 콩 사용 시엔 수면을 박차고 뛰는 '수면 점프'를 쓸 수 있다. 바나나새를 탐색하는 파고들기 요소도 들어가 있다.

슈퍼 인생게임 3

TBL　타카라　1996년 11월 29일　5,980엔　16M

인기 보드 게임 시리즈 제 3탄. 가격도 대폭 저렴해졌다. 게임 내용은 기존과 동일해, 룰렛을 돌려 칸을 전진하여 연애나 전직 등의 풍부한 이벤트를 발생시켜간다. 이벤트가 늘어난 만큼 코스노 4가지로, 세이브도 3개소로 늘어났다.

니치부츠 컬렉션 1

TBL　일본물산　1996년 11월 29일　7,980엔　16M

일본물산의 테이블 게임 2작품을 합본 수록한 게임. 화투 게임 「기온바나」는 말판놀이 모드, 프리 대전, 대회 모드에서 화투를 즐길 수 있고, 「공략 카지노 바」에서는 룰렛과 슬롯, 대부호, 블랙잭 등 7가지 게임을 플레이할 수 있다.

팔러! 미니 4 : 파친코 실기 시뮬레이션 게임

SLG　니혼 텔레네트　1996년 11월 29일　5,800엔　8M

실제 기기를 시뮬레이션하는 시리즈 제 4탄. 이 작품에서는 '목수 겐 씨'와 'CR 아라비안 하렘 EX1'을 수록했다. 실기의 특징을 철저히 연구하는 공략 모드와, 홀의 특성을 설정하여 더욱 실전적인 감각으로 플레이하는 실전 모드를 탑재했다.

VS. 컬렉션

PZL　바텀 업　1996년 11월 29일　6,980엔　4M

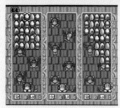

대전 플레이용 게임들을 한 세트로 묶은 타이틀. 달걀 3개를 맞춰 없애는 '달걀팩 군', 눈덩이를 던져 적을 쓰러뜨리는 '눈싸움 퍽퍽', 드리프트가 가능한 '두근두근 레이스', 제한시간 내에 적을 구멍에 빠뜨리는 '트리어·택'이 수록돼 있다.

드래곤 퀘스트 III : 전설의 시작

RPG　에닉스　1996년 12월 6일　8,700엔　32M

로토 시리즈 3부작의 완결편을 리메이크했다. 오르테가의 모험을 그린 오프닝 데모와 플레이 시작 시의 질문으로 결정되는 캐릭터의 '성격'으로 인한 스테이터스 변화, 직업 '도적' 추가와 주사위 도박장, 작은 메달 등이 추가되었다.

모모타로 전철 HAPPY

 TBL　허드슨　1996년 12월 6일　8,300엔　24M

슈퍼 패미컴 최후의 「모모타로 전철」. 그래픽이 강화되고, 목적지 도착 시의 그래픽에 해당 역의 특산물이나 특색이 반영되며, 훔쳐볼 수 있는 여탕도 3개소(남탕도 1개소)로 이 작품 발매 시점 기준으로는 가장 많다. 신규 요소는 마이너스 역밖에 없는 킹 봄비의 고향 '봄비러스 별', 8년차의 운임 인상 등을 도입했다. 또한 나가노 올림픽 관련 이벤트도 있다.

▲ 이 작품에 새로 추가된 아이디어 중에는 시리즈 팬의 응모로 채용된 것도 다수 있다.

말판놀이 은하전기

 TBL　바텀 업　1996년 12월 19일　6,980엔　8M

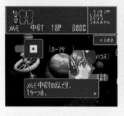

우주를 무대로 한 테이블 게임. 규칙은 모노폴리와 거의 공통으로, 점령한 행성을 늘려 돈을 벌어야 한다. 공주와 여행자, 외계 생물 등의 캐릭터 10명 각각의 이야기를 즐기는 시나리오 모드, 5명까지 참가 가능한 대전 모드를 수록했다.

쿠온파 SFC

 PZL　T&E 소프트　1996년 12월 20일　6,800엔　8M

큐브를 조작해 스테이지 상의 패널을 없애나가는 퍼즐 게임. 패널을 없애려면 패널에 접하는 큐브 면의 색깔을 맞춰야만 한다. 제한시간 내에 정해진 패널을 지우는 스테이지 클리어 모드와, 박보장기 스타일의 퍼즐 모드가 있다.

G.O.D : 눈 뜨라고 부르는 소리가 들려와

 RPG　이매지니어　1996년 12월 20일　7,980엔　24M

극단 '제 3무대'의 코카와 쇼지가 제작총지휘·연출·각본을 담당한 RPG. 캐릭터 디자인을 만화가 에가와 타츠야, 음악 총감수를 데몬 코구레가 담당했다. 현대 일본이 무대이지만 시스템은 전형적인 편. 우울한 전개와 개그, 패러디가 뒤섞여 있다.

스트리트 파이터 ZERO 2

 ACT　캡콤　1996년 12월 20일　7,800엔　32M

인기 대전격투 게임 제 2탄. 사쿠라가 처음 등장한 작품으로도 유명하다. 시스템은 원작에 가깝고, 전작의 특징인 '슈퍼 콤보 게이지'와 '초보자용 오토 모드', '다운 회피' 등에 추가로 '오리지널 콤보'가 들어갔다.

도널드 덕의 마우이 맬러드

ACT 캡콤 1996년 12월 20일 7,500엔 24M

디즈니의 인기 캐릭터 '도널드 덕'이 주인공인 액션 게임. '마우이 맬러드'라는 탐정에게, 도둑 맞은 샤무브 상을 되돌려주는 것이 목적이다. 게임 도중 스테이지의 상황에 맞춰 '탐정'과 '닌자'로 전환해 플레이할 수 있다.

니시진 파친코 3

SLG KSS 1996년 12월 20일 7,800엔 10M

실존하는 실기를 즐길 수 있는 파친코 게임 시리즈 제 3탄. 파친코 빅 메이커인 니시진이 출시한 'CR 해보자고~'와 'CR 매직박스' 2대를 즐길 수 있다. 실기 설정은 변경 가능하고, 실기의 특징인 액정화면 연출도 철저하게 재현했다.

피노키오

ACT 캡콤 1996년 12월 20일 7,500엔 24M

디즈니의 애니메이션 작품 '피노키오'를 게임화한 타이틀. 스토리 전개에 따라 준비된 스테이지를 클리어해 가는 액션 게임이다. 피노키오는 원작대로 나무인형으로, 길잡이 역할인 지미니와 함께 난관을 헤쳐 나간다. 그래픽이 디테일하게 잘 그려져 있다.

봄버맨 비다맨

PZL 허드슨 1996년 12월 20일 5,980엔 8M

당시의 인기 완구 '비다맨'이 게임에 첫 등장한 타이틀. 기획에 타카하시 명인이 깊이 관여했다. 시스템은 슈팅 게임으로, 각 스테이지에 출현하는 폭탄에 비다맨이 비다마(장난감 유리구슬)를 발사해 파괴한다. 친구의 비다맨과 대전도 가능.

미니카 샤이닝 스코피온 렛츠 & 고!!

RCG 아스키 1996년 12월 20일 8,800엔 32M

당시 만화잡지 '코로코로 코믹'에 연재되던 인기 만화의 게임판. 오리지널 캐릭터가 주인공인 미니카 레이싱 게임이다. 스토리를 진행시키는 RPG 풍 파트와, 실제 미니카처럼 조작이 일절 불가능한 레이싱 파트로 나뉘어 있다.

드래곤 나이트 4

슈퍼 패미컴 마우스 지원

SLG 반프레스토 1996년 12월 27일 7,980엔 24M

같은 제목의 PC 게임 이식판. 이식되면서 시나리오와 CG 일부가 변경되었다. 본편에 해당하는 시뮬레이션 파트는 총 31스테이지 구성의 미션 클리어형. 적 유닛의 이동범위를 확인할 수 있게 되었고, 난이도도 PC판보다는 낮은 편이다.

니치부츠 컬렉션 2

슈퍼 패미컴 마우스 지원

TBL 일본물산 1996년 12월 27일 7,980엔 12M

일본물산의 아케이드 게임 2작품을 수록한 게임. 「슈퍼 오목·쇼기」는 프리 대국·연전이 가능한 오목과, 정석을 배우는 모드도 있는 쇼기를 플레이 가능. 「마작번성기」에서는 간토·간사이 룰의 2~4인 대국 마작에 도전할 수 있다.

마스크

ACT VIET 1996년 12월 27일 9,800엔 16M

배우 캐머런 디아즈의 데뷔작이기도 한 코미디 영화 '마스크'를 소재로 한 스피디한 점프 액션 게임. 가면의 힘으로 변신한 남자가 글러브와 해머, 총을 사용하며 싸운다. 최종적으로는 갱의 보스를 물리치고 여가수를 구출하는 게 목적.

1997

HARDWARE
1990
1991
1992
1993
1994
1995
1996
1997
1998
1999
2000
INDEX

1997년에 발매된 소프트 수는 29 개 타이틀로까지 격감하여, 누가 보아도 슈퍼 패미컴 시장의 축소 경향이 뚜렷해졌다. 소프트 자체도, 후기까지 열과 성을 다해낸 「BUSHI 청룡전 : 두 명의 용사」의 T&E 소프트와 「밀란

드라」의 아스키 등을 제외하면 비교적 개발비가 싸게 들고 안정적으로 팔리는 시리즈물이나 파친코·마작·쇼기 류가 많아진 것이 특징이라 하겠다.

닌텐도는 4,000엔 쿠폰에 이은 연명책으로서, 닌텐도 파워(30p)를 9월

30일부터 로손과 공동 서비스 개시하여, 본 지면에서는 소개하지 않았지만 1997년 한 해에만 98개 타이틀에 달하는 과거 명작 타이틀을 판매했다.

알카노이드 : Doh It Again
슈퍼 패미컴 마우스 지원

PZL　타이토　1997년 1월 15일　4,980엔　4M

블록깨기를 리메이크한 명작 「알카노이드」를 업그레이드했다. 슈퍼 패미컴 마우스도 지원하고, 난이도도 패

미컴판보다 낮췄다. 게임 모드는 싱글 플레이를 기본으로, 2명이 협력하는 모드와 3판 승부제의 대전 모드를 수록했다.

프로야구 스타

SPT　컬처 브레인　1997년 1월 17일　6,800엔　8M

96년도판 데이터를 수록한 야구 게임. 12개 구단의 선수들이 모두 실명으로 등장한다. 시스템은 「초인 울트라 베이스볼」 시리즈에서 초인 요소를 뺀 형태로, 페넌트레이스를 즐기는 모드 외에 루키 육성 모드도 준비돼 있다.

BUSHI 청룡전 : 두 명의 용사

RPG　T&E 소프트　1997년 1월 17일　7,980엔　24M

일본신화를 모티브로 게임 프리크 사가 개발한 RPG. 용사의 피를 이은 소년이 마물로 바뀐 소녀와 함께 사신을 물리치는 여행에 나서는 스토리로, 설정뿐 아니라 실제 게임에서도 소년이 전투를, 소녀가 파트너로 정찰과 비행 보조를 맡는 역할분담이 이뤄진다. 시스템은 로그라이크 게임과 RPG의 융합. 규정 턴 내에 적을 물리치면 중요 아이템 '곡옥'을 얻는다.

▲ 원래 '곡옥전설'이란 가칭으로 개발되던 타이틀이라, 곡옥이 스토리 내에서 중요한 역할을 한다.

건프루 : GUNMAN'S PROOF

RPG　아스키　1997년 1월 31일　8,300엔　24M

마을의 평화를 지키기 위해 주인공 소년이 활약하는 액션 RPG. SF와 서부극을 합쳐 놓은 듯한 분위기로, 캐릭터의 움

직임이 세밀하고 귀엽게 그려져 있다. 끝없이 괴사건을 일으키는 '데미시드'라는 적을 주인공이 뒤쫓으며 이야기가 진행된다.

피키냐!

PZL　아스키　1997년 1월 31일　6,800엔　16M

환상의 펭귄으로 불리는 '피키냐'를 블록 삼아 붙여 없애 가는 낙하계 퍼즐 게임. 캐릭터 디자이너는 만화가 사쿠라 타마키

치다. 피키냐는 가로세로로 6개 연결해 붙이면 지워지고, 얼음은 가로 일렬로 붙이면 없앨 수 있다. 물론 연쇄로도 지우기 가능.

HARDWARE
1990
1991
1992
1993
1994
1995
1996
1997
1998
1999
2000
INDEX

밀란드라

RPG　아스키　1997년 1월 31일　7,800엔　24M

플레이할 때마다 미로와 아이템 위치가 바뀌는 로그라이크 스타일 RPG. 목적은 탑 최상층의 마법사 사일록을 물리치고 사로잡힌 공주를 구출하는 것. 던전에 떨어져있는 하트를 사용해, 행동불능 상태의 모험자를 동료로 삼을 수도 있다.

이토이 시게사토의 배스 낚시 No.1

위성방송 지원

ACT　닌텐도　1997년 2월 21일　7,800엔　32M

일본 연예계 굴지의 배스 낚시 팬이기도 한 카피라이터 이토이 시게사토 감수 타이틀. '아카보시 호'란 가상의 호수를 무대로 배스 피싱을 즐긴다. 낚시 게임답게 전략성이 높아, 배스가 루어를 무는 순간부터 낚아 올릴 때까지 진검승부가 펼쳐진다.

슈퍼 봄버맨 5

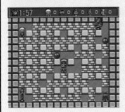

ACT　허드슨　1997년 2월 28일　6,980엔　16M

「슈퍼 봄버맨」 시리즈의 집대성격인 작품. 시리즈 4개 작품을 재현한 ZONE 1~4와 오리지널인 ZONE 5로 구성된 총 100스테이지의 '노멀 게임', 쓰러져도 외야로 쫓겨나고 패자부활도 가능한 시스템을 도입한 '배틀 게임'을 수록했다.

닌자보이 란타로 3

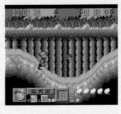

ACT　컬처 브레인　1997년 2월 28일　6,980엔　8M

인기 만화·애니메이션 시리즈 게임화 제 3탄. 시스템은 전작을 계승했다. 무대는 닌자학교 안이지만 곳곳에 함정이 가득. 장소를 이동하면서 스토리를 진행하는 어드벤처 파트가 메인으로, 특정 장소로 이동할 때는 횡스크롤 액션 게임이 된다.

애니매니악스

ACT　코나미　1997년 3월 7일　5,800엔　8M

미국에서 제작된 같은 제목의 애니메이션을 액션 게임화했다. 야코·와코·닷 3남매를 조작해 다양한 스테이지를 클리어해야 한다. 특징은 각 캐릭터가 보여주는 액션으로, 고속 대시에 투척, 목말타기 등 독특한 액션이 많다.

파치슬로 완전공략 : 유니버설 신기기 입하 volume1

SLG　니혼 시스컴　1997년 3월 7일　5,980엔　4M

'CC 엔젤', '덩크 슛 2' 2개 기종을 수록한 파치슬로 게임. 실기와 거의 동일하게 프로그램된 것이 장점으로, 실제 홀에서의 구슬 획득량을 예측하는 유저들로부터도 호평 받은 6단계 설정 데이터는 비급으로 꼽히기도 했다.

꼬마유령 캐스퍼

ACT　KSS　1997년 3월 14일　4,980엔　8M

영화판 '꼬마유령 캐스퍼'를 기반으로 제작된 퍼즐 풀이형 액션 게임. 플레이어는 심령학자의 딸 캐리건을 조작해, 도둑이 숨어있는 저택을 탐색한다. 특정 장소에서는 제한시간만큼 유령 캐스퍼로 교대할 수 있는데, 유령답게 닫힌 문의 통과 등도 가능.

슈퍼 더블 역만 II

TBL　바프　1997년 3월 14일　7,500엔　4M

개성적인 캐릭터들이 등장하는 마작 게임 제 2탄. 시스템이 심플해, 마작의 참맛을 다이렉트하게 즐길 수 있는 게임이다. '대결 모드'와 '토너먼트 모드'가 있고, 대결 모드에서는 역만을 노릴 수 있도록 패가 배치된다.

실전 파치슬로 필승법! TWIN

SLG　사미　1997년 3월 15일　5,980엔　4M

상단 릴에 '청색 7' 3개를 맞춘 후 2릴 확정 시의 리치를 노리며 애가 타는 파치슬로 팬이 속출했던 명기 '크랭키 콘도르'를 비롯해, '핑크 팬더'까지 2개 기종을 수록한 파치슬로 게임이다.

실황 파워풀 프로야구 3 '97 봄

SPT　코나미　1997년 3월 20일　6,800엔　24M

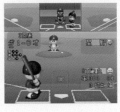

인기 야구 게임 시리즈 제 5탄에 해당하는 작품. 시리즈 3번째 마이너 체인지판으로, 시즌 개막 이전의 예상 데이터가 반영되어 있다. 직접 만든 캐릭터를 육성할 수 있는 석세스 모드도 탑재되었다.

솔리드 러너

RPG　아스키　1997년 3월 28일　8,000엔　24M

근미래 미국의 어느 도시 '솔리드 시티'가 무대인 SF RPG. 주인공인 탐정 '슈'가 전투용 슈츠 '러너'를 착용하고 다양한 의뢰를 해결한다. 더 난이도가 높은 의뢰를 해결하기 위해, 러너를 어떻게 강화해나갈지가 공략 포인트다.

다크 로우 : Meaning of Death

RPG　아스키　1997년 3월 28일　8,000엔　32M

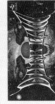

1991년의 패미컴 게임 「다크 로드」, 1994년의 「위잽 : 암흑의 왕」(135p)에 이은 3부작의 마지막 작품. 판타지 세계가 무대인 택티컬 RPG다. 테이블 토크 RPG와 비슷한 시스템이 특징으로, 해결한 시나리오에 따라 분기되는 멀티 엔딩을 채용했다.

팔러! 미니 5 : 파친코 실기 시뮬레이션 게임

SLG　니혼 텔레네트　1997년 3월 28일　4,900엔　8M

집에서도 실존하는 실기를 즐겨볼 수 있는 파친코 게임 제 5탄. 파친코 메이커인 다이이치의 'CR 도로롱 닌자 군 V'와 'CR 브레이크 찬스 V'를 수록했다. 기존의 시스템을 답습해, 릴 배열 표시와 모든 리치 패턴 표시도 가능하다.

프로 마작 츠와모노

TBL　컬처 브레인　1997년 4월 18일　6,980엔　4M

마작의 기풍을 데이터화해 재현한 실존 프로 마작사 16명과 대국할 수 있는 4인 대국 마작 게임. 모드로 '프리 대국'을 비롯해 3종의 대회에 참가 가능한 '대회', 룰과 분위기가 다른 4곳의 작장에서 치는 '작장', 초보자용의 '마작 기초'를 수록했다.

프로야구 열투 퍼즐 스타디움

PZL　코코너츠 재팬　1997년 4월 25일　7,800엔　4M

프로야구 팀을 모티브로 한 낙하계 퍼즐 게임. 같은 색의 헬멧이나 글러브를 4개 붙이면 사라진다. 공격과 수비로 턴이 나뉘고, 연쇄 횟수에 따라 히트냐 아웃이냐가 결정되는 등의 야구 요소가 가미돼 있다. 다량 연쇄하면 홈런이 된다.

가토 히후미 9단 쇼기 클럽

TBL　헥트　1997년 5월 16일　4,980엔　8M

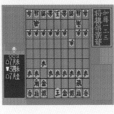

가토 9단이 감수한 쇼기 소프트. 장식이나 연출을 일절 배제하고 철저히 속기에 집중하는 진지한 게임이다. 메인 모드인 '대국' 외에 '박보장기' 및 '다음 한 수' 3가지 모드가 있다. 기세 범위를 표시하거나, 말을 자유로이 놓아보는 연구도 가능.

HARDWARE 1990 1991 1992 1993 1994 1995 1996 **1997** 1998 1999 2000 INDEX

팔러! 미니 6 : 파친코 실기 시뮬레이션 게임
SLG 니혼 텔레네트 1997년 5월 30일 4,900엔 8M

실존하는 파친코 실기를 집에서 시뮬레이션할 수 있는 시리즈 제 6탄. 이번엔 산요의 '뉴 로드 스타'와 마사무라의 '매지컬 체이서'를 수록했다. 시스템이 약간 개량되고, 대박 그림 기억 기능과 음악 감상 기능 등이 추가되었다.

후네타로
ACT 빅터인터랙티브/팩인소프트 1997년8월1일 7,800엔 16M

바닷가부터 외딴 섬까지, 현지 로케이션과 공중촬영으로 재현한 실존 스팟에서 낚시를 즐기는 배낚시 게임. 연료가 떨어지면 배가 침몰하지만 게임 오버되지는 않는다. 참고로 타이틀명 '후네타로'는 주인공이 아니라, 조언해주는 캐릭터 이름이다.

팔러! 미니 7 : 파친코 실기 시뮬레이션 게임
SLG 니혼 텔레네트 1997년 8월 29일 4,900엔 8M

실존하는 파친코 실기를 손쉽게 즐기는 시리즈 제 7탄. 다이이치의 '개굴개굴 점프'와 토요마루의 'CR 세븐 도프 V'를 플레이할 수 있다. 공략 모드와 실전 모드를 탑재해, 실기를 그대로 시뮬레이션한다. 액정화면의 주요 연출도 제대로 재현했다.

실전 파치슬로 필승법! TWIN Vol.2
SLG 사미 1997년 9월 12일 5,980엔 4M

'울트라 세븐', '와글와글 펄사 2' 두 기종을 즐길 수 있는 시리즈 제 2탄. 판권물인 울트라맨도 파치슬로 기기로 출시되던 당시 업계의 동향을 읽을 수 있다. 폭렬 모드를 고르면 엄청난 양의 구슬을 획득할 수 있다.

동급생 2
닌텐도 파워 독점판매 슈퍼 패미컴 마우스 지원
SLG 반프레스토 1997년 12월 1일 2,000엔 32M

PC에서 인기를 얻은 연애 시뮬레이션 게임의 이식판. 전연령 대상으로 개변되어, 대사와 CG 일부가 그에 맞게 교체되었다. 공략 내상 캐릭터에 나구모 마야가 추가되었고, 방해꾼 역할인 이카리노 보츠코에도 전용 엔딩이 마련되어 있다.

헤이세이 신 오니가시마 전편
닌텐도 파워 독점판매 후 카세트 판매
AVG 닌텐도 1997년 12월 1일 3,000엔 24M

전년(1996년)에 새틀라뷰로 제공되었던 「BS 신 오니가시마」를 판매용 작품으로 재구성하고, 원작인 패미컴 디스크 시스템판도 합본한 타이틀. 98년 5월 23일에는 카세트판도 발매되었다. 스토리는 동료인 게 원숭이·꿩에 초점을 맞췄다.

헤이세이 신 오니가시마 후편
닌텐도 파워 독점판매 후 카세트 판매
AVG 닌텐도 1997년 12월 1일 3,000엔 24M

전편과 동시 발매된 「패미컴 옛날이야기」의 프리퀄. 새틀라뷰의 BS판에 있었던 제한시간제를 없애고 시나리오를 재구성해 세이브 기능을 추가했다. 음악은 디스크 시스템판 기반으로 재편곡했으며, 대사는 모두 종이인형극 풍으로 표시된다.

폭구연발!! 슈퍼 비다맨
ACT 허드슨 1997년 12월 19일 4,980엔 16M

같은 제목의 만화가 원작인 슈팅 게임. 퍼즐 요소가 상당히 강한 게임으로, 화면상에 배치된 폭탄과 움직임을 잘 보고 비다마를 발사해, 모든 폭탄을 파괴해야 한다. 시나리오 모드와 4명까지 참가 가능한 대전 모드가 있다.

STG 슈팅 게임 ACT 액션 게임 PZL 퍼즐 게임 RPG 롤플레잉 게임 SLG 시뮬레이션 게임 SPT 스포츠 게임 RCG 레이싱 게임 AVG 어드벤처 게임 ETC 교육·기타 TBL 보드 게임

1998

SUPER FAMICOM
SOFTWARE ALL CATALOGUE

이 해에 발매된 소프트 수는 17개 타이틀이다. 전년과 마찬가지로 닌텐도 파워 발매의 비중이 늘어나, 17종 중에서 13개 타이틀이 닌텐도 파워를 통한 발매작이었다(「빨아들여 뱉군」처럼 패키지판과 동시 발매된 사례도 있다).

본 지면에서 소개한 신작 13개 타이틀 외에 구작 43개 타이틀도 이 해에 닌텐도 파워로 제공하는 등, 슈퍼 패미컴 소프트의 판매 비중을 판로가 줄어가는 기존의 완구점·게임 샵 대신 닌텐도 파워 및 로손 점포 쪽으로 옮겼다(일부 신작 패키지 소프트의 예약주문도 로손에서 가능했다)고도 볼 수 있겠다.

레킹 크루 '98
닌텐도 파워 독점판매 후 카세트 판매

ACT　닌텐도　1998년 1월 1일　2,000엔　16M

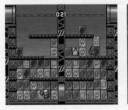

닌텐도의 명작 「레킹 크루」의 속편. 하지만 파괴 대상을 모두 부수는 전작과는 달리, 낙하계 대전 퍼즐 스타일이 되었다. 스토리 모드와 다인용 대전을 지원하는 토너먼트 모드가 있으며, 점수 개념도 없어 상대를 격파하는 데 집중하는 게임.

HEIWA 팔러! 미니 8 : 파친코 실기 시뮬레이션 게임

SLG　니혼 텔레네트　1998년 1월 30일　5,200엔　8M

인기 파친코 게임 시리즈의 마지막 작품. HEIWA가 출시한 파친코 기기 2종을 실기 그대로 시뮬레이션한다. 'CR 석세스 스토리 SP'와 '호스케 군 DX'를 수록했다. 리치 패턴이나 릴 위치의 배치 등을 연구해볼 수 있다.

커비의 반짝반짝 키즈
닌텐도 파워 독점판매 후 카세트 판매

PZL　닌텐도　1998년 2월 1일　2,000엔　16M

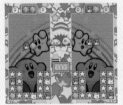

별 블록을 동일한 친구 무늬 블록 사이에 끼워 없애는 낙하계 퍼즐 게임. 게임보이로 발매된 바 있는 원작을 리메이크한 게임으로, 스토리 모드 추가, 화면 레이아웃 변경, 블록이 밀려올라가는 속도의 2턴 단위 고정 등의 변경점이 있다.

슈퍼 패밀리 겔렌데
닌텐도 파워 독점판매

ACT　남코　1998년 2월 1일　2,000엔　16M

남코의 「패밀리」 시리즈 중 하나. 겔렌데 활주시간을 경쟁하는 스키 게임으로, 스토리 모드와 겔렌데 배틀 등 여러 게임 모드를 준비했다. 조작계로 스키 특유의 감각을 재현한데다, 컨티뉴 횟수도 한정돼 있어 난이도가 높다.

슈퍼 펀치 아웃!!
닌텐도 파워 독점판매

ACT　닌텐도　1998년 3월 1일　2,000엔　16M

패미컴으로 발매된 전작 「펀치 아웃!!」의 속편으로서 1994년 서양에서만 출시된 타이틀을 일본어화 발매한 작품. 세계의 강호를 상대로 3분짜리 한판 승부를 벌인다. 대전 상대는 16명. 각각 개성과 공격 패턴이 다르다. 신 요소 '더킹'을 탑재했다.

실황 파워풀 프로야구 Basic판 '98

SPT　코나미　1998년 3월 19일　5,800엔　24M

슈퍼 패미컴판으로는 시리즈 6번째 작품. 기본 시스템은 전작 「~3 '97 봄」(223p)을 계승했다. 다만 석세스 모드는 삭제되고, 리그전을 클리어하면 간단한 스탭 롤이 지나간다. 어레인지 모드에서는 전작의 패스워드를 사용할 수 있다.

별의 커비 3

ACT　닌텐도　1998년 3월 27일　4,800엔　32M

손그림 풍 그래픽이 큰 특징인 액션 게임. 게임보이용 소프트 「별의 커비 2」에 있던 동료와의 합체 시 카피 능력이 변화하는 시스템은 계승했고, 「~슈퍼 디럭스」에 있던 2P 조작이 가능한 헬퍼 '구이'를 호출하는 시스템도 도입했다. 커비와 구이가 합체할 수 있는 동료로는 전작의 세 캐릭터 외에 얼룩고양이 나고, 문어 츄츄, 아기 새 피치가 신규 등장한다.

▲ 체력 소비로 소환 가능한 다크 매터 '구이'. 커비의 소중한 동료지만, 회복 아이템 삼아 먹어치울 수도 있다.

패미컴 탐정 클럽 Part II : 등 뒤에 선 소녀

AVG　닌텐도　1998년 4월 1일　2,000엔　24M

닌텐도 파워
독점판매

우시미츠 고교에 전해지는 괴담 '등 뒤에 선 소녀', 학생이 피해자인 살인사건, 그리고 과거의 미제사건 사이의 연결고리를 쫓는 미스터리 어드벤처 게임. 같은 제목의 디스크 시스템용 게임의 그래픽·시스템 등을 다시 만든 리메이크판으로, 전·후편을 합본했다. 시나리오는 대동소이하나 시대 변화로 설명이 필요해진 부분을 보충했고, 일부 에피소드도 추가했다.

▲ 스크롤을 이용한 연출, 캐릭터의 표정변화 증가, 줄거리 보기 기능 등 개선된 점이 많다.

슈퍼 패미컴 워즈

SLG　닌텐도　1998년 5월 1일　2,000엔　16M

닌텐도 파워
독점판매

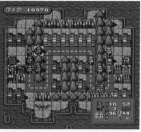

육해공 군대를 지휘해 각 맵별로 승리조건 달성을 노리는 전략 시뮬레이션 게임. 패미컴판을 기반으로 업그레이드했고, 신규 유닛 8종류, 유닛 최대수, 고유의 사고 루틴 및 특수능력을 보유한 7명의 장군(적장), 색적 모드가 추가되었다. 플레이 가능한 명수도 최대 4명으로 늘어, 총 44개 맵 중에 2~4인용 맵도 수록돼 있다. 여러 사람이 함께 즐길 수도 있는 작품.

▲ 「패미컴 워즈」 특유의 알기 쉬운 시스템을 계승하여, 전략 시뮬레이션 입문용이란 느낌으로 만들어졌다.

록맨 & 포르테

ACT　캡콤　1998년 4월 24일　5,800엔　32M

패키지로 단독 발매된 마지막 슈퍼 패미컴용 소프트 시리즈 측면에서는 번외편 격으로 타 기종으로 발매된 「록맨 8」의 적 캐릭터를 다수 재활용했고 스테이지 분위기도 엇비슷하다. 록맨과는 판이한 포르테의 개성이 시리즈의 새로운 매력을 끌어낸다.

환수 여단

SLG　액셀라　1998년 6월 1일　2,000엔　32M

닌텐도 파워
독점판매

인간은 물론이고 오크에 언어, 드래곤에 이르기까지 다양한 종족 유닛을 조작해 싸우는 판타지 시뮬레이션 게임. 「대전략」이나 「패미컴 워즈」와 비슷한 심플한 시스템으로, 캠페인 모드에서는 30개 이상의 맵이 준비되어 있다.

STG 슈팅 게임　ACT 액션 게임　PZL 퍼즐 게임　RPG 롤플레잉 게임　SLG 시뮬레이션 게임　SPT 스포츠 게임　RCG 레이싱 게임　AVG 어드벤처 게임　ETC 교육·기타　TBL 보드 게임

닥터 마리오

닌텐도 파워
독점판매

PZL　닌텐도　1998년 6월 1일　2,000엔　4M

가로 혹은 세로로 같은 색 캡슐이나 바이러스를 4개 이어붙이면 사라지는 낙하계 퍼즐 게임. 새틀라뷰로 이벤트 한정 제공된 패미컴용 「닥터 마리오」의 리메이크판과 동일한 게임으로, 리메이크되면서 대인전 및 대 CPU전 모드가 새로 추가되었다.

링에 걸어라

닌텐도 파워
독점판매

ACT　메사이야　1998년 6월 1일　2,000엔　20M

70년대 말의 고전 인기 만화가 원작인 권투 게임. 대전격투와 시뮬레이션을 합친 듯한 시스템으로, 잽을 맞춰 행동 포인트를 번 다음 필살 펀치를 꽂아야 한다. 원작에 나왔던 캐릭터들은 대부분 등장하며, 연출에도 원작에 대한 리스펙트가 가득하다.

빨아들여 뱉군

닌텐도 파워 독점판매 후
카세트 판매

ACT　닌텐도　1998년 8월 1일　2,000엔　24M

장난감 '물 먹는 새'를 닮은 캐릭터 '뱉군'이 주인공인 퍼즐 액션 게임. '뱉군'은 색이나 캐릭터를 '빨아들여 뱉는' 능력이 있어, 물체를 빨아들이고 동화하여 옮기거나, 물체의 색으로 물들어 이동하는 등 다양하게 응용한다. 룰은 간단해서 스테이지 내의 무지개 조각을 모두 모으면 되지만, 뱉군의 능력으로 스테이지 내의 퍼즐을 풀려면 연구가 필요한 독특한 작품.

▲ 원래는 새틀라뷰용으로 제공되었던 게임으로, 상품화되면서 튜토리얼과 힌트 기능을 추가했다.

ZOO욱 마작!

닌텐도 파워
독점판매

TBL　닌텐도　1998년 7월 1일　2,000엔　20M

등장하는 상대 마작사들이 몽땅 동물인 마작 게임. 4인 대국 룰로, 코믹한 분위기가 특징이다. 동료를 모아 마작대왕을 물리치는 '퀘스트 모드'를 비롯해, 과거 플레이 데이터를 바탕으로 플레이어와 똑같은 마작사를 만드는 '프리 대전 모드'가 있다.

더비 스탤리언 98

닌텐도 파워
독점판매

SLG　닌텐도　1998년 8월 25일　6,000엔　24M

슈퍼 패미컴판으로는 최후의 '더비스타'. 시스템은 플레이스테이션판 '더비스타'와 「~96」을 합친 형태로, 씨수말과 번식 암말의 데이터도 대폭 리뉴얼했다. 생산교배의 폭이 넓어졌고, 레이스 장면일 때도 각질(脚質)로 인한 유불리가 없어졌다.

미니카 렛츠 & 고!! POWER WGP 2

닌텐도 파워 독점판매 후
카세트 판매

RCG　닌텐도　1998년 10월 1일　2,000엔　16M

만화와 애니메이션으로 전개된 '폭주형제 렛츠 & 고!!'가 소재인 미니카 RPG. WGP편의 속편을 그린 오리지널 스토리 전개로, 일본에서 개최되는 WGP 2차전의 총 10레이스를 10화에 걸쳐 치른다. 각 화는 이벤트 레이스 후 연구소에서 머신을 개량해 WGP 시합에 도전하는 형태의 구성. 패배해도 스토리는 계속되지만, 일정 횟수 이상 패배하면 게임 오버가 된다.

▲ 신규 참가인 프랑스·남미·이집트 팀도 등장. 팀마다 차체형태 및 주행타입이 개성적이다.

1999

SUPER FAMICOM
SOFTWARE ALL CATALOGUE

이 해에 발매된 소프트는 총 14개 타이틀이다(이외에 닌텐도 파워로 발매된 구작도 하나 있다). 발매는 모두 닌텐도 파워로 이루어졌고, 「POWER 창고지기」와 「파이어 엠블렘 트라키아 776」 만 후일 패키지판이 발매되었다.

또한, 이 해부터 닌텐도 파워의 정기발매 컨텐츠로서 「피크로스 NP」의 제공이 시작되었다. 4월 1일부터 격월간 형태로 신작이 출시되어, 총 8호까지 계속되었다. 게임 자체는 딱히 특별할 것 없는 「피크로스」지만, 매 호마다 다수의 문제를 수록한 것은 물론 유저 응모 이벤트도 개최되는 등 내용이 충실했다.

POWER 창고지기
닌텐도 파워 독점판매 후 카세트 판매
PZL　닌텐도　1999년 1월 1일　2,000엔　8M

명작 퍼즐 게임 「창고지기」를 리메이크한 타이틀. 서양의 악마에게 지배당한 일본 요괴들을 구출하려면 악마가 나오는 구멍들을 막아야 한다. 룰은 스테이지에 놓인 바위들을 모두 구멍에 집어넣어 막는 것. 바위는 밀 수만 있고 당길 수는 없다.

POWER 로드 러너
닌텐도 파워 독점판매
ACT　닌텐도　1999년 1월 1일　2,000엔　12M

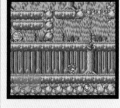

모험가인 무글 군을 조작해, 남쪽 바다에 떠오른 아름다운 섬에서 보물을 찾는 액션 게임. 명작 「로드 러너」를 기본 삼아 더욱 즐기기 쉽도록 개변했다. 모험 지역은 숲·산·바다 3개 스테이지. 추가로 고난이도인 '보너스 스테이지'도 준비돼 있다.

피크로스 NP Vol.1
닌텐도 파워 독점판매
PZL　닌텐도　1999년 4월 1일　2,000엔　8M

닌텐도 파워로 격월 제공된 시리즈 첫 번째 작품. '비기너'·'레귤러'·'프로페셔널'의 3단계 난이도별 문제와, 포켓몬이 등장하는 '캐릭터', 테마에 맞춰 현상 이벤트에 응모할 수 있는 '특집'을 수록했다. 또한 「피크로스」 최초로 대전 모드도 있다.

다마고치 타운
닌텐도 파워 독점판매
SLG　반다이　1999년 5월 1일　2,500엔　8M

무대인 '다마고치 별'을 번영시키는 것이 목적인 게임. 클리어 조건은 99일 이내에 다마고치를 100마리 이상으로 늘리고, 동시에 75종류 전부를 출현시키는 것. 다마고치를 육성하거나 관찰하는 등으로 '다마고치 도감'을 완성시켜 가자.

위저드리 Ⅰ·Ⅱ·Ⅲ : Story of Llylgamyn
닌텐도 파워 독점판매
RPG　미디어 팩토리　1999년 6월 1일　3,000엔　32M

패미컴판 「위저드리」 1~3편을 하나로 합본한 타이틀. 난이도는 패미컴보다 낮게 조정했다. 캐릭터는 파일 조작으로 전생시키면 다른 시나리오에서도 사용 가능하다. 이 경우 레벨 1로 되돌아가지만, 특성치는 어느 정도까지는 계승된다.

네모네모 로직
닌텐도 파워 독점판매
PZL　세계문화사　1999년 6월 1일　2,000엔　4M

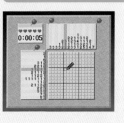

가로축과 세로축의 숫자를 힌트 삼아 네모칸을 칠해가는 퍼즐 게임. 열심히 칠해가다 보면 최종적으로 멋진 그림 한 장이 완성된다. 페이퍼 & 펜슬 퍼즐의 일종으로, 게임 모드는 '편하게 모드'와 '제대로 모드' 2가지 중 선택 가능하다.

STG 슈팅 게임　ACT 액션 게임　PZL 퍼즐 게임　RPG 롤플레잉 게임　SLG 시뮬레이션 게임　SPT 스포츠 게임　RCG 레이싱 게임　AVG 어드벤처 게임　ETC 교육·기타　TBL 보드 게임

피크로스 NP Vol.2

닌텐도 파워
독점판매

PZL　닌텐도　1999년 6월 1일　2,000엔　8M

「피크로스」 문제 120종을 수록한 작품. '키워드' 문제에서는 '오즈의 마법사'를, '캐릭터' 문제에서는 「요시」 시리즈를 주제로 다뤘다. 동시에 문제를 풀어 득점을 겨루는 '대전' 모드도 진화되어, 1~3회전까지 대전 횟수를 선택할 수 있게 되었다.

패미컴 문고 : 처음 보는 숲

닌텐도 파워
독점판매

AVG　닌텐도　1999년 7월 1일　2,500엔　32M

닌텐도 파워 전용 타이틀로 발매된 게임. 시스템이 지극히 전형적인 커맨드 선택식 어드벤처 게임으로, 특정 지점에는 미니게임이나 액션 요소도 들어가 있다. 무대인 '장목 마을'은 20세기 중반의 낡고도 그리운 분위기로 가득하다.

컬럼스

닌텐도 파워
독점판매

PZL　미디어 팩토리　1999년 8월 1일　2,000엔　4M

닌텐도 파워 초기에 발표된 '명작 게임 SFC 이식 기획'에 따라 제작된 작품 중 하나. 이 버전에만 독자적으로 탑재된 대전 모드는 원석의 낙하속도가 제각기 다른 캐릭터 6명 중 하나를 고른다. 다들 아라비아와 연관된 디자인인 것이 특징.

피크로스 NP Vol.3

닌텐도 파워
독점판매

PZL　닌텐도　1999년 8월 1일　2,000엔　8M

「피크로스 NP」 시리즈 3번째 작품. '특집' 모드에서는 하늘의 변화와 관련된 문제를 다뤘고, '캐릭터' 모드에서는 「커비」 시리즈의 데데데 대왕과 메타나이트 등이 등장한다. 이 시리즈 공통으로, 플레이 진행상황에 따라 칭호가 주어진다.

파이어 엠블렘 트라키아 776

닌텐도 파워독점판매 후
카세트 판매

SLG　닌텐도　1999년 9월 1일　2,500엔　32M

「성전의 계보」의 외전격 작품인 시뮬레이션 게임. 리프 왕자가 주인공이 되어 렌스타 왕국 부흥을 목표로 싸우는 스토리다. 이 작품에는 '피로'·'체격'·'행동' 개념이 도입되었는데, 특히 '체격'이 전략에 큰 영향을 미친다.

피크로스 NP Vol.4

닌텐도 파워
독점판매

PZL　닌텐도　1999년 10월 1일　2,000엔　8M

총 120문제를 수록한 「피크로스 NP」 시리즈 4번째 작품. '특집'에서는 일본의 고전 소설 '겐지 이야기' 관련으로 작가 무라사키 시키부 등 12문제가, '캐릭터'에서는 「스타폭스」 관련으로 Dr.안돌프, 폭스 맥클라우드 등 12문제가 출제되었다.

네모네모 로직 2

닌텐도 파워
독점판매

PZL　세계문화사　1999년 11월 1일　2,000엔　4M

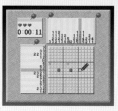

전작 이후 5개월 만에 발매된 퍼즐 게임. 숫자를 힌트 삼아 칸을 칠해 나가면, 최종적으로 그림 한 장이 출현한다. 유저로부터 모집 받은 문제도 포함해 총 150문제를 수록했다. 각 레벨을 클리어할 때마다 캐릭터로부터 감사 인사를 받는다.

피크로스 NP Vol.5

닌텐도 파워
독점판매

PZL　닌텐도　1999년 12월 1일　2,000엔　8M

'풀어냈을 때의 기쁨'과 '둘이서 즐기는 재미'에 중점을 두고 개발한 「피크로스 NP」 시리즈의 신작. '특집'에서는 '점술' 관련으로 12문제, '캐릭터'에서는 「젤다의 전설」 관련으로 장사꾼 너츠, 링크 등 12문제가 출제되었다.

HARDWARE
1990
1991
1992
1993
1994
1995
1996
1997
1998
1999
2000
INDEX

2000년은 최후의 슈퍼 패미컴용 소프트가 발매된 해로, 11월 29일 발매된 「메탈 슬레이더 글로리 : 디렉터즈 컷」을 종점으로 1990년 11월 21부터 딱 10년 만에 슈퍼 패미컴의 역사가 막을 내리게 되었다.

「메탈 슬레이더 글로리」는 패미컴 최후시기에 8Mbit라는 패미컴 역사상 유일무이의 대용량으로 발매된 대작 어드벤처 게임인데, 그로부터 10년 가까이 지난 후 24Mbit라는 대용량으로 리메이크되어 슈퍼 패미컴 최후의 소프트로서 다시금 유종의 미를 장식하였으니, 실로 기묘한 윤회의 인연이 아닐까 싶다.

피크로스 NP Vol.6

PZL　닌텐도　2000년 2월 1일　2,000엔　12M

시리즈 6번째 작품. 이 작품은 신작 120문제뿐만 아니라 과거 명작 120문제도 수록했다. 대전이 강화되어, '직감'이 테마인 신 모드가 추가되었다. '특집'에서는 '이탈리아' 테마의 12문제가, '캐릭터'에서는 「마리오」에서 뽑은 12문제가 출제되었다.

피크로스 NP Vol.7

PZL　닌텐도　2000년 4월 1일　2,000엔　12M

전작 Vol.6와 마찬가지로 240문제를 수록한 작품. '특집'에서는 따오기나 송사리처럼 멸종위기인 동물 등이 출제되었고, '캐릭터'에서는 「와리오」 시리즈에 등장하는 캐릭터들의 문제가 출제되었다.

피크로스 NP Vol.8

PZL　닌텐도　2000년 6월 1일　2,000엔　12M

「피크로스 NP」 시리즈 마지막 작품. 풀어낸 문제로부터 테마를 발견해 현상 이벤트에 응모하는 '특집', 「동키 콩」 시리즈의 캐릭터가 등장하는 '캐릭터', 1칸과 1열 단위로 득점을 획득하는 '대전' 등 다양한 모드로 총 240문제를 수록했다. 완성된 일러스트는 컬러가 입혀진 애니메이션으로 표시된다. 이벤트에 응모하면 추첨으로 GB 메모리 카트리지를 주었다.

▲ 초기부터 이 시리즈는 8작품 제공을 예고했으나, 호응도에 따라 좀 더 이어질 수도 있었다고 한다.

메탈 슬레이더 글로리 : 디렉터즈 컷

AVG　닌텐도　2000년 11월 29일　2,000엔　24M

만화가인 ☆요시미루가 맡은 캐릭터 디자인과 시나리오를 바탕으로 4년 이상에 걸쳐 개발했던 패미컴판 원작의 리메이크판. 병기화된 작업용 중기계인 메탈 슬레이더 '글로리'의 수수께끼를 쫓는 커맨드 선택식 SF 어드벤처 게임이다. 그래픽을 개량하고, 원작에서 카트리지 용량 문제로 삭제된 신 다수를 부활시켰다. 게다가 전투 시 파트너 선택도 가능해졌다.

▲ 그래픽을 개량하고 설정을 보완하는 등의 작업은 ☆요시미루 화백이 직접 맡았다.

CHAPTER 3

슈퍼 패미컴
일본 소프트 가나다순 색인

INDEX OF ALL SUPER FAMICOM SOFTWARE

HARDWARE

1990

1991

1992

1993

1994

1995

1996

1997

1998

1999

2000

INDEX

일본 발매 슈퍼 패미컴 소프트 색인

이 페이지는 Chapter 2에서 소개한, 일본에서 발매된 슈퍼 패미컴용 게임 소프트 총 1,447개 타이틀을 가나다순으로 정렬한 색인이다.

이 책에 수록된 해당 게재 페이지도 소개하였으므로, 당시 갖고 있었던 게임을 회고한다거나, 컬렉션 수집을 위해 타이틀을 조사한다거나 등등의 이

유로 추억의 게임을 찾는 데 참고자료로 활용해준다면 감사하겠다. 닌텐도 파워(30p)로만 제공된 타이틀은 푸른색 글자로 표기하였다.

233

HARDWARE
1990
1991
1992
1993
1994
1995
1996
1997
1998
1999
2000
INDEX

HARDWARE
1990
1991
1992
1993
1994
1995
1996
1997
1998
1999
2000
INDEX

HARDWARE
1990
1991
1992
1993
1994
1995
1996
1997
1998
1999
2000
INDEX

HARDWARE

1990
1991
1992
1993
1994
1995
1996
1997
1998
1999
2000

INDEX

HARDWARE
1990
1991
1992
1993
1994
1995
1996
1997
1998
1999
2000
INDEX

HARDWARE

1990
1991
1992
1993
1994
1995
1996
1997
1998
1999
2000

INDEX

CHAPTER 4

한국의
슈퍼 패미컴 이야기

SUPER FAMICOM KOREAN CATALOGUE

해설 한국의 슈퍼 패미컴 이야기
COMMENTARY OF SUPER FAMICOM #3

현대전자에 의해 '슈퍼컴보이' 브랜드로 발매

제 4장은 원서인 일본판에는 없는 한국어판의 독자적인 추가 지면으로서, 원서 감수인 마에다 히로유키 씨의 허락 하에 한국어판 역자가 추가 집필하였음을 먼저 밝혀둔다.

닌텐도의 라이선스를 획득해 닌텐도 게임기의 한국 공식 판매대행사가 된 현대그룹 산하의 현대전자는, 1989년 10월 컴보이(북미판 NES의 한국 공식 유통품)를 시작으로 미니컴보이(북미판 게임보이의 한국판)를 거쳐 1992년 10월 31일 슈퍼 패미컴의 한국 유통판에 해당하는 '슈퍼컴보이'의 발매를 개시한다. 일본 첫 발매 후 2년만의 한국 공식 상륙이었다.

과거 컴보이 유통 당시 내부적으론

북미판이었던 탓에 일본판 및 대만 복제 카세트가 호환되지 않아 시장에서 크게 고전했던 문제를 개선하여, 슈퍼컴보이는 일본판과 카세트기 호환되는 유럽판 SNES 기반으로 완성되었

▲ 월간 게임챔프 1994년 4월호에 실린 슈퍼컴보이 광고. 「한국프로야구」를 메인으로 하여, 다양한 게임 소프트의 발매를 어필하고 있다. 광고 하단의 라인업에 일본판 게임들까지 같이 다루고 있는 것이 흥미롭다.

다. 또한 소프트 역시 자사 유통품의 경우 영문판을 기준으로 리패키징하였으나 일본판 소프트의 수입유통도 병행하여, 김보이 당시보나는 비교적 유연한 행보를 보여주었다.

▲ 국내 발매판 「요시 아일랜드」의 패키지. 유통 초기인 92~3년까지는 북미·유럽판 규격에 가까운 큼직한 박스가 대부분이었으나, 94년부터는 일본판 규격에 가까워져 간다.

분전했으나, 대기업 유통의 한계와 병행수입의 파고는 넘지 못하다

슈퍼컴보이는 현대전자가 국내 유통한 역대 닌텐도 하드웨어 중에서는 제일 장수한 편으로, 일본판 카세트가 호환되었기에 백화점과 전자상가 등을 중심으로 나름대로의 보급률을 기록한 것으로 알려져 있다. 현대전자 역시 소프드웨어 한글화에도 역점을 기울여, 뒤에 서술하겠으나 「한국프로야구」 등 소프트 3종의 한글화 발매를 성사시켰으며, 특히 「드래곤볼 Z 초무투전 3」는 일본 인기 애니메이션 판권물의 최초 한글화 사례이기도 하다.

하지만 기본적으로 대기업 게임사업

부문이라는 태생적인 한계도 있었고, 이미 일본판 슈퍼 패미컴 하드·소프트가 염가에 그레이마켓에서 활발히 유통되고 있었기에 가격경쟁력에도 한계가 있었다. 또한 93년 음비법 개정으로 게임기용 게임에 공연윤리위원회 심의등급 시스템이 추가되어 일본판 소프트가 94년경부터 수입 금지되는 등 정책적인 외풍도 많았다(현대전자의 94년 한글화 소프트 3종 발매는 이에 대한 자구책의 성격이 짙었다).

게다가 97년 1월 1일을 기해 수입선 다변화(각주 ※) 품목에서 비디오 게임기가 해제됨으로써 공식 판매대행사의 지위가 약화되고 하드웨어의 병행수입이 자유화되었으며, 98년 중순의 환율 폭등과 게임산업 위축, IMF 사

태 등 악재가 속출하여 결국 97~8년을 기점으로 현대전자, 삼성전자 등은 부서 구조조정을 거쳐 국내 게임기 시장에서 조용히 철수하게 된다.

◀ 하드웨어 병행수입이 가능해진 97년부터는 북미판 SNES도 시장에 유입되어, 북미판 소프트웨어가 수입업자에 의해 심의를 받고 수입 유통되기도 했다.

▲ 월간 게임월드 1994년 11월호의 「드래곤볼 Z 초무투전 3」 한글판 광고. 어린이 유저들을 대상으로 10·11월 대전이벤트 '천하최강전'을 개최한다는 공고가 하단에 있다.

(각주 ※) 국내산업 보호·육성을 위해 외국제품 수입을 규제하는 무역정책으로, 한국은 대일무역적자 억제를 위해 일본을 대상으로 78년부터 시행하여, 일본제 상품(특히 전자제품) 규제에 적극 활용해왔다. 80년대 초엔 규제범위가 900여 종에 달했다 하나 이후 국내 공업기반 발전에 맞춰 단계적으로 철폐되어, 90년대 후반 일본문화 개방 이슈와 함께 해제가 가속되고 99년 6월 30일 완전 폐지됨으로써 일본제품 수입이 자유화되었다.

슈퍼컴보이

한국 시장 전용의 슈퍼 패미컴

현대전자   1992년 10월 31일   215,000원

▲ 외장 박스 패키지는 이전의 컴보이(NES의 국내 유통판)와 마찬가지로 흑색 배경의 차분한 디자인. 한국 내수 전용의 'KOREAN VERSION'임을 강조하고 있다.

▲ 본체에 동봉된 콘트롤 패드. SELECT가 '선택', START가 '시작'으로 표기된 것이 인상적이다. 본체 역시 주요 표기는 한국어로 바뀌어 인쇄 및 각인되어 있다.

한국 슈퍼 패미컴 팬들의 추억의 한 축

슈퍼컴보이는 슈퍼 패미컴(10p)의 한국 발매판으로서, 당시 닌텐도의 한국 공식 판매대행사였던 현대전자가 1992년 10월 31일부터 국내 시판을 개시한 모델이다. 이후 현대전자가 게임기 사업을 종결하고 시장에서 철수하는 98년경까지, 6년여에 걸쳐 꾸준히 보급되었다.

외형은 일본판과 디자인이 동일한 유럽판 SNES를 베이스로 하여 버튼 및 스위치에 한국어 표기를 넣었으며(후기엔 영어로 표기된 버전도 출시되었다), 슈퍼컴보이와 SNES 로고를 함께 넣은 것이 큰 특징. 한편 내부적으로는 한국 TV에 대응되는 NTSC 출력 기판으로, 일본판 카트리지가 그대로 호환된다. AC 어댑터 잭이 북미·유럽판 규격을 따르기 때문에 어댑터가 일본판과 호환되지 않는 것도 특징 중 하나.

국내에 유통된 현대전자 공식 별매 주변기기는 슈퍼미니컴보이(1994년 6월 20일 발매, 7만원)뿐으로, 슈퍼 게임보이(33p)의 한국판에 해당한다.

SOFTWARE

현대전자에 의한 공식 한글화 소프트들을 한데 모은

슈퍼컴보이
한글화 소프트 카탈로그

이 페이지에서는, 현대전자의 슈퍼컴보이 한국 정규발매 소프트 중 한글화로 발매된 '한글판' 소프트 총 3타이틀을 카탈로그 형식으로 소개한다.

슈퍼컴보이의 한글화 타이틀은 비록 3종에 불과하나, 각자 '한국 프로야구 리그의 첫 공식 게임화', '태권도 경기의 사실상 유일한 게임화', '최초의 일본 애니메이션 판권물 한글화'라는 크나큰 선례를 남겼다. 이렇듯 슈퍼

컴보이의 한글화 게임들은 하나하나가 귀중한 작품들로서, 당시의 한국 게임계 역사에 놓인 디딤돌들이라 할 수 있다.

한국프로야구
SPT　현대전자　1994년 2월 1일　119,000원　12M

93년 초 현대전자가 잘레코와 라이선스 계약을 맺고, KBO 및 당시 국내 8개 구단과 정식 계약하여 제작한 국내 최초의 한국 프로야구 리그 공식 게임화 작품. 잘레코의 「슈퍼 3D 베이스볼」(95p)을 바탕으로 하여, 93년 기준의 한국 구단·선수·구장 데이터를 적용했다. 개발비용으로 1억 원이 들어갔다고 한다. DSP-1 칩을 채용해, 경기에 독특한 입체감을 부여했다.

▲ 당시의 8개 팀 외에, '현대'를 비롯한 4개 편집 팀도 선택 가능. 후일 실제로 현대 유니콘스가 창단된다.

태권도
ACT　현대전자　1994년 7월 15일　98,000원　8M

휴먼과의 공동개발로 완성된 「태권도」(126p)의 한국 현지화 발매작. 원작의 일본어 설정을 삭제해 한국어로만 플레이 가능한 것 외에는 기본적으로 원작과 동일하다. 일본어판과 한국어판 캐릭터들의 이름과 국적이 판이하게 달라, 최종보스 격인 3형제가 한국판에서는 일본인(일본판은 북한인)인 것도 특징. 재현도와 게임성의 평가가 좋은, 숨겨진 수작이다.

▲ 스포츠로서의 태권도 자체를 비디오 게임화한 작품으로는 지금까지도 거의 유일하다시피 하다.

드래곤볼 Z 초무투전 3
ACT　현대전자 / 영실업　1994년 9월 29일　119,000원　16M

반다이의 동명의 작품(137p)의 한국 발매판. 일본 인기 애니메이션 판권작 게임이 한국어판으로 발매된 사례로는 최초로, 당시 게이머들 사이에서 큰 화제가 되었다. 다만 원작부터가 스토리 모드가 없는 탓에, 대망의 한글화 게임이었음에도 대전 시작 전후의 한 마디 대사 정도밖에 자막이 나올 일이 없어 아쉬운 작품이기도 했다. 타이틀 로고 등, 소소한 수정도 꽤 있는 편.

▲ 게이지바 아래의 캐릭터명은, 손오공을 'KONG'으로 넣는 등 한국어 독음 기준의 영어로 교체되었다.

한국 발매 슈퍼컴보이 소프트를 발매시기 순으로 게재

현대전자
한국 정식발매 소프트 리스트

이 페이지에서는 현대전자가 슈퍼 컴보이용으로 정규 발매한 소프트 총 31타이틀을 발매시기 순으로 정렬해 리스트화하였다. 본서에 이미 소개된 타이틀의 경우 해당 게재 페이지와 타이틀명도 함께 기재해 두었다.

본 리스트는 역자가 보유한 게임잡지 및 네이버 카페 '추억의 게임 여행'에서 유저들이 올린 사진자료를 기초로 하여, 실물 및 사진이 남아있는 소프트 데이터를 최대한 취합하여 다듬었다. 다만 시간과 자료의 한계로 누락이나 오류가 있을 수 있으며 리스트의 정확성을 완전히 담보하지는 못하므로, 이 점은 너른 양해를 구하고자 한다. 또한 현대전자가 리패키징하여 정규 발매한 소프트만을 기준으로 삼았으므로, 당시 현대전자의 승인 하에 수입업자가 정규 수입한 일본판 소프트 (보통 스티커 패치 등을 붙여 유통), 병행 수입 소프트, 타사의 비 라이선스 소프트 등은 목록에 수록하지 않았다.

참고로 한국판 슈퍼컴보이 관련 제품번호는 'SNSN-'이라는 고유 코드로 시작하며, 2~4글자의 소프트 코드(일본·북미와 대개 공통)와 '-KOR'이라는 국가 코드로 끝난다. 후기의 일부 소프트는 코스트 교역 등에 의해 재발매판이 나오기도 했다(리스트에선 생략).

- 본 리스트의 소프트명 표기는 실제 패키지 표기 기준이다.
- 국내 발매 시기는 최대한 근사치를 기재하려 노력했으나, 당시 소프트 발매 특성상 불명확한 부분이 많기 때문에 대부분이 추정치이며, 발매 순서 등이 실제와 다를 수 있다.
- '본서 소개 정보' 란의 푸른색 문자는 본서에 소개되지 않은 타이틀의 영문 원제이다.
- 기본적으로 거의 대부분의 소프트는 영문판이며, 한글판 등의 일부 소프트는 비고에 기재해 두었다.

발매일(추정)	제품번호	소프트명	본서 소개 정보	비고
92.10.31	SNSN-MW-KOR	슈퍼 마리오 월드	슈퍼 마리오 월드(42p)	
92.10.31	SNSN-ZL-KOR	젤다의 전설 : 과거로 간 링크	젤다의 전설 신들의 트라이포스(48p)	
92.10.31	SNSN-FS-KOR	슈퍼사커	슈퍼 포메이션 사커(49p)	
92.11.말	SNSN-S2-KOR	스트리트 화이터 II	스트리트 파이터 II(57p)	
92.11.말	SNSN-FT-KOR	화이널 화이트	파이널 파이트(43p)	
92.11.말	SNSN-E8-KOR	유엔 스쿼드론	에어리어 88(46p)	
92.11.말	SNSN-TM-KOR	티.엠.엔티 (닌자 거북이 4)	T.M.N.T. 터틀즈 인 타임(60p)	
92.11.말	SNSN-CS-KOR	콘트라 III : 외계인과의 전쟁	혼두라 스피리츠(52p)	
93.1.12	SNSN-FZ-KOR	에프제로	F-ZERO(42p)	
93.1.20	SNSN-SN-KOR	슈퍼 버스터 브라더스	슈퍼 팡(61p)	
93.1.20	SNSN-CM-KOR	SUPER GHOULS'N GHOSTS	초마계촌(47p)	
93.1.말	SNSN-MK-KOR	슈파마리오 카트	슈퍼 마리오 카트(62p)	
93.2.초	SNSN-AX-KOR	액서레이	액슬레이(63p)	
93.2.말	SNSN-RE-KOR	브라울 브라더스	러싱 비트 란 : 복제도시(72p)	
93.	SNSN-J2-KOR	콩고즈 캐이퍼	싸우라 원시인 2 루키의 모험(71p)	
93.	SNSN-TA-KOR	타이니 튠 어드벤처	타이니 튠 어드벤처(71p)	
94.2.1	SNSN-3D-KOR	한국프로야구	슈퍼 3D 베이스볼(95p), 한국프로야구(246p)	한글판
94.7.15	SNSN-II-KOR	태권도	태권도(126p, 246p)	한글판
94.	SNSN-YI-KOR	요시 아일랜드	슈퍼 마리오 요시 아일랜드(180p)	
94.	SNSN-RX-KOR	메가맨 X	록맨 X(104p)	
94.	SNSN-4M-KOR	슈파마리오 올스타즈	슈퍼 마리오 컬렉션(87p)	
94.	SNSN-XW-KOR	슈퍼 스트리트 화이터 2	슈퍼 스트리트 파이터 II(125p)	
94.	SNSN-YH-KOR	화이터즈 히스토리	파이터즈 히스토리(123p)	
94.9.29	SNSN-AZ4K-KOR	드래곤볼 Z 초무투전 3	드래곤볼 Z 초무투전 3(137p, 246p)	한글판
94.11.	SNSN-8X-KOR	슈퍼 동키콩	슈퍼 동키 콩(146p)	
95.11.	SNSN-ADNE-KOR	슈퍼 동키콩 2 : 딕시와 디디	슈퍼 동키 콩 2(192p)	
96.	SHVC-AJTJ-JPN	NBA JAM 토너먼트 에디션	NBA JAM 토너먼트 에디션(159p)	일본판 리패키징
96.	SNSN-ATFE-KOR	테트리스와 닥터마리오	Tetris & Dr.Mario	
96.	SNSN-ARWE-KOR	슈퍼 마리오 RPG	슈퍼 마리오 RPG(205p)	
97.12.20	SNSN-A3CE-KOR	슈퍼 동키콩 3	슈퍼 동키 콩 3(218p)	코스트 교역 발매
98.	SNSN-AR3E-KOR	메가맨 X3	록맨 X3(194p)	코스트 교역 발매

슈퍼 패미컴
퍼펙트 카탈로그

1판 3쇄 | 2025년 2월 10일
감　　수 | 마에다 히로유키
옮 긴 이 | 조기현
발 행 인 | 김인태
발 행 처 | 삼호미디어
등　　록 | 1993년 10월 12일 제21-494호
주　　소 | 서울특별시 서초구 강남대로 545-21 거림빌딩 4층
　　　　　www.samhomedia.com
전　　화 | (02)544-9456(영업부) (02)544-9457(편집기획부)
팩　　스 | (02)512-3593

ISBN 978-89-7849-616-2 (13690)